KB180296

구슬을 꿰는 한자

鄭

家

구슬을 꿰는 한자

원리와 풀이로 새롭게 배우는 종횡무진 한자 3000

정원제 지음

上

字

典

鄭家
字典

이상

- 자원(字源): 글자의 기원 및 구성 원리를 말한다.

- 가차(假借): 빌린다는 의미로, 한자 저자원리인 육서(六書)의 하나이다. 자원(字源)과 전혀 무관한 뜻으로 글자가 사용되는 경우 대부분 가차한 것이라고 보면 되겠다. 1,2,3을 제외한 숫자와 대부분의 어조사가 여기에 해당된다. 글자의 자원을 풀이하다가 '가차 찬스'를 쓰면 너그럽게 이해해주기 바란다.

- 갑골문(甲骨文): 은(殷)나라 시절의 문자로, 가장 오래된 글자 형태로 인정된다.

- 금문(金文): 주(周)나라 시절의 문자로, 갑골문과 전문(篆文) 사이의 징검다리 역할을 하는 형태로 이해하면 되겠다.

- 전문(篆文): 전국시대를 종식시킨 진시황(秦始皇)이, 기존에 있던 다양한 서체를 통일하여 국가표준으로 삼은 글자 형태이다. 주(周)나라 후기의 서체인 대전(大篆)과 구별하여 소전(小篆)이라고도 하지만, 본서에서는 전문(篆文)이라는 명칭으로 부른다.

- 해서(楷書): 현재 우리가 사용하고 있는 글자 형태이다. 우리나라에서는 정자(正字) 중국에서는 번체자(繁体字)라고 부른다.

- 설문해자(說文解字): 후한(後漢)대 허신(許愼)이 편찬한, 문자학의 효시가 되는 서적이다. 부수(部首)의 개념을 처음 도입하여 글자 분류의 체계를 세웠다. 주로 전문(篆文)에 기초하여 자원(字源)을 밝히고 있다.

- 한한대자전(漢韓大字典)(민중서림): 수록한자 16,000여자의 자원(字源)을 풀이한 대작이다.

- 한한대사전(漢韓大辭典)(장삼식 저): 일명 '장삼식 옥편'이라 불리며, 우리나라에서 자전의 대명사로 통한다.

- 간명갑골문자전(簡明甲骨文字典)(손예철 저): 갑골문에 관한 각종 연구를 망라한 역작으로, 갑골문에 관한 최신지견이라 할 수 있다.

※용례 관련 기호

〈藥〉: 한약재
〈穴〉: 경혈명
〈地〉: 지명
〈名〉: 인명

※대상한자 대략 3,000자. 한국어문회 1급 읽기 배정한자인 3,500자에서 일반적인 용례가 드문 글자들을 제외함

Q 비슷한 한자 교재들이 이미 많은 것 같다. 어떤 점이 다르다고 할 수 있는지?

A 비슷한 시도가 많았던 것은 누구보다 잘 알고 있다. 하지만 대부분 육서 중에서 형성(形聲)의 원리에 입각해 음과 모양이 비슷한 한자들을 모아두는 단계에서 그치는 것을 봐왔다. 본서는 대상 글자들의 의미까지 모조리 풀이하려 노력하였다.

Q 일반적으로 육서 중 형성이 80~90%라고 알려져 있지 않은가?

A 그렇게 알려져 있고, 이제껏 나도 그렇게 굳게 믿어왔다. 스스로의 편견을 깨는 데에도 시간이 많이 걸렸다. 이번에 면밀히 알아본 바로 순수하게 형성이라고 규정할 수 있는 글자는 10~20% 정도라는 걸 알게 되었다.

Q 한자의 숨은 뜻을 찾아내는 시도. 혹여 도참설 같은 파자(破字)놀이로 오해를 받지는 않겠는가?

A 사실 한두 글자만 가지고 뜻풀이하는 거라면 멋대로 풀이할 수 있다. 하지만 3,000자 가량을 일관된 방식으로 풀이하는 건 불가능하다고 본다.

Q 순수한 형성자가 10~20%라면 나머지 70~80% 글자들은 어떻게 분류해야 하는가?

A 음과 뜻 모두 설명할 수 있는 글자이다. 여기서 음을 설명할 수 없으면 회의, 뜻과 무관함이 분명하면 형성이 되는 것이다.

Q 본인이 최초로 발견하고 주장한 것인가?

A 그럴 리가 있는가. 민중서림에서 출간한 〈한한대자전〉만 조금 자세히 읽어봐도 찾을 수 있는 내용들이다. 다만 자전은 부수 순으로 글자들이 배치되어 있고, 개개 글자별로 자원을 풀이하기 때문에, 구조적인 한계가 있다고 할 수 있다.

Q 그것 때문에 글자들을 체계적으로 모으려 시도한 것인가?

A 처음부터 그런 의도로 시작한 건 아니다. 앞에서도 말했지만 형성자가 대다수라는 확신을 가지고 나름 열심히 공부했다. 그 방식으로 정리한 노트도 여러 권 있다. 그런데 그렇게 모아놓고 정리하면서 글자의 자원(字源)을 공부하다보니 음뿐 아니라, 의미도 공통분모가 있다는 것을 뒤늦게 발견한 것이다. 충격이었다.

Q 충격이라. 혹 구체적인 글자를 예로 들어 줄 수 있겠는가?

A 기존의 단단한 편견이 쉽게 깨지지는 않았다. 서서히 균열이 생겼지만 결정적인 계기는 各(각각 각)이었던 걸로 기억한다. 各(각)에서 파생된 글자들이 많기도 하고, 뜻도 워낙 각양각색이라 공통된 의미로 풀이하는 건 불가능하다고 생각했었다. 그런데 풀렸다.

Q 어떤 식으로 풀렸는가?

A '각각'이라는 의미를 적용해서는 풀 수 없다. 各(각)이 지닌 본연의 의미를 찾아야 한다. 본래 各(각)은 상단의 '걸음걸이'와 하단의 '출입구'가 더해진 형태로, 외부에서 누군가 온 상황을 표현한 것이다. 그 의미를 적용하면 파생된 글자들을 일관되게 엮을 수 있다. '각각'이라는 의미는 곁가지인 것이다. 이후로는 확신을 가지고 모든 글자들의 풀이를 시도하게 되었다.

Q 당시에 어떤 기분이었는가?

A 기존의 편견이 무너지는 것이다. 나름 큰 희열을 느꼈다. 독자들에게 반만이라도 이런 느낌을 전해줄 수 있다면 좋겠다고 생각했었다.

Q 그런데 기존의 상식을 뒤집으려면 근거나 증거가 확실해야 하지 않는가?

A 그렇다. 그냥 음과 뜻의 조합이라고 설명하면 편하고, 논란의 여지도 별로 없다. 그에 비해 의미까지 설명하려면 살펴야 할 게 훨씬 많아진다. 글자들을 모아 공통된 의미를 추출하고, 그에 부합하게 풀이하는 서적들을 최대한 많이 참고하였다. 한 글자의 옛 형태들도 종류가 다양하기 때문에 하나에만 얽매여서는 안 된다.

 하지만 무엇보다 가장 중요한 것은 개개 글자에 대한 풀이가 '상식적으로 납득이 되느냐'일 것이다. 일반적인 상식의 독자가 봤을 때 수긍할 수 없다면 타당한 설명이라 말할 수 없다. 대중의 냉정한 평가가 곧 검증이라 생각한다. 다만 수천년 전의 상식이나 논리와 어느 정도 괴리가 있음은 감안해야 할 것이다.

Q 3,000자를 대상 한자로 정한 이유가 있는가?

A 한국어문회 1급 배정한자가 3,500자이다. 우리나라에서 비교적 공인된 기준이라 할 수 있다. 필자의 경험으로도 그 범위를 벗어난 글자를 접하는 경우는 손에 꼽는다. 그것도 대부분 한의학 서적에서 접한 글자들이다. 본서는 그 3,500자에서 일반적인 용례가 드문 글자들을 추려내어 대략 3,000자 가량으로 정리하였다. 그리고 체계적으로 한자를 정리하려면 어느 정도 규모가 있어야 했다. 1,800~2,200자로는 체계를 세우기가 더 어려웠다.

Q 〈설문해자〉의 인용 빈도가 무척 높아 보인다?

A 일단 글자를 풀이할 때 〈한한대자전〉과 〈설문해자〉의 설명을 기본으로 하였다. 특히나 여러 글자의 대표격인 글자는 자전에서 접하기 힘든 경우가 많다. 예를 들어 經(지날 경) 輕(가벼울 경)은 흔히 보는 글자이지만, 두 글자의 공통분모 부분(물줄기 경)은 낯설지 않은가. 이런 글자들의 자원(字源)을 거슬러 올라가 풀이하려니 〈설문해자〉의 설명이 기본적으로 필요했다.

Q 하지만 〈설문해자〉는 갑골문에 대한 인식이 없는 것으로 안다. 잘못된 글자풀이도 적지 않고 비판도 많이 받지 않는가?

A 좋은 지적이다. 〈설문해자〉를 참고할 때 그 부분을 미리 알고 있어야 하는 것은 사실이다. 하지만 모든 서적이 그러하듯 버릴 건 버리고 취할 건 과감히 취해야 한다. 특히 540개의 부수로 글자를 분류한 시스템은 활용할 수 있는 바가 매우 많다.

Q 현재 우리가 사용하는 옥편의 부수 체계와 어떻게 다른가?

A 사실 글자의 자원(字源)을 연구할 때 현재의 부수 체계는 걸림돌일 때가 많았다. 글자를 찾기 좋게 분류하는 데에 초점을 맞춘 체계로 보인다. 540개의 부수를 통폐합하는 과정에서 무리한 흔적이 곳곳에서 보인다.

Q 〈설문해자〉에 대한 애정이 남다른 것 같다. 만약 〈설문해자〉의 저자가 이 책을 읽는다면 어떤 기분일까?

A 〈설문해자〉를 볼 때마다 저자인 허신(許愼)이 매우 친근하게 느껴지곤 했다. 2,000년이라는 시간 차이가 있지만 어떤 책을 엮고자 하는지 같은 마음이란 생각이 들었기 때문이다. 이 책을 허신(許愼)이 본다면 매우 뿌듯해 할 것이라고 확신한다.

Q 허신(許愼)이 뿌듯해 할 것이란 예상은 어떤 의미인지?

A 〈설문해자〉에서 이어받을 부분은 충실히 이어받고, 부족한 부분은 갑골문 등 여러 자료를 활용해 보충하였기 때문이다. 허신(許愼)이 당시의 한계로 인해 다 하지 못한 작업을 누군가 하였으니 뿌듯해 하지 않겠는가. 물론 나만의 생각일 수도 있다.

복잡하고 어려운 한자,
이 책으로 문리(文理)를 깨쳐라!

한자는 어려운 문자다. 보기에도 어렵고 웬만큼 공부해선 티도 나지 않는다. 그리고 잘 잊어버린다. 하지만 한자는 우리에게 많은 것을 준다. 한 글자 한 글자 뜻을 담고 있고 저마다 자신의 이야기를 한다. 그리고 하나하나 역사를 갖고 이치를 논하기에, 정성껏 씀으로써 수양을 할 수 있기에, 그리고 회화적 요소마저 담고 있어 미학(美學)에 이르고 마침내 철학(哲學)에까지 이른다 하겠다.

정가자전(鄭家字典). 어느 한 가문에서 보던 가전(家典)이며 가전(家傳)이다. 저자는 양가(兩家)에서 내려오던 가학(家學)을 정리하며 덧붙여 자신의 학문적 성취를 담았다. 일반적으로 학교에서 배워 알던 육서(六書)의 원리와 다른 것들도 있는데, 특히 형성(形聲)의 원리에 대해서 역사적인 근거에 따른 새로운 해석을 한 것으로 학술적으로도 높이 평가할 만하다.

제멋대로 파자(破字)하여 근거도 없이 해석한 한자 교재가 판을 치는 요즘이다. 어릴 적 상형문자라 간단히 규정하고 어른이 된 사람이 대부분이겠지만 지금 우리가 쓰고 있는 한자는 일차원적인 문자를 넘은 지 수백 년이 지났다. 무심코 지나치는 한자 하나를 제대로 이해하는 것만으로도 많은 공부가 될 수 있다는 것이다.

우리에겐 우수한 한글이 있어 생활에 불편함이 없고 서양의 문자가 세상을 뒤덮고 있는지라 굳이 배우지 않아도 될지 모르겠지만 새로이 공부를 하는 사람이나, 이제 공부를 시작한 어린 소년소녀라면 이보다 더 나은 '문리(文理) 깨치기'는 없으리라 확신한다.

– 허진모《휴식을 위한 지식》팟캐스트 진행자)

본서의 출발은 정말 소박했다. 모양과 음이 비슷한 한자들을 모아서 공부하면 보다 쉽고 효율적으로 익힐 수 있을 것이란 단순한 아이디어였다. 더구나 그런 생각을 필자만 했을 리 없다. 서점에서 몇 분만 할애해서 뒤져보면 '槿 謹 僅 饉' 식으로 묶어놓은 서적들을 쉽게 접할 수 있다. 급수별로 다양한 한자 교재들이 즐비하다. 군이 '나까지 그 많은 서적들 사이에 비슷한 책을 또 한권 끼워 넣을 필요가 있나'하는 생각도 했었다.

그런데 그런 방식으로 한자들을 모으다 보니 개개 글자에 대한 자원(字源)을 깊이 있게 분석할 수 있다는 것을 알게 되었다. 찾아보면 〈한한대자전(漢韓大字典)〉과 같은 방대한 저작을 포함해서 글자의 자원(字源)을 풀이한 서적도 많다. 하지만 자원(字源) 풀이를 개개 글자 단위로 하는 방식은 지면도 많이 필요할 뿐더러 글자들을 효율적으로 이해하기도 쉽지 않다. 같은 자원(字源)에서 뻗어 나온 글자들이 부수별, 음별로 흩어져 있기 때문에 같은 얘기가 반복될 수밖에 없는데, 문제는 그 와중에 같은 자원(字源)의 글자들을 다른 방식으로 풀이하는 경우도 발생한다는 점이다. 워낙 많은 글자들을 여러 사람이 작업하다보니 그럴 수도 있고, 실제 그 글자에 여러 뜻이 포함된 경우도 있는데 독자 입장에선 혼란스러울 수밖에 없다.

우리가 한 사람을 파악하는 과정도 그렇지 않은가. 직장에서 모습, 학교에서 모습, 가족들과 함께할 때 모습, 친구들과 함께 할 때 모습이 각각 다르다. 분명 같은 사람이지만 상황에 따라 전혀 다르게 보일 수 있다. 단편적으로만 봐선 온전히 그 사람을 안다고 할 수 없다. 마찬가지로 한자도 같은 자원(字源)에서 뻗어 나온 글자들을 잘 모아 놓고 보면 개개 글자에 대한 이해의 폭이 한층 깊어짐을 경험하게 된다. 간혹 한자를 자기 멋대로 파자(破字)해놓고는 해괴한 의미를 끌어오는 사람들을 종종 볼 수 있는데, 사실 한 글자만 떼어놓고 사람들 현혹시키는 것은 쉽다. 마음만 먹으면 얼마든지 입맛대로 풀이할 수 있다. 하지만 거기서 파생된 글자, 연계된 글자들 모아놓고 같은 논리로 풀이해보라고 하면 금방 한계가 드러난다. 사람이 혼자 있을 땐 꾸미고 속이기 쉽지만 직장, 학교, 가족, 친구들과 연계된 모든 모습을 일관되게 속이는 것은 힘든 것과 마찬가지다.

본서는 여러 학자들과 다양한 전문서적들에게 정중히 조언을 구하여 만들어졌다. 때로는 '어떻게 배치하는 게 좋을까요?' 때로는 '이렇게 풀이해도 괜찮을까요?'라는 질문을 수도 없이 하며 엮은 결과물이다. 필자의 사견은 매우 제한적으로 조심스레 집어넣었다.

한자의 저자 원리인 육서(六書)에 대해서도 나름대로 다시 정리해보았다. 특히 형성(形聲)에 대한 재정의가 필요함을 절감했다.

- 상형(象形): 눈에 보이는 모양을 본떠 만든 방식이다. 예) 木 火 魚
- 지사(指事): 추상적인 것을 기호로 표시한 방식이다. 일부 과장된 캐리커처도 포함한다. 예) 上 三 足 見
- 회의(會意): 상형과 지사로 만들어진 글자들을 조합하는 방식 중 하나이다. 둘 이상의 글자를 조합하여 새로운 글자를 만들었는데, 뜻은 설명할 수 있지만 음을 도저히 설명할 수 없을 때 '회의'라 한다. 예) 相 休 尖
- 형성(形聲): 두 글자 이상을 조합하여 새로운 글자를 만들었는데, 음을 나타내는 글자가 새로운 글자의 뜻과 아무런 연관이 없음이 분명할 때 '형성'이라 한다. 일반적으로 80~90% 라고 알려져 있지만, 본서에서는 10~20% 정도로 추산한다. 예) 雅 拍 撞
- 가차(假借): 어떤 글자가 자원(字源)과 전혀 무관한 의미를 지니고 있을 때, 더 이상의 풀이를 포기하며 '가차'라 한다. 주로 어조사나 숫자들이 해당된다. 예) 於 而 萬 四
- 전주(轉注): 한 글자를 여러 뜻으로 활용하는 것을 말하는데, 글자에서 글자들이 파생되고 의미가 분업화되는 과정으로 이해하면 될 것이다. 본서 전체를 꿰뚫는 키워드라고도 볼 수 있다.

조합된 글자 중에서 회의나 형성이 제한적이므로 나머지 대다수 글자들은 음과 뜻 모두 설명할 수 있는 글자들이 된다. 물론 이런 방식으로 글자를 풀이하려면 어려움이 많을 수밖에 없다. '형성: 음요소와 의미요소의 결합'이라는 설명으로 끝나는 것이 아니라 해당 글자가 지니고 있는 속뜻까지 낱낱이 파악해야 되기 때문이다. 더구나 필자가 처음부터 그런 거창한 의도로 집필을 시작했던 것도 아니다. 모양과 음이 비슷한 글자들을 모으고 정리하는 과정에서, 조금씩 조금씩 공통된 의미가 보였던 것이다.

　마지막으로 독자들에게 꼭 당부드리고 싶은 점이 있다. 한자를 공부하는 모든 사람이 글자의 숨은 뜻과 변천사를 다 알아야 하는 것은 아니라고 생각한다. 적당한 선에서 '회의나 형성'이라 하고 외우는 편이 경제적일 수 있다. 그러니 본서를 읽을 때도 마음 편히 즐겼으면 한다. 글자의 쓰임새에 비중을 둔다면 용례 위주로 보는 것도 괜찮다. 독자 자신의 필요에 따라 '넘어갈 건 넘어가고 잊어버릴 건 잊어버리면서' 활용했으면 좋겠다. 그리고 많은 서적 한꺼번에 대출할 때마다 격려해주셨던 도서관 사서분들에게 감사의 말씀을 전하고 싶다.

2018년 10월 草元 鄭元濟

1장. 인체

2장. 사람

3장. 동물

4장. 식물

下권

5장. 무기와 연장

28. 나 한번 찧고 그대 한번 찧고 [午] 午 卸
29. 절구도 함정이 될까요 [臼] 臼 舊 舀 臽
30. 절굿공이를 든 풍경 [庚] 庚 唐 康
31. 쟁기질을 하다 [㠯] 㠯 以 台
32. 쟁기질할 힘 [力] 力 加 劦
33. 이리저리 움직이는 쟁기 [方] 方 放 敖 旁

6장. 그릇과 악기

1. 술 향기 은은하게 [酉] 酉 酋 奠 尊
2. 속이 깊은 술단지 [由] 由 卑
3. 술과 함께 벼슬을 [鬯] 鬯 爵
4. 가득 채워서 되돌아오다 [畗] 畗 复
5. 주둥이가 넓은 그릇 [㐬] 㐬 覃
6. 온정이 넘치는 그릇 [皿] 皿 血 盂 益 盈
7. 원통 모양 뚜껑으로 덮은 그릇 [同]
8. 원뿔 모양 뚜껑으로 덮은 그릇 [合] 合 答
9. 손잡이가 있는 뚜껑으로 덮은 그릇 [去] 去 盍
10. 입이 넓게 벌어진 항아리 [公]
11. 빙그르 도는 항아리 [盧] 盧 盧 慮 虜
12. 조개가 아니라 솥이라오 [鼎] 鼎 員 則 貞 眞 具 算
13. 높이 떠있는 솥 [鬲] 鬲 徹
14. 시루에 물 붓기 [曾] 曾 會 畀
15. 담는 데 사용하다 [用] 用 甫 庸 備
16. 도마 위에 고기를 쌓다 [且] 且 宜
17. 정성을 수북이 담은 제기 [豆] 豆 登 豊
18. 승리의 북을 울려라 [壴] 壴 喜 彭 豈
19. 그릇이면서 흥겨운 악기 [缶] 匋 㟒
20. 국자로 양을 재다 [斗] 斗 升
21. 품어서 떠내다 [勺] 勺 的

22. 밥을 먹는 숟가락   [旨] [司]

7장. 생활도구

1. 옷을 입다   [衣] 衣 衰 袁 罘 卒
2. 머리에 모자를 쓰다   [冃] 冒 曼
3. 허리에 수건을 차다   [巾] 巾 帶 希 敝
4. 작아요 참 작아요   [幺] 幺 幼 玄 兹
5. 작아요 더 작아요   [丝] 丝 幾 鹽 樂
6. 실처럼 길게 이어지다   [糸] 糸 絲 系 縣 緜
7. 묵묵히 베를 짜다   [壬]
8. 실을 감다   [叀] 專 惠
9. 동아줄이 굽어져 있다   [己] 己 妃
10. 북이 왔다갔다하다   [予]
11. 줄기가 되는 날실   [巠]
12. 안정된 책상   [几]
13. 긴 평상   [爿] 爿 將 壯 臧
14. 종이가 없던 시절엔 말이지   [冊] 冊 侖 扁
15. 손에 붓을 쥐다   [聿] 聿 建 畫
16. 손에 붓 아닌 물건을 쥐다   [聿] 肅 盡 尹
17. 빗질하며 앞으로 나아가다   [帚] 帚 蔑
18. 빗자루로 쓸어내다   [彗]
19. 키질을 하다   [其]
20. 좋은 곡식을 가려내다   [良] 良 郎
21. 두레박 우물에 새기다   [彔]
22. 해의 움직임을 헤아리다   [癸]
23. 양팔저울 가득찼네   [兩] 兩 萬
24. 불이 심지에 머물러 있다   [主]
25. 구슬을 꿰다   [玉] 玉 全 珏
26. 홀과 서옥   [圭] 圭 卦 厓

27. 수레바퀴가 돌다　　　　　[車] 車 軍 連 轂

28. 나룻배를 타다　　　　　　[舟] 舟 般 前 兪 朕

29. 뭔가를 짜 올리다　　　　　[冓]

30. 여러 가지 도구　　　　　　[曲] [互] [瓦] [匹] [傘]

8장. 구조물

1. 높이 솟은 구조물　　　　　[高] 高 喬 亭 郭 臺

2. 서울에 가면 빌딩도 있고　[京] 京 景

3. 사당에 정성을 바치다　　　[亯] 亯 橐 埶

4. 쌀을 보관하는 곳집　　　　[㐭] 㐭 㐭 亶

5. 숨은 6 찾기　　　　　　　[六] 六 夌 夲

6. 삼각형의 미학　　　　　　[亼] 余 舍 僉 令

7. 덮어서 싸다　　　　　　　[今] 今 陰

8. 곳간이 아프대요　　　　　[倉] 倉 創 梁

9. 제사를 지내다　　　　　　[示] 示 祭 宗 奈

10. 문을 열고 닫다　　　　　[門] 門 閨 閔 間

11. 문을 열고 살펴보다　　　[戶] 戶 雇 戾 扇 啓

12. 창문에 마음을 모으다　　[囪]

13. 북(北)으로 창을 내겠소　[向] 向 尙 常 堂 敞 當

14. 깊은 곳에서 진귀한 것을 만나다 [穴] 穴 深 奐 冥 夐

15. 안으로 들어가다　　　　　[內] 內 卤 容

16. 사람이 사는 터전　　　　[田] 田 苗 罿 奰 周

17. 밭과 밭 사이가 겹치다　[畕] 畾 累

18. 논밭에 모를 심다　　　　[甫] 甫 匍 専 溥

19. 우물을 중심으로 모여 살다 [井] 井 刑

20. 함부로 들어가선 안 되는 곳 [亞]

21. 함정에 빠지다　　　　　　[凵] 凵 凶 匈 出

22. 소리 없는 아우성　　　　[㫃] 㫃 斿 族 旋 执

23. 구심점이 되는 깃발　　　[中] 中 史

24. 바람이 부니 돛을 올려라　　　[凡] 凡 風

25. 평평하게 다듬다　　　[开]

26. 말뚝인가 화살인가　　　[弋] 弋 式 代 叔

27. 거리를 거닐다　　　[行]

9장. 자연

1. 휘영청 밝은 달아　　　[月] 月 明 名

2. 고운 해야 솟아라　　　[日] 日 易 昌 昔 昏

3. 떠오르는 해　　　[旦] 旦 早 卓

4. 덤불 사이로 해가 뜨고 지다　　　[朝] 朝 莫

5. 별을 쳐다보며　　　[晶] 晶 星 參

6. 번개가 번쩍　　　[申] 申 奄

7. 뭉게뭉게 피어오르다　　　[云] 云 气

8. 흙을 모시다　　　[土] 土 里 廛 堯 坙 坐

9. 땅에서 뭔가가 쑤욱　　　[壬] 呈 廷 坙

10. 저 층진 언덕 위에서　　　[阜] 阜 隊 隋

11. 언덕이 아니라면 도대체 뭘까요　[𠂤] 師 遣 官 追

12. 텅 빈 언덕에서　　　[丘] 丘 虛

13. 산은 산이요　　　[山] 山 岡 屵

14. 낭떠러지에서　　　[厂] 石 反 厄 叚 段

15. 산에 물이 모이는 골짜기　　　[谷] 谷 㕣

16. 물이 솟아나 흐르다　　　[水] 水 永 泉 原

17. 물이 갈라지며 흐르다　　　[𠂢]

18. 흐르는 냇물　　　[川] 川 州

19. 비가 내리기를 바라다　　　[雨] 雨 需

20. 얼어붙은 겨울왕국　　　[仌] 仌 冬

21. 불이 활활 타오르다　　　[火] 火 灰 炎 燚 赤 光 尞

22. 불 주위에 모여 둘러앉다　　　[庶] 庶 度

23. 모닥불은 무심한 듯 타들어간다 [者] 者 署 著

24. 연기가 피어올라 검댕을 남기다 [黑] 黑 熏

10장. 추상과 동작

1. 결승 준결승 준준결승   [八] 八 分 半
2. 깊이 숨기다   [必] 必 宓
3. 1이 10이고, 10이 7이다   [十] [七]
4. 껍질이 갈라지다   [甲] 甲 戎
5. 태초에 가로획 하나가 있었다   [一]
6. 번갈아가며 지키다   [五] 五 吾 晤
7. 점을 쳐 길흉을 묻다   [卜] 卜 占
8. 미세함에서 거대함을 보다   [兆]
9. 엮이며 사귀다   [爻] 爻 學 樊
10. 작다와 적다   [小] 小 少 肖 雀
11. 동그라미 하나   [厶] 厶 弘 厷
12. 소용돌이치며 돌다   [回] 回 亘 叟 旬
13. 뭔가를 작위적으로 하다   [乍]
14. 가지를 치다   [支]
15. 적극적으로 행동을 하다   [攴] 攴 攸 敬 丈
16. 주마가편(走馬加鞭)이라   [丙] 丙 更 便
17. 막고 덮고 가리다   [冖] 崔 央 冡
18. 책상에 이런 낙서 많이 했었지   [丰] 刲 害
19. 큰소리로 부르다   [乎]
20. 가르다와 흐르다   [卯] 卯 留
21. 동쪽에서 뭘 묶긴 묶었는데   [東] 東 重 童 量 陳
22. 잘 골라 담아서 묶다   [束] 束 柬 闌 刺 賴
23. 물건을 꿰다   [毌] 貫 串
24. 오랫동안 뜸뜨다   [久]
25. 굽어지면서 가다   [坒] 坒 往
26. 술을 따르다   [昜]
27. 다 털어내고 잊어버립시다   [勿] 勿 忽

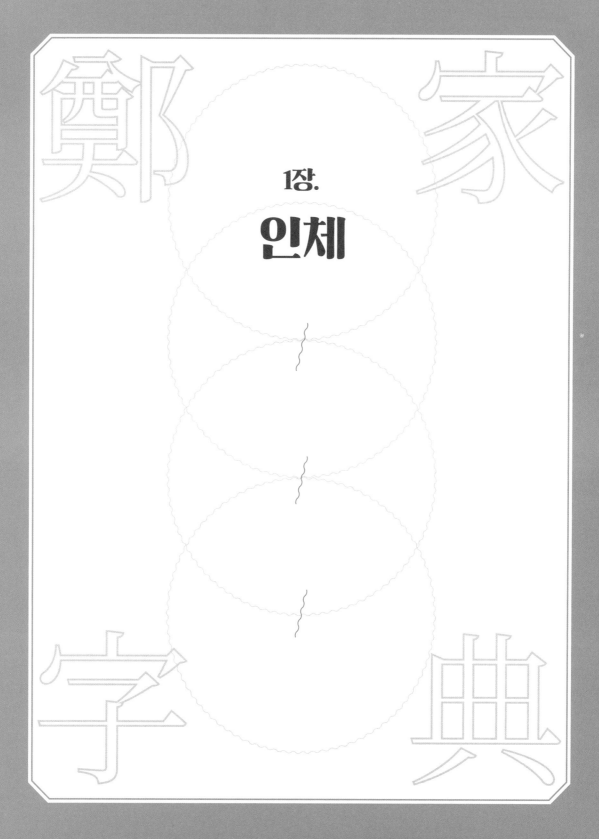

1장.

인체

1. 천리길도 한발부터
〔止〕止 武 走 正 足

止
그칠 지

　止　　止
그칠 지 甲骨文　그칠 지 篆文

본래 발의 모습을 본뜬 것으로 '발, 발자국'을 뜻한다. 수많은 글자 속에서 '발' 혹은 '움직이다'라는 의미로 작용한다. 止(지) 단독으로 쓰일 때만 '멈추다'의 의미를 나타낸다. 이렇듯 글자의 대표 뜻과 본연의 의미가 다른 경우를 자주 볼 수 있다. 본서는 이 부분을 차근차근 풀어나갈 것이다.

止
그칠 지

止-총4획
停止(정지) 禁止(금지) 中止(중지) 沮止(저지) 防止(방지)

址
터 지

土-총7획
土+止. 발, 발자국을 뜻하는 止(지)에 땅(土)이 더해져, 발이 땅에 닿는 자리인 '터'를 뜻한다.
感恩寺址(감은사지)

祉
복 지

示-총9획
示+止. 발, 발자국을 뜻하는 止(지)에 제사를 의미하는 示(시)가 더해져, 조상 혹은 신(神)이 내리는 '복(福)'을 뜻한다.
福祉(복지) 福祉社會(복지사회)

齒
이 치

齒-총15획

발, 발자국을 뜻하는 止(지)에 이빨을 본뜬 모양이 더해진 형태이다. '이빨'로 음식 씹는 동작을 발로 밟는 것에 빗대었다. 甲骨文은 단순히 이빨을 본뜬 형태이며, 止(지)는 의미와 음 양쪽에 영향을 미친다.

齒牙(치아) 齒科(치과) 齒藥(치약) 齒周炎(치주염) 蟲齒(충치) 永久齒(영구치) 切齒腐心(절치부심)
脣亡齒寒(순망치한)

企
발돋움할 기

人-총6획

人+止. 발, 발자국을 뜻하는 止(지)에 사람(人)이 더해져, 발돋움하며 준비하는 모습을 표현한 것으로 '발돋움하다, 꾀하다, 도모하다'의 뜻을 나타낸다.

企業(기업) 企劃(기획) 企待(기대) 企圖(기도) 中小企業(중소기업) '탈출을 기도(企圖)하다'

徙
옮길 사

彳-총11획 徒(무리 도)와는 별개의 글자

변형된 형태지만 行+止로 이해하면 되겠다. 발(止)을 움직인다(行)는 의미로 '옮기다'의 뜻을 나타낸다.

移徙(이사) '이사(移徙)를 자주 다니다'

澁
떫을 삽

水-총15획

氵(水)+止. 본자(本字)는 瀒瀒(삽)은 하단의 발(止)과 상단의 뒤집힌 발(止)이 서로 엉킨 모습을 표현한 것으로 '껄끄럽다, 떫다'의 뜻을 나타낸다. 止(지)가 멈추다는 의미로 작용한 것이 아니다.

澁味(삽미) 難澁(난삽) 訥澁(눌삽) '문장이 난삽(難澁)하다'

武
굳셀 무

굳셀 무 甲骨文   굳셀 무 篆文

止+戈 . 발(止)과 창(戈)이 더해진 형태인데 다소 변형되었다. 창(戈)을 들고 전장에 싸우러 나간다(止)는 의미이다. '굳세다, 용맹하다' 등 포괄적인 의미의 '싸움'을 뜻한다. '호반 무'로 배운 이들이 많을 텐데, 호반(虎班)이란 무반(武班)과 같은 말로 학반(鶴班), 문반(文班)과 대비되는 용어이다.

간혹 止+戈를 '싸움을 멈추는 게 진정한 武' 라고 풀이하는 경우를 본다. 글자의 본의를 살피지 않고 멋대로 파자(破字)하면 이런 엉뚱한 해석이 나올 수 있다.

武
굳셀 무

止-총8획

武力(무력) 武班(무반) 武藝(무예) 文武兼全(문무겸전) 武臣政變(무신정변) 偃武修文(언무수문)

賦
구실 부

貝-총14획

貝+武. 군사행동을 뜻하는 武(무)에 재물(貝)이 더해져 '군비, 병역(兵役)'의 의미를 나타낸다. 이후 각종 '부역, 조세'의 뜻으로 확대되어 쓰인다.

賦役(부역) 賦課(부과) 賦與(부여) 割賦(할부) 天賦的(천부적) '세금을 부과(賦課)하다'

走
달릴 주

달릴 주 金文   달릴 분 金文

大+止. 사람의 모습을 본뜬 大(대)에 발(止)이 더해져 달리는 모습을 표현하였다. '달리다'의 뜻을 나타내며, 부수자로 독립하였다. 윗부분을 夭(어릴 요)로 보는 견해도 있지만, 본서에서는 夭(요)가 춤추는 여성의 모습이라고 한 의견을 따랐다.

走
달릴 주

走-총7획

走破(주파) 走馬燈(주마등) 走馬看山(주마간산) 走馬加鞭(주마가편) 疾走(질주) 繼走(계주) 逃走(도주)

奔
달릴 분

大-총9획

大+茻. 여러 개의 발인 茻이 卉의 형태로 변형되었다. 走(주)에 비해 과장된 표현으로 '분주하다, 달아나다'의 뜻을 나타낸다.

奔走(분주) 狂奔(광분) 東奔西走(동분서주)

疋 발 소/필 필   **疋** 발 소篆文

발의 모양을 본뜬 것으로 '발'을 뜻한다. 篆文을 보면 足(족)과 같은 형태이다. 주로 다른 글자 속에서 '발'의 의미로 작용한다. 혹 '필'로 읽을 때는 匹(짝 필)과 같은 의미이다.

疋-총5획

疋緞(필단) 疋帛(필백)

발 소/필 필

肉-총9획

疋+月(肉). 발을 뜻하는 疋(소)에 살을 뜻하는 肉(육)이 더해져, 본래 '게살, 게젓갈(蟹醢)'을 뜻한다. 의미가 변형되어 '함께 지내다, 서로, 돕다'의 뜻을 나타내고 '하급 관리'의 뜻으로도 쓰인다.

胥吏(서리)

서로 서

壻

士-총12획

士+胥. 함께 지내다의 뜻인 胥(서)에 사내를 뜻하는 士(사)가 더해져, 딸과 함께 사는 남자인 '사위'를 가리킨다. 婿(서)는 속자(俗字)인데, 壻(서)와 婿(서) 모두 '사위, 며느리'의 의미로 통용된다.

同壻(동서) 姪壻(질서)

사위 서

足
발족

| 발족甲骨文 | 발족金文 | 발족篆文 |

口 +止. 하단은 발의 모양을 본뜬 止(지)이고, 상단의 口는 입(口)이 아닌 몸통을 단순화한 모습이다. 몸과 발만 그린 캐리커처로 '발'의 의미를 강조하였다. 〈설문해자〉에서도 '사람의 발을 뜻한다. 인체의 아래에 위치한다(人之足也. 在體下)'고 설명한다. 몸통이 있건 없건 疋 (소), 足(족) 모두 발의 모양을 본뜬 글자라는 사실은 변함이 없고, 실제로 옛 형태도 거의 동일하다. 헌데 육서(六書)분류 상 疋(소)는 상형(象形), 足(족)은 지사(指事)이다. 이렇듯 상형과 지사의 경계는 모호하다고 할 수 있다.

足
발 족

足-총7획

足部(족부) 手足(수족) 長足(장족) 義足(의족) 駿足(준족) 滿足(만족) 定足數(정족수) 安分知足(안분지족)

促
재촉할 촉

人-총9획

亻(人)+足. 발을 뜻하는 足(족)에 사람(人)이 더해져, 발을 동동 구르며 사람을 '재촉하다'의 뜻을 나타낸다.

促迫(촉박) 催促(최촉) 販促(판촉)

捉
잡을 착

手-총10획

扌(手)+足. 발을 뜻하는 足(족)에 손(手)이 더해져, 달아나지 못하게 발을 묶는다는 의미로 '잡다, 붙잡다'의 뜻을 나타낸다.

捕捉(포착)

2. 똑바로 올바르게
〔正〕正定是延

正

바를정

| 바를정 甲骨文 | 바를정 金文 | 바를정 篆文 |

□+止 형태인데 이후 단순화되었다. 여기서 □는 성읍(城邑), 나라를 의미한다. 발을 뜻하는 止(지)가 더해져, 다른 나라로 '진격한다'는 의미이다. 파생하여 '바로잡다, 바르다'의 뜻을 나타낸다.

말하자면 다른 나라가 우리를 공격해오면 침략이자 나쁜 행위이지만, 우리가 공격하면 '바른 행동'이라는 의미가 깔려 있다고 하겠다. 한때 '십자군 전쟁'을 '십자군 원정(遠征)'이라 부르던 시절이 있었다. 유럽 국가들이 아랍 지역을 일방적으로 침략한 사건을 편향된 서구의 시각에서 미화했던 것이다.

正

바를 정

止-총5획

正義(정의) 正當(정당) 正式(정식) 正鵠(정곡) 正札制(정찰제) 正正堂堂(정정당당) 正當防衛(정당방위) 眞正(진정) '진정(眞正)으로 기쁘다'

征

칠 정

彳-총8획

彳+正. 진격하다의 의미인 正(정)에 걸음을 뜻하는 彳(척)이 덧붙어 '치다, 정벌하다'의 뜻을 나타낸다.

征伐(정벌) 親征(친정) '임금이 친정(親征)에 나서다'

政

정사 정

攴-총8획

正+攴(攵). 바르다는 뜻인 正(정)에 동작을 뜻하는 攴(복)이 더해져, 바르게 한다는 의미로 '정치, 정사'를 뜻한다. 고대에는 政(정)과 征(정)이 서로 통용되기도 하였다.

政府(정부) 政治(정치) 政策(정책) 政黨(정당) 憲政(헌정) 暴政(폭정)

整
가지런할 정

攵-총16획

束+攵(攴)+正. 바르다는 뜻인 正(정)에 묶다의 뜻인 束(속)과 동작(攴)이 더해져, 바르게 묶는다는 의미로 '정돈하다, 가지런히 하다'의 뜻을 나타낸다.

整理(정리) 整頓(정돈) 整然(정연) 整齊(정제) 調整(조정) 修整(수정) 不整脈(부정맥) '의관을 정제(整齊)하고 나서다' '수위를 조정(調整)하다'

歪
비뚤 왜

止-총9획

不+正. 바르다는 뜻인 正(정)에 부정사인 不(불)이 더해져 '바르지 않다, 삐뚤다'는 뜻을 나타낸다. '왜'라는 음은 연원을 알 수 없다.

歪曲(왜곡) 歪形(왜형) '사실을 왜곡(歪曲)하다'

症
증세 증

疒-총10획

疒+正. 본래 證(증)의 속자(俗字)이지만, 질병의 '증상, 병증'이라는 의미로 널리 쓰이고 있다.

症狀(증상) 症勢(증세) 病症(병증) 擬似症(의사증) 對症療法(대증요법)

定
정할 정

정할 정 金文

정할 정 篆文

宀+正. 바르다는 뜻인 正(정)에 집을 의미하는 宀(면)이 더해져 '정하다, 안정하다'의 뜻을 나타낸다. 宀+足 으로 풀이하여 '집으로 들어간다'는 의미로 설명하기도 한다. 正(정)과 足(족)의 金文은 口+止로 사실상 형태가 같아서 생긴 이견이다. 또는 正(정)의 '진격하다, 정벌하다'는 의미를 부각시킨다면, 定(정)은 정벌을 마치고 입성하는 모습으로 볼 수 있다. 그렇다면 '평정하다, 진정시키다'가 일차적인 의미가 될 것이다.

定
정할 정

宀-총8획

定員(정원) 定着(정착) 定員制(정원제) 規定(규정) 肯定(긍정) 平定(평정) 斷定(단정) 作定(작정) 制定(제정) 一定(일정) 策定(책정) '나쁜 사람으로 단정(斷定)짓다' '소득이 항상 일정(一定)하다'

碇
닻 정

石-총13획

石+定. 안정시키다의 뜻인 定(정)에 돌(石)이 더해져, 배의 위치를 안정시키는 '닻'을 뜻한다.

碇泊(정박) '항구에 정박(碇泊)하다'

錠
제기이름 정

金-총16획

金+定. 안정시키다의 뜻인 定(정)에 금속(金)이 더해져, 발이 셋으로 안정된 형태의 금속제 제기를 가리킨다. 근래는 주로 '알약'의 의미로 변형되어 쓰이고 있다.

錠劑(정제) 糖衣錠(당의정)

綻
옷터질 탄

糸-총14획, 組과 동자(同字)

糸+定. 동자인 組(탄)은 糸+旦. 旦(단)은 해뜨는 모습으로 실(糸)과 더해져, 옷이 터져 드러남을 뜻한다. 안정시키다의 뜻인 定(정)은 터진 옷을 '꿰매다'의 의미인데, 組(탄)과 綻(탄) 모두 '터지다, 꿰매다'의 뜻을 아우른다.

綻露(탄로) 破綻(파탄) '생활이 파탄(破綻)에 이르다'

是
옳을 시

옳을 시 金文   옳을 시 篆文

본자(本字)는 昰로 日+正. 해(日)를 향해 똑바로 걸어가는 모습(正)에서 '똑바르다, 옳다'는 뜻을 나타낸다. 가차하여 '이(this)'의 뜻으로도 쓰인다.

是
옳을 시

日-총9획

是非(시비) 是認(시인) 是正(시정) 是是非非(시시비비) '잘못된 관행을 시정(是正)하다'

堤
둑 제

土-총12획

土+是. 똑바르다의 뜻인 是(시)에 흙(土)이 더해져, 흙을 길고 똑바르게 쌓아 놓은 '둑, 제방'을 뜻한다.

堤防(제방) 堰堤(언제) 堰堤湖(언제호) 防波堤(방파제)

提
끌 제

手-총12획

扌(手)+是. 똑바르다의 뜻인 是(시)에 손(手)이 더해져, 팔을 내밀어 뻗는다는 의미로 '끌다, 들다, 거느리다'의 뜻을 나타낸다.

提示(제시) 提供(제공) 提案(제안) 提請(제청) 提出(제출) 提議(제의) 提督(제독) 前提條件(전제조건) '임명 동의안을 제청(提請)하다' '해군 제독(提督)'

題
표제 제

頁-총18획

是+頁. 똑바르다의 뜻인 是(시)에 머리(頁)가 더해져, 본래 '이마'를 의미한다. 파생하여 '표제, 제목'의 뜻으로 쓰인다.

題目(제목) 課題(과제) 宿題(숙제) 主題(주제) 命題(명제) 出題(출제)

延
끌연 | 끌연篆文

廴+正. 똑바로 간다는 의미인 正(정)에 걷는다는 의미인 廴(인)이 더해져, 길을 똑바로 걸어가다의 의미이다. 파생하여 '펴다, 늘이다, 끌다, 지체하다'는 뜻을 나타낸다.

延
끌 연

廴-총7획

延着(연착) 延滯(연체) 延長(연장) 遲延(지연) 蔓延(만연) '기한을 연장(延長)하다' '적당주의가 만연(蔓延/蔓衍)해 있다'

筵
대자리 연

竹-총13획

竹+延. 펴다의 의미인 延(연)에 대나무(竹)가 더해져, 펴서 까는 '대자리, 자리'를 뜻한다.

經筵(경연) '임금이 경연(經筵)에 나아가다'

誕
태어날 탄

言-총14획

言+延. 펴다, 늘이다의 의미인 延(연)에 말(言)이 더해져, 사실보다 말을 늘인다는 의미로 '속이다, 거짓말'을 뜻한다. 이와 별개로 '태어남'을 높여 표현하는 말로도 쓰인다.

誕生(탄생) 誕辰(탄신) 聖誕節(성탄절) 釋迦誕辰日(석가탄신일)

蛋

새알 단

虫-총11획

생략이 많지만 虫+誕 으로 풀이한다. 벌레(虫)가 탄생한다(誕)는 의미로 '알'을 뜻한다.

蛋白質(단백질)　鷄蛋(→지단)

※ 잠깐 일러두기

□에 대해 잠시만 보충설명 하겠다. 앞 장에서 足(발 족)이 □+止라고 말한 바 있다. 正(정)과 거의 같은 모양인데 足(족)의 □는 몸통이라 하고, 正(정)의 □는 나라라고 하니 공부하는 입장에서 받아들이기 곤란할 수 있다. 이를 어떻게 이해해야 할까.

필자의 의견을 말하자면 '네모에 얽힌 다양한 상상력의 산물'이라는 것이다. 한번 생각해보라. 멀리서 누가 두 손으로 네모 모양을 그린다고 가정해보자. 이게 사진일까, 가방일까, 노트북컴퓨터일까. 프로야구에서라면 비디오판독 요청을 하면 될 것이다. 사실 글자 속에서 네모꼴 □만큼 다양한 쓰임새로 풀이되는 글자도 드물다. 자전에서는 작은 입구(口)와 큰입구(□)가 구별되어 있는데, 口(구)는 입을 뜻하고 □(국/위)는 둘레를 뜻한다. 하지만 이 외에도 많은 글자 속에서 다양한 의미로 쓰인다. □만큼은 빈 캔버스마냥 무엇이든 그릴 수 있게 비워두면 글자를 공부하기가 훨씬 용이해진다는 얘기이다.

3. 이제 두 발째
〔步〕步 歲 涉

步
걸음 보

걸을 보 甲骨文 　　걸을 보 篆文

止+止. 한 발(止)은 앞에, 한 발(止)은 뒤에 놓인 모습으로 '걷다, 걸음'의 뜻을 나타낸다.

步
걸음 보

止-총7획

步兵(보병) 徒步(도보) 闊步(활보) 驅步(구보) 隻步(척보) 進步(진보) 退步(퇴보) 踏步(답보) 初步(초보) 獨步的(독보적) 徒步旅行(도보여행) '진보(進步)와 보수로 나뉘다'

陟
오를 척

阜-총10획

阝(阜)+步. 걷는다는 뜻인 步(보)에 언덕(阜)이 더해져, 높은 곳으로 '올라가다, 오르다'의 뜻을 나타낸다. 내려간다는 의미인 降(강)과 짝을 이루는 글자이다.

進陟(진척) 三陟(삼척)〈地〉 '작업의 진척(進陟)이 빠르다'

歲
해 세

해 세 甲骨文 　　해 세 金文

步+戌(戉). 戌(술)/戉(월)은 모두 도끼를 뜻한다. 희생을 도끼로 찢어 해마다 제사 지낸다는 의미에서 '해(年)'의 뜻을 나타낸다. 步(보)는 이후에 추가된 것으로, 걸음을 내딛듯 다음 해로 넘어간다는 의미를 표현하고 있다. 파생하여 '경계를 넘어가다, 도를 넘치다'의 의미도 지니게 된다.

歲
해 세

止-총13획

歲月(세월) 歲拜(세배) 年歲(연세)

濊
깊을 예

水-총16획

氵(水)+歲. 도를 넘치다의 의미인 歲(세)에 물(水)이 더해져 '물이 깊고 많다'의 뜻을 나타낸다.

濊貊(예맥)

涉
건널 섭

| 건널 섭 甲骨文 | 물가 빈 金文 | 물가 빈 金文2 |

氵(水)+步. 甲骨文을 보면 발(止)과 발(止) 사이에 냇물이 놓인 형태이다. 냇물을 한달음에 건너는 모습으로, 살짝 과장된 캐리커처이다.

파생된 글자인 瀕(물가 빈)에 대해 알아보자. 涉(섭)에 얼굴을 의미하는 頁(혈)이 더해진 형태로, 출렁이는 강의 물결을 얼굴에 잡힌 주름에 빗댄 글자이다. '주름지다, 찡그리다'와 아울러 '물가, 물결'의 뜻을 나타낸다. 주름지듯 파도가 수시로 몰려오는 모습에서 '자주'라는 의미도 파생되었다.

涉
건널 섭

水-총10획

涉獵(섭렵) 涉歷(섭력) 涉外(섭외) 干涉(간섭) 交涉(교섭) '각종 문헌을 섭렵(涉獵)하다'

瀕
물가 빈

水-총19획

涉+頁. 본문 참조

瀕死(빈사) '빈사(瀕死)상태에 빠져 있다'

嚬
찡그릴 빈

口-총19획

瀕+口. 주름지다의 의미인 瀕(빈)에서 氵(水)를 口(구)로 교체하여 '얼굴 찡그리다'의 뜻을 명확히 하였다.

嚬蹙(빈축) '사람들의 빈축(嚬蹙)을 사다'

頻
자주 빈

頁-총16획

瀕(빈)에서 氵(水)가 없어진 형태로 풀이한다. 주름지듯 파도가 수시로 몰려드는 모습에서 '자주, 잇달아'의 의미가 파생되었다. 瀕(빈)에서 氵(水)가 생략되며 '물가, 물결'이라는 의미와 구별하였다.

頻度(빈도) 頻發(빈발) 頻數(빈삭) 頻繁(빈번) 頻煩(빈번) '왕래가 빈번(頻繁/頻煩)하다'

4. 가자. 한발씩 가자
〔之〕之 先 志 乏

之	갈지金文	갈지篆文	시장시金文	시장시篆文
갈 지				

止+一. 출발선(一)에서 한 발짝(止) 내딛고자 하는 모습으로 '가다'의 뜻을 나타낸다. 가차하여 소유를 나타내는 접속사인 '의(of)'라는 뜻으로도 쓰인다. 참고로 〈설문해자〉에서는 '싹이 터서 점점 크게 자라나는 모습(象艸過中 枝莖益大)'이라고 설명하고 있는데, 之(지)의 篆文인 业를 풀(屮)과 땅(一)의 결합으로 풀이한 결과이다.

丿-총4획

之東之西(지동지서) 塞翁之馬(새옹지마) 尾生之信(미생지신)

巾-총5획

之(业)+冂. 冂(경)은 일정한 구역. 사람들이 거래를 위해 가는(之) 장소(冂)인 '시장'을 뜻한다. 참고로 肺(허파 폐)는 宋(발)이 변형된 형태로, 市(시)와는 무관하다.

市場(시장) 市長(시장) 市民(시민) 市中(시중) 市街戰(시가전) 門前成市(문전성시) '전통시장(市場)에 시장(市長)이 방문하다'

先
먼저 선

先 먼저 선 甲骨文   先 먼저 선 金文

之+儿. 움직이는 발(foot)을 뜻하는 之(지)에 사람(儿)이 더해진 형태이다. 사람의 머리보다 먼저 내디딘 발의 모양에서 '먼저, 앞서다'는 뜻을 나타낸다. 여담이지만 어떤 운동이든 기본 스텝을 중요시하며, 발이 손과 머리보다 먼저 움직여야 된다고 강조한다. 先(선)이라는 글자가 그것을 잘 표현하고 있다고 생각한다.

先
먼저 선

儿-총6획

先後(선후) 先輩(선배) 先天的(선천적) 急先務(급선무) 機先制壓(기선제압)

洗
**씻을 세 /
깨끗할 선**

水-총9획

氵(水)+先. 발을 내딛는다는 의미인 先(선)에 물(水)이 더해져, 물에 발을 뻗어 담그는 모습으로 '씻다'의 뜻을 나타낸다. 음은 본래 '세/선' 두 종류인데, 일반적으로 '세'로 읽힌다.

洗滌(세척) 洗顏(세안) 洗面(세면) 洗濯(세탁) 洗禮(세례) 洗腦(세뇌) 洗練(세련) 洗鍊(세련) '태도가 세련(洗練/洗鍊)되다'

贊
도울 찬

貝-총19획

兟+貝. 兟(신)은 先+先 으로 '나아간다'는 의미. 신(神)에게 보물(貝)을 바치러 나아간다(兟)는 의미로 '돕다, 고하다, 칭찬하다'의 뜻을 나타낸다.

贊助(찬조) 贊成(찬성) 協贊(협찬)

讚
기릴 찬

言-총26획

言+贊. 신에게 고한다는 의미인 贊(찬)에 말(言)이 더해져 '기리다, 찬양하다'의 뜻을 나타낸다.

讚辭(찬사) 讚歌(찬가) 讚美(찬미) 讚頌歌(찬송가) 讚佛歌(찬불가) 稱讚(칭찬) 絕讚(절찬)

志
뜻 지   뜻 지 金文   뜻 지 篆文

篆文은 屮(之)+心. 士의 형태로 변형되었다. 가다의 뜻인 之(지)에 마음(心)이 더해져 '마음이 가다, 마음이 향하다'는 의미로 '의향, 뜻하다'의 뜻을 나타낸다.

志
뜻 지

心-총7획

志願(지원) 志望(지망) 志士(지사) 雄志(웅지) 意志(의지) 三國志(삼국지) 遠志(원지)〈藥〉

誌
기록할 지

言-총14획

言+志. 마음이 간다는 뜻인 志(지)에 말(言)이 더해져 '적다, 기록하다'의 뜻을 나타낸다.

日誌(일지) 雜誌(잡지) 週刊誌(주간지)

乏
가난할 핍   가난할 핍 篆文

正(정)을 반대 방향으로 써놓은 형태이다(反正爲乏). 앞에서 설명한 바와 같이 正(정) 또한 발을 의미하는 止(지)에서 뻗어 나온 글자이다. 반대로 거슬러 간다는 의미로 '모자라다, 궁핍하다'의 뜻을 나타낸다.

乏
가난할 핍

丿-총5획

窮乏(궁핍) 缺乏(결핍) 絶乏(절핍)

泛
뜰 범

水-총8획

氵(水)+乏. 거슬러간다는 의미인 乏(핍)에 물(水)이 더해져 '물에 뜨다'의 뜻을 나타
낸다. 파생하여 '넓어지다, 퍼지다'의 의미로도 쓰이며, 汎(뜰 범)과 쓰임새가 겹친다.

泛論(범론) 泛稱(범칭) '보통 OOO로 범칭(泛稱/汎稱)한다'

貶
떨어뜨릴 폄

貝-총12획

貝+乏. 모자라다의 뜻인 乏(핍)에 재물(貝)이 더해져, 재물이 부족하다는 의미이다.
파생하여 '덜다, 떨어뜨리다, 깎아내리다'의 뜻으로 쓰인다.

貶下(폄하) 貶黜(폄출) 貶毁(폄훼) 貶降(폄강)

5.   더디 간들 어떠랴(上)
〔夊〕降 各 路

夊
뒤져서올 치

뒤져서올 치 篆文

甲骨文은 발을 뜻하는 止(지)를 뒤집은 형태이다. '걷다'의 뜻으로 작용하며 〈설문해자〉에서는 '뒤에서 따라오다(从後至)'로 풀이한다. 간혹 止(지)를 뒤집어 놓은 형태라 하여 아래를 향하는 발자국으로 보기도 하지만, 降(내릴 강)에서만 아래를 향하는 발걸음을 의미한다.

降
내릴 강/항복할 항

내릴 강 甲骨文   내릴 강 金文   오를 척 甲骨文

阝(阜)+夅. 夅(항)은 夂+夊로 두 발자국이다. 언덕(阜)이 더해져 '내리다'의 뜻을 나타낸다. 파생하여 '항복하다'의 뜻으로도 쓰인다.

함께 보아야 할 글자로 陟(오를 척)이 있다. 陟(척)과 降(강)의 甲骨文을 비교해보면, 언덕(阜) 옆에 나란히 그려진 발자국의 방향이 서로 반대이다. 애초부터 짝으로 만들어진 글자들인 셈이다. 步(보)가 위를 향하는 발걸음인 경우도 陟(척) 이외 글자에서는 찾아보기 어렵다.

降
내릴 강
/항복할 항

阜-총9획
降臨(강림) 下降(하강) 霜降(상강) 降服(항복) 降伏(항복) 投降(투항) '항복(降服/降伏)하지 않고 버티다'

隆
클 륭

阜-총12획

降+生. 아래로 내려간다는 의미의 降(강)에 자라나다의 뜻인 生(생)이 더해져, 낮은 땅에서 불쑥 솟아난다는 의미로 '크다, 높이다, 융성하다'의 뜻을 나타낸다.

隆盛(융성) 隆崇(융숭) 隆起(융기)

各
각각 각

각각 각 甲骨文   각각 각 金文

夂+口. 출입구(口)와 발자국(夂)이 더해져 '집에 이르다, 다다르다'의 뜻을 나타낸다. 그런데 파생된 글자들을 자세히 살펴보면 집주인이 아니라 '외부인이 집에 온 상황'임을 알 수 있다. 때문에 各(각)에는 외부에서 유입된 이질감과 거리감이 내포되어 있다. 현재 各(각)의 주된 뜻인 '각각, 각자'라는 의미도 단순히 가차가 아니라, 손님과 주인의 구별에서 기인하였을 가능성이 높아 보인다.

各
각각 각

口-총6획

各自(각자) 各別(각별) 各自圖生(각자도생) 各樣各色(각양각색) 各個擊破(각개격파)

客
손 객

宀-총9획

宀+各. 이르다의 의미인 各(각)에 집을 뜻하는 宀(면)이 더해져 '집에 오다'의 의미로, '집에 내방한 사람, 손님'을 가리킨다.

客體(객체) 客地(객지) 客觀的(객관적) 劍客(검객) 乘客(승객) 顧客(고객) 觀客(관객) 食客(식객) 主客顚倒(주객전도)

閣
다락집 각

門-총14획

門+各. 이르다의 의미인 各(각)에 문(門)이 더해져, 문짝을 고정시키는 말뚝인 '문설주' 혹은 높이 솟은 '다락집'을 의미한다.

閣下(각하) 殿閣(전각) 樓閣(누각)

格
바로잡을 격

木-총10획

木+各. 이르다의 의미인 各(각)에 나무(木)가 더해져 '규격, 법식, 바로잡다' 등의 뜻을 나타낸다. 나무(木)가 일정한 기준에 이르러야(各) 목재로 사용할 수 있다는 의미로 풀이된다.

格言(격언) 格式(격식) 格鬪技(격투기) 嚴格(엄격) 品格(품격) 缺格事由(결격사유)

落
떨어질 락

艹-총13획

艹+氵(水)+各. 이르다의 의미인 各(각)에 풀(艹)과 물(水)이 더해져, 풀잎과 물이 땅에 이른다는 의미로 '떨어지다'의 뜻을 나타낸다.

落葉(낙엽) 落第(낙제) 落膽(낙담) 落伍(낙오) 落後(낙후) 落札(낙찰) 轉落(전락) 陷落(함락) 漏落(누락) 脫落(탈락)

絡
헌솜 락

糸-총12획

糸+各. 이르다의 의미인 各(각)에 실(糸)이 더해져 '얽히다, 이어지다, 두르다, 실을 감다'의 의미를 나타낸다.

經絡(경락) 連絡(연락) 籠絡(농락) 三陽絡(삼양락)〈穴〉'사람을 농락(籠絡)하다'

駱
낙타 락

馬-총16획

馬+各. 이르다의 의미인 各(각)에 말(馬)이 더해져, 외국에서 온 말이란 의미로 '낙타'를 가리킨다.

駱駝(낙타)

酪
타락 락

酉-총13획

酉+各. 이르다의 의미인 各(각)에 발효음식을 뜻하는 酉(유)가 더해져, 외국에서 들어온 '발효유'를 가리킨다.

酪農業(낙농업)

略
간략할 략

田-총11획

田+各. 이르다의 의미인 各(각)에 밭(田)이 더해진 형태인데, 남의 밭에 '침략하다'의 뜻을 나타낸다. 파생하여 '생략하다, 간략하다'의 의미도 나타낸다. 남의 밭에 정성을 들일 리가 없다는 의미로 풀이된다.

略字(약자) 略少(약소) 略式(약식) 戰略(전략) 計略(계략) 侵略(침략) 經略(경략) 省略(생략) 大略(대략) 簡略(간략)

額
이마 액

頁-총18획

客+頁. 이르다의 의미인 各(각)에 머리(頁)가 더해져 '이마'를 뜻한다. 외부에 드러나 있는 이마를 손님(客)의 의미와 연결한 것으로 풀이된다.

額數(액수) 額面(액면) 額子(액자) 金額(금액) 定額(정액)

賂
뇌물 뢰

貝-총13획

貝+各. 이르다의 의미인 各(각)에 재물(貝)이 더해져 '뇌물'을 의미한다. 各(각)이 가지고 있는 이질감이 잘 드러난 글자라 하겠다. 음은 路(로)에 가깝다.

賂物(뇌물) 收賂(수뢰)

路
길 로

길 로 金文

足+各. 이르다의 의미인 各(각)에 발을 뜻하는 足(족)이 더해져, 사람이 다니는 '길'의 뜻을 나타낸다.

~~~~~~~~~~~~~~~~~~~~~~~~

路
길 로

足-총13획

路邊(노변) 路線(노선) 路柳墻花(노류장화) 路上强盜(노상강도) 道路(도로) 血路(혈로) 末路(말로) 回路(회로) '혈로(血路)를 뚫다' '말로(末路)가 초라하다'

露
이슬 로

雨-총20획

雨+路. 길을 뜻하는 路(로)에 기상 현상을 뜻하는 雨(우)가 더해져 '이슬'을 나타낸다. 아울러 차가운 물건이 따뜻한 공기에 노출될 때 이슬이 맺히므로 '드러나다, 나타나다'의 의미도 파생되었다.

露出(노출) 露宿(노숙) 露店(노점) 露骨的(노골적) 露西亞(노서아) 露天劇場(노천극장) 發露(발로) 吐露(토로) 暴露(폭로)

6. 더디 간들 어뗘랴(下)
〔夊〕舛 舜 桀 韋 舜 退

천천히걸을 쇠 | 천천히걸을 쇠 甲骨文 　천천히걸을 쇠 篆文

앞 장에서 다룬 夂(뒤져서올 치)와 같은 글자라고 보면 되겠다. 〈설문해자〉에서는 '느리게 질질 끌듯 간다는 의미로, 짚신을 신고 두 다리를 끄는 모양이다(行遲曳夊夊 象人兩脛有所躧也).'로 설명한다. 夂(치)와 夊(쇠)는 모양도 서로 비슷하지만, 자원(字源)도 의미도 모두 동일하다. 같은 글자에 음이 두 가지인 정도로 알아두자. 그래도 각각 부수자이니 구별해야 한다면, 글자의 윗부분에 위치하면 夂(치) 아랫부분에 위치하면 夊(쇠)라고 보면 되겠다.

舛
어그러질 천 | 어그러질 천 篆文

양 발(夊)이 반대 방향을 향하는 모습으로, 夊(쇠)와 돌려진 夊(쇠)의 결합이다. 〈설문해자〉에서는 '두 발이 서로 등지다(夊屮相背)'로 풀이한다. 참고할 글자로 北(북녘 북)이 있는데 '두 사람이 서로 등지다(二人相背)'라고 설명한다. 즉 北(북)은 두 사람이 등 돌린 모습으로 '등지다, 배신하다'가 본래 의미이고, 舛(천)은 양 발(夊)이 등진 모습으로 '삐걱거리다, 어그러지다'의 뜻을 나타내는 것이다. 독립적인 쓰임새는 적지만, 자전에서 부수자이다.

舜
순임금 순

舞
순임금 순 篆文

꽃이 줄줄이 핀 모습+舛. 아래에 덩굴이 갈라지고(舛), 위에는 꽃이 핀다는 의미로 풀이된다. '무궁화'를 의미하기도 하지만, 주로 '순임금'을 가리키는 고유명사로 쓰인다.

舜
순임금 순

舛-총12획
堯舜(요순) 李舜臣(이순신)〈名〉

瞬
눈깜빡할 순

目-총17획
目+舜. 꽃이 핀 모습인 舜(순)에 눈(目)이 더해져, 꽃이 단시간에 피고 지는 것을 눈깜빡임에 빗댄 것으로 '눈깜짝거리다'의 뜻을 나타낸다.
瞬間(순간) 瞬息間(순식간) 瞬發力(순발력)

桀
횃 걸

桀
횃 걸 篆文

舛+木. 나무(木) 위에 양 발(舛)을 결박한 모습(舛在木上)으로, 형벌의 일종이다. '사납다, 높이 내걸다'의 의미를 나타내며, 닭이 앉는 '횃'의 뜻으로 쓰인다.

傑
뛰어날 걸

人-총12획, 杰은 속자(俗字)
亻(人)+桀. 높이 내걸다의 뜻인 桀(걸)에 사람(人)이 더해져 '뛰어난 인물, 준걸'을 뜻한다.
傑作(걸작) 傑出(걸출) 豪傑(호걸) 英傑(영걸)

韋
다룸가죽 위

다룸가죽 위 甲骨文   다룸가죽 위 金文   다룸가죽 위 篆文

舛+囗. 舛(천)이 夂과 舛로 나뉘어 위아래로 囗(위)를 에워싼 모양새다. '에워싸다'의 뜻을 나타낸다. 한편으로 어떤 장소(囗)에서 서로 다른 방향의 발걸음(舛)이란 의미로 '갈라지다, 동떨어지다'의 뜻을 나타내기도 한다. 파생된 글자들을 보더라도 의미가 양분됨을 알 수 있다. 참고로 囗(큰입구)는 '위'로 읽을 때는 圍(에울 위)의 고자(古字), '국'으로 읽을 때는 國(나라 국)의 고자(古字)이다. 그런데 韋(위)가 '무두질하여 부드러워진 가죽'의 의미로 쓰이는 이유에 대해서는 명쾌한 설명을 찾기가 어렵다.

韋
다룸가죽 위

韋-총9획

韋編三絶(위편삼절)

圍
에울 위

囗-총12획

囗+韋. 에워싸다의 의미인 韋(위)에 囗(위)를 덧붙여 '에워싸다, 두르다'의 뜻을 명확히 하였다.

範圍(범위) 周圍(주위) 包圍(포위) 雰圍氣(분위기)

衛
지킬 위

行-총16획

行+韋. 에워싸다의 의미인 韋(위)에 길을 뜻하는 行(행)이 더해져, 주위를 돌며 '지키다, 호위하다'의 뜻을 나타낸다.

衛生(위생) 衛星(위성) 衛戍令(위수령) 衛兵所(위병소) 衛正斥邪(위정척사) 護衛(호위) 前衛(전위)

緯
씨실 위

糸-총15획

糸+韋. 에워싸다의 의미인 韋(위)에 실(糸)이 더해져, 날실(經)의 주위를 둘러싸는 실인 '씨실'을 뜻한다.

緯度(위도) 經緯(경위) '사건의 경위(經緯)를 설명하다'

違
어길 위

辵-총13획

辶(辵)+韋. 갈라지다의 의미인 韋(위)에 움직임을 뜻하는 辵(착)이 더해져 '어기다, 어그러지다'의 뜻을 나타낸다.

違反(위반) 違法(위법) 違背(위배) 違和感(위화감)

偉
훌륭할 위

人-총11획

亻(人)+韋. 갈라지다의 의미인 韋(위)에 사람(人)이 더해져 '훌륭하다, 뛰어나다'의 뜻을 나타낸다. 남들과 똑같아선 평범한 사람밖에 될 수 없다는 의미로 풀이된다.

偉大(위대) 偉人(위인)

諱
꺼릴 휘

言-총16획

言+韋. 갈라지다의 의미인 韋(위)에 말(言)이 더해져, 입으로 말하기를 '꺼리다, 숨기다'의 뜻을 나타낸다. 높은 사람이나 죽은 자의 이름을 부를 때 '조심하다'라는 의미로 쓰인다.

諱字(휘자) 諱言(휘언) 諱談(휘담)

粦
도깨비불 린

도깨비불 린 金文   도깨비불 린 篆文

炎+舛. 불꽃을 본뜬 炎(염)이 米 형태로 변형되었다. 각각 다른 방향을 향한 두 발인 舛(천)이 더해져, 어지럽게 좌우로 흔들리는 '도깨비불(鬼火)'을 뜻한다.

燐
도깨비불 린

火-총16획

火+粦. 도깨비불을 뜻하는 粦(린)에 불(火)이 덧붙어 '도깨비불'의 뜻을 분명히 하였다. 화학원소인 '인(P)'의 뜻으로도 쓰인다.

燐(인) 燐酸(인산) '칼슘과 인(燐)은 상호의존적인 영양소이다'

鱗
비늘 린

魚-총23획

魚+粦. 도깨비불을 뜻하는 粦(린)에 물고기(魚)가 더해져, 희미하게 빛나는 '비늘'을 뜻한다.

魚鱗(어린) 魚鱗陳(어린진) 逆鱗(역린)

隣 이웃 린

阜-총15획

阝(阜)+粦. 본자(本字)는 鄰. 주대(周代) 행정구획 단위의 하나로, 다섯 가구가 사는 구역을 의미했다(五家爲鄰). 이후에 '이웃'이라는 뜻으로 쓰임새가 확대되었다.

隣近(인근) 隣接(인접) 事大交隣(사대교린) 近隣公園(근린공원)

憐 불쌍히여길 련

心-총15획

忄(心)+粦. 여기서 粦(린)은 隣(린)의 의미. 이웃 사람들끼리 품는 '동정심, 불쌍히 여기는 마음'을 뜻한다.

憐憫(연민) 憐憫(연민) 可憐(가련) 同病相憐(동병상련) '환자에게 연민(憐憫/憐憫)을 느끼다'

退 물러날 퇴

물러날 퇴 金文　　물러날 퇴 篆文

자원(字源)에 대한 견해가 다양한데 夊(쇠)가 변형되었다는 점, 艮(어긋날 간)과 무관한 글자라는 점은 거의 일치한다. 〈설문해자〉에 의하면 復가 退의 본자(本字)로 彳+日+夊 이며 '물러나다(卻)' 혹은 '천천히 가다(行遲)'의 의미이다. 夊(쇠)는 음과 뜻 양쪽에 영향을 미친다고 볼 수 있다.

退 물러날 퇴

辵-총10획

退治(퇴치) 退出(퇴출) 退勤(퇴근) 退却(퇴각) 脫退(탈퇴) 隱退(은퇴) 擊退(격퇴) 後退(후퇴)

褪 바랠 퇴

衣-총15획

衤(衣)+退. 물러나다는 뜻인 退(퇴)에 옷(衣)이 더해져, 옷의 빛깔이 '바래다'의 뜻을 나타낸다.

褪色(퇴색) '의미가 많이 퇴색(褪色/退色)했다'

7. 무릎을 꿇은 자
〔卩〕卩 印 夗 巽 氾 却 色

병부 절 | 병부 절 篆文

사람이 무릎 꿇은 모양을 본뜬 것으로 '무릎', 아울러 '관절'을 뜻한다. 節(절)의 원자(原字)이다. 관절이 딱 들어맞는 모양에서 '부절(符節)'의 의미도 파생되었다. 혹 卩의 형태로도 쓴다.

우러를 앙 | 우러를 앙 篆文

匕+卩. 匕(비)는 사람을 본뜬 모습으로, 서있는 자세이다. 卩(절)은 무릎 꿇은 상태. 무릎 꿇은 사람(卩)이 서있는 사람(匕)을 '올려다보다, 우러러보다'는 의미를 나타낸다.

우러를 앙

人-총6획

亻(人)+卬. 우러러보다의 뜻인 卬(앙)에 사람(人)이 더해져 '우러러보다, 올려다보다'의 뜻을 명확히 하였다.

仰望(앙망) 仰祝(앙축) 信仰(신앙) 崇仰(숭앙) 推仰(추앙) '성인으로 추앙(推仰)받다'

오를 앙

日-총8획

日+卬. 우러러보다의 뜻인 卬(앙)에 해(日)가 더해져, 해가 '높이 오르다, 밝다'의 뜻을 나타낸다.

昂騰(앙등) 昂貴(앙귀) '가격이 앙등(昂騰)하다'

迎
맞이할 영

辵-총8획
辶(辵)+印. 우러러보다의 뜻인 印(앙)에 움직임을 뜻하는 辵(착)이 더해져, 길에 나가서 '맞이하다, 마중하다'의 뜻을 나타낸다.

迎入(영입) 迎接(영접) 歡迎(환영) 迎香(영향)〈穴〉人迎(인영)〈穴〉

印
도장 인

도장 인 金文   도장 인 篆文

爪+卩. 아래를 향하는 손인 爪(조)에 무릎 꿇은 모습인 卩(절)이 더해져 '억누르다, 제지하다, 굴복하다'의 뜻을 나타낸다. 이후 눌러서 찍는 '인장, 도장'의 뜻으로 쓰이게 된다.

印
도장 인

卩-총6획
印朱(인주) 印章(인장) 印鑑(인감) 印刷(인쇄) 印象(인상) 捺印(날인) 烙印(낙인) 刻印(각인) 影印本(영인본) 油印物(유인물) '초면에 좋은 인상(印象)을 남기다'

抑
누를 억

手-총7획, 印(앙)과는 무관함
扌(手)+印. 억누르다는 의미의 印(인)에 손(手)이 덧붙어 '억누르다'라는 본연의 의미를 나타낸다. 동일한 甲骨文에서 갈라진 이후, 형태도 음도 의미도 印(인)과는 상당히 달라졌다.

抑壓(억압) 抑制(억제) 抑鬱(억울) 抑揚(억양) 抑何心情(억하심정)

夗

누워뒹굴 원

夗 누워뒹굴 원 篆文

夕+㔾. 무릎을 꿇은 모습, 몸을 구부린 모습인 㔾(절)에 저녁(夕)이 더해진 형태. 방바닥에서 뒹굴뒹굴한다는 의미로 '누워 뒹굴다(轉臥)'의 뜻을 나타낸다. 아울러 '굽어지다'의 의미도 지닌다.

怨
원망할 원

心-총9획

夗+心. 굽어지다의 뜻인 夗(원)에 마음(心)이 더해져, 마음이 비뚤어지다는 의미로 '원망하다, 불평하다'의 뜻을 나타낸다.

怨恨(원한) 怨望(원망) 怨讐(원수)

宛
굽을 완

宀-총8획

宀+夗. 굽어지다의 뜻인 夗(원)에 집을 뜻하는 宀(면)이 더해져, 집에서 편안히 몸을 구부리고 쉬는 모습으로 '구부리다, 굽히다'의 뜻을 나타낸다. '완연하다'의 의미로도 쓰인다.

宛然(완연) '봄기운이 완연(宛然)하다'

腕
손목 완

肉-총12획

月(肉)+宛. 구부리다, 편안하다의 뜻인 宛(완)에 인체를 뜻하는 肉(육)이 더해져, 자유롭게 구부릴 수 있는 '손목, 팔'을 뜻한다.

腕章(완장) 腕力(완력) 鐵腕(철완) 腕骨(완골)〈穴〉

巽

손괘 손 | 손괘 손 篆文

吅+丌. 변형이 많이 되었다. 吅(손)은 두 사람이 나란히 꿇어앉은 모습으로 '서로 따르다'는 의미를 나타낸다. 물건을 괴는 받침인 丌(기)가 더해져, 귀한 물건을 가지런히 괸다는 의미로 '갖추다, 가지런히 하다, 공손하다'의 뜻을 나타낸다. 팔괘(八卦) 중에서 손괘(☴)를 뜻한다.

選

가릴 선

辵-총16획

辶(辵)+巽. 가지런히 하다의 의미인 巽(손)에 움직임을 뜻하는 辵(착)이 더해져 '가리다, 고르다, 선택하다'의 뜻을 나타낸다.

選擧(선거) 選手(선수) 選擇(선택) 選好(선호) 嚴選(엄선)

撰

지을 찬

手-총15획

扌(手)+巽. 가지런히 하다의 의미인 巽(손)에 손(手)이 더해져, 글을 '짓다, 적다'의 뜻을 나타낸다.

撰集(찬집) 撰述(찬술)

饌

반찬 찬

食-총21획

食+巽. 가지런히 하다의 의미인 巽(손)에 음식(食)이 더해져 '반찬, 차려내다'의 뜻을 나타낸다.

饌欌(찬장) 飯饌(반찬) 珍羞盛饌(진수성찬)

氾

넘칠 범

氾 넘칠 범 篆文　　邓 범할 범 篆文

氵(水)+卩(已). '물이 넘치다'의 뜻을 나타낸다. 무릎 꿇은 모습인 卩(절)과 관련하여, 음도 뜻도 명쾌하게 풀이한 설명을 찾기 어렵다.

넘칠 범

水-총5획

氾濫(범람) '강물이 범람(氾濫/汎濫)하다'

범할 범

犬-총5획

犭(犬)+卪. 여기서 卪은 氾(범)의 의미. 개(犬)가 여기저기 물고 다니는 것을, 물이 넘치는 것(氾)에 빗대어 '침범하다, 저지르다'의 뜻을 나타낸다.

犯人(범인) 犯罪(범죄) 犯法(범법) 犯行(범행) 犯接(범접) 犯則金(범칙금) 侵犯(침범) 防犯(방범) 虞犯地帶(우범지대) '감히 범접(犯接)할 수 없다'

법 범

竹-총15획

笵+車. 笵(범)은 竹+氾 으로, 넘치지 않게 재는 죽제(竹製) 거푸집을 의미한다. 수레(車)가 더해져, 수레를 만들기 위한 틀의 의미에서 '본보기, 법식'의 뜻을 나타낸다.

範圍(범위) 範疇(범주) 示範(시범) 規範(규범) 師範(사범)

却

물리칠 각

卻

물리칠 각 篆文

본자(本字)는 卻으로 谷+卩. 〈설문해자〉에서는 '욕구를 절제하다(節欲)'로 풀이한다. 谷(곡)을 欲(욕)의 의미, 卩(절)을 절제의 의미로 파악한 것이다. 파생하여 '물리치다, 물러나다'의 뜻을 나타낸다. 혹 무릎 꿇은(卩) 다리의 모습을 골짜기(谷)에 빗댄 것으로 풀이하기도 한다. 무릎 꿇다, 즉 '패배하다'의 의미에서 '퇴각하다, 물러나다, 물리치다'의 뜻이 파생하였다. 이외에도 풀이에 대한 견해가 매우 다양한 글자인데 去(갈 거)와는 무관하다.

却

물리칠 각

卩-총7획

却說(각설) 棄却(기각) 退却(퇴각) 冷却(냉각) 忘却(망각) 減價償却(감가상각) '이제 그 얘기는 각설(却說)하고'

脚

다리 각

肉-총11획

月(肉)+却. 무릎 꿇은 모습인 却(각)에 인체를 뜻하는 肉(육)이 더해져 '정강이, 다리'를 뜻한다.

脚光(각광) 脚本(각본) 脚色(각색) 脚註(각주) 脚線美(각선미) 脚氣病(각기병) 立脚(입각) 行脚(행각) 鐵脚(철각) 健脚(건각) '사실에 입각(立脚)하여 말하다'

色
빛 색

尼
빛 색 篆文

人+卩. 무릎 꿇은 사람(卩) 위에 사람(人)이 얹혀 있는 모습으로, 그대로 춘화(春畫)의 한 장면이다. 人(인)의 시선이 왼쪽인 점을 감안하면, 卩(절)이 남성, 人(인)이 여성인 것으로 여겨진다. 색정(色情), 호색(好色)과 같은 단어에서 쓰이는 色(색)의 의미가 먼저 나타나고, 파생하여 '색깔(color)'을 뜻한다. 참고로 人(인)이 이런 형태로 변형된 글자로 危(위태할 위), 急(급할 급), 負(질 부) 등이 있다.

色
빛 색

色-총6획

才色(재색) 物色(물색) 具色(구색) 名色(명색) 遜色(손색) 正色(정색) 無色(무색) 傾國之色(경국지색) 巧言令色(교언영색) '적임자를 물색(物色)하다' '갑자기 정색(正色)하다'

艶
고울 염

色-총19획

豊+色. 본자(本字)는 豐+盍의 형태. 풍성해서 덮고도 남는다는 의미이지만, 속자인 艶(염)은 이와 결별한 것으로 봐야한다. 색기(色)가 넘친다(豐)는 의미로 '요염하다, 곱다'를 풀이하는 편이 이해하기 수월하다.

艶聞(염문) 妖艶(요염)

8. 우리 사는 고을

〔邑〕邑邑

邑 고을 읍	 고을 읍 甲骨文　고을 읍 金文　고을 읍 篆文

口+卩. 口는 일정한 장소의 의미이고, 卩(절)은 무릎 꿇고 앉은 사람. 사람들이 무리지어 사는 곳인 '마을, 고을, 성읍(城邑)'을 뜻한다. 고대에는 國(국)과 邑(읍)이 서로 통용되었다고 한다.

邑－총7획
고을 읍

邑內(읍내) 邑豪(읍호) 邑長(읍장) 都邑(도읍) 城邑(성읍) 祿邑(녹읍)

扈－총11획
뒤따를 호

戶+邑. 고을을 뜻하는 邑(읍)에 문(戶)이 더해져, 드나드는 것을 제한한다는 의미로 '뒤따르다, 막다, 종복(從僕)'을 뜻한다.

扈駕(호가) 扈衛(호위) 扈從(호종) 跋扈(발호) '탐관오리들이 발호(跋扈)하다'

邕
화목할 옹

화목할 옹 金文 화목할 옹 篆文1 화목할 옹 篆文2

川+邑. 냇물을 뜻하는 川(천)에 고을(邑)이 더해져, 물로 둘러싸인 거주지를 뜻한다. 〈설문해자〉에서는 '사방에서 물이 흘러들어, 자연스레 성(城)의 연못을 이룬 곳(四方有水 自邕城池者)'으로 풀이한다. '화목하다'의 뜻을 나타내며 '에워싸다'의 의미도 지닌다.

雝(할미새 옹)은 邕(옹)에 隹(추)가 더해진 형태인데, 〈간명갑골문자전〉에 의하면 새의 발이 고삐에 묶여 자유롭게 날지 못하는 모습을 표현한 것이다. 말하자면 물에 둘러싸인 지형인 邕(옹)은 농사에 편리하다는 의미와 함께, 외부와 차단되었다는 의미도 함께 지닌 것으로 풀이된다. 雝(옹)은 篆文 이후에 雍(옹)의 형태가 되었으며 '화목하다, 막다, 모으다'의 뜻을 나타낸다.

雍
화목할 옹

隹-총13획, 雝은 본자(本字)

본문 참조

雍也篇(옹·야편)〈논어(論語)〉

壅
막을 옹

土-총16획

雍+土. 에워싸다의 뜻인 雍(옹)에 흙(土)이 더해져, 외부의 침입에 대비해 흙을 쌓는다는 의미로 '막다, 북돋다'의 뜻을 나타낸다.

壅拙(옹졸) 壅塞(옹색) 壅固執(옹고집)

擁
안을 옹

手-총16획

扌(手)+雍. 에워싸다의 뜻인 雍(옹)에 손(手)이 더해져 '품에 안다, 들다, 끼다'의 뜻을 나타낸다.

擁護(옹호) 抱擁(포옹) '동료를 옹호(擁護)해주다'

甕
독 옹

瓦-총18획, 瓮과 동자(同字)

雍+瓦. 에워싸다의 뜻인 雍(옹)에 질그릇(瓦)이 더해져, 사람이 안을 크기의 그릇인 '항아리, 독'을 뜻한다.

甕器(옹기)

癰
악창 옹

疒−총23획, 癰과 동자(同字)

疒 +雝. 에워싸다의 뜻인 雝(옹)에 질병(疒)이 더해져 '종기, 등창'을 뜻한다. 의서에 서는 癰(옹)보다 癰(옹)의 형태가 흔하며 痈은 간체자이다.

癰疽(옹저) 癰腫(옹종)

9. 꼬인 두 다리
〔交〕

交
사귈 교

호
사귈 교 金文

克
사귈 교 篆文

두 다리가 꼬인 모습을 표현한 캐리커처이다. '교차하다, 섞이다, 사귀다'의 뜻을 나타낸다. 〈설문해자〉에서는 '다리가 엇갈린 것(交脛)'이라고 풀이하며 '大(대)'를 따른다. 다리가 엇갈린 모습을 본떴다(从大 象交形)'는 설명을 덧붙이고 있다. 두 팔 벌리고 서 있는 사람의 상형인 大(대)에서 다리만 교차시킨 형태로 파악한 것이다. 여담으로 '교차(交叉)'라는 단어에서, 交(교)는 다리가 꼬인 모습이고, 叉(차)는 두 손이 깍지 낀 모습을 본뜬 것이다.

交
사귈 교

亠-총6획

交分(교분) 交流(교류) 交尾(교미) 交付(교부) 交信(교신) 交際(교제) 交涉(교섭) 交通(교통) 交叉路(교차로) 社交性(사교성) 管鮑之交(관포지교)

絞
목맬 교

糸-총12획

糸+交. 엇갈리다의 뜻인 交(교)에 끈(糸)이 더해져 '묶다, 죄다'의 뜻을 나타낸다. '목을 매다'의 의미로도 쓰인다.

絞殺(교살) 絞首刑(교수형)

較
견줄 교

車-총13획, 较과 동자(同字)

車+交. 엇갈리다의 뜻인 交(교)에 수레(車)가 더해져, 수레 양옆에 가로로 교차하는 부품을 가리킨다. 이후 '견주다, 비교하다'의 뜻으로 쓰인다.

比較(비교) 日較差(일교차) 年較差(연교차)

校
학교 교

木-총10획

木+交. 엇갈리다의 뜻인 交(교)에 나무(木)가 더해져, 짜맞춘 나무를 의미한다. 나무 울타리, 고랑, 차꼬(木囚)를 뜻하였으나, 이후 '학교'의 뜻으로 쓰인다.

校庭(교정) 校訂(교정) 學校(학교) '교정(校庭)을 거닐다' '출판사에서 원고를 교정(校訂)하다'

效
본받을 효

攴-총10획

交+攴(攵). 엇갈리다의 뜻인 交(교)에 동작을 구체화하는 攴(복)이 더해져 '배우다, 본받다, 힘쓰다'의 뜻을 나타낸다.

效果(효과) 效力(효력) 效率(효율) 效能(효능) 效用(효용) 實效性(실효성)

狡
교활할 교

犬-총9획

犭(犬)+交. 엇갈리다의 뜻인 交(교)에 개(犬)가 더해져, 개 같은 사귐이라는 의미로 '교활하다, 간교하다'의 뜻을 나타낸다.

狡猾(교활) 狡兔三窟(교토삼굴)

郊
성밖 교

邑-총9획

交+阝(읍). 주(周)나라 제도에서, 도읍(都邑)에서 100리 이내 지역을 가리키는 행정 단위이다(距國百里爲郊).

郊外(교외)

10. 다섯 손가락
〔手〕手 拜 失

手
손수

손수金文

다섯 손가락이 있는 손의 모습을 본떴다. 손을 의미하는 글자는 여럿이지만 다섯 손가락 다 갖춰진 손은 手(수)가 유일하다. 하지만 손(hand)의 맹주는 手(수)가 아니라 又(우)이다. 손을 의미하는 다양한 글자들과 거기서 파생된 수많은 글자들을 살펴보면 고개가 끄덕여 질 것이다.

手(수)가 다른 글자와 더불어 쓰일 때는 扌 형태로 변형되는 경우가 많은데, 才(재주 재)와 모양이 유사해 '재방변'으로 부른다. 하지만 手(수)와 才(재)는 서로 무관한 글자이며, 자전 에서 才(재)의 부수가 手(수)인 것도 말이 안 된다.

手
손 수

手-총4획

手足(수족) 手動(수동) 手段(수단) 手下(수하) 手匣(수갑) 選手(선수) 失手(실수) 妙手(묘수) 勝負手 (승부수) 自充手(자충수) '묘수(妙手) 세 번이면 바둑 진다'

看
볼 간

目-총9획

手+目. 손(手)과 눈(目)이 더해져, 손을 이마에 대어 햇빛을 가리고 보는 모습으로 '보다'의 뜻을 나타낸다.

看板(간판) 看過(간과) 看破(간파) 看做(간주) 看護師(간호사) 走馬看山(주마간산) '동의한 것으로 간주(看做)하다' '중요한 사실을 간과(看過)하다'

拜
절 배

절 배 金文

본자(本字)는 撵로 手+撵이다. 撵(홀)은 가지가 우거진 나무의 모습이다. 과거 나뭇가지를
손에 들고 절(拜)하는 풍습을 표현한 것으로, 사악한 것을 제거한다는 의미라고 한다. 〈설
문해자〉에서 拜(배)는 '首至地'로 설명하고 있다. 다양한 인사법 중에서 머리가 땅에 닿는
인사가 拜(배)라는 말이다.

拜
절 배

手-총9획

拜禮(배례) 歲拜(세배) 參拜(참배) 崇拜(숭배) 瞻拜(첨배) 禮拜(예배) 謝恩肅拜(사은숙배) '국기에
배례(拜禮)하다'

湃
물결소리 배

水-총12획

氵(水)+拜. 절을 뜻하는 拜(배)에 물(水)이 더해져, 거세게 물결치는 모습을 사람이
절하는 모습에 빗대었다. '물결이 이는 모양' 혹은 '물결이 치는 소리'를 뜻한다.

澎湃(팽배) 彭湃(팽배) '외모지상주의가 팽배(澎湃/彭湃)해 있다'

失
잃을 실

잃을 실 篆文

手+乙. 乙(을)은 사물이 원활히 나가지 않는 상태를 표현한 것으로, 손에서 물건을 놓친다
는 의미이다. '잃다, 놓치다, 벗어나다'의 뜻을 나타낸다.

失
잃을 실

大-총5획

失手(실수) 失望(실망) 失神(실신) 失業(실업) 失策(실책) 失敗(실패) 紛失(분실) 失墜(실추) 燒失
(소실) 流失(유실) 喪失(상실) '기록이 소실(燒失)되었다' '권위가 실추(失墜)되었다'

佚
편안할 일/
흐릴 질

人-총7획

亻(人)+失. 벗어나다의 의미인 失(실)에 사람(人)이 더해져, 구속이나 규칙에서 벗어나 '편안하다, 은둔하다'의 뜻을 나타낸다.

佚蕩(질탕) 更佚(경질) '질탕(佚蕩/跌宕)하게 놀다' '성적부진을 이유로 감독이 경질(更佚/更迭)되다'

跌
넘어질 질

足-총12획

足+失. 벗어나다의 의미인 失(실)에 발(足)이 더해져, 발을 헛디뎌 '넘어지다, 비틀거리다'의 뜻을 나타낸다.

跌宕(질탕) 蹉跌(차질) '일에 차질(蹉跌/差跌)이 생겼다'

秩
차례 질

禾-총10획

禾+失. 벗어나다의 의미인 失(실)에 곡식(禾)이 더해져 '차례, 순서'를 뜻한다. 곡식을 잃지 않도록 차곡차곡 채워넣는다는 의미로 풀이된다. 다른 글자와 비교했을 때 다소 역설적인 의미이다.

秩序(질서) 秩邊(질변)〈穴〉

帙
책갑 질

巾-총8획

巾+失. 여기서 失(실)은 秩(질)의 의미. 천(巾)이 더해져, 책을 질서 있게 채워 넣는 덮개인 '책갑'을 뜻한다.

全帙(전질) '백과사전 한 질(帙)을 구입하다'

11. 왼손은 보조하는 손인가
〔ナ〕左 差 卑

ナ
왼좌

왼손의 모습을 본뜬 것으로 '왼손'을 의미한다. 〈설문해자〉에서는 부수자이다.

左
왼좌

왼좌金文   왼좌篆文

ナ+工. 왼손(ナ)에 공구(工)를 쥔 모습으로 '왼손, 왼쪽'의 뜻을 나타낸다. 오른손을 보조한다는 의미에서 '돕다(助)'는 뜻도 파생되었다.

왼쪽(left)을 의미하는 左(좌)와 구별하기 위해, 人(인)이 더해진 佐(좌)가 만들어져 '돕다, 보필하다'의 뜻을 나타낸다. 그런데 유사하게 '돕다'라는 뜻으로 쓰이는 佑(우) 祐(우)와 비교해보면 분명한 차이가 있다. 佑(우)와 祐(우)는 주로 신(神)이나 하늘(天)이 사람을 돕는다는 의미로 영어의 'help'에 해당하고, 佐(좌)는 곁에서 보좌한다는 의미로 영어의 'assist'에 해당한다. 오른손 위주 사회의 단면을 엿볼 수 있는 부분이다.

左
왼 좌

工-총5획
左右(좌우) 左翼(좌익) 左翼手(좌익수) 左遷(좌천)

佐
도울 좌

人-총7획

亻(人)+左. 본문 참조

補佐(보좌) 補佐官(보좌관) '회장을 보좌(補佐/輔佐)하다'

差
어긋날 차

어긋날 차 金文

어긋날 차 篆文

篆文은 𠂹+左. 𠂹(수)는 〈설문해자〉에서 '풀과 나무의 꽃이나 잎이 늘어진 모습(艸木華葉𠂹象形)'으로 설명하고 있다. 왼손(左)으로 기울어진 이삭을 잡고 있는 모양새로 '고르지 않다, 어긋나다'의 뜻을 나타낸다. 참고로 𠂹(수)가 들어간 글자로 垂(드리울 수) 華(화려할 화)가 있다.

差
어긋날 차

工-총10획

差等(차등) 差別(차별) 差度(차도) 差出(차출) 差異(차이) 差益(차익) 誤差(오차) 偏差(편차) 落差(낙차) 夫差(부차)〈名〉

蹉
넘어질 차

足-총17획

足+差. 어긋나다의 뜻인 差(차)에 발(足)이 더해져, 발이 엇갈려 '넘어지다, 헛디디다'의 뜻을 나타낸다.

蹉跌(차질) '계획에 차질(蹉跌/差跌)을 빚다'

卑
낮을 비

낮을 비 金文

낮을 비 篆文

〈설문해자〉에 의하면 ナ+甲. ナ(좌)는 왼손을 말하는데, 甲의 의미가 명확하지 않다. 손잡이 있는 술통으로 보는 견해가 신빙성 있다. 왼손(ナ)으로 술통(甲)의 손잡이를 잡은 모습으로 풀이된다. 제기(祭器)는 반드시 오른손에 쥐므로, 왼손에 쥔 술통(甲)은 그에 비해 '비천한 것'을 의미한다고 할 수 있다. 파생하여 '낮다, 돕다(assist)'의 의미도 지닌다. 풀이에 의견이 다양하지만 부수인 十(열 십)과는 무관하다는 것. 그리고 고대에 왼손(左手)을 비하하던 관습이 깔려 있다는 점은 분명해 보인다.

卑
낮을 비

十-총8획
卑下(비하) 卑賤(비천) 卑怯(비겁) 卑屈(비굴)

婢
여자종 비

女-총11획
女+卑. 비천하다, 돕다의 뜻인 卑(비)에 여성(女)이 더해져, 신분이 비천한 여성인 '여자종, 계집종'을 뜻한다.

婢僕(비복) 奴婢(노비)

脾
비장 비

肉-총12획
月(肉)+卑. 비천하다, 돕다의 뜻인 卑(비)에 인체를 뜻하는 肉(육)이 더해져 '비장'을 뜻한다. 오장(五臟) 중에서 소화 기능을 맡은 장(臟)으로, 궂은일을 한다는 의미로 풀이된다.

脾胃(비위) '그 사람은 비위(脾胃)가 좋다'

裨
도울 비

衣-총13획
衤(衣)+卑. 비천하다, 돕다의 뜻인 卑(비)에 옷(衣)이 더해져 '보태다, 보좌하다'의 뜻을 나타낸다.

裨將(비장) '비장(裨將)은 부장(副將)과 비슷한 의미이다'

碑
돌기둥 비

石-총13획

石+卑. 비천하다, 돕다의 뜻인 卑(비)에 돌(石)이 더해져, 낮게 세워 놓은 돌로 '돌기둥'을 의미한다. 후에 글자를 새겨놓은 '비석'을 뜻하게 된다.

碑石(비석) 碑銘(비명) 記念碑(기념비) 口碑文學(구비문학)

牌
패 패

片-총12획

片+卑. 비천하다, 돕다의 뜻인 卑(비)에 조각(片)이 더해져, 간단하게 표시하는 '팻말'을 뜻한다. 비슷한 의미의 牓(방) 標(표)에 비해 비교적 간단한 게시방법이었던 것으로 풀이된다.

牌札(패찰) 號牌(호패) 防牌(방패) 門牌(문패)

稗
피 패

禾-총13획

禾+卑. 비천하다, 돕다의 뜻인 卑(비)에 곡식(禾)이 더해져, 벼에 비해 크기가 작은 잡곡인 '피'를 가리킨다. 파생하여 '작다, 잘다'는 뜻으로도 쓰인다.

稗官(패관) 稗官小說(패관소설)

痺
암메추라기 비

疒-총13획

疒+卑. 저림, 마비의 의미로 痹(비)와 통용된다. 잘못된 표현이라고도 하지만, 현재 국어사전 및 의학사전 모두 痺(비)를 '저림, 마비'의 뜻으로 허용하고 있으며, 실제 痹(비)보다 더 많이 쓰이고 있다.

瘋痺(마비) 麻痺(마비) '손발이 마비(瘋痺/麻痺/瘋痹/麻痹)되다'

12. 손 왕국의 지휘자
〔又〕又 及 叟 隶

또우

또우 甲骨文　　또우 金文　　또우 篆文

오른손의 모습을 본뜬 것으로 右(우)의 원자(原字)이다. 손(hand)을 나타내는 많은 글자들 중 단연 으뜸이라 하겠다. 현재는 가차한 의미인 '또'라는 뜻으로 주로 쓰이지만, 얼마나 많은 글자들 속에 손이란 뜻으로 숨어 있는지 셀 수도 없다. 본 장에 속한 글자들은 극히 일부일 뿐이다.

또 우

又-총2획

又日新(우일신)

벗 우

又-총4획

又+又. 손(又)과 손(又)이 더해져, 손에 손 맞잡은 '벗, 친구'를 뜻한다.

友情(우정) 友愛(우애) 友誼(우의) 友好(우호) 朋友(붕우) 血友病(혈우병) 益者三友(익자삼우) 文房四友(문방사우)

깍지낄 차

又-총3획

손(又)을 교차한 모습을 본뜬 것(手指相錯)으로 '끼우다, 깍지 끼다'의 뜻을 나타낸다.

交叉路(교차로) 三叉神經(삼차신경)

怪
기이할 괴

心-총8획

忄(心)+圣. 圣(골)은 又+土로, 땅(土)에 농사나 건축 같은 일을 한다(又)는 뜻. 마음(心)이 더해져 '괴이하다'의 뜻을 나타낸다. 땅을 신성시하는 관습이 녹아 있는 글자로, 땅에 함부로 손대선 안 된다는 의미로 풀이된다.

怪異(괴이) 怪物(괴물) 怪疾(괴질) 怪常罔測(괴상망측) 妖怪(요괴) 奇怪(기괴) 駭怪(해괴)

及
미칠 급

미칠 급 甲骨文   미칠 급 金文

又+人. 손(又)으로 사람(人)의 뒤를 붙잡는 모습으로, 손이 닿을 듯 '따라붙다, 손이 미치다'의 뜻을 나타낸다.

及
미칠 급

又-총4획

及其也(급기야) 言及(언급) 波及(파급) '투자 효과가 파급(波及)되다'

汲
길을 급

水-총7획

氵(水)+及. 따라붙다, 미치다의 뜻인 及(급)에 물(水)이 더해져 '물을 끌어들이다, 물을 긷다'의 뜻을 나타낸다.

汲水(급수)

扱
취급할 급/
거두어가질 흡

手-총7획

扌(手)+及. 따라붙다, 미치다의 뜻인 及(급)에 손(手)이 더해져, 물건을 '취급하다, 거두어가다'의 뜻을 나타낸다. 그런데 '취급하다'는 의미는 우리나라에서만 통용된다고 한다.

取扱(취급)

吸
들이쉴 흡

口-총7획

口+及. 따라붙다, 미치다의 뜻인 及(급)에 입(口)이 더해져 '숨을 들이쉬다, 들이마시다'의 뜻을 나타낸다. '흡'이라는 음은 들이쉴 때 나는 소리의 의성어 역할도 한다.

吸收(흡수) 吸着(흡착) 吸入(흡입) 吸煙(흡연) 吸引力(흡인력) 吸血鬼(흡혈귀) 呼吸(호흡)

級
등급 급

糸-총10획

糸+及. 따라붙다, 미치다의 뜻인 及(급)에 실(糸)이 더해져, 실이 따라붙듯 계속 이어진다는 의미로 '순서, 등급'의 뜻을 나타낸다.

階級(계급) 等級(등급) 一級(일급) 幾何級數(기하급수)

急
급할 급

心-총9획

及+心. 따라붙다, 미치다의 뜻인 及(급)에 마음(心)이 더해져, 쫓기는 심정을 표현한 것으로 '급하다, 서두르다'의 뜻을 나타낸다. 사람(人)이 色(색)에서와 같은 형태로 변하였다.

急騰(급등) 急所(급소) 急派(급파) 救急(구급) 遑急(황급) 應急(응급)

叟
늙은이 수

늙은이 수 甲骨文   늙은이 수 篆文

본래 형태는 叜로 宀+火+又. 본래 집안에서 손에 불을 들고 물건을 찾는다는 의미인데, 가차하여 '늙은이'의 뜻을 나타내며, 노인에 대한 존칭으로 쓰인다. 〈설문해자〉에도 '늙은 이라는 뜻이다(老也)' 외에 별다른 설명이 없다. 노인을 뜻하는 글자는, 가장 많이 통용되는 老(로) 외에도 考(고) 耆(기) 등 여러 가지이다. 이 중에서 老(로)와 考(고)는 노인이 지팡이 짚는 모습에 초점을 맞춘 글자이다. 叟(수)는 노인이 '눈이 어두운 점'에 초점을 맞춘 것이 아닐까 추측해본다.

搜
찾을 수

手-총13획

扌(手)+叟. 본래 물건을 찾는다는 의미인 叟(수)에 손(手)이 더해져 '찾다, 수색하다'의 뜻을 나타낸다.

搜査(수사) 搜索(수색) 搜所聞(수소문)

嫂
형수 수

女-총13획

女+叟. 노인에 대한 존칭인 叟(수)에 여성(女)이 더해져 '노부인'을 의미하며 '형수'의 뜻을 나타낸다.

兄嫂(형수) 季嫂(계수) 弟嫂(제수)

瘦
파리할 수

疒-총15획

疒+叟. 노인을 뜻하는 叟(수)에 질병을 의미하는 疒(녁)이 더해져 '야위다, 파리하다'의 뜻을 나타낸다.

瘦瘠(수척) '얼굴이 수척(瘦瘠)해지다'

隶
미칠 대/이

巂
미칠 체 篆文

〈설문해자〉에서는 又+尾로 풀이하며 '미치다(及)'라는 뜻으로 설명한다. 金文과 篆文을 보면, 及(급)처럼 긴박하게 붙잡는 분위기는 아닌 듯하다. 손(又)에 붙잡은 것이 꼬리(尾/毛)인지 다른 도구인지는 명확하지 않으며 '붙잡다, 미치다'의 뜻을 나타낸다.

逮
미칠 체

辶-총12획
辶(辵)+隶. 붙잡다, 미치다의 뜻을 나타내는 隶(대)에 움직임을 뜻하는 辵(착)이 더해져 '미치다, 쫓아가 잡다'의 뜻을 분명히 하였다.

逮捕(체포) '범인을 체포(逮捕)하다'

隸
붙을 례

辶-총12획
柰+隶. 柰 의 정확한 의미는 알 수 없다고 한다. 붙잡다의 의미인 隶(대)가 더해져 '노예, 종'을 뜻한다.

隸屬(예속) 隸下部隊(예하부대) 奴隸(노예)

13. 하늘이 돕는다
〔右〕右 若

右
오른쪽 우

오른쪽 우 金文

又+口. 사람이 기도하고(口), 신(神)이 오른쪽에서 손(又)을 뻗쳐 돕는 상황을 표현한 것으로 '돕다'의 의미를 나타낸다. 이후에 '오른손, 오른쪽'을 의미하던 又(우)의 영역을 右(우)가 차지하게 되면서, 본연의 의미인 '돕다'는 佑(우)와 祐(우)가 맡게 된다.

右
오른쪽 우

口-총5획

右翼(우익) 右翼手(우익수) 座右銘(좌우명) 左之右之(좌지우지)

佑
도울 우

人-총7획

亻(人)+右. 돕는다는 뜻인 右(우)에 사람(人)이 더해져 '돕는다'는 의미로 구별하며 독립하였다.

保佑(보우) 天佑神助(천우신조)

祐
도울 우

示-총10획

示+右. 돕는다는 뜻인 右(우)에 제사를 뜻하는 示(시)가 더해져, 신(神)이나 하늘이 '돕다'의 뜻을 나타낸다. 佑(우)와 쓰임새가 엄밀하게 구별되지 않는다.

神祐(신우) 祐助(우조)

若

같을 약

若	若	若
같을 약 甲骨文	같을 약 金文	같을 약 篆文

艸+右. 甲骨文은 산발한 머리를 매만지는 여성이다. 산발한 머리가 艸(초)의 형태로 변형되었다. 신(神)에게 비는 모습인 右(우) 속 인물이 신의(神意)를 받드는 무녀(巫女)로 교체된 셈이다. 신의 뜻에 '따르다'는 의미, 신의 뜻과 나의 뜻이 '같다'는 의미를 나타낸다. 순종적인 모습에서 '연약하다, 어리다'의 뜻도 파생하였으며, 가차하여 '만약(if)'이라는 의미로도 쓰인다.

若
같을 약

艸-총9획

萬若(만약) 傍若無人(방약무인)

諾
대답할 낙

言-총16획

言+若. 따르다의 의미인 若(약)에 말(言)이 더해져 '승낙하다, 허용하다, 대답하다'의 뜻을 나타낸다.

許諾(허락) 受諾(수락) 承諾(승낙)

惹
이끌 야

心-총13획

若+心. 따르다의 의미인 若(약)에 마음(心)이 더해져 '이끌다, 끌어당기다'의 뜻을 나타낸다.

惹起(야기) 惹端(야단) '이것 참 야단(惹端)났네'

匿
숨을 닉

匸-총11획

匸+若. 따르다의 의미인 若(약)에 감추다의 뜻인 匸(혜)가 더해져, 위험을 피해 '숨다, 숨기다'의 뜻을 나타낸다.

匿名(익명) 隱匿(은닉)

慝
사특할 특

心-총15획

匿+心. 숨기다의 뜻인 匿(닉)에 마음(心)이 더해져 '간사하다, 악하다'와 같은 부정적인 의미를 나타낸다.

奸慝(간특) 姦慝(간특) 邪慝(사특) '간특(奸慝/姦慝)한 무리들이 가득하다'

14. 아래를 향하는 손
〔爪〕 爪 采 爲 舀 奚

손톱 조	손톱 조 金文	손톱 조 篆文

아래에 있는 물건을 손으로 집어 드는 모습이다. 단독으로는 '손톱(nail)'이라는 뜻으로 쓰이지만, 다른 글자 내에서는 '손(hand)'으로 작용한다. 손을 의미하는 다른 글자들과 다른 점은 '위에서 아래로 향하는 손동작'이라는 점이다. 때문에 글자 하단에 쓰이는 경우는 없다.

爪
손톱 조

爪-총4획

爪甲(조갑) 爪痕(조흔)

온당할 타

女-총7획

爪+女. 아래를 향하는 손인 爪(조)에 여성(女)이 더해져, 손을 뻗어 여성을 도와주는 모습으로 '편안하다, 온당하다'는 뜻을 나타낸다.

妥當(타당) 妥結(타결) 妥協(타협)

캘 채   캘 채 甲骨文   캘 채 篆文

爪+木. 손(爪)으로 나무열매(木/果)를 딴다는 의미로 '캐다, 뜯다, 채취하다'의 뜻을 나타낸다. 자전에서의 부수인 釆(분별할 변)과는 본래 아무런 연관이 없다.

캘 채

采-총8획

喝采(갈채) 風采(풍채) 拍手喝采(박수갈채)

캘 채

手-총11획

扌(手)+采. 캐다의 뜻인 采(채)에 손(手)이 더해져 '캐다'는 뜻을 명확히 하였다.

採集(채집) 採掘(채굴) 採鑛(채광) 採取(채취) 採用(채용) 採點(채점) 採擇(채택) 採算(채산)

나물 채

艸-총12획

艸+采. 캐다의 뜻인 采(채)에 풀(艸)이 더해져, 채취해서 먹는 풀인 '나물'을 뜻한다.

菜蔬(채소) 菜松花(채송화) 蔬菜(소채) 花菜(화채) 野菜(야채)

무늬 채

彡-총11획

采+彡. 캐다의 뜻인 采(채)에 꾸미다의 뜻인 彡(삼)이 더해져, 여러 가지 색소나 염료를 채취한다는 의미로 추정된다. '채색하다, 무늬, 빛깔'을 뜻한다.

彩色(채색) 彩度(채도) 文彩(문채) 光彩(광채) 星彩(성채) 異彩(이채) 無彩色(무채색) 水彩畫(수채화) 色彩感(색채감)

爲 할 위

할 위 甲骨文

爪+象. 코끼리(象)를 길들이는(爪) 모습을 표현하였다. 혹 원숭이(猴)라고 하는 견해도 있다. 무언가를 '인위적으로 하다'의 뜻을 나타낸다. 매우 다양한 의미로 폭넓게 활용되는 글자이다.

爲 할 위

爪-총12획

爲主(위주) 爲始(위시) 爲民(위민) 行爲(행위) 人爲的(인위적) 無作爲(무작위) '대장을 위시(爲始)하여 전진하다'

僞 거짓 위

人-총14획

亻(人)+爲. 인위적으로 한다는 뜻의 爲(위)에 사람(人)이 더해져 '속이다, 거짓' 같은 부정적인 의미로 쓰인다.

僞造(위조) 僞善(위선) 僞裝(위장) 虛僞(허위)

舀 퍼낼 요

퍼낼 요 篆文

爪+臼. 절구(臼) 속에서 손(爪)으로 물건을 꺼내는 모습으로 '집어 올리다, 뽑아내다'의 뜻을 나타낸다.

稻 벼 도

禾-총15획

禾+舀. 뽑아내다의 뜻인 舀(요)에 곡식(禾)이 더해져, 절구에서 꺼내는 곡식 '벼'를 뜻한다.

稻作(도작) 稻熱病(도열병)

蹈 밟을 도

足-총17획

足+舀. 뽑아내다의 뜻인 舀(요)에 발(足)이 더해져, 발을 들었다 놨다하는 모습을 표현한 것으로 '밟다, 걷다'는 뜻을 나타낸다. '춤추다'는 의미도 지닌다.

舞蹈會(무도회) 舞蹈場(무도장)

滔 물넘칠 도

水-총13획

氵(水)+舀. 뽑아내다의 뜻인 舀(요)에 물(水)이 더해져, 물이 출렁거리며 넘치는 모습을 표현한 것으로 '넘치다, 창일하다, 동요하다'의 뜻을 나타낸다.

滔滔(도도) 滔天之勢(도천지세) '도도(滔滔)한 흐름'

奚 어찌 해

 어찌 해 金文　　 어찌 해 篆文

絲+大 혹은 爪+糸+大로 풀이한다. 絲(계)는 끈을 맨다는 의미로 사람(大)과 더해져 끈을 매어 부리는 사람인 '종'을 의미한다. 爪+糸+大 의 경우 실(糸)로 사람(大)을 꼭두각시처럼 조종(爪)하는 모습이다. 어떻게 풀이해도 의미는 마찬가지이다. 본래 '종'을 뜻하였으나, 가차하여 '어찌'라는 뜻의 어조사로 쓰이고 있다.

溪 시내 계

水-총13획, 谿와 동자(同字)

氵(水)+奚. 실이 이어지다의 의미인 奚(해)에 물(水)이 더해져, 실처럼 이어져 흐르는 '시냇물'을 뜻한다.

溪谷(계곡) 溪川(계천) 退溪(퇴계)〈名〉

鷄 닭 계

鳥-총21획

奚+鳥. 실이 이어지다의 의미인 奚(해)에 새(鳥)가 더해져, 가축으로 사람에게 매어 있는 '닭'을 뜻한다.

鷄卵(계란) 鷄肋(계륵) 鷄鳴狗盜(계명구도) 群鷄一鶴(군계일학) 鷄林(계림)〈地〉

15. 서로 돕는 손, 서로 다투는 손
〔受〕受 爱 䞕 䟿 爭 敢

受
도울 표

생소한 글자라고 생각하겠지만, 앞 장에서 다룬 爪(조)와 又(우)의 결합으로 〈설문해자〉에서는 부수글자이다. 윗손과 아랫손이 물건을 주고받으며 서로 돕는 모습인데(物落 上下相付), 간혹 서로 다투기도 한다.

受
받을 수

받을 수 甲骨文　　받을 수 金文　　받을 수 篆文

受+冖. 물건(冖)을 주고받는 모습이다. 〈간명갑골문자전〉에 의하면, 제사를 모실 때 기물을 담는 소반이라고 한다. 〈설문해자〉를 포함해 冖을 배(舟)의 변형으로 보는 견해도 흔히 접할 수 있다. 사실 상점의 계산대로 본들 어떠한가. 어떻게 풀이해도 '주고받다(give & take)'라는 의미인 것은 분명하다. 이후에 손(手)이 더해진 授(수)는 '주다(give)'의 뜻으로, 受(수)는 '받는다(take)'는 뜻으로 역할을 분담하게 된다.

受
받을 수

又-총8획
受難(수난) 受侮(수모) 受理(수리) 受領(수령) 受注(수주) 受精卵(수정란) 甘受(감수) '사직서를 수리(受理)하다' '공사 수주(受注)가 늘어나다'

授
줄 수

手-총11획

扌(手)+受. 본문 참조

授受(수수) 教授(교수) 傳授(전수) '비법을 전수(傳授)하다'

爰
이에 원

이에 원 甲骨文　　이에 원 金文　　이에 원 篆文

어떤 물건을 위아래에서 각각 손(爪/又)을 뻗어 당기는 모습이다. 혹 윗사람(爪)이 아랫사람(又)을 끌어당기는 모습으로 보기도 한다. 어느 쪽으로 풀이해도 위아래 爪(조)와 又(우)가 서로 협력하는 모습으로 援(당길 원)의 원자(原字)이다. '끌어당기다'의 뜻을 나타내며, 가차하여 '이에'라는 뜻의 부사로 쓰인다.

援
당길 원

手-총12획

扌(手)+爰. 끌어당기다의 뜻인 爰(원)에 손(手)이 더해져 '당기다, 구원하다'의 뜻을 명확히 하였다.

援軍(원군) 援助(원조) 救援(구원) 支援(지원) '지원(支援)을 아끼지 않는다'

媛
미인 원

女-총12획

女+爰. 끌어당기다의 뜻인 爰(원)에 여성(女)이 더해져, 사람들의 시선과 마음을 당기는 '미인, 미녀'를 뜻한다.

媛妃(원비) 才媛(재원)

暖
따뜻할 난

日-총13획

日+爰. 끌어당기다의 뜻인 爰(원)에 해(日)가 더해져, 햇살이 따뜻하게 비춘다는 의미로 '따뜻하다'의 뜻을 나타낸다.

暖房(난방) 暖帶(난대) 溫暖(온난)

煖
따뜻이할 난

火-총13획

火+爰. 끌어당기다의 뜻인 爰(원)에 불(火)이 더해져, 불어 끌어당겨 쬔다는 의미로 '따뜻하게 하다, 따뜻하다'는 뜻을 나타낸다. 暖(난)과 혼용되는 경우가 많다.

煖房(난방) '난방(煖房/暖房)이 잘 되는 집'

緩
느슨할 완

糸-총15획

糸+爰. 끌어당기다의 뜻인 爰(원)에 실(糸)이 더해져, 당겨서 늘어진 실이란 의미로 '느슨해지다, 늦추다'의 뜻을 나타낸다.

緩慢(완만) 緩急(완급) 弛緩(이완)

㥯
의지할 은

隱 㥯

숨을 은 篆文   숨을 은 篆文2

爫+工. 爪(조)와 又(우) 사이에 工이 들어간 모양새로 '의지하다'라는 의미이다(所依據). 工이 아마도 엄폐물을 표현한 것으로 추정된다. 마음(心)이 더해진 㥯(은)은 마음을 숨긴다는 의미로 '삼가다'의 뜻을 나타낸다.

隱
숨길 은

阜-총17획

阝(阜)+㥯. 숨긴다는 의미인 㥯(은)에 언덕(阜)이 더해져 '숨다, 숨기다'의 뜻을 보다 분명히 하였다.

隱居(은거) 隱語(은어) 隱退(은퇴) 隱匿(은닉) 隱然中(은연중) 惻隱(측은) 圃隱(포은)〈名〉冶隱(야은)〈名〉牧隱(목은)〈名〉'은연중(隱然中)에 진심을 드러내다'

穩
평온할 온

禾-총19획

禾+㥯. 숨긴다는 의미인 㥯(은)에 곡식(禾)이 더해져, 곡식 사이에 숨을 수 있을 만큼 넉넉해 '밟아 모으다(蹂穀聚)'의 의미이다. 파생하여 '편안하다, 평온하다'의 뜻을 나타낸다.

穩健(온건) 穩當(온당) 平穩(평온) 不穩(불온)

다스릴 란 | 어지러울 란 金文　어지러울 란 篆文

〈설문해자〉에서는 '어린 자식들은 어지럽히고, 受가 정돈한다(幺子相亂 受治之也)'로 설명하고 있다. 즉 冂(경)은 공간, 爪(조)와 又(우)는 아빠와 엄마, 그 사이에 있는 건 어린 아이들(幺子)이 된다. 子(자)와 子를 뒤집어 놓은 厶(돌)이 말썽꾸러기 개구쟁이들(幺子)이라는 풀이이다. 가운데 부분을 아이들이 아닌, 엉켜 있는 실로 보는 견해도 있다. 어느 경우든 爪(조)와 又(우)가 협력하여 정리하는 상황이다. '어지럽히다'와 '정리하다, 다스리다' 이렇게 상반된 의미를 모두 나타낸다.

어지러울 란

乙-총13획

亂+乚(乙). 어지러운 상황을 의미하는 肏(란)에 원활하지 않음을 뜻하는 乙(을)이 더해져 '어지럽히다'의 뜻을 강조하였다. 역시 '다스리다'라는 의미로도 쓰인다.

亂舞(난무) 亂射(난사) 亂暴(난폭) 亂場(난장) 亂鬪劇(난투극) 亂打戰(난타전) 紛亂(분란) 混亂(혼란) 紊亂(문란) 騷亂(소란) 一絲不亂(일사불란) '완전히 난장(亂場)판이다'

말 사

辛-총19획

肏+辛. 어지러운 상황을 의미하는 肏(란)에 형벌도구인 辛(신)이 더해져, 죄인을 나무라고 다스린다는 의미이다. '타이르다, 사양하다, 말, 글' 등 다양한 뜻이 파생되었다.

辭典(사전) 辭讓(사양) 讚辭(찬사) 謙辭(겸사) 美辭麗句(미사여구) 國語辭典(국어사전)

爭
다툴 쟁 | 다툴 쟁 篆文　다툴 쟁 篆文2

受+亅. 篆文 중에는 두 손이 줄다리기하는 듯한 모습도 볼 수 있다. 작대기(亅)를 서로 차지하려는 모습으로 보는 견해가 무난하다. 두 사람(受)이 항상 협동하면 좋겠지만 이렇게 맞서기도 한다. '다투다'의 뜻을 나타낸다.

爭
다툴 쟁

爪-총8획

爭取(쟁취) 爭議(쟁의) 紛爭(분쟁) 競爭(경쟁)

錚
쇳소리 쟁

金-총16획

金+爭. 다투다의 뜻인 爭(쟁)에 금속(金)이 더해져, 금속이 부딪치며 나는 소리를 뜻한다. '쩽'하고 울리는 소리의 의성어이다. 타악기인 '징'을 뜻하기도 한다.

錚盤(쟁반) 錚錚(쟁쟁) '쟁쟁(錚錚)한 선수들을 물리치고 우승하다'

淨
깨끗할 정

水-총11획

氵(水)+爭. 다투다의 뜻인 爭(쟁)에 물(水)이 더해져, 물로 손 씻는 모습을 두 손이 서로 다투는 것에 빗대어 '깨끗하다, 깨끗이 하다'의 뜻을 나타낸다. 혹 손에 묻은 때 (垢)와 싸운다고 풀이하기도 한다.

淨化(정화) 淨化槽(정화조) 淸淨(청정) 自淨作用(자정작용)

敢
감히 감

감히 감 金文   감히 감 篆文

篆文은 叡의 형태로, 古 모양의 물건을 서로 차지하려는 모습이다. 〈설문해자〉에서는 妥+古로 풀이하며 '적극적으로 취하려 하다(進取)'로 설명한다. 金文은 물건을 쟁취하려는 두 손의 모습이 篆文 보다 노골적으로 표현되어 있다. '용감하다, 과감하다'의 뜻을 나타내며 '감히'의 의미로도 쓰인다.

敢
감히 감

支-총12획

敢行(감행) 勇敢(용감) 果敢(과감) 焉敢生心(언감생심)

瞰
볼 감

目-총17획

目+敢. 과감하다는 뜻의 敢(감)에 눈(目)이 더해져 '멀리 보다, 내려다보다'의 뜻을 나타낸다.

鳥瞰(조감) 鳥瞰圖(조감도)

16. 여기가 손목이요
〔寸〕寸 寺 尉 守 射

마디 촌

마디 촌 篆文

又(오른손)에 점 하나 찍은 모습으로, 본래 '손목, 손'을 의미한다. 환자를 진단하는 여러 방법 중에서, 손목 부근 요골동맥(radial artery)에 촉진하는 방식을 촌구(寸口)맥진법이라 한다. 〈설문해자〉에서도 이를 그대로 설명하고 있다(人手卻一寸 動踉 謂之寸口). 이외에도 寸(촌)은 길이의 단위로 사용되며, 확장되어 '법도'의 뜻도 나타낸다. 정리하자면 寸(촌)은 손(又)에 점을 표시해 맥박이 뛰는 손목(wrist)을 표현한 것이다. 하지만 다른 글자 속에서 寸(촌)은 又(우)와 실질적인 구별 없이 손(hand)이라는 의미로 작용하는 경우가 매우 많다.

마디 촌

寸-총3획

寸數(촌수) 寸尺(촌척) 寸刻(촌각) 寸陰(촌음) 寸劇(촌극) 寸志(촌지) 寸鐵殺人(촌철살인) 四寸(사촌) '촌각(寸刻)을 다투다' '촌음(寸陰)을 아끼다'

칠 토

言-총10획

言+寸. 맥을 짚는 모습인 寸(촌)에 말(言)이 더해져, 말로서 상대방을 '문초하다, 추궁하다'의 뜻을 나타낸다. 군사적으로 '치다, 공격하다'의 뜻도 지닌다.

討伐(토벌) 討論(토론) 討議(토의) 聲討(성토) 檢討(검토) '죄를 성토(聲討)하다'

찾을 심

寸-총12획

左+右+寸. 맥을 짚는 모습인 寸(촌)에 왼손(左)과 오른손(右)이 더해져, 양손을 번갈아 움직여 물건을 뒤지는 모습으로 '찾다, 묻다'의 뜻을 나타낸다.

尋人(심인) 尋常(심상) 推尋(추심) '분위기가 심상(尋常)치 않다' '채권 추심(推尋)'

村
마을 촌

木-총7획

木+寸. 땅이름인 邨(촌)의 속자(俗字)이다. 일반적인 '마을, 시골'을 뜻하는 글자로 의미가 확대되었다.

村落(촌락) 村老(촌로) 農村(농촌) 漁村(어촌)

寺
절 사

절 사 金文　　　절 사 篆文

之(屮)+寸. 변형이 많은 편이며, 풀이도 꽤 다양한 글자이다. 파생된 글자들 내에서 '머물다'의 의미로 작용함을 볼 수 있다. '절, 사찰'이라는 뜻은 나중에 덧붙은 것이다.

참고로 之(지)는 止+一로서 止(지)와 거의 같은 의미이다. 본서의 서두에서 止(지)는 발, 발자국의 모양을 본뜬 것으로 '움직이다'의 의미로 작용한다고 하였다. 말하자면 止(지)에는 '움직임과 멈춤'의 의미가 혼재되어 있다고 할 수 있는데, 寺(사)가 바로 그런 경우에 해당한다. 파생된 글자 중에서도 특히 時(때 시)가 참 절묘하다.

寺
절 사

寸-총6획

寺刹(사찰) 寺院(사원) 寺塔(사탑) 佛國寺(불국사)

侍
모실 시

人-총8획

亻(人)+寺. 머물다의 의미인 寺(사)에 사람(人)이 더해져, 윗사람 가까이 머물며 시중드는 사람으로 '모시다, 부리다'의 뜻을 나타낸다.

侍立(시립) 侍從(시종)

詩
시 시

言-총13획

言+寺. 머물다의 의미인 寺(사)에 말(言)이 더해져, 마음에 머문 것들을 말로 표현하는 '시(poem)'를 뜻한다.

詩人(시인) 詩想(시상) 詩心(시심) 詩情(시정) 自由詩(자유시) 抒情詩(서정시) 敍事詩(서사시)

時
때 시

日-총10획

日+寺. 머물다의 의미인 寺(사)에 해(日)가 더해진 형태인데, 사실 해(日)는 잠시도 멈추지 않는다. 쉼없는 해의 움직임을 인위적으로 포착한 '시각, 때'를 의미한다.

時刻(시각) 時間(시간) 時計(시계) 時節(시절) 時調(시조) 時事(시사) 時價(시가) 時勢(세) 不時着(불시착) 曇時間(삼시간) '시조(時調)를 읊다' '시사(時事) 프로그램'

持
가질 지

手-총9획

扌(手)+寺. 머물다의 의미인 寺(사)에 손(手)이 더해져, 손 안에 머물러둔다는 의미로 '가지다, 지니다'의 뜻을 나타낸다.

持續(지속) 持論(지론) 持久力(지구력) 支持(지지) 矜持(긍지) 住持(주지) 維持(유지) 把持(파지) 所持品(소지품) 現狀維持(현상유지) '평소의 지론(持論)' '사찰의 주지(住持)를 맡다'

痔
치질 치

疒-총11획

疒+寺. 머물다의 의미인 寺(사)에 질병을 뜻하는 疒(녁)이 더해져, 항문 부근에 피가 머물러 생긴 병이란 의미로 '치질'을 뜻한다.

痔疾(치질) 痔核(치핵)

峙
우뚝솟을 치

山-총9획

山+寺. 머물다의 의미인 寺(사)에 산(山)이 더해져, 산처럼 흔들리지 않고 '우뚝 솟은 모습'을 형용한다.

對峙(대치) 大峙洞(대치동)〈地〉'양 진영이 대치(對峙)하다'

特
특별할 특

牛-총10획

牛+寺. 여기서 사(寺)는 峙(치)의 의미로 풀이된다. 소(牛)가 더해져 힘차게 서 있는 '수소'를 뜻한다. 파생하여 '특별하다'의 의미도 나타낸다. 음도 의미도 매우 난해한 글자이다.

特殊(특수) 特需(특수) 特技(특기) 特種(특종) 特別(특별) 特有(특유) 特輯(특집) 奇特(기특) '특수(特殊)한 경우' '추석 특수(特需)를 노리다'

待
기다릴 대

彳-총9획

彳+寺. 머물다의 뜻인 寺(사)에 걷는다는 뜻의 彳(척)이 더해져, 걸음을 멈추고 '기다리다'의 뜻을 나타낸다.

待遇(대우) 待接(대접) 待避(대피) 待機室(대기실) 優待(우대) 薄待(박대) 厚待(후대) 歡待(환대) 企待(기대) 期待(기대) 鶴首苦待(학수고대) '기대(企待/期待)를 걸다'

等
같을 등

竹-총12획

竹+寺. 머물다의 뜻인 寺(사)에 죽간을 의미하는 竹(죽)이 더해져 '죽간을 가지런히 하다(齊簡)'의 의미이다. 파생하여 '등급, 무리, 같다' 등의 뜻으로 쓰인다.

等級(등급) 等等(등등) 等身佛(등신불) 平等(평등) 同等(동등) 何等(하등) 初等學校(초등학교) '기타 등등(等等)' '하등(何等)의 문제도 없다'

尉
벼슬 위

벼슬 위 篆文

본자(本字)는 尉로 尸+火+又. 尸는 다리미의 모습을 본뜬 것. 불(火)에 달군 다리미(尸)를 손(寸)으로 쥔 모습이다. 이후 火(화)가 더해진 熨(다릴 위)가 독립하였다. 다림질하는 모습 (尉)에서 여러 가지 의미가 파생되었지만, 가차한 뜻인 '벼슬 이름'으로 주로 쓰인다.

尉(위)에 艸(초)가 더해지면 蔚(성할 위)가 된다. 용례로 본초인 충위자(充蔚子)가 있다. 蔚 (위)가 지명으로 쓰일 때는 '울'이라는 음으로 읽는데, 울산광역시가 蔚山이다. 참고로 울릉 도는 鬱(답답할 울). 울산을 위산이라 읽으면 어색하지만, 충위자는 충울자로도 읽는다. 본 초서적에도 충울자가 병기 표기되어 있다.

尉
벼슬 위

寸-총11획

尉官(위관) 大尉(대위) 中尉(중위) 少尉(소위)

慰
위로할 위

心-총15획

尉+心. 다림질을 의미하는 尉(위)에 마음(心)이 더해져, 마음을 다림질하듯 편다는 의미로 '위로하다'의 뜻을 나타낸다.

慰勞(위로) 慰問(위문) 慰撫(위무) 慰安(위안) 弔慰金(조위금)

蔚
성할 위/
고을이름 울

艸-총15획

艸+尉. 다림질을 의미하는 尉(위)에 풀(艸)이 더해져, 다림질할 때의 열기를 풀이 무성한 모양에 빗대었다. 초목이 '성하다, 무성하다'의 뜻을 나타낸다. '고을이름'으로도 쓰인다.

蔚山(울산)〈地〉茺蔚子(충위자/충울자)〈藥〉

守
지킬 수

지킬 수 金文　지킬 수 篆文

宀+手 / 宀+寸. 이렇게 두 가지가 풀이가 있다. 手(수)가 寸(촌)으로 변형되었다는 것과 애초부터 寸(촌)이라는 것이다. 篆文과 金文을 본다면 宀+寸이 좀 더 유력하고 '수'라는 음을 고려한다면 宀+手가 끌린다. 어느 경우든 손(手/寸)으로 건물(宀)을 '지킨다'는 의미이다.

守
지킬 수

宀-총6획

守則(수칙) 守成(수성) 守護(수호) 守株待兎(수주대토) 死守(사수) 固守(고수) 把守(파수) '창업(創業)보다 수성(守成)이 어렵다' '전통방식을 고수(固守)하다'

狩
사냥 수

犬-총9획

犭(犬)+守. 지키다의 의미인 守(수)에 사냥개(犬)가 더해져 '사냥하다'의 뜻을 나타낸다. 甲骨文은 獸(짐승 수)와 같았지만 결별한 형태이다.

狩獵(수렵)

射
쏠 사

쏠 사 甲骨文　쏠 사 金文　쏠 사 篆文

甲骨文을 보면 활시위에 화살을 메긴 모습이다. 金文은 시위를 당기는 손(寸)이 추가되어 '쏘다'의 뜻을 나타낸다. 어찌된 연유인지 弓(활)이 身(몸)으로 변형되어 버린 특이한 경우이다.

射
쏠 사

寸-총10획

射擊(사격) 射線(사선) 射倖心(사행심) 發射(발사)

謝
사례할 사

言-총17획

言+射. 쏘다의 뜻인 射(사)에 말(言)이 더해져 '사죄하다, 사양하다, 사례하다' 등 다양한 의미로 쓰인다.

謝過(사과) 謝罪(사죄) 謝恩(사은) 謝絶(사절) 謝禮(사례) 感謝(감사)

17. 곁에서 손을 내밀다
〔付〕付 府 附

付	犭	朡
청할 부	청할 부 金文	청할 부 篆文

人+寸. 사람(人)에게 손(寸)을 내민 모습을 표현한 것으로, 무엇인가를 '부탁하다'의 의미를 나타낸다. 〈설문해자〉에서는 '주다(與)'라는 의미로 풀이하며 '손(寸)으로 물건을 지니고 사람을 대하다(寸持物對人)'라는 설명을 덧붙이고 있다.

付
청할 부

人-총5획

付託(부탁) 納付(납부) 交付(교부) 當付(당부) 結付(결부) 貸付業(대부업) 反對給付(반대급부) '지난 일과 결부(結付)시키다'

咐
분부할 부

口-총8획

口+付. 부탁하다의 뜻인 付(부)에 입(口)이 더해져 '분부하다'의 뜻을 나타낸다. 윗사람이 아랫사람에게 명령을 내릴 때에만 사용하는 글자이다.

吩咐(분부) '분부(吩咐/分付)를 내리다'

俯
구부릴 부

人-총10획

亻(人)+府. 부탁하다의 뜻인 付(부)에 사람이 더해져 '머리를 숙이다, 구부리다'의 뜻을 나타낸다. 府(곳집 부)의 형태이지만, 付(청할 부)의 의미로 풀이하는 편이 타당해 보인다.

俯仰無愧(부앙무괴)

곳집 부

곳집 부 篆文

广＋付. 부탁하다의 의미인 付(부)에 공간을 뜻하는 广(엄)이 더해져, 물건을 보관하는 '곳집, 곳간'을 뜻한다.

府
곳집 부

广-총8획

府院君(부원군) 政府(정부) 椿府丈(춘부장) 立法府(입법부) 行政府(행정부) 司法府(사법부) 議政府(의정부)〈地〉

腑
장부 부

肉-총12획

月(肉)+府. 곳간을 뜻하는 府(부)에 인체를 뜻하는 肉(육)이 더해진 형태이다. 음식물, 소변, 쓸개즙이 채워졌다가 비워지는 '육부'를 곳간에 빗대었다.

臟腑(장부) 五臟六腑(오장육부)

腐
썩을 부

肉-총14획

府+肉. 곳간을 뜻하는 府(부)에 고기(肉)가 더해져, 곳간에 보관해둔 고기를 의미하며 '묵히다, 썩다'의 뜻을 나타낸다.

腐蝕(부식) 陳腐(진부) 豆腐(두부) 切齒腐心(절치부심) '수도관이 부식(腐蝕)되다' '표현이 진부(陳腐)하다'

附

붙을부

𨻶

붙을 부 篆文

阝(阜)+付. 부탁하다의 뜻인 付(부)에 언덕(阜)이 더해진 형태이다. 풀이 언덕에 의지하여 살듯 '달라붙다, 기대다'의 뜻을 나타낸다. 〈설문해자〉에서는 '작은 언덕(小土山)'이라고 설명한다.

附
붙을 부

阜-총8획

附錄(부록) 附與(부여) 附屬品(부속품) 附加價値(부가가치) 添附(첨부) 寄附(기부) 阿附(아부) 條件附(조건부) '의미를 부여(附與)하다'

符
부신 부

竹-총11획

竹+付. 여기서 付(부)는 附(부)의 의미로, 양쪽 조각을 붙이며 맞춰 증거로 삼는 '부절, 부신'을 뜻한다.

符籍(부적) 符號(부호) 符合(부합) 如合符節(여합부절) 名實相符(명실상부) '애초의 취지에 부합(符合)하다'

駙
곁마 부

馬-총15획

馬+付. 여기서 付(부)는 附(부)의 의미로, 곁따르며 예비(spare)로 준비한 말인 '곁말'을 뜻한다.

駙馬(부마) 駙馬都尉(부마도위)

18. 두 손으로 조심조심
〔廾〕廾 戒 共 暴 丞 奏 奉

廾	𢪇	𢩠	𧛻
두손으로 받들 공	두손으로받들 공 甲骨文	두손으로받들 공 甲骨文	보낼 송 篆文

옛 형태에서 쉽게 확인할 수 있듯 왼손(𠂇)과 오른손(又)이다. 혹 収 형태로 써진 경우 收(거둘 수)와 혼동하기 쉬운데, 자세히 보면 𠂇+又로 廾(공)과 동자(同字)이다.

廾(공)은 다른 글자에 조용하게 숨어서 매우 광범위하게 작용하고 있다. 다만 다양한 형태로 변형이 된 경우가 많아 篆文을 보지 않으면 '손'인 것을 알 수 없는 경우가 대부분이다. 당연히 각 글자의 부수도 제각각일 수밖에 없다.

開
열 개

門-총12획

門+廾. 門(빗장 산)은 문에 빗장을 건 모습이다. 廾(공)이 더해져, 두 손으로 문을 '열다'의 뜻을 나타낸다.

開催(개최) 開幕(개막) 開闢(개벽) 開會(개회) 開閉(개폐) 開天節(개천절) 公開(공개) 散開(산개) 展開(전개) 打開(타개)

弄
희롱할 롱

廾-총7획

玉+廾. 두 손을 뜻하는 廾(공)에 玉(옥)이 더해져, 두 손으로 구슬을 갖고 노는 모습으로 '놀다, 희롱하다'의 뜻을 나타낸다.

弄談(농담) 弄奸(농간) 弄假成眞(농가성진) 嘲弄(조롱) 才弄(재롱) 吟風弄月(음풍농월)

送
보낼 송

辵-총10획

辶(辵)+倴. 倴(잉)은 손에 불을 받쳐 들고(𢍱) 사람(人)을 전송한다는 의미. 움직임을 뜻하는 辵(착)이 더해져 '보내다, 물건을 부치다, 전송하다'의 뜻을 나타낸다.

送信(송신) 送別(송별) 送金(송금) 送舊迎新(송구영신) 運送(운송) 放送(방송) 後送(후송) '환자를 급히 후송(後送)하다'

米-총17획

篆文은 糞. 甲骨文은 두 손(廾)으로 삼태기를 잡고 '오물'을 담아 버리는 모습이다. 너무 많이 변형되었다. 甲骨文이든 篆文이든 米(쌀 미)와 異(다를 이)가 아니란 것만 기억해두자.

糞尿(분뇨)

戒
경계할 계 경계할 계 金文   경계할 계 篆文

廾+戈. 양손(廾)에 창(戈)을 들고 경계하고 있는 모습으로 '경계하다, 삼가다'의 뜻을 나타낸다. 파생하여 '징계하다, 훈계하다'의 의미도 지닌다.

戈-총7획

戒律(계율) 戒嚴令(계엄령) 警戒(경계) 破戒僧(파계승) 哨戒艇(초계정) 斷機之戒(단기지계) 沐浴齋戒(목욕재계)

木-총11획

木+戒. 징계하다의 뜻인 戒(계)에 나무(木)가 더해져, 징계하기 위해 나무로 만든 '형틀, 수갑'을 뜻한다.

機械(기계)

共
함께 공   함께 공 金文   함께 공 篆文

〈설문해자〉에는 廿+廾로 풀고 있는데, 金文을 보면 뭔가 큰 물건을 두 손(廾)으로 들고 있는 모습으로 보면 되겠다. '물건을 바치다, 함께 하다'의 뜻을 나타낸다.

共 함께 공

八-총6획

共同(공동) 共和國(공화국) 共生關係(공생관계) 公共(공공) 名實共(명실공) 男女共用(남녀공용) '명실공(名實共)히 세계 1인자이다'

供 이바지할 공

人-총8획

亻(人)+共. 물건을 바치다의 뜻인 共(공)에 사람(人)이 더해져 '이바지하다, 베풀다, 기르다'의 뜻을 나타낸다.

供給(공급) 供養米(공양미) 提供(제공) '심청이 공양미(供養米) 삼백 석에'

恭 공손할 공

心-총10획

共+忄(心). 물건을 바치다의 뜻인 共(공)에 마음(心)이 더해져, 신에게 제물을 바칠 때의 마음가짐 '공손하다, 삼가다'의 뜻을 나타낸다.

恭遜(공손) 恭敬(공경)

拱 두손 맞잡을 공

手-총9획

扌(手)+共. 함께 하다의 뜻인 共(공)에 손(手)이 더해져 '두 손을 마주 잡다, 팔짱끼다'의 뜻을 나타낸다.

拱手侍立(공수시립)

洪 큰물 홍

水-총9획

氵(水)+共. 함께 하다의 뜻인 共(공)에 물(水)이 더해져, 물이 모인다는 의미로 '큰물, 홍수'를 뜻한다.

洪水(홍수) 洪福(홍복) 洪魚(홍어) 洪吉童傳(홍길동전)

巷 거리 항

己-총9획, 巷/衖과 동자(同字)

共+邑. 함께하다의 뜻인 共(공)에 마을(邑)이 더해져, 마을 사람들이 공유하는 '길, 거리'를 뜻한다(里中道).

巷間(항간) 巷說(항설) 街巷(가항) '항간(巷間)에 떠도는 소문'

港 항구 항

水-총12획

氵(水)+巷. 마을길을 뜻하는 巷(항)에 물(水)이 더해져, 물 위의 길이란 의미로 '뱃길, 항구'를 뜻한다.

港口(항구) 港灣(항만) 浦港(포항)

暴
사나울 포/쬘 폭  사나울 포 金文　사나울 포 篆文

篆文은 暴의 형태로 日+出+廾+米. 두 손(廾)으로 쌀(米)을 널어서(出) 햇볕(日)에 쬐는 모습으로 보는 견해가 가장 일반적이다. 〈설문해자〉에서는 유사한 글자인 暴(포)와 暴(포)가 구별되어 수록되어 있다. 暴(포)는 日+出+廾+夲로 '빠르고 진취적이다(疾有所趣)'로 풀이한다. 이 글자는 동물의 털가죽을 째서 햇볕에 쬐는 모습으로, 暴(포)가 지닌 '사납다, 급하다, 거칠다'의 의미를 설명하기에는 쌀보다 털가죽이 좀 더 어울리는 것 같다.

暴
사나울 포
/쬘 폭

日-총15획

暴炎(폭염) 暴利(폭리) 暴露(폭로) 暴落(폭락) 暴騰(폭등) 暴力(폭력) 暴行(폭행) 亂暴(난폭) 暴惡(포악) 凶暴(흉포) 橫暴(횡포)

曝
쬘 폭

日-총19획

日+暴. 햇볕에 쬐는 모습인 暴(포/폭)에 해(日)가 더해져 '쬐다'의 뜻을 명확히 하였다.

曝書(폭서) 曝陽(폭양)

爆
터질 폭

火-총19획

火+暴. 거칠다의 의미인 暴(포/폭)에 불(火)이 더해져 '터지다, 폭발하다'의 뜻을 나타낸다.

爆彈(폭탄) 爆發(폭발) 爆破(폭파) 爆竹(폭죽) 爆笑(폭소) 起爆劑(기폭제) '혁명의 기폭제(起爆劑)가 되다'

瀑
폭포 폭
/소나기 포

水-총18획

氵(水)+暴. 거칠다의 의미인 暴(포/폭)에 물(水)이 더해져, 쏟아지듯 퍼붓는 '소나기'와 '폭포'를 뜻한다.

瀑布(폭포) 瀑布水(폭포수)

도울 승

도울 승 甲骨文   도울 승 篆文

廾+卩+凵. 함정(凵)에 빠진 사람(卩)을 두 손(廾)으로 끌어올리는 모습이다. 변해도 너무
많이 변했다. 바닥에 있는 一이 함정(凵)이다. 자연스레 '돕다'의 뜻을 나타낸다.

도울 승

一 - 총6획

政丞(정승)

이을 승

手 - 총8획

廾+卩+手. 丞(승)에서 함정(凵)대신 손(手)이 들어간 형태로, 사람을 들어올리며 '받
다, 돕다, 잇다'의 뜻을 나타낸다. '이어받다, 계승하다'의 의미로 주로 쓰인다.

承諾(승낙) 承政院(승정원) 繼承(계승) 傳承(전승) 承筋(승근)〈穴〉 承山(승산)〈穴〉

蒸

찔 증

艸 - 총14획

艸+烝. 烝(증)은 丞+灬(火). 끌어올리는 모습인 丞(승)에 불(火)이 더해져 더운 김이
오르는 것을 뜻한다. 풀(艸)이 더해져 '찌다'의 뜻을 나타낸다. '섶나무, 땔나무'를 뜻
하기도 한다.

蒸溜水(증류수) 蒸散作用(증산작용) 蒸氣機關(증기기관) 水蒸氣(수증기)

奏
아뢸 주

아뢸 주篆文   아뢸 주篆文2

舛+廾+屮. 〈설문해자〉에서는 이렇게 풀이하지만, 변형이 많아 견해가 다양한 글자이다. 두 손(廾)으로 어떤 물건을 받치고 권하는 모습으로 풀이된다. '권하다, 바치다, 아뢰다'의 뜻을 나타낸다.

참고로 물(水)이 덧붙은 湊(주)는 '항구, 모이다'의 뜻을 나타낸다. 물이 항구로 몰려드는 모습을, 신하들이 임금에게 주청(奏請)하는 상황에 빗댄 것이다. '모이다'의 의미로 奏(주)와 湊(주)는 서로 통용된다.

奏
아뢸 주

大-총9획

奏請(주청) 演奏(연주) 伴奏(반주) 間奏(간주)

輳
모일 주

車-총16획

車+奏. 모이다의 의미인 奏(주)에 수레(車)가 더해져, 바퀴살이 바퀴통에 모임을 의미한다. 사물이 한군데로 '모이다'의 뜻을 나타낸다.

輻輳并臻(폭주병진) 輻輳性斜視(폭주성사시)

奉
받들 봉

志 *받들 봉 金文*　帝 *받들 봉 篆文*　羊 *구슬 옥 甲骨文*

金文은 丰+廾. 奏(주)와 비슷한 형태로, 역시 어떤 물건을 두 손으로 받드는 모습이다. '받들다'의 뜻을 나타낸다.

丰(봉)은 초목이 무성한 모양(艸盛丰丰)을 표현한 것으로, 받드는 물건으로는 어울리지 않는다. 두 손 위에 얹힌 것은 귀한 물건일 가능성이 높은데, 玉(옥)이 변형된 형태라는 견해가 타당해 보인다. 〈설문해자〉에서는 篆文에 근거해 手+廾+丰 의 형태로 풀이한다.

奉
받들 봉

大-총8획

奉養(봉양) 奉祝(봉축) 奉仕(봉사) 信奉(신봉) '사회에 봉사(奉仕)하다'

捧
받들 봉

手-총11획

扌(手)+奉. 받든다는 의미인 奉(봉)에 손(手)이 덧붙어 '받들다'의 의미를 강조하였다.

捧納(봉납) 捧入(봉입)

俸
녹 봉

人-총10획

亻(人)+奉. 받든다는 의미인 奉(봉)에 사람(人)이 더해져, 두 손으로 공손히 받는 '봉록(salary)'을 뜻한다. 예나 지금이나 봉급은 기분 좋게 받는다.

俸給(봉급) 祿俸(녹봉) 年俸(연봉)

棒
몽둥이 봉

木-총12획

木+奉. 받든다는 의미인 奉(봉)에 나무(木)가 더해져 '지팡이, 몽둥이'를 뜻한다. '치다'의 뜻으로도 쓰인다.

指揮棒(지휘봉) 如意棒(여의봉) 棍棒(곤봉) 鐵棒(철봉)

19. 여기도 두 손이네요
〔臼〕舁 要 票 臾 貴 曳

깍지낄 국 | 깍지낄 국 篆文

두 손의 모습을 본뜬 것이다(叉手). 아래에서 물건을 받쳐 든 廾(공)에 비해 공손함은 덜 한 듯하다. 〈설문해자〉에서는 독립된 부수글자이며 臼(절구 구)와 무관하지만, 현재의 자전에서 는 臼(절구구)部에 통합되어 버렸다.

마주들 여 | 마주들 여 篆文

臼+廾. 총 네 개의 손, 즉 두 사람이 물건을 드는 모습을 표현하였다. '백지장도 맞들면 낫 다'고 할 때 '맞들다, 마주 들다'의 뜻을 나타낸다.

줄 여

臼-총14획

舁+牙. 맞들다의 뜻인 舁(여)에 맞물린 이빨의 모습인 牙(아)가 더해져 '더불어 하 다, 주다, 서로 돕다'의 뜻을 나타낸다. 牙(아)가 与 형태로 변형되었다.

與件(여건) 與否(여부) 與黨(여당) 與野(여야) 給與(급여) 贈與(증여) 寄與(기여) 關與(관여) 干與 (간여)

擧
들 거

手-총18획

與+手. 더불어 하다는 뜻의 與(여)에 손(手)이 더해져 '들다, 들어 올리다'의 뜻을 나타낸다.

擧論(거론) 擧事(거사) 擧族的(거족적) 擧手敬禮(거수경례) 大擧(대거) 薦擧(천거) 義擧(의거) 選擧(선거) 快擧(쾌거) '유명인사들이 대거(大擧) 참석하다'

譽
기릴 예

言-총21획

與+言. 더불어 하다는 뜻의 與(여)에 말(言)이 더해져, 말로서 사람을 '기리다, 칭찬하다'의 뜻을 나타낸다.

名譽(명예) 榮譽(영예)

輿
가마 여

車-총17획

舁+車. 맞들다의 뜻인 舁(여)에 수레(車)가 더해져, 두 사람 이상이 메는 탈것인 '가마'를 뜻한다.

喪輿(상여)

興
일으킬 흥

臼-총16획

舁+同. 맞들다의 뜻인 舁(여)에 같이한다는 의미의 同(동)이 더해져 '일으키다, 일어서다, 흥취'를 뜻한다. 무슨 일이든 여럿이 같이해야 흥이 난다는 의미로 풀이된다.

興奮(흥분) 興味(흥미) 興亡盛衰(흥망성쇠) 興夫傳(흥부전) 感興(감흥) 復興(부흥) 興宣大院君(흥선대원군)〈名〉

遷
옮길 천

辵-총16획

辶(辵)+䙴. 䙴(천)은 두 사람이 시신을 든 모습. 움직임을 뜻하는 辵(착)이 더해져 '옮기다'의 뜻을 나타낸다.

遷都(천도) 變遷(변천) 左遷(좌천) 播遷(파천) 改過遷善(개과천선)

要
구할 요

구할 요 金文

구할 요 篆文

양손(臼)으로 여성(女)의 몸통을 잡은 모습이다. 본래 허리를 의미하였는데, 허리가 중요하다는 인식 때문인지 '중요하다, 요구하다'라는 뜻으로 쓰이게 된다.

要
구할 요

襾-총9획

要請(요청) 要求(요구) 要諦(요체) 要領(요령) 要塞(요새) 要衝地(요충지) 需要(수요) 重要(중요) 必要(필요)

腰
허리 요

肉-총13획

月(肉)+要. 허리를 잡은 모습인 要(요)에 인체를 뜻하는 肉(육)이 더해져 '허리(waist)'의 뜻을 명확히 하였다.

腰帶(요대) 腰部(요부) 腰椎(요추) 腰痛(요통) 腰折腹痛(요절복통)

票
불똥튈 표 | **불똥튈 표 篆文**

본자(本字)는 僄로 臼+囟+廾+火. 변형이 심하게 되었다. 僄의 상부는 양 손(臼)으로 머리 부분(囟)을 들어올리는(廾) 모습으로, 높이 든다는 의미이다. 불(火)이 더해져 '불똥이 튀다, 날뛰다'는 뜻을 나타낸다. 파생하여 날아오르는 '종이쪽지, 쪽지' 등의 의미도 포함하게 되었다. 선거철만 되면, 표심(票心)은 어디로 튈지 모르는 일이 반복되곤 한다.

票
불똥튈 표

示-총11획

票決(표결) 投票(투표) 手票(수표) 郵票(우표) 賣票所(매표소)

漂
떠돌 표

水-총14획

氵(水)+票. 날뛰다의 의미인 票(표)에 물(水)이 더해져 '떠다니다, 정처 없이 떠돌다'의 뜻을 나타낸다.

漂白(표백) 漂流(표류) 漂着(표착) '무인도에 표착(漂着)하다'

剽
겁박할 표

刀-총13획

票+刂(刀). 날뛰다의 의미인 票(표)에 칼(刀)이 더해져 '협박하다, 표독하다'의 뜻을 나타낸다.

剽竊(표절) '작품을 표절(剽竊)하다'

慓
날랠 표

心-총14획

忄(心)＋票. 날뛰다의 의미인 票(표)에 마음(心)이 더해져 '사납다, 날래다'의 뜻을 나타낸다.

慓毒(표독) '표독(慓毒)스러운 눈빛'

標
우듬지 표

木-총15획

木＋票. 튀어오르다의 의미인 票(표)에 나무(木)가 더해져, 나무의 꼭대기 줄기인 '우듬지'를 뜻한다. 파생하여 눈에 띄게 표시한 '안표(眼標)'의 뜻으로 쓰인다.

標的(표적) 標準(표준) 標榜(표방) 標本(표본) 標示(표시) 商標(상표) 目標(목표) 指標(지표) 浮漂(부표) '정책의 지표(指標)를 세우다' '푯말(標-)을 보고 길을 가다'

臾
잠깐 유

잠깐 유 甲骨文　　잠깐 유 金文　　잠깐 유 篆文

臼＋丨＋乙. 물건(丨)을 양 손(臼)으로 잡고 위로 끄는 모습이다. 초목의 구부러진 모습을 형상화한 乙(을)이 더해져, 물건을 '끌어올리다, 잡아 말리다'의 뜻을 나타낸다. 가차하여 '잠깐, 잠시'라는 뜻으로 쓰인다.

庾
곳집 유

广-총12획

广＋臾. 끌어올리다의 뜻인 臾(유)에 공간을 뜻하는 广(엄)이 더해져, 머리를 빗어 올린 듯한 모양의 원뿔형 '쌀 창고'를 가리킨다.

倉庾(창유) 金庾信(김유신)〈名〉

귀할 귀   귀할 귀 篆文

臼+貝. 양손으로 물건을 잡고 있는 臾(유)에 재물(貝)이 더해져 '선물, 귀하다'의 뜻을 나타낸다.

貴
귀할 귀

貝-총12획

貴重(귀중) 貴賤(귀천) 貴人(귀인) 貴族(귀족) 貴賓(귀빈) 貴下(귀하) 貴中(귀중) 尊貴(존귀) 富貴榮華(부귀영화) '홍길동 귀하(貴下)' '주민센터 귀중(貴中)'

櫃
함 궤

木-총18획

木+匚+貴. 귀하다는 뜻의 貴(귀)에 궤짝(匚)과 나무(木)가 더해져, 귀한 물건을 보관하는 나무인 '함, 궤'를 뜻한다.

金櫃(금궤)

遺
끼칠 유

辵-총16획

辶(辵)+貴. 귀하다는 뜻의 貴(귀)에 움직임을 뜻하는 辵(착)이 더해져, 물건을 '보내다'의 의미이다. 파생하여 '남기다, 끼치다'의 뜻을 나타낸다.

遺言(유언) 遺産(유산) 遺物(유물) 遺家族(유가족) 後遺症(후유증) 職務遺棄(직무유기)

曳
끌 예   끌 예 篆文

두 손(臼)으로 얽힌 실 한쪽을 끌어 올리는 모습이다. '끌다, 끌어당기다'의 뜻을 나타낸다.

1장
인체

曳
끌 예

日-총6획

曳光彈(예광탄) 曳尾塗中(예미도중)

洩
샐 설

水-총9획, 泄 과 동자(同字)

氵(水)+曳. 끌다는 의미의 曳(예)에 물(水)이 더해져 '넘치다, 새다'의 뜻을 나타낸다.

漏洩(누설) '군사기밀을 누설(漏洩/漏泄)하다'

20. 더욱 힘쓰다
〔尤〕 尤 就

尤
더욱 우

더욱 우 金文   더욱 우 篆文

손에 물건을 쥔 모습이다. 金文을 보면 손끝에 가로획이 그어진 형태이다. 〈설문해자〉에서는 '일반적인 것과 다름(異於凡)'으로 풀이하고 있다. 손에 쥔 것이 일상적으로 사용하는 물건은 아닌 듯하다. 범상함과 다르다는 의미에서 '더욱, 가장'이라는 뜻과 '허물, 탓하다'라는 뜻이 각각 갈라졌다. 참고로 尤(우)의 부수자인 尢(왕)은 정강이가 굽은 사람의 모습을 본뜬 것으로 尤(우)와 별개의 글자이다.

던질 포

手-총8획
扌(手)+尤+力. 손에 물건을 쥐고(尤) 힘껏(力) '던지다, 버리다'의 뜻을 나타낸다. 손(手)이 덧붙어 의미를 보다 분명하게 하였다.

抛棄(포기) 抛物線(포물선) '좌절은 있어도 포기(抛棄)는 없다'

就
이룰 취

이룰 취 篆文

京+尤. 京(경)은 높은 건물을 본뜬 것. '더욱'이란 의미의 尤(우)가 더해져, 더 높이 쌓아올린다는 뜻이다. '나아가다, 이루다, 성취하다'와 같은 적극적인 의미를 나타낸다.

就
이룰 취

尤-총12획
就業(취업) 就職(취직) 就航(취항) 成就(성취) 去就(거취) 日就月將(일취월장) '거취(去就)가 불분명하다'

蹴
찰 축

足-총19획

足+就. 나아가다, 이루다의 뜻인 就(취)에 발(足)이 더해져 '발로 차다'의 뜻을 나타 낸다.

蹴球(축구) 蹴鞠(축국) 先蹴(선축) 一蹴(일축) '무리한 제안을 일축(一蹴)하다'

21. 손에 힘이 들어가다
〔丑〕

丑	叒	켠	켠
둘째지지 축	둘째지지 축 甲骨文	둘째지지 축 金文	둘째지지 축 篆文

손가락에 힘이 잔뜩 들어간 모습을 표현한 것이다. 독립적인 쓰임새는 거의 없으며, 가차하여 12지(十二支) 중에서 둘째 지지로 쓰인다.

丑
둘째지지 축

一-총4획

己丑獄死(기축옥사)

紐
맬 뉴

糸-총10획

糸+丑. 손에 힘을 준 모습인 丑(축)에 끈(糸)이 더해져 '매듭, 묶다'의 뜻을 나타낸다.

結紐(결뉴)

羞
바칠 수

羊-총11획

羊+丑. 손에 힘 준 모습인 丑(축)에 희생의 羊(양)이 더해져, 음식을 '드리다, 올리다'의 뜻을 나타낸다. 파생하여 '부끄러워하다, 부끄럽게 하다'의 뜻도 나타낸다.

羞恥(수치) 羞恥心(수치심) 羞惡之心(수오지심) 珍羞盛饌(진수성찬)

22. 일손을 잡다
〔丮〕丮 執 巩

| 丮 잡을 극 | 잡을 극 甲骨文 | 잡을 극 金文 | 잡을 극 篆文 | 일찍 숙 金文 | 싸울 투 甲骨文 | 싸울 투 篆文 |

손으로 잡고 있는 모습을 본뜬 것이다(象手有所丮據). '잡는다, 쥐다'의 뜻을 나타낸다. 그런데 丮(극)의 모양이 다소 낯설게 느껴질 것이다. 쓰임새가 제법 있는 글자이지만 다른 글자 속에서 모양이 변형되어 쓰이기 때문이다. 본장에 속한 글자들 이외에도 執(잡을 집), 孰(누구 숙)의 우측에서 의미요소로 작용하고 있다. 〈설문해자〉에서는 부수글자이며, 丸(알 환)과는 전혀 관련이 없다.

파생된 글자 중에서 흥미로운 글자인 鬪(싸움 투)에 대해 설명하겠다. 鬪(투)의 원자(原字)인 鬥(투)의 甲骨文을 보면 두 사람이 싸우는 광경이다. 그런데 멋있는 결투가 아니라 서로의 머리칼을 잡으려고(丮) 다투는 모습으로 보인다. 丮(극)이 서로 마주 보고 있는 형태로 이해하면 된다. 鬪(투)는 속자(俗字)이고, 본자(本字)는 鬬인데 斲(착)은 '깎다'의 뜻이다. 본래 싸우는 모습인 鬥(투)에 덧붙여 의미를 보강하였다. '두 병사가 대치하고, 병장기가 뒤에 배경으로 있는 모습(兩士相對 兵杖在後 象鬥之形)'으로 풀이한 〈설문해자〉의 설명이 아쉽다.

夙 일찍 숙

夕-총6획
丮+月. 달(月)이 지기 전부터 일손을 잡다(丮)에서 '이른 아침부터 일하다'의 의미이다. 파생하여 '아침 일찍, 일찍'의 뜻을 나타낸다.
夙成(숙성) 夙興夜寐(숙흥야매) '나이에 비해 숙성(夙成)하다'

鬪 싸움 투

鬥-총20획
鬬의 속자(俗字). 본문 참조
鬪爭(투쟁) 鬪牛士(투우사) 健鬪(건투) 暗鬪(암투) 亂鬪劇(난투극) 孤軍奮鬪(고군분투)

埶
심을 예

埶 심을 예 甲骨文   埶 심을 예 金文   埶 심을 예 篆文

屮+丮. 金文은 사람이 묘목을 든 모습이다. 篆文에서 흙덩이(屮)를 잡은(丮) 형태로 변형되었다. 묘목이든 흙덩이든 '심다, 모으다'의 뜻을 나타내는 데는 지장이 없다. 藝(예)의 원자(原字)이다.

藝
심을 예

艸-총19획

芸+埶. 심다, 모으다의 의미인 埶(예)에 김매다의 의미인 芸(운)을 더해 '심다'의 의미를 분명히 하였다. 파생하여 '재주'의 의미로도 쓰인다.

藝術(예술) 藝名(예명) 曲藝(곡예) 武藝(무예)

勢
기세 세

力-총13획

埶+力. 심다, 모으다의 의미인 埶(예)에 힘(力)이 더해져 '권세, 기세'의 뜻을 나타낸다.

勢力(세력) 勢道(세도) 權勢(권세) 戰勢(전세) 趨勢(추세) 姿勢(자세) 形勢(형세) 症勢(증세) 虛張聲勢(허장성세) '전세(戰勢)가 뒤집히다'

熱
더울 열

火-총15획

埶+火(灬). 심다, 모으다의 의미인 埶(예)에 불(火)이 더해져 '뜨겁다, 덥다'의 뜻을 나타낸다.

熱氣(열기) 熱帶(열대) 熱中(열중) 熱心(열심) 灼熱(작열) 寒熱(한열) '독서에 열중(熱中)하다'

巩
쥘 공

巩 쥘 공 金文

工+丮. 공구(工)를 손으로 조심스레 잡은(丮) 모습이다. '쥐다, 주머니(裏)'의 뜻을 나타낸다.

恐
두려울 공

心-총10획

巩+心. 손으로 조심스레 공구를 잡은 모습인 巩(공)에 마음(心)이 더해져 '두렵다, 조심
스럽다, 무섭다'의 뜻을 나타낸다.

恐怖(공포) 恐慌(공황) 恐慌障礙(공황장애) 恐妻家(공처가) 可恐(가공) 惶恐無地(황공무지) '가공
(可恐)할 위력의 무기'

鞏
묶을 공

革-총15획

巩+革. 손으로 조심스레 공구를 잡은 모습인 巩(공)에 가죽(革)이 더해져, 가죽으로
'단단히 묶다, 견고하다'의 뜻을 나타낸다.

鞏固(공고) '공고(鞏固)히 하다'

築
쌓을 축

竹-총16획

竹+巩+木. 손으로 공구를 잡은 모습인 巩(공)에 대나무(竹)와 목재(木)가 더해져, 공
사하는 모습을 표현한 것으로 '쌓다, 짓다, 다지다'의 뜻을 나타낸다. 음은 竹(죽)에서 온
것으로 보인다.

築造(축조) 築城(축성) 建築(건축) 構築(구축) '진지를 구축(構築)하다'

23. 팔이 구가 되었네
〔九〕

九
아홉 구

아홉 구 甲骨文	아홉 구 甲骨文	아홉 구 甲骨文

〈간명갑골문자전〉에 의하면 손과 굽은 팔의 모습으로 '팔꿈치'를 뜻한다. 가차하여 '아홉(9)'의 의미로 쓰인다. 〈설문해자〉에서는 '굴곡이 끝나는 모양을 본뜬 것(象其屈曲究盡之形)'이라 하여 다소 추상적으로 설명하고 있다. 그런데 파생된 글자들을 살펴보면 〈설문해자〉의 풀이에 무게가 실린다. 九(구)가 본래 사람의 팔을 본뜬 모양이라 하더라도 상충되는 견해는 아니라 여겨진다.

九
아홉 구

乙-총2획

九死一生(구사일생) 九牛一毛(구우일모) 九萬里長天(구만리장천) 金九(김구)〈名〉

究
궁구할 구

穴-총7획

穴+九. 굴곡이 다하다의 의미인 九(구)에 깊은 장소를 의미하는 穴(혈)이 더해져, 깊은 곳에까지 이른다는 의미로 '끝나다, 궁구하다'의 뜻을 나타낸다.

研究(연구) 探究(탐구) 窮究(궁구) 講究(강구)

仇
짝 구

人-총4획

亻(人)+九. 굴곡이 다하다의 의미인 九(구)에 사람(人)이 더해져, 동고동락을 함께하는 '짝'을 뜻한다. 그런데 일반적으로 '원수'라는 뜻으로 널리 쓰인다. 이 역설이 곧바로 이해된다면 인생을 제법 사신 분이 틀림없다.

仇怨(구원) 仇敵(구적)

軌
길 궤

車-총9획

車+九. 굴곡이 다하다의 의미인 九(구)에 수레(車)가 더해져, 굴곡하며 뻗다가 사라지는 '바퀴자국'을 뜻한다. 파생하여 '바퀴사이, 본보기, 법'의 뜻으로도 쓰인다.

軌度(궤도) 軌跡(궤적) 挾軌(협궤) '포물선의 궤적(軌跡)을 그리다'

旭
아침해 욱

日-총6획

九+日. 굴곡이 다하다의 의미인 九(구)에 해(日)가 더해져, 해가 막 뜰 때 빛이 휘어지다가 지평선 위로 올라오면 뻗는 모양을 형용한 것으로 '아침 해, 해뜨다'의 뜻을 나타낸다.

旭日昇天(욱일승천)

染
물들일 염

木-총9획

氿+木. 氿(궤)는 氵(水)+九. 굽이쳐 흐르다 솟아나는 샘물을 뜻한다. 샘물이 흐르듯 나무(木)의 수액으로 '물들이다, 적시다'의 뜻을 나타낸다. 풀이에 이견이 많은 글자이다.

染色(염색) 汚染(오염) 傳染(전염) 感染(감염) 汚染源(오염원)

24. 여기가 겨드랑이다
〔亦〕亦 夜

또 역

또 역 甲骨文   또 역 篆文

사람의 양쪽 겨드랑이 부근에 점을 찍어 '겨드랑이'의 뜻을 나타낸다. 가차하여 '또한'이라
는 뜻으로 쓰인다.

亦
또 역

亠–총6획

亦是(역시)

跡
자취 적

足–총13획, 迹/蹟과 동자(同字)

足+亦. 겨드랑이를 뜻하는 亦(역)에 발(足)이 더해져 '발자국, 발자취'의 뜻을 나타
낸다. 사람이나 동물이 밟아 움푹해진 모양을 오목한 겨드랑이에 빗댄 것이다. 동작
을 뜻하는 辶(착)이 더해진 迹(적)도 마찬가지이다.

追跡(추적) 痕跡(흔적) 遺跡(유적) 筆跡(필적) 蹤跡(종적) 人跡(인적) 潛跡(잠적) 奇跡(기적)

夜
밤 야

夾
밤야篆文

亦+夕. 변형이 많이 되었다. 夕(석)은 '달(moon)'을 본뜬 글자로 月(월)과 같은 의미였다. 달 (夕)이 겨드랑이(亦) 보다 낮게 떨어졌으니 이제 점점 밤이 깊어간다는 의미이다. 篆文을 보 면 흡사 亦(역)의 왼쪽 겨드랑이에 夕(석)이 헤드락 걸린 모양새이다.

여담이지만, 亦(역)과 夕(석)이 더해진 글자가 夜(야)인데 '야'라는 음이 다소 엉뚱하다. 그런 데 'ㄱ'받침이 숨어 있었다. 夜(야)에서 파생된 液(액)과 腋(액)에서 다시 튀어나온다.

夜
밤 야

夕-총8획

夜間(야간) 夜行性(야행성) 徹夜(철야) 不夜城(불야성) 晝耕夜讀(주경야독) 不撤晝夜(불철주야)

腋
겨드랑이 액

肉-총12획

月(肉)+夜. 본래 겨드랑이를 뜻하는 亦/夜에 인체를 뜻하는 肉(육)이 더해져 '겨드랑 이'를 뜻한다.

腋窩(액와) 腋汗(액한) 淵腋(연액)〈穴〉

液
진 액

水-총11획

氵(水)+夜. 겨드랑이를 뜻하는 亦/夜에 물(水)이 더해져 '진액'을 뜻한다. 경혈 중에 서 淵腋(연액)혈은, 겨드랑이 아래 움푹한 부위를 웅덩이(淵)에 빗댄 것이다. 液(액)은 웅덩이에 물이 고인다는 의미로 추정된다.

液體(액체) 液晶(액정) 津液(진액) 精液(정액) 液門(액문)〈穴〉

25. 모여서 이어지다
〔呂〕

呂 음률 려

음률 려 甲骨文　음률 려 金文　집 궁 甲骨文

사람의 등뼈가 이어진 모습을 본뜬 것으로 '등뼈'의 뜻을 나타낸다. 파생하여 '이어지다, 음률'의 의미도 가진다.

파생된 글자 중에서 宮(집 궁)은 지붕(宀)아래 방들이 이어져 있는 모습을 본뜬 것이다. 呂(려)와 별개의 자원(字源)일 수도 있지만, 甲骨文을 보면 형태가 거의 같다. 집을 의인화하여 방을 등뼈에 빗댄 것으로 풀이된다. 〈설문해자〉에서 宮(궁)은 宀(면)과 躳(몸 궁)이 더해진 형태로 설명한다. 躳(궁)은 躬(몸 궁)의 본자(本字)로, 躬(궁)은 사람의 척추가 앞뒤로 휘어지는 것을 활(弓)에 빗대어 표현한 것이다.

呂
음률 려

口-총7획

呂氏春秋(여씨춘추) 呂不韋(여불위)〈名〉 呂布(여포)〈名〉

侶
짝 려

人-총9획

亻(人)+呂. 이어지다의 뜻인 呂(려)에 사람(人)이 붙어 '동무, 짝, 반려자'의 뜻을 나타낸다.

僧侶(승려) 伴侶者(반려자)

閭
이문 려

門-총15획

門+呂. 모여서 이어지다는 의미의 呂(려)에 門(문)이 더해져, 집들이 모여 이어진 '마을의 문'을 뜻한다.

閭閻家(여염가) 倚閭之情(의려지정) 閭閻(합려)〈名〉

宮
집 궁

宀–총10획

宀+呂. 본문참조

宮闕(궁궐) 宮殿(궁전) 宮合(궁합) 子宮(자궁) 尙宮(상궁) 後宮(후궁)

26. 가슴에 새긴 문양
〔文〕文 彦 産

文
글월 문

글월 문 甲骨文   글월 문 篆文

사람의 가슴에 무늬가 있는 모습을 본뜬 것으로 '무늬, 문채'의 뜻을 나타낸다. 파생하여 '글월, 글자'라는 의미도 나타낸다.

文
글월 문

文-총4획

文字(문자) 文化(문화) 文獻(문헌) 文樣(문양) 文章(문장) 文豪(문호) 文武兼全(문무겸전) 論文(논문) 不文律(불문율) 書翰文(서한문)

紋
무늬 문

糸-총10획

糸+文. 무늬를 뜻하는 文(문)에 실(糸)이 더해져 '무늬, 문채'의 뜻을 명확히 하였다.

紋章(문장) 波紋(파문) 指紋(지문) '장미전쟁은 두 가문의 문장(紋章)에서 유래한 이름이다' '큰 파문(波紋)을 몰고 오다'

紊
어지러울 문

糸-총10획

文+糸. 무늬를 뜻하는 文(문)에 실(糸)이 더해진 형태로, 紋(문)과 같은 구성이다. 무늬가 뒤섞여 '어지럽다, 어지럽히다'의 뜻을 나타낸다.

紊亂(문란) '풍기가 문란(紊亂)하다'

虔
정성 건

虍-총10획

虍+文. 무늬를 뜻하는 文(문)에 범을 뜻하는 虍(호)가 더해져, 범가죽에 무늬를 놓는 모습으로 '정성, 삼가다'의 뜻을 나타낸다. 귀한 재료인 범가죽을 다루는 작업의 특성을 표현한 것으로 이해된다.

敬虔(경건) '경건(敬虔)한 마음으로 묵념을 올리다'

吝
아낄 린

口-총7획

文+口. 무늬를 뜻하는 文(문)에 입(口)이 더해져, 말을 꾸민다는 의미로 '미화하다'의 의미이다. 파생하여 '소중히 하다, 인색하다'의 뜻을 나타낸다.

吝嗇(인색) '돈에 너무 인색(吝嗇)하다'

彦
선비 언

선비 언 篆文

厂+彣. 彣(문)은 文+彡으로 밝은 무늬를 뜻한다. 벼랑(厂)에서 채취하여 무늬(彣)를 꾸미는데 사용하는 '안료, 화장품'을 의미한다. 이후 이것을 사용하는 '미청년, 선비'를 가리키는 말이 되었다. 〈설문해자〉에서는 厂(한)을 음요소로 한정한다. 혹 彦(언)이 안료나 화장품을 뜻하지 않더라도 '꾸미다'의 의미를 지니고 있는 것은 분명해 보인다.

彦
선비 언

彡-총9획

彦士(언사)

顔
얼굴 안

頁-총18획

彦+頁. 꾸미다의 의미인 彦(언)에 얼굴을 뜻하는 頁(혈)이 더해져, 화장하고 꾸미는 부위인 '얼굴'을 뜻한다.

顔色(안색) 顔面(안면) 顔料(안료) 顔面不知(안면부지) 破顔大笑(파안대소) 厚顔無恥(후안무치)

諺
상말 언

言-총16획

言+彦. 꾸미다의 의미인 彦(언)에 말(言)이 더해져, 삶을 다채롭게 꾸미는 말이라는 의미로 '속된 말, 속담'을 뜻한다.

諺文(언문) 諺解(언해)

낳을 산

낳을 산 篆文

彦+生. 안료를 뜻하는 彦(안)에 나오다의 의미인 生(생)이 더해져, 안료를 '산출하다, 만들다'의 의미로 풀이된다. 파생하여 '아이를 낳다'의 뜻으로도 쓰인다.

낳을 산

生-총11획

産出(산출) 産母(산모) 産苦(산고) 産業(산업) 産學協同(산학협동) 生産(생산) 順産(순산) 難産(난산) 財産(재산) 倒産(도산) 破産(파산) '산고(産苦)를 겪다'

보살 살

艸-총18획

艸+阜+産. 범어 sat 의 음역으로 '보살, 구하다(濟)'의 뜻을 나타낸다.

菩薩(보살) 薩水大捷(살수대첩)

27. 애타는 이 마음을
〔心〕心 愛

마음 심

마음 심 金文

마음 심 篆文

심장(heart)의 모습을 본뜬 것이다. 단순히 심장을 그대로 그렸던 옛 형태에서부터 조금씩 세련된 형태로 다듬어진 글자이다. 볼 때마다 '단순한 디자인이 위대한 디자인'이라는 말에 부합한다는 생각이 든다. 종이에 본인 주먹크기 만하게 心(심)을 쓴 다음에 가슴 한가운데 붙여보라. 저 심첨(心尖. apex cordis) 부분에서 자신의 심장박동이 느껴질 것이다.

마음 심

心─총4획

心身(심신) 心氣(심기) 心血(심혈) 心術(심술) 心琴(심금) 心腹(심복) 心悅誠服(심열성복) 心機一轉(심기일전) 會心(회심) 安心(안심) 寒心(한심) 物心兩面(물심양면) '심기(心氣)가 불편하다' '심혈(心血)을 기울여 완성하다'

사랑 애

사랑 애 篆文1

사랑 애 篆文2

旡+心+夊. 夊(쇠)는 천천히 걷는다는 의미이고, 旡(기)는 참 흥미로운 글자인데 다리는 왼쪽, 머리는 오른쪽을 향한 모습으로 '외면하는 상황'에 자주 등장한다. 그렇지만 사랑(愛) 안에서만은 예외이다. 悉+夊가 되어 몸은 저쪽을 향해 가지만, 시선은 관심 있는 대상에 달라붙은 장면으로 '사랑하다, 달라붙다'의 뜻을 나타낸다.

愛
사랑 애

心-총13획

愛情(애정) 愛人(애인) 愛着(애착) 愛嬌(애교) 愛之重之(애지중지) 割愛(할애) 偏愛(편애) '시간을 할애(割愛)하다'

曖
가릴 애

日-총17획

日+愛. 달라붙다의 의미인 愛(애)에 해(日)가 더해졌는데, 주인공인 구름(雲)이 생략되었다. 구름이 해(日)에 달라붙어 '가리다, 희미하다, 흐리다'의 뜻을 나타낸다. 흐린 날씨를 구름의 짝사랑에 빗댄 셈이다.

曖昧(애매) 曖昧模糊(애매모호)

28. 목이 올라가다
〔亢〕

| 亢
목 항 | 목 항 金文 | 목 항 篆文 |

결후(Adam's apple) 혹은 경동맥(carotid artery)을 본뜬 모습이다. 〈설문해자〉에서도 '경동맥의 상형(象頸脈形)'으로 설명한다. '목'을 뜻하며, 파생하여 '높다, 올라가다'의 의미도 나타낸다.

亢
목 항

亠–총4획

亢星(항성) 機能亢進(기능항진)

抗
막을 항

手–총7획

扌(手)+亢. 올라가다, 높다의 뜻인 亢(항)에 손(手)이 더해져 '손을 높이 들다, 막다'의 뜻을 나타낸다.

抗拒(항거) 抗議(항의) 抗體(항체) 抗原(항원) 抗癌劑(항암제) 反抗(반항) 抵抗(저항) 對抗(대항) 拮抗作用(길항작용)

航
배 항

舟–총10획

舟+亢. 목을 뜻하는 亢(항)에 배(舟)가 더해져, 목이 머리와 몸통을 연결하듯 바다와 육지를 연결하는 '배'의 뜻을 나타낸다.

航空(항공) 航路(항로) 航海(항해) 就航(취항) 難航(난항)

坑
구덩이 갱

土–총7획

土+亢. 목을 뜻하는 亢(항)에 땅(土)이 더해져 '구덩이'를 뜻한다. 지상과 지하를 연결한다는 의미로 추정된다.

坑道(갱도) 焚書坑儒(분서갱유)

29. 턱 가까이 끌어안다
〔臣〕

臣
턱 이

臣 턱이 金文   臣 턱이 金文2   아씨 희 金文   빛날 희 金文

턱의 모습을 본뜬 것이다. 독립적인 쓰임은 거의 없고, 머리와 얼굴을 뜻하는 頁(혈)이 더해진 頤(이)의 형태로 '턱'을 뜻한다. 눈을 본뜬 臣(신하 신)과 자주 혼동되는 글자이다. 〈설문해자〉에서는 臣(이)가 별도의 부수자이다. 하지만 현재 자전에서는 臣(이)의 부수가 臣(신)이며, 총획도 6획으로 동일하다. 아래 소개된 두 글자만 臣(턱 이)가 포함되어 있다고 기억해두면 혼동을 피할 수 있다. '턱 가까이 끌어안는다'는 의미도 나타낸다.

姬
아씨 희

女-총9획
女+臣. 턱 가까이 끌어안는다는 의미인 臣(이)에 여성(女)이 더해져, 여자를 끌어안은 모습으로 '아씨, 왕비, 애첩'의 뜻을 나타낸다.

舞姬(무희) 歌姬(가희) 姬旦(희단)〈名〉

熙
빛날 희

火-총13획
臣+巳+灬(火). 턱 가까이 끌어안는다는 의미인 臣(이)에 아기(巳/子)가 더해져, 아기를 끌어안은 모습으로 '기뻐하다'의 의미이다. 후에 불(火)이 더해져 '기뻐하다, 빛나다'의 뜻을 나타낸다.

徐熙(서희)〈名〉

30. 예쁜 입술 모양
〔口〕口 音 四 只

口
입구 | 입 구 金文　입 구 篆文

사람의 입을 본뜬 모습이다. 甲骨文의 형태는 한글 자음 'ㅂ'형태에 가까운데, 한글 자음 중에서 'ㅁ,ㅂ,ㅍ'이 입술소리인 것과 상통한다고 하겠다.

口
입 구

口-총3획

口傳(구전) 口實(구실) 口舌數(구설수) 口頭約束(구두약속) 河口(하구) 出入口(출입구) 經口投藥(경구투약)

吞
삼킬 탄

口-총7획

天+口. 天은 하늘이 아니라, 목젖의 모양을 본뜬 것이다. 입(口)이 더해져 '목구멍(咽)'을 가리키며 '삼키다'의 뜻으로 주로 쓰인다.

甘吞苦吐(감탄고토)

音
침뱉을 부 | 침뱉을 부 篆文

〈설문해자〉에서는 丶+否 형태로 풀이하여 '서로 말은 하지만 받아들이지 않는 상태(相與語唾而不受也)'로 설명한다. 否(부)는 不+口로 특히 말과 관련하여 부정의 의미이다. 침으로 보이는 丶가 더해져 '갈라지다, 배척하다, 뱉다'의 뜻을 나타낸다.

剖
쪼갤 부

刀-총10획

音+刂(刀). 갈라지다, 뱉다의 의미인 音(부)에 칼(刀)이 더해져 '가르다, 쪼개다'의 뜻을 나타낸다.

剖檢(부검) 解剖(해부) 解剖學(해부학)

部
거느릴 부

邑-총11획

音+阝(邑). 갈라지다, 뱉다의 의미인 音(부)에 고을(邑)이 더해져 '마을, 부서, 거느리다'의 의미를 나타낸다. 본래 신강성을 가리키는 고유명사였다고 한다.

部署(부서) 部處(부처) 部落(부락) 部族(부족) 部分(부분) 部首(부수) 部類(부류) 部下(부하)

賠
물어줄 배

貝-총15획

貝+音. 갈라지다, 뱉다의 의미인 音(부)에 재물(貝)이 더해져 '물어내다, 배상하다'의 뜻을 나타낸다. 법리적으로 배상(賠償)은 보상(補償)에 비해 벌칙(penalty)의 의미가 강하다.

賠償(배상)

倍
곱 배

人-총10획

亻(人)+音. 갈라지다, 뱉다의 의미인 音(부)에 사람(人)이 더해져 '등돌리다(背)'의 의미이다. 파생하여 '두 배가 되다, 곱하다'의 뜻으로 쓰인다.

倍加(배가) 倍數(배수) 五倍子(오배자)〈藥〉'기쁨이 배가(倍加)되었다'

陪
쌓아올릴 배

阜-총11획

阝(阜)+音. 여기서 音(부)는 倍(배)의 의미. 언덕(阜)이 더해져 '쌓다, 더하다, 겹치다'의 뜻을 나타낸다. 파생하여 '모시다'의 의미로도 쓰인다.

陪席(배석) 陪臣(배신) 陪審員(배심원)

培
북돋울 배

土-총11획

土+音. 陪(배)와 같은 맥락에서 언덕(阜) 대신 흙(土)이 더해져, 흙을 '북돋다, 가꾸다'의 뜻을 나타낸다.

培植(배식) 栽培(재배)

넉 사

넉 사 篆文

입 안에 이와 혀가 보이는 모습을 본뜬 것이다. 혹 창문의 상형이라고도 하며 이견이 많은 편이다. '넷(4)'이라는 의미는 가차이다.

넉 사

口-총5획
四季(사계) 四肢(사지) 四時(사시) 四方八方(사방팔방) 四面春風(사면춘풍) 四顧無親(사고무친)

다만 지

다만 지 篆文

말(口) 아래에 뭔가 여운이 붙었다. 어조사로 쓰이며 '다만'이라는 한정의 의미도 나타낸다. 기가 아래로 끌리는 모습(象气下引之形)이라 한 〈설문해자〉의 풀이가 적절해 보인다.

只
다만 지

口-총5획
只今(지금) 但只(단지) '지금(只今) 이 순간'

咫
길이 지

人-총9획
尺+只. 주나라 때 길이 단위 중 8촌을 뜻한다. 只(지)를 口+八로 풀이하고, 도량형을 뜻하는 尺(척)을 더해 당시의 길이단위로 사용하였다. 현재는 주로 '짧은 거리'라는 의미로 쓰인다.
咫尺(지척) 咫尺不辨(지척불변)

130

枳
탱자나무 지

木-총9획

木+只. 只(지)의 음에 나무(木)가 더해져 '탱자나무'를 뜻한다. 只(지)의 의미는 불명확하다.

橘化爲枳(귤화위지) 枳實(지실)〈藥〉 枳殼(지각)〈藥〉

口

31. 애달피 부르짖다
〔吅〕哭 哭 嚴 襄

吅

부르짖을 훤/현   부르짖을 현 甲骨文   부르짖을 현 篆文

口+口. 입(口)을 강조하여 놀라서 '부르짖다'의 뜻을 나타낸다(驚嘑). 단독으로 쓰임새는 거의 없지만 〈설문해자〉에서는 부수 글자이다.

哭

울 곡   울 곡 篆文   초상 상 篆文

머리를 푼 사람이 犬 의 형태로 변형되었다. 부르짖는다는 의미인 吅(훤/현)과 더해져, 엎드려 '소리 내어 울다'의 뜻을 나타낸다. 혹 사람이 엎드려서 우는 모습을 개(犬)에 빗댄 것으로 설명하기도 하지만 〈간명갑골문자전〉에 의하면 '머리를 풀어헤친 사람'의 모습이 분명하다. 泣(읍)과 대비되는 글자로, 泣(읍)은 선 채로 소리 없이 눈물 흘린다는 의미이다.

哭

울 곡

口-총10획

哭聲(곡성) 鬼哭(귀곡) 痛哭(통곡) 望哭(망곡) '귀신이 곡(哭)할 노릇'

喪
초상 상

口-총12획

哭+亡. 소리 내어 운다는 뜻의 哭(곡)에 잃어버림을 의미하는 亡(망)이 더해져 '죽음, 초상'을 뜻한다.

喪失(상실) 喪主(상주) 喪輿(상여) 喪家之狗(상가지구) 初喪(초상) 發喪(발상)

咢
놀랄악

놀랄 악 甲骨文

놀랄 악 篆文

篆文은 吅+屰. 吅(훤/현)에 거스르다의 의미인 屰(역)이 더해져, 예상했던 바와 어긋나 '놀라다'의 뜻을 나타낸다.

愕
놀랄 악

心-총12획, 咢과 동자(同字)

忄(心)+咢. 놀라다의 뜻인 咢(악)에 마음(心)이 붙어 의미를 명확하게 하였다.

驚愕(경악) '경악(驚愕)을 금치 못하다'

顎
턱 악

頁-총18획

咢+頁. 놀라다의 뜻인 咢(악)에 頁(머리)가 더해져, 놀라서 '악' 할 때 벌어지는 '위턱과 아래턱'을 가리킨다.

上顎(상악) 下顎(하악)

嚴
엄할 엄

嚴
엄할 엄 篆文

吅+嚴. 嚴(음)은 厂+敢로, 과감함(敢)에 벼랑(厂)이 더해져 '험준하다'의 의미. 험준한 산에서 급박하게 소리치는(吅) 상황(敎命急)을 표현한 것으로 '엄하다, 엄격하다'의 뜻을 나타낸다. 산악대처럼 위험한 상황을 자주 만나는 조직은 대장(captain)을 중심으로 한 수직적인 문화가 강한 것과 상통하는 부분이다.

嚴
엄할 엄

口-총20획

嚴正(엄정) 嚴守(엄수) 嚴肅(엄숙) 嚴選(엄선) 嚴格(엄격) 冷嚴(냉엄) 森嚴(삼엄) 戒嚴令(계엄령)

巖
바위 암

山-총23획

山+嚴. 엄하다는 의미의 嚴(엄)에 산(山)이 더해져 '가파르다, 낭떠러지, 바위'의 뜻을 나타낸다.

巖石(암석) 巖盤(암반) 奇巖絶壁(기암절벽) 花崗巖(화강암) 玄武巖(현무암) 燕巖(연암)〈名〉

儼
근엄할 엄

人-총22획

亻(人)+嚴. 엄하다는 의미의 嚴(엄)에 사람(人)이 더해져, 사람됨이 '근엄하다, 정중하다'의 뜻을 나타낸다.

儼然(엄연) '그것이 엄연(儼然)한 현실이다'

襄
도울 양

도울 양 金文 　　도울 양 篆文

衣+㩁. 㩁(양)은 吅+工+己+爻. 㩁(양)에 대한 자세한 의미는 알기 어렵고, 옷(衣)속에 주물(呪物)을 채워 넣어 나쁜 기운을 '물리치다'의 의미라고 한다. 고대의 주술적 행위의 일종인 것으로 보이며, 파생하여 '돕다'의 뜻을 나타낸다.

襄
도울 양

衣-총17획

宋襄之仁(송양지인)

囊
주머니 낭

口-총22획

束+㩁. 襄(양)에서 옷(衣)이 자루(束)로 교체되었다. 물건을 채워 넣는 '주머니'를 뜻한다.

囊中之錐(낭중지추) 背囊(배낭) 行囊(행낭)

攘
물리칠 양

手-총20획

扌(手)+襄. 나쁜 기운을 물리치다의 의미인 襄(양)에 손(手)이 더해져 '물리치다, (소매를)걷다'의 뜻을 나타낸다.

攘夷(양이) 攘臂(양비) 攘臂大膽(양비대담)

讓
사양할 양

言-총24획

言+襄. 나쁜 기운을 물리치다의 의미인 襄(양)에 말(言)이 더해져, 본래 '꾸짖다'의 의미이다. '겸손하다, 사양하다, 넘겨주다'로 의미가 확대되었다.

讓步(양보) 讓渡(양도) 辭讓(사양) 謙讓(겸양) 禪讓(선양)

壤
흙 양

土-총20획

土+襄. 나쁜 기운을 물리치다의 의미인 襄(양)에 흙(土)이 더해져, 식물을 보호하고 생장시키는 '부드러운 흙, 고운 흙'을 뜻한다.

土壤(토양) 鼓腹擊壤(고복격양)

釀
빚을 양

酉-총24획

酉+襄. 나쁜 기운을 물리치다의 의미인 襄(양)에 발효음식을 뜻하는 酉(유)가 더해져, 곡식이 부패되지 않고 발효되는 과정으로 '술을 빚다'의 뜻을 나타낸다.

釀造(양조) 釀造場(양조장)

孃
여자애 양

女-총20획

女+襄. 襄(양)의 음에 여성(女)이 더해져 '소녀, 어미'의 뜻을 나타낸다. 주로 미혼여성의 이름이나 성(姓)뒤에 붙어 사용되며, 구어적인 표현과 연관된 것으로 보인다.

案內孃(안내양)

32. 잔뜩 모인 물건과 입
〔品〕品 區 喿

品
물건 품

品 물건 품 甲骨文

물건(口)이 많이 있는 모습으로 '종류, 물건' 등의 의미를 나타낸다. 입(口)이 많이 모인 모습으로 봐야 하는 경우도 있으므로, 두 가지 의미 모두 포함한다고 보면 되겠다.

品
물건 품

口-총9획

品種(품종) 品階(품계) 品位(품위) 品質(품질) 品切(품절) 商品(상품) 人品(인품) 性品(성품) 出品(출품) 必需品(필수품) 骨董品(골동품)

癌
암 암

疒-총17획

疒+嵒. 嵒(암)은 산봉우리에 바위들이 있는 모습으로, 산이 험준함을 의미한다. 질병을 뜻하는 疒(녁)이 더해져, 엄한 악성 질환인 '암(cancer)'을 뜻한다.

胃癌(위암) 肺癌(폐암) 抗癌劑(항암제)

區
지경 구

 지경 구 甲骨文   지경 구 金文

匚+品. 匚는 구획을 지어 갈라놓는다는 의미. 많은 물건(品)을 구분하다(匚)의 뜻에서 '지경, 구별하다, 구획 짓다' 등의 의미를 나타낸다.

區 지경 구

匚-총11획

區分(구분) 區域(구역) 區劃(구획) 區別(구별) 區間(구간)

嘔 토할 구

口-총14획

口+區. 구분하다의 뜻인 區(구)에 입(口)이 더해져, 해로운 것을 몸과 구별하여 게워 낸다는 의미로 '토하다, 게우다'의 뜻을 나타낸다.

嘔逆(구역) 嘔吐(구토)

歐 토할 구

欠-총15획

區+欠. 구분하다의 뜻인 區(구)에 입벌린 모습인 欠(흠)이 더해져, 嘔(구)와 마찬가지로 본래 '토하다'의 뜻을 나타낸다. 유럽(Europe)의 음역으로 쓰임새가 더 많다.

歐洲(구주) 歐羅巴(구라파)

軀 몸 구

身-총18획

身+區. 구분하다의 뜻인 區(구)에 몸(身)이 더해져, 팔 다리 머리 몸통 등으로 구분 이 가능한 '몸, 신체'를 뜻한다.

體軀(체구) 巨軀(거구) 短軀(단구)

毆 때릴 구

殳-총15획

區+殳. 구분하다의 뜻인 區(구)에 몽둥이(殳)가 더해져, 사악한 것과 선한 것을 구분 하기 위해 '때리다, 치다'의 뜻을 나타낸다.

毆打(구타)

驅 몰 구

馬-총21획, 고자(古字)는 毆

馬+區. 여기서 區(구)는 毆(구)의 의미. 말(馬)이 더해져, 말을 채찍질하여 '몰다'의 뜻을 나타낸다. 파생하여 '몰아내다, 내쫓다'의 뜻으로도 쓰인다.

驅迫(구박) 驅步(구보) 驅使(구사) 驅除(구제) 驅逐艦(구축함) 驅蟲劑(구충제) 四輪驅動(사륜구동) 乘勝長驅(승승장구) '외국어를 구사(驅使)하다' '해충을 구제(驅除)하다'

樞 지도리 추

木-총15획

木+區. 구분하다의 뜻인 區(구)에 나무(木)가 더해져, 여닫이문을 열고 닫을 때 축 이 되는 '지도리'를 뜻한다.

樞軸(추축) 樞軸國(추축국) 樞機卿(추기경) 中樞(중추) 天樞(천추)〈穴〉 懸樞(현추)〈穴〉 '중추(中樞) 적인 역할을 하다'

울소

울소金文 　　울소篆文

品+木. 여기서 口(구)는 입으로, 나무(木) 위에서 새들이 우는(口) 모습을 표현한 것이다(鳥羣鳴). 다만 암컷을 향해 수컷들이 부르는 구애의 노래인지, 먹이 달라며 입을 한껏 벌린 새끼들의 지저귐인지는 명확하지 않다. 하지만 둥지(巢)의 의미로도 통용되는 점을 감안하면, 둥지에서 지저귀는 새끼들의 입(口)일 가능성이 좀 더 높아 보인다. '울다, 시끄럽다, 둥지'의 뜻을 나타낸다.

操
잡을 조

手-총16획

扌(手)+喿. 새둥지를 의미하는 喿(소)에 손(手)이 더해져, 새가 부지런히 둥지 틀 듯 손을 움직인다는 의미로 '잡다, 부리다'의 뜻을 나타낸다. 파생하여 '지조'의 의미도 지닌다.

操心(조심) 操身(조신) 操業(조업) 操作(조작) 操縱(조종) 操舵手(조타수) 貞操(정조) 志操(지조) 體操(체조) '기계를 제대로 조작(操作)하다'

躁
성급할 조

足-총20획

足+喿. 시끄럽다는 뜻의 喿(소)에 발(足)이 더해져, 발이 안정되지 않고 움직임을 표현한 것으로 '성급하다, 움직이다'의 뜻을 나타낸다.

躁急(조급) '마음이 조급(躁急)해지다'

燥
마를 조

火-총17획

火+喿. 시끄럽다는 뜻의 喿(소)에 불(火)이 더해져, 불이 활활 타는 것을 표현한 것으로 '마르다'의 뜻을 나타낸다. 마음이 '초조하다'의 의미도 파생하였다.

燥渴(조갈) 乾燥(건조) 焦燥(초조)

藻
말 조

艹-총20획

艹+澡. 澡(조)는 물(水)로 씻는다(操)는 의미. 풀(艹)이 더해져, 물속에 서식하는 '조류'를 물로 씻는 것에 빗대었다.

藻類(조류) 綠藻類(녹조류) 褐藻類(갈조류) 紅藻類(홍조류)

33. 소리가 굽이쳐 나오다
[可] 可 奇 何

可
옳을 가

옳을 가 金文   옳을 가 篆文

口+丂. 입(口)에서 기운이 굽어져 나오는 모습(丂)을 형상화하였다. 〈설문해자〉에서는 丂(교)에 대해 '숨이 위로 나오려 하는 모습(气欲舒出)'으로 설명한다.

可(가)의 풀이에는 이견이 많지만, 대체로 입(口)에서 소리가 나온다는 의미에서 크게 벗어나지 않는다. 큰 소리를 내거나 노래를 부르는 것도 그 굽이치는(丂) 정도를 조절하는 것으로 이해할 수 있다. 아울러 파생된 글자들을 살펴보면 '굽어지다'가 可(가)의 핵심 의미이다. 可(가)가 겹쳐진 哥(노래 가)의 경우, 음의 고저와 장단에 따라 소리가 적절히 굽어짐(丂)으로써 노래한다는 의미를 표현하였다. '옳다, 가능하다'라는 뜻은 본의와 무관하게 가차된 의미라고 보면 되겠다.

可
옳을 가

口-총5획

可能(가능) 可憐(가련) 可望(가망) 可及的(가급적) 裁可(재가) 不可(불가)

歌
노래 가

欠-총14획

哥+欠. 노래하다의 뜻인 哥(가)에 입벌린 모습인 欠(흠)이 더해져 '노래하다'의 의미를 강조하였다.

歌謠(가요) 歌手(가수) 歌姬(가희) 凱歌(개가) 軍歌(군가) 校歌(교가) 愛國歌(애국가) 流行歌(유행가)

呵
꾸짖을 가

口-총8획, 訶(가)와 통용

口+可. 굽어지다의 의미인 可(가)에 입(口)이 더해져, 소리가 굽어져 나온다는 의미로 '꾸짖다'의 뜻을 나타낸다.

呵責(가책) '양심의 가책(呵責)'

苛
매울 가

艸-총9획

艸+可. 굽어지다의 의미인 可(가)에 풀(艸)이 더해져, 본래 굽어진 '잔풀'을 뜻한다.
呵(가)의 의미와 연관되어 '가혹하다, 독하다, 책망하다'의 뜻으로 주로 쓰인다.

苛酷(가혹) 苛斂誅求(가렴주구) 苛政猛於虎(가정맹어호)

阿
아첨할 아

阜-총8획

阝(阜)+可. 굽어지다의 의미인 可(가)에 언덕(阜)이 더해져, 본래 언덕이 굽어 들어간
지형을 가리킨다. 파생하여 '아부하다, 아첨하다'의 뜻을 나타낸다.

阿附(아부) 阿諂(아첨) 阿膠質(아교질) 阿鼻叫喚(아비규환) 曲學阿世(곡학아세)

河
강 하

水-총8획

氵(水)+可. 굽어지다의 의미인 可(가)에 물(水)이 더해져, 굽이쳐 흐르는 '황하(黃河)'
를 가리키는 고유명사이다. 이후 일반적인 '강, 하천'을 뜻하는 글자가 되었다.

河川(하천) 河圖(하도) 運河(운하) 渡河(도하) 大河小說(대하소설) 百年河淸(백년하청)

奇
기이할 기

기이할 기 篆文

大+可. 大(대)는 사람. 기운이 굽어져 나오는 모습인 可(가)와 더해져, 구부린 사람을 표현
하였다. 踦(절뚝발이 기)의 원자(原字)로 '기이하다, 불우하다'의 의미를 나타낸다.

奇
기이할 기

大-총8획

奇異(기이) 奇怪(기괴) 奇拔(기발) 奇別(기별) 奇蹟(기적) 奇巖絶壁(기암절벽) 好奇心(호기심) 獵奇
的(엽기적) '기별(奇別/寄別)'을 보내다'

寄
부칠 기

宀-총11획

宀+奇. 몸을 구부린 사람인 奇(기)에 집을 뜻하는 宀(면)이 더해져, 다른 사람의 집
에 기대어 의지하는 모습으로 '부쳐지내다, 머무르다'의 뜻을 나타낸다.

寄贈(기증) 寄附(기부) 寄與(기여) 寄生(기생) 寄生蟲(기생충) 桑寄生(상기생)〈藥〉

崎
험할 기

山-총11획

山+奇. 몸을 구부린 사람인 奇(기)에 산(山)이 더해져, 구불구불한 산길을 표현한 것으로 '험하다'의 뜻을 나타낸다.

崎嶇(기구) '운명이 참 기구(崎嶇)하다'

騎
말탈 기

馬-총18획

馬+奇. 몸을 구부린 사람인 奇(기)에 말(馬)이 더해져, 몸통과 다리를 구부려 말에 탄 모습을 표현한 것으로 '말을 타다, 기마, 기병'을 뜻한다.

騎馬(기마) 騎士(기사) 騎士道(기사도) 騎虎之勢(기호지세) 鐵騎(철기) 輕騎兵(경기병)

畸
뙈기밭 기

田-총13획

田+奇. 몸을 구부린 사람인 奇(기)에 밭(田)이 더해져 '뙈기밭'을 뜻한다. 뙈기밭이란 경작지를 井자 모양으로 정리하고 남은 자투리땅(殘田)으로 모양이 반듯하지 않다.

畸形(기형) '모양이 기형(畸形)적이다'

何
어찌 하

어찌 하 甲骨文　　어찌 하 金文　　어찌 하 篆文

甲骨文과 金文은 사람이 창(戈)을 어깨에 메고 있는 모습이다. 篆文에서 亻(人)+可 형태가 되었다. 가차하여 '어찌, 무엇'을 뜻하는 의문사로 쓰인다.

～～～～～～～～～～～～～～～～～～～～～～～～

何
어찌 하

人-총7획

何如間(하여간) 幾何學(기하학) 幾何級數(기하급수) 抑何心情(억하심정) 何首烏(하수오)〈藥〉

荷
멜 하

艸-총11획

艸+何. 어깨에 멘 모습을 표현한 何(하)에 풀(艸)이 더해져 '메다, 짐'의 뜻을 나타낸다. '연, 수련'을 뜻하기도 한다.

荷役(하역) 集荷(집하) 出荷(출하) 負荷(부하) 電荷(전하) 手荷物(수하물) 賊反荷杖(적반하장)

34. 달면 삼키다
〔甘〕甘 某 甚

甘
달 감

달 감 甲骨文　달 감 金文

입(口)에 음식(一)을 문 모습이다(口含一). '달다'의 뜻을 나타내며, 아울러 '물다, 끼워넣다'의 의미도 지닌다. 일례로 손(手)이 더해진 拑(겸)은 '재갈물리다, 다물다'의 뜻이다.

甘
달 감

甘-총5획

甘味(감미) 甘受(감수) 甘酒(감주) 甘呑苦吐(감탄고토) 苦盡甘來(고진감래) 甘草(감초)〈藥〉 '목소리가 감미(甘味)롭다' '고통을 감수(甘受)하다'

柑
홍귤나무 감

木-총9획

木+甘. 달다는 뜻인 甘(감)에 나무(木)가 더해져, 단 열매가 열리는 '홍귤나무, 감자나무'를 뜻한다.

柑子(감자)

紺
감색 감

糸-총11획

糸+甘. 끼워넣다의 의미인 甘(감)에 실(糸)이 더해져, 푸른 바탕에 붉은 색을 끼워 넣은 색인 '감색'을 뜻한다. 간혹 '곤색'이라고 말하는 경우를 볼 수 있는데, 紺(감)의 일본어 발음이다.

紺靑色(감청색)

疳
감질 감

疒-총10획

疒+甘. 끼워넣다의 의미인 甘(감)에 질병(疒)이 더해져, 소아의 몸은 야위고 배는 불러지는 병인 '감질'을 뜻한다. 위가 음식을 소화하지 못하고, 끼워 넣어진 상태(甘)를 표현한 것으로 추정된다.

疳疾(감질) 疳瘡(감창)

邯
땅이름 한

邑-총8획

甘+阝(邑). 전국시대 조(趙)나라의 도읍인 '한단(邯鄲)'을 지칭하는 고유명사이다.

邯鄲之步(한단지보) 邯鄲之夢(한단지몽) 姜邯贊(강감찬)〈名〉

某
아무 모/매   아무 모 金文   아무 모 篆文

甘+木. 맛있는 열매(甘)가 달린 나무(木)라는 의미로 '매화나무'를 뜻한다. 이후 가차하여 '아무'라는 의미의 대명사로 사용된다. 某(모/매)를 曰+木으로 풀이하여 소원을 비는(曰) 나무(木)로 풀이하기도 한다. 曰(왈)과 甘(감)의 甲骨文이 거의 같고, 木+甘으로 柑(홍귤나무 감)이 있는 점을 감안하면 일리 있는 견해이다. 혹 매화나무가 어떤 토템의 대상이었는지 더 알아봐야 하겠지만 某(모/매)에 '빌다, 바라다'의 의미가 숨어 있는 것은 분명해 보인다.

某
아무 모/매

木-총9획

某月某日(모월모일)

謀
꾀할 모

言-총16획

言+某. 바라다의 의미인 某(모/매)에 말(言)이 더해져, 어떤 일을 '꾀하다, 도모하다'의 뜻을 나타낸다.

謀免(모면) 謀陷(모함) 謀士(모사) 無謀(무모) 陰謀(음모) 權謀術數(권모술수) 深謀遠慮(심모원려) 智謀(지모) 主謀者(주모자)

媒
중매 매

女-총12획

女+某. 바라다의 의미인 某(모/매)에 여성(女)이 더해져, 남녀 간의 혼사를 도모하는 '중매'의 뜻을 나타낸다.

媒介(매개) 仲買(중매) 觸媒(촉매)

煤
그을음 매

火-총13획

火+某. 某(모/매)의 음에 불(火)이 더해져 '그을음'을 뜻한다. '그을음'이란 의미인 墨灰(묵회)의 음을 축약한 것으로 보기도 한다.

煤煙(매연)

甚
심할 심

심할 심 金文　　　필 筆 金文　　　심할 심 篆文1　　　심할 심 篆文2

金文은 부뚜막 위에 그릇을 놓고 밑에서 불 때는 모습을 표현한 것으로 본래 '화덕'을 뜻한다. 煁(화덕 심)의 원자(原字)로, 여기서 甘(감)은 그릇이 변형된 형태이다. 가차하여 '심하다'는 뜻으로 쓰인다.

〈설문해자〉는 甘+匹으로 풀이하여 '너무 편안하고 즐겁다(尤安樂也)'고 설명한다. 단맛(甘)과 짝(匹)의 결합으로 허니문(honeymoon)의 상황쯤으로 본 듯하다. 많은 자원풀이 서적들이 이 의견을 따르고 있지만, 匹(필)의 金文을 비교해보면 수긍하기 힘든 견해이다.

甚
심할 심

甘-총9획

甚至於(심지어) 極甚(극심) 莫甚(막심) '정도가 심(甚)하다'

斟
짐작할 짐

斗-총13획

甚+斗. 화덕을 뜻하는 甚(심)에 양을 재는 국자인 斗(두)가 더해져 '헤아리다, 짐작하다'의 뜻을 나타낸다. '술 따르다'는 의미로도 쓰인다.

斟酌(짐작)

堪
견딜 감

土-총12획

土+甚. 화덕을 뜻하는 甚(심)에 흙(土)이 더해져, 본래 아궁이의 '굴뚝'을 의미한다. 파생하여 '견디다, 인내'의 뜻을 나타낸다.

堪當(감당) 堪耐(감내) 難堪(난감) '일을 감당(堪當)해내다'

勘
헤아릴 감

力-총11획

甚+力. 화덕을 뜻하는 甚(심)에 노력(力)이 더해져 '살피다, 헤아리다'의 뜻을 나타낸다.

勘案(감안) 勘斷(감단) '나이 등을 감안(勘案)하다'

35. 가라사대 가로되
〔曰〕曰 替 曹 沓

曰	ㅂ	ㄴ	替
가로 왈	가로 왈 甲骨文	가로 왈 金文	바꿀 체 篆文

口(입)에 선 하나 더해진 형태로 '목소리를 내어 말하다'의 의미이다. 甘(달 감)의 甲骨文과 거의 흡사한데, 甘(감)은 먹는 입이고 曰(왈)은 말하는 입인 점이 눈에 띈다.

여담으로 '가라사대'와 '가로되'의 차이에 대해 덧붙이자면, 필자가 어릴 적 다녔던 서당의 훈장선생님曰 공자(孔子), 맹자(孟子), 증자(曾子), 주자(朱子)의 말씀을 인용할 때만 '가라사대'이고, 나머지 경우는 '가로되'라고 하셨다. 더 이상의 근거는 없다. 그냥 '가라사대'가 높임말이라고 알아두자.

曰-총4획

曰可曰否(왈가왈부)

가로 왈

曰-총12획, 朁과 동자(同字)

夶+曰. 夶(반)은 나란히 선 두 사람의 모습이다. 竝(아우를 병)과 같은 의미로, 曰(왈)이 더해져 두 사람이 말하며 교대하는 모습이다. '바꾸다, 대체하다'의 뜻을 나타낸다.

바꿀 체

代替(대체) 交替(교체) '다른 사람으로 대체(代替)하다'

朁
일찍이 참

朁 일찍이 참 金文   朁 일찍이 참 篆文

旡(기)는 고개를 돌린 사람의 모습. 金文은 旡(기)만 반복된 형태이고, 이후에 曰(왈)이 추가되었다. 뒤돌아본 채로 말하는 모습을 표현한 것으로 '숨다'의 의미를 나타낸다. 朁(참)은 가차하여 '일찍이'의 뜻으로, 문장을 시작하는 발어사로 쓰인다.

潛
자맥질할 잠

水-총15획

氵(水)+朁. 숨다의 의미인 朁(참)에 물(水)이 더해져 '자맥질하다, 가라앉다, 잠수하다'의 뜻을 나타낸다.

潛水(잠수) 潛伏(잠복) 潛入(잠입) 潛熱(잠열) 潛跡(잠적) 潛在力(잠재력) 潛蹤祕跡(잠종비적) '사건이 터진 후 잠적(潛跡)해 버렸다'

蠶
누에 잠

虫-총24획

朁+蚰. 숨다의 의미인 朁(참)에 벌레(蚰)가 더해져, 고치를 만들어 그 안에 숨는 '누에'를 뜻한다.

蠶食(잠식) 養蠶(양잠) 稍蠶食之(초잠식지) 蠶室(잠실)〈地〉 '외국산 제품이 국내시장을 잠식(蠶食)하고 있다'

簪
비녀 잠

竹-총18획

竹+朁. 숨다의 의미인 朁(참)에 대나무(竹)가 더해져, 머리에 깊이 꽂아 보이지 않는 '비녀'를 뜻한다.

玉簪(옥잠) 玉簪花(옥잠화)

僭
참람할 참

人-총14획

亻(人)+朁. 숨다의 의미인 朁(참)에 사람(人)이 더해져 '어그러지다, 불신'과 같은 부정적인 의미를 나타낸다. 주로 '분수나 권한에 넘어서는 행동'을 표현할 때 쓰인다.

僭濫(참람) 僭越(참월) '지나치게 참람(僭濫)하고 호화스럽다'

曹
무리 조

무리 조 金文

棘+曰. 棘(조)는 재판할 때 원고와 피고가, 맹세를 하는 주머니(東)를 각자 들고 마주 선 모습이다. 曰(왈)과 더해져 '옥사(獄事)를 관장하다, 마주 보는 짝'을 나타낸다.

曹
무리 조

曰-총11획

曹溪宗(조계종) 法曹界(법조계) 六曹判書(육조판서) 曹操(조조)〈名〉

遭
만날 조

辵-총15획

辶(辵)+曹. 마주 보다의 뜻인 曹(조)에 움직임을 뜻하는 辵(착)이 더해져, 길에서 '마주치다, 만나다'의 뜻을 나타낸다.

遭遇(조우) 遭難(조난) '친구와 조우(遭遇)하다' '조난(遭難)을 당하다'

槽
구유 조

木-총15획

木+曹. 마주 보다의 뜻인 曹(조)에 나무(木)가 더해져, 마주 보는 면이 있는 사각형의 통인 '구유, 물통'을 가리킨다.

水槽(수조) 浴槽(욕조) 淨化槽(정화조) 齒槽骨(치조골)

漕
배저을 조

水-총14획

氵(水)+曹. 마주 보다의 뜻인 曹(조)에 물(水)이 더해져, 배 젓는 사람과 짐이 마주 보듯 균형 잡은 모습으로 '배 젓다, 배로 실어나르다'의 뜻을 나타낸다.

漕艇(조정)

糟
지게미 조

米-총17획

米+曹. 마주 보다의 뜻인 曹(조)에 쌀(米)이 더해져, 술과 찌끼가 혼재되어 있는 술인 '막걸리'와 거르고 남은 '지게미'를 뜻한다.

糟粕(조박) 糟糠之妻(조강지처)

曺
성 조

日-총10획

曹(조)에서 한 획 생략한 형태로, 성(姓)으로 쓸 때 우리나라에서는 이렇게 쓰고 있다. 중국에서는 성으로도 曹(조) 그대로 쓴다고 한다.

曺晩植(조만식)〈名〉

沓
유창할 답

水+曰. 물(水) 흐르듯 막힘없이 말한다(曰)는 의미로 '유창하다'의 뜻을 나타낸다(語多沓沓). 음이 같고 형태가 유사한 畓(논 답)과 혼동하기 쉬운 글자이다.

踏
밟을 답

足-총15획

足+沓. 유창하게 말한다는 뜻의 沓(답)에 발(足)이 더해져, 부지런히 걷는다는 의미로 풀이된다. 다소 변형되어 '발로 밟다, 디디다, 제자리걸음'의 뜻을 나타낸다.

踏査(답사) 踏步(답보) 踏襲(답습) 踏靑(답청) 高踏的(고답적) 前人未踏(전인미답)

36. 하품하고 침 흘리고
〔欠〕欠次次

欠
하품 흠

𣥂
하품 흠 篆文

사람이 입을 벌리고 있는 모습을 본뜬 것으로 '입을 벌리다, 하품, 숨쉬다'의 뜻을 나타낸다.

欠
하품 흠

欠-총4획

欠伸(흠신) 欠乏(흠핍) 欠身答禮(흠신답례)

欽
공경할 흠

欠-총12획

金+欠. 입 벌리고 하품하는 모습인 欠(흠)에 억제하다의 의미를 지닌 金(금)이 더해져, 하품을 참는다는 의미로 풀이된다. '삼가다, 공경하다'의 뜻을 나타낸다.

欽慕(흠모) 欽服(흠복) 欽歎(흠탄) 欽羨(흠선)

飮
마실 음

食-총13획

食+欠. 본자(本字)는 歙. 술을 잔(酉)에 담아 입을 벌리고(欠), 머금다(含)의 의미이다. 후에 食(식)으로 간략화되었다. '마시다, 술 마시다'의 뜻을 나타낸다.

飮食(음식) 飮水(음수) 飮料(음료) 飮酒(음주) 飮福(음복) 食飮(식음) 過飮(과음) 簞食瓢飮(단사표음) '식음(食飮)을 전폐하다'

吹
불 취

口-총7획

口+欠. 입 벌린 모습인 欠(흠)에 입(口)이 덧붙어 '불다'의 뜻을 나타낸다. '취'라는 음은 연원을 알 수 없다.

吹入(취입) 吹打(취타) 吹管(취관) 鼓吹(고취) '음반을 취입(吹入)하다' '분위기를 고취(鼓吹)시키다'

炊
불땔 취

火-총8획

火+欠. 입 벌린 모습인 欠(흠)에 불(火)이 더해져, 불을 입으로 부는 모습으로 '불 때다, 밥 짓다'의 뜻을 나타낸다. 옛날에는 불 땐다는 말이 곧, 솥 걸고 밥 짓는다는 의미였다.

炊事(취사) 炊事兵(취사병) 自炊(자취)

款
정성 관

欠-총12획

祟+欠. 음도 뜻도 명확하게 풀이할 수 없다는 게 거의 정설이다. 마치 보험 약관(約款)처럼 말이다.

款待(관대) 約款(약관) 借款(차관) 款冬花(관동화)〈藥〉'외국에서 차관(借款)을 들여오다'

次
버금 차

버금 차 金文

입을 벌린 사람(欠) 앞에 두 점이 찍힌 형태로, 두 점은 침 혹은 하품을 표현한 것이다. 〈설문해자〉에서는 '선두가 되지 못하고, 정진하지 못함'으로 설명한다(不前 不精). 공부든 일이든 열심히 매진하지 못하고 있는 상태를 표현한 것으로 '버금, 2위, 둘째'의 의미를 나타낸다.

次
버금 차

欠-총6획

次席(차석) 次善(차선) 次男(차남) 次官(차관) 次例(차례) 行次(행차) 年次(연차) 節次(절차) 四次元(사차원) 逐次的(축차적) 順次的(순차적) '축차적(逐次的)으로 시행하다'

恣
방자할 자

心-총10획

次+心. 이완된 상태인 次(차)에 마음(心)이 더해져 '마음대로 하다, 방하자다, 방종'을 뜻한다.

恣行(자행) 放恣(방자) '태도가 방자(放恣)하다'

姿
맵시 자

女-총9획

次+女. 이완된 상태인 次(차)에 여성(女)이 더해져, 긴장을 풀고 쉴 때 여성의 모습을 말하는 것으로 '맵시, 자태, 모습'의 뜻을 나타낸다.

姿勢(자세) 姿態(자태)

資

재물 자

貝-총13획

次+貝. 이완된 상태인 次(차)에 재물(貝)이 더해져, 재물 중에서 본래 가지고 있는 '밑천'을 가리킨다.

資本(자본) 資金(자금) 資質(자질) 資格(자격) 投資(투자)

諮

물을 자

言-총16획

言+咨. 咨(자)는 次+口로 편하게 묻는다는 의미. 말(言)이 덧붙어 '격의 없이 상의하다, 묻다'의 뜻을 나타낸다. 자문(諮問)은 윗사람이 아랫사람과 상의한다는 의미로, 윗사람에게는 조언(助言)을 구한다가 바른 표현이다.

諮問(자문) 諮問機關(자문기관)

瓷

오지그릇 자

瓦-총11획

次+瓦. 次(차)의 음에 瓦(그릇)의 뜻이 더해져 '오지그릇, 자기'를 뜻한다. 확증은 없지만, 다른 그릇에 비해 레벨이 낮음을 표현한 것으로 추정된다.

瓷器(자기) 陶瓷器(도자기) '자기(瓷器/磁器)를 굽다'

次

침흘릴 선

도둑 도 篆文   부러울 선 篆文

이번에는 입벌린 사람(欠) 앞에 세 점이 찍혀 있다. 次(차)가 2등이니 次(선)은 3등일까? 점(丶)이 침이라 했을 때 次(차)에 비해 침의 양이 많아졌다고 볼 수 있는데, 이건 깜빡 졸면서 살짝 흘리는 침과는 다른 것이다. 〈설문해자〉에서는 '그리워하고 바랄 때 입안에 생기는 액(慕欲口液)'으로 풀이한다. 이른바 '군침'이다. 군침은 맛있는 것을 눈앞에 뒀을 때 돌기도 하지만 '탐욕, 욕심'과 같은 부정적인 의미도 가지고 있다.

羨

부러워할 선

羊-총13획

羊+次. 군침 흘리는 모습인 次(선)에 양고기(羊)가 더해져 '부러워하다'의 뜻을 나타낸다. 다른 사람의 양고기가 분명해 보인다. 〈설문해자〉에서는 '탐내고 바라다(貪欲)'로 설명한다.

羨望(선망) 羨慕(선모) '선망(羨望)의 대상'

盜
훔칠 도

皿-총12획

次+皿. 군침 흘리는 모습인 次(선)에 그릇(皿)이 더해져, 남의 물건을 탐내는 모습을 표현한 것으로 '훔치다'의 뜻을 나타낸다.

盜難(도난) 盜賊(도적) 竊盜(절도) 强盜(강도) 捕盜廳(포도청)

37. 입을 다물고 혀를 내밀다
〔舌〕昏

| 舌 혀설 | 혀설甲骨文 | 혀설篆文 | 말할 화篆文 | 묶을 괄篆文 | 살 활篆文 |

입에서 내민 혀의 모습을 본뜬 것이다. 甲骨文은 마치 화분 같아 보인다. '혀'의 뜻을 나타낸다. 〈설문해자〉에는 '입 안에 있으면서 말하고 맛보는 역할을 한다(在口 所以言也別味也)'고 설명한다.

그런데 舌(설)이 포함된 글자들의 篆文을 보면 하나같이 舌(설)이 아닌 昏(괄)의 형태임을 볼 수 있다. 昏(괄)은 '입막을 괄(塞口)'로 비슷한 모양의 昏(어두울 혼)과는 무관한 글자이다. 篆文에서 昏(괄)의 형태였던 글자들은 현재 전부 舌(설)의 형태로 변형되었다. 舌(설)이 포함된 글자들을 풀이하는 데에만 잠시 활용하고 잊어버려도 무방할 것 같다.

舌
혀 설

舌-총6획

舌戰(설전) 舌苔(설태) 舌診(설진) 舌禍(설화) 口舌數(구설수) '말실수로 큰 설화(舌禍)를 겪었다'

括
묶을 괄

手-총9획

扌(水)+昏(昏). 입을 막는다는 의미의 昏(괄)과 손(手)이 더해져 '묶다, 포괄하다, 모이다'의 뜻을 나타낸다.

括弧(괄호) 括約筋(괄약근) 總括(총괄) 槪括(개괄) 包括(포괄)

話
말할 화

言-총13획

言+舌(昏). 말(言)과 혀(舌)의 조합으로 풀이해도 '말하다'라는 뜻은 자연스럽게 도출되지만, 昏(괄)의 의미를 감안하면 '말조심'의 의미도 숨어 있는 것으로 추정된다.

話術(화술) 對話(대화) 寓話(우화) 說話(설화) 檀君神話(단군신화)

活
살 활

水-총9획

氵(水)+舌(昏). 물(水)이 '콸콸' 흐르는 소리의 의성어로 昏(괄)을 차용하였다. 본래 물이 흐르는 소리(水流聲)를 의미하는데, 쉬지 않고 흐르는 모습에서 '활기차다, 살 다'의 뜻을 나타낸다.

活氣(활기) 活躍(활약) 活潑(활발) 活字(활자) 羌活(강활)〈藥〉 獨活(독활)〈藥〉

闊
넓을 활

門-총17획

門+活. 물이 세차게 흐른다는 의미의 活(활)에 문(門)이 더해져, 수문이 열려 물이 넓은 곳으로 흐른다는 의미로 '트이다, 넓다'의 뜻을 나타낸다.

闊步(활보) 闊葉樹(활엽수) 廣闊(광활) '거리를 활보(闊步)하다'

155

38. 내 코가 내노라
〔自〕 自 息 臭

스스로 자

스스로 자 甲骨文　　스스로 자 篆文　　코 비 篆文

코의 모습을 본뜬 것으로 '코'를 뜻한다. 이후 '자기, 자신'이라는 뜻으로 쓰이면서, 코
(nose)의 의미는 畀(비)가 붙은 鼻(비)가 전담하게 되었다.

스스로 자

自-총6획

自己(자기) 自主(자주) 自白(자백) 自動(자동) 自意(자의) 自古(자고) 自鳴鐘(자명종) 自矜心(자긍심)
自負心(자부심) 自初至終(자초지종) '자고(自古)로 대인관계는 예의가 중요하다'

가 변

辶(辵)+自+旁. 곁을 뜻하는 旁(방)에 코(自)가 더해져, 코의 양옆을 가리킨다. 움직
임을 뜻하는 辵(착)이 덧붙어 '가장자리, 변두리'를 뜻한다.

邊方(변방) 底邊(저변) 身邊雜記(신변잡기) 廣大無邊(광대무변) '축구 인구의 저변(底邊)이 넓다'

숨쉴 식

숨쉴 식 篆文

自+心. 심장(心)에서 코(自)로 빠지는 '숨(breath)'을 뜻한다. 잔잔한 숨에서 '쉬다(休)'의 의
미도 나타낸다. 아울러 내 심장(自心) 같다고 하여 '자식(子息)'이라는 의미도 나타내는데,
자식들은 이런 부모마음을 알지 모르겠다.

息
숨쉴 식

心-총10획

子息(자식) 消息(소식) 休息(휴식) 安息(안식) 窒息(질식) 姑息之計(고식지계) '기쁜 소식(消息)을 전하다'

熄
꺼질 식

火-총14획

火+息. 쉬다의 의미인 息(식)에 불(火)이 더해져 '불이 꺼지다, 사라지다'의 뜻을 나타낸다.

終熄(종식) '논란을 종식(終熄)시키다'

憩
쉴 게

心-총16획

舌+息. 여기서 舌(설)은 活(활)이 생략된 형태로 본다. 活(활)은 '활기차다'의 뜻으로 휴식을 의미하는 息(식)이 더해져, 충전을 위한 '휴식, 쉬다'의 의미를 다시금 강조하고 있다.

休憩室(휴게실) 休憩所(휴게소)

臭
냄새 취

냄새 취 甲骨文   냄새 취 篆文

自+犬. 코(自)와 개(犬)가 더해진 형태이다. '후각'하면 개(犬)가 제일 먼저 떠오르는 건 옛날에도 마찬가지였나 보다. 개의 코에서 '냄새'의 뜻을 나타낸다.

臭
냄새 취

自-총10획

惡臭(악취) 脫臭劑(탈취제) 遺臭萬年(유취만년) 口尙乳臭(구상유취)

嗅
맡을 후

口-총13획

口+臭. 냄새를 뜻하는 臭(취)에 입(口)이 더해져 '냄새 맡다'의 뜻을 나타낸다.

嗅覺(후각)

157

39. 눈동자를 크게 뜨면
〔目〕目 相 艮 眉 瞿 民 見 規

目 **눈목**	 눈목 甲骨文 　 눈목 金文

눈을 본뜬 모습으로 '눈(eye), 보다'의 뜻을 나타낸다.

目
 눈 목

目-총5획

目的(목적) 目標(목표) 目睹(목도) 眼目(안목) 反目(반목) 注目(주목) 條目(조목) 罪目(죄목) 題目(제목) 名目(명목) 指目(지목) 眞面目(진면목) 盲目的(맹목적)

省
 살필 성/
 덜 생

目-총9획

生+目. 눈(目)에 새싹(生)이 더해져, 자세히 살필 때 눈에서 빛을 내뿜는 모습을 표현하였다. '살피다, 성찰하다'의 뜻을 나타낸다. 이후 본의와 무관하게 '덜다, 생략하다'는 뜻이 추가되었다.

省察(성찰) 省略(생략) 反省(반성) 人事不省(인사불성)

相 **서로상**	 서로 상 甲骨文 　 서로 상 金文

木+目. 나무(木)와 눈(目)이 더해져, 본래 나무의 모습을 자세히 관찰한다는 의미이다. '서로, 돕다, 용모, 정승, 다스리다' 등 다양한 뜻이 파생되었다.

相
서로 상

目-총9획

相互(상호) 相衝(상충) 相續(상속) 相乘作用(상승작용) 樣相(양상) 眞相(진상) 宰相(재상) 出將入相(출장입상) 人相着衣(인상착의) '진상(眞相)을 밝히다'

想
생각할 상

心-총13획

相+心. 다스리다의 의미인 相(상)에 마음(心)이 더해져 '생각하다'의 뜻을 나타낸다.

想像(상상) 幻想(환상) 構想(구상) 假想(가상)

箱
상자 상

竹-총15획

竹+相. 다스리다의 의미인 相(상)에 대나무(竹)가 더해져, 물건을 담는 '상자(box)'를 뜻한다.

箱子(상자) 靑箱子(청상자)〈藥〉

霜
서리 상

雨-총17획

雨+相. 다스리다의 의미인 相(상)에 기상현상을 뜻하는 雨(우)가 더해져, 가을과 겨울 사이 차가운 수렴(收斂)의 기운을 내리는 '서리'를 뜻한다.

秋霜(추상) 雪上加霜(설상가상) '추상(秋霜)같은 명령을 내리다'

 어긋날 간 | 어긋날 간 篆文

사람의 눈을 강조한 모습이다. 見(볼 견)과 매우 유사한 형태인데 〈설문해자〉에서는 目+匕로 풀고 있다.

艮(간)이 '머무르다, 어긋나다'의 뜻을 나타내는 이유는 분명하지 않다. 하던 일에 어떤 문제가 생겨 눈을 크게 뜨고 살피는 모습으로 추정할 뿐이다. 참고로 良(어질 량), 退(물러날 퇴)와는 무관한 글자이다.

艮
어긋날 간

艮-총6획

艮卦(간괘)(☶)

159

眼
눈 안

目-총11획

目+艮. 본래 눈을 강조한 모습인 艮(간)에 눈(目)이 더해져 '눈(eye)'의 뜻을 명확히
하였다.

眼球(안구) 眼光(안광) 眼目(안목) 眼鏡(안경) 眼下無人(안하무인) 着眼(착안) 肉眼(육안) 血眼(혈안)
審美眼(심미안) 主眼點(주안점)

限
한계 한

阜-총9획

阝(阜)+艮. 머무르다의 뜻인 艮(간)에 언덕(阜)이 더해져, 어떤 공간이나 범위에 '한
정되다, 한계'의 뜻을 나타낸다.

限定(한정) 限界(한계) 期限(기한) 無限(무한) 有限(유한) 局限(국한) 制限(제한)

根
뿌리 근

木-총10획

木+艮. 머무르다의 뜻인 艮(간)에 나무(木)가 더해져, 식물을 땅에 고정시키는 '뿌
리'를 뜻한다.

根本(근본) 根幹(근간) 根絶(근절) 禍根(화근) 事實無根(사실무근) 葛根(갈근)〈藥〉

銀
은 은

金-총14획

金+艮. 머무르다의 뜻인 艮(간)에 금속(金)이 더해져, 황금이 되지 못하고 머무른
금속이라는 의미로 '은(silver)'을 뜻한다.

銀行(은행) 銀盤(은반) 銀幕(은막) 銀河水(은하수) 水銀(수은) 金銀(금은)

痕
흉터 흔

疒-총11획

疒+艮. 머무르다의 뜻인 艮(간)에 질병을 뜻하는 疒(녁)이 더해져, 상처가 낫고 표시
가 남은 '흉터, 자국'을 뜻한다.

痕迹(흔적) 血痕(혈흔) 傷痕(상흔)

恨
한할 한

心-총9획

忄(心)+艮. 머무르다의 뜻인 艮(간)에 마음(心)이 더해져, 마음에 머물러 있는 악감정
인 '원한, 한'을 뜻한다.

恨歎(한탄) 怨恨(원한) '한(恨)이 맺히다'

懇
정성 간

心-총17획

貇+心. 貇(간)은 豤(간)과 같은 글자로, 돼지가 한 자리에 머물며 '물다(齧), 먹는 모
양'을 뜻한다. 마음(心)이 더해져 '간절함, 정성'의 의미를 나타낸다.

懇切(간절) 懇請(간청) 懇曲(간곡) 懇談會(간담회) '간곡(懇曲)히 부탁하다'

墾
개간할 간

土-총16획

豤+土. 돼지가 물다, 먹다의 의미인 豤(간)에 땅이 더해져 '개간하다'의 뜻을 나타낸다. 척박한 땅을 비옥하게 만드는데 짐승을 활용했던 관습이 반영된 걸로 보인다.

開墾(개간) 開墾地(개간지)

眉
눈썹 미

눈썹 미 甲骨文　　눈썹 미 篆文

눈 위에 있는 털을 본뜬 모습으로 '눈썹'을 뜻한다.

眉
눈썹 미

目-총9획

白眉(백미) 焦眉(초미) 蛾眉(아미) 兩眉間(양미간) '초미(焦眉)의 관심사'

媚
아첨할 미

女-총12획

女+眉. 눈썹을 뜻하는 미(眉)에 여성(女)이 더해져, 여성이 눈웃음치며 아양 떠는 모습을 표현한 것으로 '애교 부리다, 아첨하다'의 뜻을 나타낸다.

媚態(미태) 媚笑(미소)

瞿
볼 구

볼 구 篆文

眀+隹. 새(隹)가 두 눈(眀)으로 두리번거리는 모습을 표현한 것이다. 본래는 사냥용 매가 망보는 모습을 표현한 것이다(鷹隼之視). 먹잇감을 찾느라 살피는 것일까, 어떤 소리에 불안해하는 것일까.

懼
두려워할 구

心-총21획

忄(心)+瞿. 새가 두리번거리는 모습인 瞿(구)에 마음(心)이 더해져 '두려워하다'의 뜻을 나타낸다.

悚懼(송구) 恐懼(공구) '어른들께 송구(悚懼)하옵니다'

衢
네거리 구

行-총24획

行+瞿. 새가 두리번거리는 모습인 瞿(구)에 길을 뜻하는 行(행)이 더해져, 두리번거리며 보게 되는 '네거리, 번화가, 갈림길'을 뜻한다.

衢街(구가) 衢路(구로)

民
백성 민

백성 민 金文1   백성 민 金文2   백성 민 篆文

한쪽 눈을 바늘로 찌른 모습을 본떴다. 金文 중에는 눈동자가 매우 선명하게 그려진 형태도 볼 수 있다. 눈을 멀게 한 '노예, 피지배민족'에서 파생하여 '백성'의 뜻을 나타내게 된다.

파생된 글자인 泯(민)은 '흐릿하다, 멸하다'의 뜻을 나타낸다. 한쪽 눈을 찔린 모습인 民(민)에 물(水)이 더해져, 물에 다 떠내려가 보이지 않는다는 의미이다.

民
백성 민

氏-총5획

民衆(민중) 民願(민원) 民意(민의) 民族(민족) 民間(민간) 民謠(민요) 民俗(민속) 民主主義(민주주의) 國民(국민) 住民(주민) 與民同樂(여민동락)

眠
잠잘 면

目-총10획

目+民. 여기서 民(민)은 泯(민)의 의미. 눈(目)이 더해져, 피곤하여 눈이 흐릿하다는 의미로 '잠자다'의 뜻을 나타낸다.

睡眠(수면) 安眠(안면) 催眠(최면) 安眠妨害(안면방해)

볼 견/현   볼 견 甲骨文   볼 견 篆文

目+儿. 사람(儿)위에 큰 눈(目)을 얹어 '보다'의 의미를 강조하고 있다. 매우 과장된 캐리커처라고 할 수 있다.

볼 견/현

見-총7획

見解(견해) 見本(견본) 見積(견적) 見危授命(견위수명) 識見(식견) 意見(의견) 異見(이견) 參見(참견) 發見(발견) 謁見(알현)

現

나타날 현

玉-총11획

玉+見. 보다의 뜻인 見(견)에 옥(玉)이 더해져, 옥빛이 드러남을 의미한다. 파생하여 '나타나다, 드러나다'의 뜻으로 쓰인다.

現役(현역) 現職(현직) 現代(현대) 現在(현재) 實現(실현) 發現(발현)

硯

벼루 연

石-총12획

石+見. 見(견)의 음에 돌(石)이 더해져 '벼루'를 뜻한다. 硏(갈 연)과 관련하여 음을 취한 것이라고 한다.

硯滴(연적) 紙筆硯墨(지필연묵)

規

법 규   법 규 篆文

夫+見. 夫는 원을 그리는 도구의 상형이라 한다. 見(견)이 더해져 '그림쇠(compass), 재다, 동그라미'를 뜻하며, 파생하여 '법도, 규칙'의 뜻을 나타낸다. 풀이에 이견이 많은 글자인데, 성인(夫)의 행동(見)이라는 견해에 비해 신빙성이 높아 보인다.

規
법 규

見-총11획

規格(규격) 規定(규정) 規範(규범) 規則(규칙) 規制(규제) 規模(규모) 新規(신규) '방송 심의 규정(規定)을 준수합니다'

窺
엿볼 규

穴-총16획

穴+規. 재다의 의미인 規(규)에 구멍(穴)이 더해져 '자세히 보다(小視)'의 뜻을 나타낸다. 주로 '엿보다'의 뜻으로 쓰인다.

窺間(규간) 管窺(관규)

40. 내려다보는 눈
〔臣〕臣 臥 監 臤

신하 신

신하 신 金文

단단히 벌려 뜬 눈을 본뜬 모습이다. 甲骨文, 金文은 눈알이 튀어나올 듯한 느낌의 캐리커처인데 〈설문해자〉는 '굴복하는 모습(象屈服之形)'으로 설명하고 있다. 본래는 주인을 함부로 쳐다보지 못하고 시선을 아래로 한 '포로'를 뜻하였는데, 이후 '신하'의 의미로 정착되었다.

신하 신

臣-총6획

臣下(신하) 臣僚(신료) 忠臣(충신) 奸臣(간신) 股肱之臣(고굉지신)

벼슬 환

宦-총9획

宀+臣. 신하를 뜻하는 臣(신)에 집을 뜻하는 宀(면)이 더해져, 궁중에서 일하는 신하라는 의미로 '벼슬, 벼슬살이'를 뜻한다. '환관, 내시'의 의미로도 쓰인다.

宦官(환관) 宦海(환해) 宦海風波(환해풍파)

臥
누울 와

臥 누울 와 篆文

臣+人. 臣(신)이 본래 눈을 뜻하므로, 눈(目)과 사람(儿)의 결합인 見(볼 견)과 같은 구조라고 할 수 있다. 실제로 臥(와)에서 파생된 글자들을 보면 '눕다'라는 의미는 찾을 수 없고 '보다'라는 의미가 강하게 작용함을 확인할 수 있다. 정리하자면 '사람과 눈'의 조합에서 '누워서 쉬다'와 '보다'로 의미가 갈라진 것이다.

臥
누울 와

臣-총8획

臥龍(와룡) 臥病(와병) 臥席終身(와석종신) 臥薪嘗膽(와신상담)

臨
임할 림

臣-총17획

臥+品. 많은 물건(品)을 들여다본다(臥)는 의미로 '바라보다, 임하다'의 뜻을 나타낸다.

臨時(임시) 臨床(임상) 臨迫(임박) 臨戰無退(임전무퇴) 臨機應變(임기응변) 降臨(강림) 枉臨(왕림)

監
볼 감

볼 감 甲骨文

볼 감 篆文

臥+皿. 물이 들어 있는 동이(皿)를 들여다본다(臥)는 의미로 '내려다보다'의 뜻을 나타낸다. 監(감)의 용례와 파생된 글자들을 보면 공통적으로 '위에서 아래를 향하는 시선'임을 알 수 있다. 임금 앞에선 고개도 못 드는 눈(臣)이, 아랫사람들을 감시하고 감독하는 눈이 된 것이다.

監
볼 감

皿-총14획

監修(감수) 監視(감시) 監督(감독) 監的(감적) 監禁(감금) 令監(영감) '국어사전을 감수(監修)하다'

鑑
거울 감

金-총22획

金+監. 물이 든 동이인 監(감)에 금속(金)이 더해져, 구리로 만든 '거울'을 뜻한다. 구리거울이 만들어진 이후, 물에 비친 거울(監)과 구별하게 되었다.

鑑識(감식) 鑑賞(감상) 鑑定(감정) 鑑定價(감정가) 鑑賞批評(감상비평) 寶鑑(보감) '음악을 감상(鑑賞)하다' '보석을 감정(鑑定)하다'

濫
넘칠 람

水-총17획

氵(水)+監. 물이 든 동이인 監(감)에 물(水)이 더해져, 물이 '넘치다, 담그다, 퍼지다'의 뜻을 나타낸다. 파생하여 '함부로, 흐트러지다, 외람되다'의 의미로도 쓰인다.

濫用(남용) 濫觴(남상) 濫伐(남벌) 氾濫(범람) 汎濫(범람) 僭濫(참람) 猥濫(외람)

覽
볼 람

見-총21획

監+見. 내려다보다의 뜻인 監(감)에 보다의 뜻인 見(견)이 더해져 '두루 살펴보다, 멀리 바라보다'의 뜻을 나타낸다.

觀覽(관람) 閱覽(열람) 一覽(일람) 遊覽(유람) 展覽會(전람회)

艦
싸움배 함

舟-총20획

舟+監. 여기서 監(감)은 감시하고 가두는 나무인 檻(우리 함)의 의미. 배(舟)가 더해져, 방어용으로 사면을 우리(檻)처럼 둘러싼 '싸움배'를 뜻한다.

艦艇(함정) 艦隊(함대) 戰艦(전함) 潛水艦(잠수함) 巡洋艦(순양함) 驅逐艦(구축함) 航空母艦(항공모함)

鹽
소금 염

鹵-총24획

監+鹵. 내려다보다의 뜻인 監(감)에 소금(鹵)이 더해져 '소금'을 뜻한다. 鹵(로)는 천연 소금 鹽(염)은 인공 소금으로, 監(감)은 염전에서 소금을 만드는 공정의 의미로 풀이된다. 혹 국가가 관리한다는 의미로 보기도 한다.

鹽田(염전) 鹽分(염분) 鹽藏(염장) 天日鹽(천일염)

藍
쪽 람

艸-총18획

艸+監. 監(감)의 음에 풀(艸)이 더해져, 마디풀과의 일년초인 '쪽'을 뜻한다. 監(감)의 의미는 불분명하다.

藍色(남색) 靑出於藍(청출어람)

臤
굳을 간

굳을 간 金文

臣+又. 甲骨文은 손(又)으로 눈(臣)을 추어올리는 모습이다. 의미를 파악하기가 쉽지 않은데, 臤(간)에 손(手)이 덧붙은 掔(견)을 참고할 필요가 있다. 〈간명갑골문자전〉에 의하면 掔(견)은 두 손(又/手)으로 포로(臣)를 당기고 비트는 모습으로 牽(끌 견)과 통한다고 한다. 정리하자면 臤(간)과 掔(견)에는 기강이나 분위기를 '옥죄다'의 의미가 들어 있다고 볼 수 있다.

堅
굳을 견

土-총11획
臤+土. 옥죄다의 의미인 臤(간)에 땅(土)이 더해져 '굳다, 단단하다'의 뜻을 나타낸다.

堅固(견고) 堅實(견실) 中堅(중견) '중견(中堅) 기업으로 성장하다'

緊
단단할 긴

糸-총14획
臤+糸. 옥죄다의 의미인 臤(간)에 실(糸)이 더해져 '단단하게 죄다'의 뜻을 나타낸다.

緊密(긴밀) 緊急(긴급) 緊迫(긴박) 緊縮(긴축) 緊張(긴장) 要緊(요긴)

賢
어질 현

貝-총15획
臤+貝. 옥죄다의 의미인 臤(간)에 재물(貝)이 더해져, 단단한 재물이라는 뜻으로 '넉넉하다'는 의미이다. 파생하여 '어질다'의 뜻을 나타낸다. 경제적 여유가 뒷받침 되어야 인심이 후해진다는 의미로 풀이된다.

賢明(현명) 賢淑(현숙) 賢人(현인) 賢者(현자) 賢母良妻(현모양처) 聖賢(성현)

腎
콩팥 신

肉-총12획
臤+月(肉). 옥죄다의 의미인 臤(간)에 인체를 뜻하는 肉(육)이 더해져 '콩팥(kidney)'을 뜻한다. 콩팥(kidney)의 기능과 역할을 잘 표현하였다고 여겨진다.

腎臟(신장) 腎不全(신부전) 海狗腎(해구신)〈藥〉

41. 직시하는 눈
[直] 直 聽 賣

直
곧을 직

곧을 직 甲骨文　곧을 직 金文　곧을 직 篆文

甲骨文은 눈(目)위에 수직선(l)이 그어진 형태이다. 그야말로 직시(直視)하는 모습이다. 〈설문해자〉에서는 乚+十+目으로 분석하고 있다. 乚(은)은 숨는다는 의미(迅曲隱蔽形)인데 열(十)명의 눈(目)으로 보니 숨을 수가 없는 상황이다. 그래서 굽은(迅曲)게 아닌 '곧은'이란 의미라고 설명하고 있다. 甲骨文에서의 의미가 이미 명확한 만큼 설문해자의 풀이는 참고만 하기 바란다.

참고로 直(직)에 心(마음 심)이 더해진 悳(덕)은 德(덕 덕)의 고자(古字)로 '곧은 마음(直心)'을 뜻한다. 〈설문해자〉에서는 得(득)과 통하여 '외부적으론 타인으로부터, 내부적으론 자신으로부터 얻는다(外得於人 內得於己)'로 설명한다.

直
곧을 직

目-총8획

直線(직선) 直前(직전) 直後(직후) 直選制(직선제) 剛直(강직) 硬直(경직) 率直(솔직) 宿直(숙직) 日直(일직) 當直(당직) 以實直告(이실직고) 不問曲直(불문곡직)

德
덕 덕

彳-총15획

彳+悳(悳). 곧은 마음을 의미하는 悳(덕)에 걸음을 뜻하는 彳(척)이 더해져, 바른 마음으로 인생길을 간다는 의미로 '덕'을 뜻한다.

德分(덕분) 德澤(덕택) 變德(변덕) 惡德(악덕) 福德房(복덕방)

植
심을 식

木-총12획

木+直. 곧다의 의미인 直(직)에 나무(木)가 더해져, 곧추선 나무인 기둥을 의미한다. 파생하여 '세우다, 심다'의 뜻을 나타낸다.

植物(식물) 植木日(식목일) 植民地(식민지)

殖
번성할 식

歹-총12획

歹+直. 여기서 直(직)은 植(식)의 의미. 죽음을 의미하는 歹(알)이 더해져, 동물이 죽은 자리(歹)에 각종 미생물과 식물이 자라는(植) 모습으로 보는 견해가 합리적인 듯하다. '번성하다, 증식하다'의 뜻을 나타낸다.

繁殖(번식) 增殖(증식) 生殖(생식) 養殖(양식)

置
둘 치

网-총13획

网+直. 곧다의 의미인 直(직)에 그물(网)이 더해져, 그물을 곧게 쳐서 세워둔다는 의미로 '두다, 세우다, 놓다'의 뜻을 나타낸다.

置重(치중) 位置(위치) 配置(배치) 處置(처치) 放置(방치) 措置(조치) 安置(안치) 据置預金(거치예금)
'외모에만 치중(置重)하다'

値
값 치

人-총10획

亻(人)+直. 곧다의 의미인 直(직)에 사람(人)이 더해져, 사람이 서로 마주본다는 의미로 '만나다, 거래하다'의 뜻을 나타낸다. 확대되어 거래할 때 물건에 맞먹는 '값'의 뜻으로 쓰인다.

價値(가치) 數値(수치) 閾値(역치) '통증자극이 역치(閾値)를 넘다'

聽
들을 청

들을 청 甲骨文	들을 청 篆文

耳+壬+悳. 귀(耳)를 내밀고 悳(곧은 마음)으로 듣는다는 의미. '청'이라는 음은 壬(나올 청)에서 온 것이다. 王(왕)도 壬(임)도 아닌 壬(청)이니 혼동하지 말기를 바란다.

聽
들을 청

耳-총22획

聽覺(청각) 聽講(청강) 聽診器(청진기) 傾聽(경청) 敬聽(경청) '이야기를 주의 깊게 경청(傾聽)하다'

廳
관청 청

广–총25획

广+聽. 듣는다는 뜻의 聽(청)에 건물을 뜻하는 广(엄)이 더해져 '관청'을 뜻한다. 듣는 대상이 백성의 소리인지 임금의 명령인지는 확실하지 않다.

廳舍(청사) 官廳(관청) 守廳(수청)

賣
행상할 육

행상할 육 金文　　행상할 육 篆文

直+貝. 이미 변형이 많아 直(직)을 알아보기 힘든데, 賣 형태로 한번 더 변형되니 賣(팔 매)와의 혼동이 생겼다. 篆文을 비교하면 쉽게 구별된다. 돌아다니면서 물건을 판다(行且賣)는 뜻이다. 직시한다는 뜻의 直(직)은 남의 눈을 속여 물건을 판다는 의미로 작용한다. 파생하여 '계속 이어지다, 더럽히다'의 의미도 지닌다.

瀆
도랑 독

水–총18획

氵(水)+賣. 이어지다의 의미의 賣(육)에 물(水)이 더해져 '수로'를 뜻한다. 아울러 더러운 물이 흐른다는 의미로 '도랑, 더럽히다'의 뜻도 나타낸다.

冒瀆(모독) 中瀆(중독)〈穴〉 四瀆(사독)〈穴〉 '인격을 모독(冒瀆)하다'

續
이을 속

糸–총21획

糸+賣. 이어지다의 의미의 賣(육)에 실(糸)이 더해져, 실처럼 이어지다의 뜻으로 '잇다, 계속하다'를 뜻한다.

續出(속출) 繼續(계속) 連續(연속) 相續(상속) 勤續(근속) 續斷(속단)〈藥〉 '부상자가 속출(續出)하다'

讀
읽을 독/
구두 두

言–총22획

言+賣. 이어지다의 의미의 賣(육)에 말(言)이 더해져, 말을 이어 늘어놓는다는 의미로 '읽다'를 뜻한다.

讀書(독서) 讀破(독파) 讀書三昧(독서삼매) 精讀(정독) 黙讀(묵독) 速讀(속독) 購讀(구독) 晝耕夜讀(주경야독) 吏讀(이두) 句讀點(구두점) 句讀法(구두법)

贖

속바칠 속

貝-총22획

貝+賣. 돌아다니며 장사한다는 뜻의 賣(육)에 재물(貝)이 더해져, 본래 거래하다(貿也)의 의미였지만, 이후 금품(貝)으로 자신의 '죄를 면하다, 속죄하다'는 뜻으로 쓰이게 된다.

贖罪(속죄) 贖錢(속전) 代贖(대속) '자신의 잘못을 진심으로 속죄(贖罪)하다'

42. 눈물이 주루룩
〔罒〕罒 褱

눈뒤따를 답 눈뒤따를 답 甲骨文

눈뒤따를 답 金文

甲骨文과 金文을 보면 누가 봐도 '눈물 흘리는 모습'을 본떴음을 알 수 있다. 甲骨文과 金文 자료는 매우 풍부한 글자로, 과거에는 눈물이란 의미로 다용되었음을 짐작할 수 있다. 하지만 〈설문해자〉에서는 '눈이 서로 마주치다(目相及)'로 설명하고 있다. 눈물 흘리는 金文과의 괴리를 느낄 수 있는 부분이다. 罒(답)의 일반적인 뜻으로 통용되는 '눈으로 뒤따르다' 는 〈설문해자〉에서 연원한 것이다.

鰥
환어 환

魚-총21획

魚+罒. 눈물을 의미하는 罒(답)에 물고기(魚)가 더해져, 근심으로 밤잠을 못 잔다는 전설의 물고기 '환어'를 가리킨다. 파생하여 '홀아비'의 뜻을 나타낸다.

鰥魚(환어) 鰥居(환거) 鰥夫(환부) 鰥寡孤獨(환과고독)

褱
품을 회

품을 회 金文

품을 회 篆文

衣+罒. 흐르는 눈물(罒)을 옷(衣)으로 가린 모습이다. 무슨 말 못할 슬픈 사연이 숨어 있나 보다. '그리워하다, 생각을 품다'의 뜻을 나타낸다.

懷
품을 회

心 — 총19획

忄(心)+襄. 옷으로 가린 채 눈물 흘리는 襄(회)에 마음(心)이 더해져, 본연의 의미인 '생각을 품다, 그리워하다'의 뜻을 명확히 하였다.

懷疑(회의) 懷柔(회유) 懷姙(회임) 懷抱(회포) 虛心坦懷(허심탄회) '자신의 처지에 회의(懷疑)를 품다'

壞
무너질 괴

土 — 총19획

土+襄. 옷으로 가린 채 눈물 흘리는 襄(회)에 흙(土)이 더해져 '무너지다'의 뜻을 나타낸다. 襄(회)가 억장이 무너진 심정을 표현하는 것으로 짐작된다.

壞死(회사→괴사) 壞血病(괴혈병) 破壞(파괴) 崩壞(붕괴) '조직이 괴사(壞死)하다'

43. 귀 기울여 보세요
〔耳〕耳聶取耶

耳
귀 이

귀 이 甲骨文　　귀 이 篆文

귀의 모습을 본뜬 것으로 '귀'의 뜻을 나타낸다. 참고로 귀(耳)가 셋 모인 형태인 聶(섭)은 '귀를 모으다, 소곤거리다'는 뜻이다. 〈설문해자〉에서는 '귀에 대고 작게 말하는 모습(附耳私小語)'으로 설명하고 있다. 보통 같은 글자가 여럿 모이면 시끄러운 쪽으로 흐르게 마련인데 (轟 麤 譶...) 귀(耳)는 모일수록 조용해지는 점이 이채롭다.

耳
귀 이

耳-총6획

耳目(이목) 耳鳴(이명) 耳聾(이롱) 耳明酒(이명주) 耳目口鼻(이목구비) '사람들의 이목(耳目)을 끌다'

恥
부끄러워할 치

心-총10획

耳+心. 귀를 뜻하는 耳(이)에 마음(心)이 더해져, 귀가 빨개진 상황을 표현했다. '부끄러워하다, 욕보이다'의 뜻을 나타낸다.

恥事(치사) 恥辱(치욕) 恥部(치부) 廉恥(염치) 羞恥心(수치심) 伸寃雪恥(신원설치) '너무 치사(恥事)하다'

攝
당길 섭

手-총21획

扌+聶. 귀를 모은 모습인 聶(섭)에 손(手)이 더해져 '당기다, 끌어당기다'의 뜻을 나타낸다.

攝理(섭리) 攝政(섭정) 攝氏(섭씨) 攝生(섭생) 攝取(섭취) 包攝(포섭) '자연의 섭리(攝理)' '섭씨(攝氏) 40도의 폭염'

聶 참소할 집/즙 　　참소할 집 篆文

口+耳. 입(口)을 귀(耳)에 대고 소곤대는 모습이다. 〈설문해자〉에는 '소곤거리는 말(聶語)'로
풀이한다. 애초부터 부정적인 의미는 아니었지만 '헐뜯다, 비방하다'는 뜻으로 쓰인다. 아
울러 입과 귀가 가까이 모인 모습에서 '모으다'라는 의미도 지닌다. 聶(섭), 聑(집) 모두 耳
(이)에서 파생된 글자들인데 'ㅂ' 받침이 갑자기 튀어나온 점이 눈에 띈다.

輯 모을 집

車-총16획
車+聑. 모으다의 의미인 聑(집/즙)에 수레(車)가 더해져, 사람이나 짐을 모으는 수레
를 의미한다. '모으다, 거두다'의 뜻도 그대로 나타낸다.

編輯(편집) 特輯(특집) 特輯放送(특집방송)

揖 읍 읍

手-총12획
扌(手)+聑. 모으다의 의미인 聑(집/즙)에 손(手)이 더해져 '양손을 가슴에 모아 절하
는 예(禮)'를 지칭한다.

揖禮(읍례) 揖讓(읍양)

取 취할 취 　　 　　취할 취 甲骨文　　취할 취 篆文

耳+又. 귀(耳)를 손(又)으로 잡은 모습을 표현한 것으로, 전쟁에서 죽인 적의 귀를 베어 모
았던 것에서 유래하였다. 사극에서 전공을 논하는 장면에 자주 등장하는 모습으로 '취하
다, 얻다'의 뜻을 나타낸다.

取 취할 취

又-총8획

取得(취득) 取扱(취급) 取材(취재) 取消(취소) 取捨選擇(취사선택) 採取(채취)

趣 향할 취

走-총15획

走+取. 취하다의 뜻인 取(취)에 달린다는 뜻인 走(주)가 더해져 '빨리 달리다'의 뜻을 나타낸다. 파생하여 '향하다, 뜻, 풍치'의 뜻도 나타낸다.

趣味(취미) 趣向(취향) 趣旨(취지)

娶 장가들 취

女-총11획

取+女. 취하다의 뜻인 取(취)에 여성(女)이 더해져, 남자가 '장가가다'의 뜻을 나타낸다. 가까이한다는 의미의 姻(혼인할 인)에 비해 상당히 거친 표현이다.

娶嫁(취가) 再娶(재취)

聚 모일 취

耳-총14획

取+乑. 취하다의 뜻인 取(취)에 많은 사람들을 뜻하는 乑(人人人)이 더해져 '모이다, 군중'을 뜻한다.

聚合(취합) 聚散(취산) 聚集(취집)

最 가장 최

曰-총12획

冃+取. 취하다의 뜻인 取(취)에 머리쓰개인 冃(모)가 더해져, 손으로 머리쓰개를 쥔다는 의미이다. 파생하여 '우두머리, 가장, 제일'이라는 뜻으로 쓰인다.

最善(최선) 最近(최근) 最終(최종) 最高潮(최고조) 最惠國(최혜국)

撮 집을 촬

手-총15획

扌(手)+最. 손으로 쥔다는 의미인 最(최)에 손(手)을 덧붙여 '집어내다, 요점을 추리다'의 뜻을 나타낸다.

撮影(촬영) 撮土(촬토) 盜撮(도촬)

耶
어조사 야

耳+阝(邑). 본래 지명을 나타냈다고 한다. 가차하여 어조사로 쓰인다.

耶
어조사 야

耳-총9획

有耶無耶(유야무야)

揶
빈정거릴 야

手-총12획

扌(手)+耶. 야유하는 소리의 의성어로 耶(야)의 음을 차용하였다. 손(手)이 더해져 '야유하다, 빈정거리다'의 뜻을 나타낸다. 일상에서 자주 사용하는 '야'로 이해하면 될 듯하다.

揶揄(야유) '관중들이 야유(揶揄)를 보내다'

44.   오페라의 유령
〔丏〕

丏 **丏**

가릴 면 | 가릴 면 篆文

사람이 가면을 써 얼굴을 가린 모습을 본떴다(象壅蔽之形). 글자 자체를 〈오페라의 유령〉에 등장하는 주인공이 쓴 가면으로 봐도 무방할 것이다.

眄 目–총9획
애꾸눈 면 目+丏. 가면으로 얼굴을 가린 丏(면)에 눈(目)이 더해져 '애꾸눈'을 뜻한다.

眄視(면시)

麪 麥–총15획, 麵과 동자(同字)
밀가루 면 麥+丏. 설명은 麵(면) 부분을 참조하기 바란다.

45. 아직 닫히지 않은 문
〔囟〕囟 腦 思

숫구멍 신

숫구멍 신 篆文

어린 아이의 숫구멍이 아직 닫히지 않은 상태를 본뜬 것이다. 사람의 두개골을 이루는 뼈가 여럿이다 보니 뼈와 뼈가 만나는 곳마다 크고 작은 숫구멍(fontanelle)이 생기게 된다. 그중 가장 크고 가장 늦게 닫히는 숫구멍이 대천문(大泉門/앞숫구멍)이다 보니 일반적으로 '숫구멍'이라 하면 이를 가리킨다. 혈(穴)자리로는 신회(顖會)혈이며, 8세 이전에는 자침이 금지된 자리이다. 顖(숫구멍 신)은 囟(신)과 동자(同字)로, 현재 중국에서는 顖(신)을 번체자 囟(신)을 간체자로 쓰고 있다. 의서에서도 혼용된다.

細

가늘 세

糸-총11획

糸+囟. 囟(신)이 田 형태로 변형되었다. 실(糸)이 더해져 '가늘다, 미약하다'의 뜻을 나타낸다.

細密(세밀) 細筆(세필) 細作(세작) 細細(세세) 細石器(세석기) 仔細(자세) 毛細血管(모세혈관) 細辛(세신)〈藥〉'세세(細細)하고 자세(仔細)하게 살피다'

머리 뇌

머리 뇌 篆文

匕+巛+囟. 巛은 머리털을 의미하며, 사람을 뜻하는 匕(비)가 더해져 '뇌(brain)'의 의미가 되었다. 이후에 匕(비)는 인체 부위를 대표하는 月(肉)으로 대체되었다.

腦
머리 뇌

肉-총13획

腦裏(뇌리) 腦震蕩(뇌진탕) 腦卒中(뇌졸중) 洗腦(세뇌) 大腦(대뇌) 小腦(소뇌) 首腦部(수뇌부)

惱
괴로워할 뇌

心-총12획

忄(心)+腦. 두뇌(brain)와 마음(heart)이 더해져 '걱정, 괴로움, 고민'을 뜻한다.

煩惱(번뇌) 懊惱(오뇌)

思
생각할 사 | 생각할 사 篆文

凶+心. 恖은 思의 고자(古字)이다. 惱(뇌)와 비슷한 구성으로 '생각하다'의 뜻을 나타낸다. 생각은 두뇌와 마음 둘 다 이용해서 한다는 것을 두 글자는 말하고 있다. 혹여 '마음이 밭에 가 있다'라고 개인적으로 외우는 건 별로 문제될 게 없을 것이다. 하지만 강연과 같은 공식적인 자리에서 이런 식으로 풀이한다면 그 강사에 대한 신뢰가 떨어지지 않겠는가.

思
생각할 사

心-총9획

思考(사고) 思想(사상) 思慮(사려) 思料(사료) 思潮(사조) 思春期(사춘기) 意思(의사) 深思熟考(심사숙고)

46. 눈 얼굴 그리고 머리
〔百〕首面

머리 수

머리 수 金文

首(수)의 고자(古字)로 머리의 모습을 본뜬 것이다. 一 아래가 눈(目)인지 코(自)인지 헷갈릴 수도 있을 텐데 金文에 해답이 있다.

머리 수

머리 수 篆文

百(수) 위에 머리카락이 추가되었다(巛象髮). 篆文에서 보다시피 巛+百의 형태를 거쳐, 首(수)의 형태로 정착되었다. 百(수)를 대신해 '머리, 으뜸'의 뜻으로 쓰인다.

머리 수

首-총9획

首肯(수긍) 首長(수장) 首班(수반) 首魁(수괴) 首丘初心(수구초심) 部首(부수) 自首(자수) '범인이 자수(自首)하다'

道
길 도

辵-총13획

辶(辵)+首. 金文은 行+首. 머리(首)와 가다는 의미의 辵/行이 더해져, 사람이 왕래 하는 '길'을 의미한다. 추상적인 '도리, 이치'의 뜻으로 확대되어 쓰인다.

道路(도로) 道家(도가) 道具(도구) 道聽塗說(도청도설) 人道(인도) 步道(보도) 車道(차도) 外道(외도) 修道(수도) 得道(득도) '여러 도구(道具)를 활용하다'

導
이끌 도

寸-총16획

道+寸. 길을 뜻하는 道(도)와 손을 뜻하는 寸(촌)이 더해져, 손을 끌고 길을 가는 상황을 표현했다. '인도하다, 이끌다'의 뜻을 나타낸다.

導入(도입) 導火線(도화선) 主導(주도) 誘導(유도) 指導者(지도자) 領導者(영도자) 半導體(반도체) 矯導所(교도소) 盲導犬(맹도견)

面
얼굴 면

얼굴 면 甲骨文　　얼굴 면 甲骨文2

百(수)에 얼굴 윤곽을 나타내는 口가 더해져 '얼굴(face)'이 되었다. 甲骨文은 눈(目)을 둘러싼 모양을 표현한 형태로 '얼굴'을 뜻한다.

그런데 面(면)은 음을 매개로 綿(이어질 면)과 통용되었다고 한다. 실제 面(면)에서 파생된 글자들을 보더라도 얼굴과 같은 납작한 모양이 아닌, 실처럼 가느다란 모양을 공통적으로 보인다.

面
얼굴 면

面-총9획

面目(면목) 面刀(면도) 面貌(면모) 面駁(면박) 面接(면접) 面紗布(면사포) 外面(외면) 體面(체면) 顏面(안면) 鐵面皮(철면피) '서로를 외면(外面)하다'

綿
가는실 면

糸-총15획

糸+面. 綿(면)의 의미와 실(糸)이 더해져 '가는 실(微絲)'을 뜻한다. 파생하여 실을 당기듯 '생각하다'의 의미도 지닌다.

緬羊(면양) '면양(緬羊/綿羊)은 소화력이 강하다'

麵
밀가루 면

麥-총20획, 麪과 동자(同字)

麥+面. 綿(면)의 의미와 곡식을 뜻하는 麥(맥)이 더해져, 밀가루로 뽑아낸 '국수, 밀가루음식'을 뜻한다.

冷麵(냉면) 湯麵(탕면) 素麵(소면)

머리뒤집을 교

매달 현 金文   **매달 현 篆文**

〈설문해자〉에 의하면 잘린 머리가 거꾸로 매달린 모습이다(斷首到縣). 百(수)가 뒤집어지면서 머리카락이 늘어져 버린 것으로 보는 견해가 일반적이다.

縣
매달 현

糸-총16획

県+糸. 머리가 매달린 모습(県)에 끈(糸)이 더해져 '매달리다, 걸다'의 뜻을 나타낸다. 이후 경작지, 지방 행정구획 등으로 의미가 확대되었다. 구획의 경계에 매달아 세우는 이정표와 연관이 있을 것으로 추정된다.

縣令(현령) 郡縣(군현)

懸
매달 현

心-총20획

縣+心. 縣(현)이 행정 구획 등으로 쓰임에 따라 心을 덧붙여 '매달다, 마음에 두다'라는 의미로 쓰게 된다.

懸案(현안) 懸隔(현격) 懸吐(현토) 懸垂幕(현수막) 懸賞金(현상금) '현격(懸隔)한 차이가 있다'

47. 다리와 맞닿은 머리
〔頁〕頁 頃 憂

頁
머리 혈

머리 혈 甲骨文　　머리 혈 篆文　　목덜미 항 篆文

百+儿. 머리(百) 바로 아래에 사람을 의미하는 儿(인)이 더해진 형태이다. 儿(인)이 八 형태로 변형되었지만, 사람의 눈(目)을 크게 강조한 見(볼 견)과 같은 구조이다. 의미는 百(수)와 마찬가지로 '머리(head)'이다.

煩
괴로워할 번

火−총13획

火+頁. 머리를 뜻하는 頁(혈)에 불(火)이 더해져 '괴로워하다, 번민하다'의 뜻을 나타낸다. 소위 '머리가 열 받은' 상황을 표현한 것이다.

煩惱(번뇌) 煩悶(번민) 煩雜(번잡)

夏
여름 하

夊−총10획

頁+臼+夊. 머리(頁), 양 손(臼), 다리(夊)가 더해진 형태로, 탈을 쓰고 춤추는 모습을 표현한 것이다. 고대 '여름 제사'라는 의견과 '하(夏)나라'의 풍습이라는 의견이 있다. '여름(summer)'을 뜻한다.

夏季(하계) 夏至(하지) 夏爐冬扇(하로동선) 春夏秋冬(춘하추동) 半夏(반하)〈藥〉

項
목덜미 항

頁−총12획

工+頁. 머리를 뜻하는 頁(혈)에 工(공)이 더해져, 머리의 뒤쪽인 '목덜미'를 뜻한다. 여기서 工(공)은 사람을 뒤에서 보았을 때, 머리와 몸통이 이어진 모습을 표현한 것으로 풀이된다.

項目(항목) 事項(사항) 條項(조항) 項强症(항강증) 項羽(항우)〈名〉

頃
잠깐 경

잠깐 경 篆文

匕+頁. 匕(비)는 사람으로 머리(頁)와 더해져 '머리를 기울이다(頭不正)'의 의미를 나타낸다.
'기울다'의 뜻 외에, 가차하여 '땅 면적 단위, 잠깐'의 의미로도 쓰인다.

頃
잠깐 경

頁-총11획
頃刻(경각) 食頃(식경) 萬頃蒼波(만경창파) '경각(頃刻)을 다투다' '한 식경(食頃)이 지나다'

傾
기울 경

人-총13획
人+頃. 본래 기울다의 뜻인 頃(경)에 사람(人)이 덧붙어 '기울다, 기울어지다'의 뜻을
나타낸다.
傾斜(경사) 傾向(경향) 傾聽(경청) 傾斜度(경사도) 傾國之色(경국지색) '상대방의 말을 경청(傾聽)하다'

憂
근심할 우

憂
근심할 우 篆文

惪+夂. 惪는 頁+心 으로, 머리(頁)와 마음(心)으로 '걱정하다'의 의미이다. 思(생각할 사) 惱
(괴로워할 뇌)와 비슷한 구성이다. 여기에 夂(천천히걸을 쇠)가 더해진 憂(우)는 '느리게 가다,
우아하게 가다(和之行)'는 의미인데, 이후 惪가 도태되고 憂(우)가 '걱정하다, 근심하다'의 뜻
을 나타내게 된다.

憂
근심할 우

心-총15획
憂鬱(우울) 憂慮(우려) 憂愁(우수) 憂國衷情(우국충정) 杞憂(기우) '우수(憂愁)에 젖다'

優 넉넉할 우

人-총17획

亻(人)+憂. 우아하게 걷는 모습인 憂(우)에 사람(人)이 더해져 '넉넉하다, 뛰어나다'의 뜻을 나타낸다. 혹 내가 넉넉해야(優) 남(人)을 걱정해준다(憂)로 풀이할 수도 있을 것 같다.

優先(우선) 優秀(우수) 優劣(우열) 優勢(우세) 優雅(우아) 優柔不斷(우유부단) 俳優(배우) 聲優(성우) '실력을 우선(優先)하는 분위기'

擾 어지러울 요

手-총18획

扌(手)+憂. 걱정하다는 의미의 憂(우)에 손(手)이 더해져, 걱정스럽게 만든다는 의미로 '어지럽히다, 어지럽다'의 뜻을 나타낸다.

擾亂(요란) 騷擾(소요) 丙寅洋擾(병인양요) '요란(擾亂/搖亂)스러운 소리가 들리다' '소요(騷擾)사태가 벌어지다'

寡 적을 과

宀-총14획

宀+憂. 憂(우)에서 변형된 형태이다. 근심하다는 뜻인 憂(우)에 집을 뜻하는 宀(면)이 더해져, 집에서 혼자 근심하는 '과부'를 의미한다. 파생하여 '적다'의 뜻을 나타낸다.

寡婦(과부) 寡守宅(과수댁) 多寡(다과) 衆寡不敵(중과부적)

48. 가늘게 자란 수염
〔而〕而 耎

而
말이을 이

말이을 이 甲骨文　말이을 이 金文　말이을 이 篆文

수염을 본뜬 모습이다(頰毛). 본래 '수염'의 뜻을 나타냈으나, 가차하여 접속사(and, but)의 뜻으로 쓰인다.

파생된 글자 중에서 耐(견딜 내)에 대해 설명하겠다. 수염(而)을 손(寸)으로 깎는 모습에서 '견디다'의 뜻이 나타난 게 선뜻 이해되지 않을 것 같다. 참고해서 봐야 할 글자가 있는데 耏(구레나룻깎을 내)이다. 〈설문해자〉에서는 耐(내)와 耏(내)가 같은 글자인데 '죄가 髡(곤)의 형벌에는 이르지 않았다(罪不至髡)'라고 풀이한다. 髡(곤)은 머리털 깎는 형벌을 뜻한다. 아직 髡(곤)의 상황까지는 아니니, 구레나룻 깎이는 형벌 정도는 '참고 기다려야 된다'는 의미이다. 요약하자면 '지금이 최악은 아니다'라는 메시지이다. 현재의 상황이 힘들고 굴욕적이더라도 아직 만회의 기회가 있을뿐더러 자칫하면 더 나쁜 상황으로 빠질 수도 있다는 조언인 것이다.

而
말이을 이

而-총6획
博而不精(박이부정) 形而上學(형이상학) 學而篇(학이편)〈논어(論語)〉

耐
견딜 내

而-총9획
而+寸. 본문 참조
耐久力(내구력) 忍耐(인내) 堪耐(감내) '오랜 세월 고통을 감내(堪耐)하다'

奭 가냘플 연

奭 가냘플 연 篆文

而+大. 사람을 뜻하는 大(대)와 더해져, 인체에서 연약한 부분인 수염(而)을 부각시켰다. '가냘프다, 부드럽다'의 뜻을 나타낸다.

蠕 꿈틀거릴 연

虫-총20획, 蠕과 동자(同字)

虫+奭. 부드럽다는 의미의 奭(연)에 벌레를 뜻하는 虫(충/훼)가 더해져 '벌레가 꿈틀거리다'의 뜻을 나타낸다. 소화관의 꿈틀거리는 움직임인 peristalsis, vermiculation을 번역할 때 활용되는 글자이다.

蠕動(연동) 蠕動運動(연동운동)

輭 연할 연

車-총16획, 軟의 본자(本字)

車+奭. 부드럽다는 의미의 奭(연)에 수레(車)가 더해져, 수레가 부드럽게 움직이는 모습을 가리킨다. 파생하여 '부드럽다, 연약하다'는 뜻을 나타낸다. 속자(俗字)인 軟(연)의 형태가 널리 쓰인다.

軟弱(연약) 軟膏(연고) 軟鐵(연철) 軟體動物(연체동물)

49. 머리카락을 꾸미다
〔彡〕彡 参 須 弱

터럭 삼 | 터럭 삼 篆文

길게 자란 머리카락의 모습을 본뜬 것이다. 〈설문해자〉에서는 '붓으로 그린 무늬(毛飾畫文)'로 설명하지만, 칼로 새긴 문양과 자수의 무늬도 포함한다. '머리카락, 터럭' 외에 '무늬, 빛깔, 꾸미다'의 의미를 나타낸다. 본 장에는 포함되지 않았지만, 彡(삼)이 '무늬, 꾸미다'의 뜻으로 쓰인 글자들로 彩(채색할 채), 彫(새길 조), 彰(밝을 창) 등을 예로 들 수 있다.

形
모양 형

彡－총7획

井+彡. 무늬를 의미하는 彡(삼)에 틀을 의미하는 井(정)이 더해져 '모양, 꼴'을 뜻한다. 篆文은 彡(삼)의 좌측이 开(평평할 견)이지만, 刑(형벌 형)의 金文과 形(형)의 의미를 고려하면 井(정)의 변형으로 추정된다.

形狀(형상) 形象(형상) 形勢(형세) 形便(형편) 形質(형질) 形式(형식) 原形(원형) 圓形(원형) 成形(성형) 人形(인형) 冠形詞(관형사)

숱많을 진 | 숱많을 진 篆文

머리숱이 많은 모습을 표현한 것이다(稠髮). '숱이 많다'의 뜻이며, 파생하여 '빼곡하다, 밀도가 높다'의 의미도 나타낸다.

診
볼 진

言-총12획

言+今. 빼곡함을 의미하는 今(진)에 말(言)이 더해져, 환자의 증상을 자세히 확인한다는 의미에서 '진찰하다, 살피다'의 뜻을 나타낸다.

診察(진찰) 診斷(진단) 望診(망진) 視診(시진) 問診(문진) 脈診(맥진) 打診(타진) 聽診器(청진기)

 珍
보배 진

玉-총9획

玉+今. 빼곡함을 의미하는 今(진)에 玉(옥)이 더해져 '귀한 옥'의 뜻을 나타낸다. 점차 '보배, 진귀하다, 맛있는 음식'의 의미로 확대되었다.

珍品(진품) 珍貴(진귀) 珍風景(진풍경) 珍羞盛饌(진수성찬) 山海珍味(산해진미) 膏粱珍味(고량진미)

 疹
홍역 진

疒-총10획

疒+今. 빼곡함을 의미하는 今(진)에 질병을 뜻하는 疒(녁)이 더해져, 좁쌀 같은 두드러기가 많이 돋는 '홍역'을 가리킨다. '부스럼, 두드러기'의 의미로도 쓰인다.

發疹(발진) 痲疹(마진)

 須
모름지기 수

모름지기 수 金文　　모름지기 수 篆文

彡+頁. 털(彡)과 머리(頁)의 조합인데, 머리카락이 아닌 '수염'을 뜻한다. 金文과 篆文을 보면 매우 과장된 캐리커처임을 알 수 있다. 가차하여 '모름지기, 바라다'의 뜻으로 쓰인다.

~~~~~~

 須
모름지기 수

頁-총12획

必須(필수) 須彌山(수미산)〈地〉

鬚
수염 수

髟-총22획

髟+須. 본래 수염의 의미인 須(수)에 털을 의미하는 髟(표)가 더해져 '수염'의 뜻을 명확히 하였다.

鬚髥(수염) 龍鬚鐵(용수철)

弱
약할 약

弱
약할 약 篆文

弓+弓. 弓은 弓+彡로 획이 일부 생략되었다. 부드러운 털을 뜻하는 彡(삼)에 휘어진 형태를 의미하는 활(弓)이 더해져 '약하다, 휘다'의 뜻을 나타낸다. 파생하여 '어리다'의 뜻으로도 쓰인다.

弱
약할 약

弓-총10획

弱點(약점) 軟弱(연약) 文弱(문약) 脆弱(취약) 微弱(미약) 貧弱(빈약) 强弱(강약)

溺
빠질 닉

水-총13획

氵(水)+弱. 약하다의 뜻인 弱(약)에 물(水)이 더해져, 물속에서 힘을 쓸 수 없는 상태를 표현한 것으로 '물에 빠지다'의 뜻을 나타낸다.

溺死(익사) 耽溺(탐닉)

50.　털이 자라다
〔毛〕

털 모

털 모 篆文

털이 나 있는 모습을 본뜬 것으로 '털'을 뜻한다.

털 모

毛-총4획

毛髮(모발) 毛皮(모피) 毛布(모포) 毛細血管(모세혈관) 不毛地(불모지) 絨毛(융모) 纖毛(섬모)

줄 모

耗-총10획

耒+毛. 본자(本字)는 秏의 형태로, 털(毛)처럼 이삭이 잔 벼를 가리킨다. 파생하여 '작아지다, 줄다, 덜다'의 뜻을 나타낸다.

消耗(소모) 磨耗(마모)

193

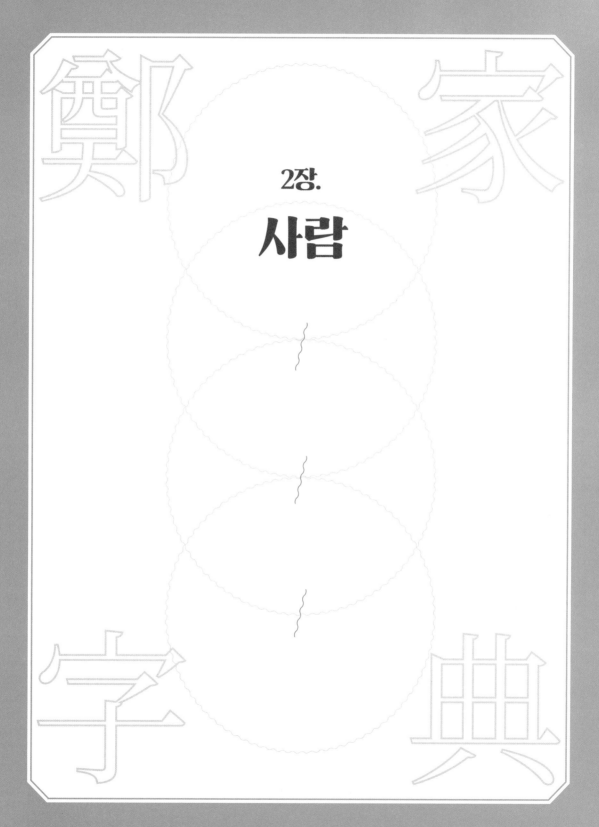

2장.

사람

1. 소중한 우리 아기
〔子〕子 孚 孔 保

子
자식 자

자식 자 甲骨文

머리가 크고 손발이 나긋나긋한 젖먹이를 본뜬 모습이다. '자식'의 뜻을 나타내며 '아들 (son), 열매, 선생, 첫째지지(地支)' 등 폭넓은 의미로 사용되는 글자이다. 유사한 글자로 孑 (외로울 혈)과 孒(짧을 궐)이 있는데, 孑(혈)은 오른팔이 없는 아이이고 孒(궐)은 왼팔이 없는 아이이다. 아기가 태어났다면 팔다리가 멀쩡한 것만으로도 큰 축복이라 하겠다.

또 了(마칠 료)는 子(자)에서 양팔이 없는 모습인데, 다행히 장애가 아니라 손발을 모두 감 싼 젖먹이를 본뜬 것이다. 깔끔하게 감싼 모양에서 하나의 일이 '끝남, 마무리됨'의 뜻을 나 타낸다. 혹은 출산 때 아기가 팔을 몸통에 붙이고 태어나는 모습으로 설명하기도 한다. 무 사히 해산(解産)한 상황에서 '종료'의 의미를 도출할 수도 있다.

子
자식 자

子-총3획
子女(자녀) 子息(자식) 骨子(골자) 拍子(박자) 娘子(낭자) 鐙子(등자) 孔子(공자)〈名〉 老子(노자)〈名〉

仔
자세할 자

人-총5획
亻(人)+子. 자식을 뜻하는 子(자)에 사람(人)이 더해져 '자상하다, 자세하다'의 뜻을
나타낸다.
仔細(자세) 仔詳(자상) '자세(仔細)히 살피다'

字
글자 자

子-총6획

宀+子. 자식을 뜻하는 子(자)에 집을 뜻하는 宀(면)이 더해져, 본래는 '사랑하다, 기르다'의 의미이다. 아울러 문자(文字)에서 文(문)이 기본이고 字(자)가 점점 증가한 것에 빗대 '글자'라는 의미로 쓰이게 되었다고 한다.

字典(자전) 文字(문자) 活字(활자) 綴字(철자) 破字(파자) 垓字(해자) 黑字(흑자) 赤字(적자) 一字無識(일자무식) 識字憂患(식자우환) 不立文字(불립문자) '성벽 둘레에 해자(垓字)를 파다'

了
마칠 료

亅-총2획

본문 참조

終了(종료) 滿了(만료) 魅了(매료) '그녀의 목소리에 매료(魅了)되다'

乃
이에 내

亅-총2획

아직 손발의 모양도 불분명한 태아를 본뜬 것으로 孕(잉)의 원자(原字)라는 견해가 타당해 보인다. 가차하여 '이에, 곧'이라는 의미로 쓰인다.

乃至(내지) '하루 내지(乃至) 이틀'

孕
아이밸 잉

子-총5획

乃+子. 태아를 본뜬 乃(내)에 아기(子)를 덧붙여 '아이 배다, 잉태하다'의 뜻을 나타낸다.

孕胎(잉태) 孕婦(잉부)

孚
미쁠 부

미쁠 부 金文

爪+子. 爪(조)는 손이다. 위에서 아래로 갓난아기(子)를 끌어안는 모습이다. 〈설문해자〉에는 '卵孚也'로 풀이하고 있다. 즉 어미새가 알을 품듯 아기를 '돌보다, 기르다'의 의미이다. '미쁘다, 미덥다, 성실하다'는 뜻도 파생되었다.

孵
알깔 부

子-총14획

卵+孚. 알을 품는다는 의미의 孚(부)에 알(卵)이 더해져, 알을 '부화한다'는 의미로
한정되었다.

孵化(부화)

浮
뜰 부

水-총10획

氵(水)+孚. 알을 품는다는 의미의 孚(부)에 물(水)이 더해져 '물에 뜨다, 띄우다'의 뜻
을 나타낸다. 물건이 물에 뜨는 모습을, 물이 물건을 품은 것으로 빗대어 표현하였다.

浮上(부상) 浮力(부력) 浮刻(부각) 浮彫(부조) 浮揚策(부양책) 浮浪兒(부랑아) 浮游生物(부유생물)
'수면 위로 부상(浮上)하다' '장점을 부각(浮刻)시키다'

孔
구멍 공

구멍 공 金文   구멍 공 篆文

子+乚. 乚은 乙(을)이 아니라 유방의 모습을 표현한 것이다. 젖이 나온다는 의미이며, 파생
하여 '구멍'을 뜻한다. 참고로 金文을 보면 子(자)의 머리에 표시가 되어 있는데, 숫구멍(囟)
을 가리킨다.

孔
구멍 공

子-총4획

瞳孔(동공) 毛孔(모공) 多孔質(다공질) 九孔炭(구공탄) 孔子(공자)〈名〉孔明(공명)〈名〉

乳
젖 유

乙-총8획

爪+孔. 젖을 의미하는 孔(공)에 손을 뜻하는 爪(조)가 더해져 '젖을 먹이다, 젖'을 뜻
한다. 혹 孚+乚로 풀이해도 의미는 마찬가지이다.

乳母(유모) 乳母車(유모차) 牛乳(우유) 粉乳(분유) 離乳食(이유식) 哺乳類(포유류) 口尙乳臭(구상유취)

吼
울 후

口-총7획

口+孔. 젖을 의미하는 孔(공)에 입(口)이 더해져, 갓난아기가 젖 달라고 '우는 것'을 표현하였다. 짐승의 '으르렁거리는 소리'를 뜻하기도 한다. 젖 달라고 아기 우는 소리를 제대로 들어 봤다면 쉽게 공감할 것이다.

獅子吼(사자후)

子

保
지킬 보

孖
지킬 보 甲骨文

甲骨文을 보면 어른(人)이 아이(子)를 업은 모습으로 '업다, 껴안다'의 뜻을 나타낸다. 파생하여 '지키다, 보전하다'의 의미로 쓰인다. 아이(子)의 아랫부분이 나무(木) 모양으로 변형되어 버렸다.

保
지킬 보

人-총9획

保護(보호) 保險(보험) 保留(보류) 保稅(보세) 保管(보관) 保障(보장) 保全(보전) 保守的(보수적) 保釋金(보석금) 確保(확보) 擔保(담보) '보수적(保守的)인 정치 성향'

堡
작은성 보

土-총12획

保+土. 껴안다, 지키다의 의미인 保(보)에 흙(土)이 더해져, 전투 중에 엄폐용으로 쌓은 흙더미인 '보'를 뜻한다. 참고로 땅보다 높게 쌓은 것이 堡(보)와 壘(루)이고, 땅 아래로 판 것이 塹(참)과 壕(호)이다.

堡壘(보루) 橋頭堡(교두보) '최후의 보루(堡壘)'

褒
기릴 포

衣-총15획

衣+保. 껴안다, 지키다의 의미인 保(보)에 옷(衣)이 더해져, 물건을 싸안을 만큼 자락이 넓은 옷을 뜻한다. 파생하여 '넓다, 기리다, 칭찬하다'의 뜻을 나타낸다.

褒賞(포상) 褒賞休暇(포상휴가)

2. 거꾸로가 순산이라오
〔云〕云育㐬充

云
태어날 돌 | 버릴 기 甲骨文 | 버릴 기 篆文

아기를 뜻하는 子(자)가 거꾸로 된 모습이다(到子). 〈설문해자〉에서는 '순조롭지 않게 갑자기 태어난 것(不順忽出)'이라고 부정적인 뉘앙스로 풀이하고 있는데, 이어지는 장에 있는 育(기를 육)의 甲骨文을 보자. 좌측은 산모 우측은 아기이다. 아기의 머리가 땅을 향하고 있는 云(돌)의 자형인데, 산도에서 머리가 먼저 나왔으니 순산하는 장면이라고 봐야할 것이다.

棄
버릴 기

木-총12획
甲骨文과 篆文은 아기(云/子)를 삼태기에 담아 버리는 모습을 표현하고 있다. '버리다, 돌보지 않다'의 뜻을 나타낸다. 뭔가 피치 못할 사정이 있나 보다.

棄却(기각) 棄權(기권) 抛棄(포기) 廢棄(폐기) 破棄(파기) 自暴自棄(자포자기) 職務遺棄(직무유기)

育
기를 육

 기를 육 甲骨文1 | 기를 육 甲骨文2 | 기를 육 篆文 | 임금 후 篆文

甲骨文을 보면 '기르다'보다는 '낳다'가 주된 의미이다. 篆文은 厶(돌)의 뜻과 肉(육)의 음이 더해진 형태이다. 育(육)을 毓의 형태로도 쓰는데, 毓(육)이 甲骨文의 취지를 온전히 유지하고 있다고 하겠다.

그런데 〈간명갑골문자전〉에 의하면 后(임금 후)의 甲骨文이 育(육)의 甲骨文과 같다. 后(후)는 '왕위를 계승한 군주(繼體君)'라는 의미로서, 后 의 상부가 산모의 변형이고 口가 厶의 변형이다. 정리하자면 아기를 출산하는 모습에서, 순차적으로 모양이 정리된 育/毓(육)과 변형된 형태의 后(후)로 갈라진 것이다. 의미도 각각 '기르다' '왕위를 계승하다'로 나뉘어졌다.

育
기를 육

肉-총8획

育成(육성) 育英事業(육영사업) 敎育(교육) 養育(양육) '선수들을 육성(育成)하다'

后
임금 후

口-총6획

본문 참조

后土(후토) 王后(왕후)

垢
때 구

土-총9획

土+后. 이어지다의 의미인 后(후)에 흙(土)이 더해져, 두껍게 낀 '흙먼지, 때'를 뜻한다.

天眞無垢(천진무구)

㐬
흐를 류

流
흐를 류 篆文

아기(㐬)에게서 양수(羊水)가 흐르는 모습이다. 혹은 태어난 아기를 물로 씻는 의식이라고 도 한다. 〈설문해자〉에서는 㳅의 형태로 물을 매우 강조하고 있다.

流
흐를 류

水-총9획

氵(水)+㐬. 흐르다의 뜻인 㐬(류)에 물(水)이 더해져 '흐르다'의 뜻을 명확히 하였다.

流布(유포) 流行(유행) 流通(유통) 流浪(유랑) 流星(유성) 流線型(유선형) 流動的(유동적) 流言蜚語 (유언비어)
亞流(아류) 漂流(표류) 對流(대류) 合流(합류)

硫
유황 류

石-총12획

石+㐬. 흐르다의 뜻인 㐬(류)에 돌(石)이 더해져, 돌 사이에서 흘러나오는 '유황'을 뜻한다.

硫黃(유황)

疏
성길 소

疋-총11획, 疎는 속자(俗字)

疋+㐬. 흐르다의 뜻인 㐬(류)에 발(疋)이 더해져, 발이 흐르다 갈라지다의 의미로 '트이다(通), 나뉘다, 멀리하다, 성기다' 등 다양한 의미가 파생되었다.

疏外(소외) 疏脫(소탈) 疏通(소통) 疏忽(소홀) 疏開(소개) 疏薄(소박) 疏遠(소원) '적의 공격을 피 해 지방으로 소개(疏開)하다' '친구와 사이가 소원(疏遠)해지다'

蔬
푸성귀 소

艸-총15획

艸+疏. 성기다의 뜻인 疏(소)에 풀(艸)이 더해져, 빼곡하게 자라는 곡식류에 비해 띄엄 띄엄 성기게 자라는 '채소류, 나물'을 가리키는 것으로 추정된다. '푸성귀'란 단어 자체가 '성긴 풀'이라는 뜻이 아닐까 한다.

蔬菜(소채) 菜蔬(채소)

充
찰 충

克
찰충篆文

厶+儿. 儿(인)은 사람을 본뜬 것인데, 일반적으로 어른을 말한다. 어느새 아기(厶)가 커서 어엿한 어른이 되었다는 의미로 '채우다, 차다'의 뜻을 나타낸다. 장성한 자식을 보면 마음이 뿌듯해지는 부모 마음을 표현한 것으로 봐도 괜찮을 것 같다.

充
찰 충

儿－총5획

充分(충분) 充滿(충만) 充員(충원) 充塡(충전) 充電器(충전기) 補充(보충) 擴充(확충) '원기를 충전(充塡)하다'

統
큰줄기 통

糸－총12획

糸+充. 채우다의 뜻인 充(충)에 실(糸)이 더해져, 여러 가닥의 실을 한 줄기로 모은다는 의미이다. 파생하여 '거느리다, 다스리다, 법'의 뜻을 나타낸다.

統率(통솔) 統治(통치) 統帥(통수) 統計(통계) 統制(통제) 統合(통합) 總統(총통) 系統(계통) 血統(혈통) 正統(정통) 大統領(대통령)

銃
총 총

金－총14획

金+充. 채우다의 뜻인 充(충)에 금속(金)이 더해져, 화약을 채워 발사하는 '총'을 가리킨다.

銃彈(총탄) 銃筒(총통) 銃劍術(총검술) 執銃(집총) 小銃(소총) 長銃(장총) 拳銃(권총) 鳥銃(조총)

3. 오른쪽을 보는 사람들
〔匕〕匕 比 皆 北 此

匕
비수 비

비수 비 甲骨文   비수 비 金文

사람의 모습을 본뜬 것이다. 〈설문해자〉에서는 '人(인)이 돌려진 형태(反人)'라고 설명한다. 하지만 甲骨文과 金文에서는 글자의 좌우가 반대로 쓰여진 경우가 흔하기 때문에, 당시에는 좌우 가리지 않고 그냥 사람의 의미로 통용되었다. 본장과 다음 장에서는 많은 사람들이 등장하는데, 좌우 구별이 정착된 篆文 이후를 기준으로 그들의 시선에 주목해주기 바란다.

참고로 匕(비)가 사람이 아닌 '숟가락(所以用比取飯)'의 의미로 작용하는 경우가 종종 있다. 이에 대한 설명은 旨(맛있을 지)부분을 참조하면 되겠다. '비수'라는 뜻은 단독으로 사용할 때만 해당된다.

匕
비수 비

匕-총2획

匕首(비수)

比
견줄 비

견줄 비 甲骨文   견줄 비 金文

甲骨文을 보면 사람들(匕)이 전부 오른쪽을 향해 서서 일렬로 게임하는 것 같이 보인다. '가까이 돕다, 나란하다, 비교하다'의 뜻을 나타낸다. 자전에서는 독립된 부수자이다.

比 견줄 비

比-총4획

比率(비율) 比較(비교) 比喩(비유) 比肩(비견) 比丘(비구) 櫛比(즐비) '전문가와 비견(比肩)할 만한 실력이다'

批 칠 비

手-총7획

扌(手)+比. 가까이 돕다의 뜻인 比(비)에 손(手)이 더해져 '손으로 치다'의 뜻을 나타 낸다. 비교하다는 뜻이 작용하여 '비판하다'의 의미로도 쓰인다.

批評(비평) 批判(비판) 批准(비준)

陛 섬돌 폐

阜-총10획

阝(阜)+坒. 坒(비)는 比+土로 쌓아놓은 흙이 나란히 있다는 의미(地相次比). 언덕 (阜)이 더해져 '섬돌, 층계'의 뜻을 나타낸다.

陛下(폐하)

皆 모두 개

모두 개 金文　　모두 개 篆文

比+口. 하단은 白(white)이 아니라 口(입 구) 내지 曰(가로 왈)이 변형된 형태이다. 사람들이 목소리를 맞추어 말한다는 의미로 '모두, 다'라는 뜻을 나타낸다. 皆(개) 한 글자가 이구동 성(異口同聲)의 의미를 함축하고 있다고 할 수 있다. 金文을 보면 시선이 오른쪽이 아니라 왼쪽을 보고 있는 형태이다. 앞에서 언급했듯이 甲骨文과 金文에서는 좌우가 뒤바뀌어도 같은 글자인 경우가 많다.

~~~~~~~~~~~~~~~~~~~~

皆 모두 개

白-총9획

皆勤賞(개근상) 皆旣日蝕(개기일식) 皆兵主義(개병주의)

偕
함께 해

人-총11획

亻(人)+皆. 모두, 나란히의 뜻인 皆(개)에 사람(人)이 더해져 '함께, 같이 가다'의 뜻을 나타낸다.

偕老(해로) 百年偕老(백년해로)

諧
화할 해

言-총16획

言+皆. 모두, 나란히의 뜻인 皆(개)에 말(言)이 더해져 '어울리다, 화합하다'의 뜻을 나타낸다. 파생하여 '농담'의 뜻으로도 쓰인다.

諧謔(해학)

楷
본보기 해

木-총13획

木+皆. 모두, 나란히의 뜻인 皆(개)에 나무(木)가 더해져, 가지가 한 방향으로 나는 나무의 이름으로 쓰였다고 한다. 파생하여 '본보기, 모범'의 뜻을 나타낸다.

楷書(해서) '현재 우리나라에서는 해서(楷書)를 정자(正字)라고 한다'

階
섬돌 계

阜-총12획

阝(阜)+皆. 모두, 나란히의 뜻인 皆(개)에 언덕(阜)이 더해져, 돌이 나란히 늘어선 '섬돌, 층계, 계단'을 뜻한다.

階段(계단) 階層(계층) 階級(계급) 品階(품계) 位階秩序(위계질서) 階伯(계백)〈名〉

北
북녘 북/달아날 배

北 북녘 북 甲骨文

比(비)에서 왼쪽 사람이 반대쪽을 보며 등 돌린 상황이다(二人相背). '배신, 달아나다'의 뜻을 나타낸다. 나아가 사람이 등지고 앉는 쪽, 북쪽(north)의 의미로 쓰이게 된다.

北
북녘 북/
달아날 배

匕-총5획

北斗七星(북두칠성) 東西南北(동서남북) 敗北(패배)

背
등 배

肉-총9획

北+月(肉). 등진 모습을 표현한 北(북/배)에 인체를 뜻하는 肉(육)이 더해져 '등, 뒤'를 뜻한다. 아울러 '등지다, 배신하다'의 의미를 나타낸다.

背後(배후) 背信(배신) 背反(배반) 背叛(배반) 背泳(배영) 背書(배서) 背水陣(배수진) 光背(광배) 違背(위배) 二律背反(이율배반) '의리를 배반(背反/背叛)하다'

此
이 차

이 차 金文   이 차 篆文

止+匕. 止(지)는 발 혹은 발자국으로, 사람(匕)이 더해져 '발밑'을 뜻한다. 파생하여 '보폭을 조금 벌리다, 벌어지다'의 의미도 나타내며, 가까이 있는 것을 가리키는 지시 대명사 '이, 여기(this')의 뜻으로 쓰인다.

此
이 차

止-총6획

此日彼日(차일피일) 彼此(피차) 彼此一般(피차일반)

疵
흠 자

疒-총10획

疒+此. 조금 벌어지다의 뜻인 此(차)에 질병을 뜻하는 疒(녁)이 더해져 '흉터, 열린 상처'를 뜻한다. '흠, 티, 흠보다' 라는 의미로 인체를 벗어나서도 쓰인다.

瑕疵(하자) '제품에 하자(瑕疵)가 있다'

雌
암컷 자

隹-총13획

此+隹. 조금 벌어지다의 뜻인 此(차)에 새(隹)가 더해져, 날개가 좁은(此) '암컷 새'를 뜻한다. 날개가 넓음(厷)을 뜻하는 수컷 새(雄)에 대비되는 글자로, 파생하여 상대적으로 '약한 것, 둔한 것'의 의미도 지닌다.

雌雄(자웅) 雌雄同體(자웅동체) '자웅(雌雄)을 겨루다'

紫
자줏빛 자

糸-총11획

此+糸. 此(차)의 음과 실(糸)이 더해져 '자주빛(帛靑赤色)'을 뜻한다. 본래 어떤 특정한 실을 가리키는 의미였을 테지만 현재로선 알 길이 없다.

紫斑(자반) 紫朱色(자주색) 紫水晶(자수정) 紫霞門(자하문) 紫蘇葉(자소엽)〈藥〉

4. 왼쪽을 보는 사람들
〔人〕人 從 化 衆 幷 介 宿

人
사람 인

사람 인 甲骨文　사람 인 金文

사람을 옆에서 본 모습이다. 본 장에서는 사람들(人)의 시선이 왼쪽을 향해 있음을 주목해 주기 바란다.

사람 인

人-총2획

人情(인정) 人間(인간) 人質(인질) 人造(인조) 人件費(인건비) 人山人海(인산인해) 佳人(가인)

어질 인

人-총4획

亻(人)+二. 두 사람이 친하기 위해서 '어진 마음'이 필요하다는 풀이가 무난해 보인다. 〈설문해자〉에서는 '친하다(親也)'는 의미로 설명한다.

仁慈(인자) 仁者無敵(인자무적) 殺身成仁(살신성인) 砂仁(사인)〈藥〉 桃仁(도인)〈藥〉

가둘 수

囗-총5획

囗+人. 사람(人)이 우리(囗) 안에 갇힌 모습으로 '가두다, 갇히다'의 뜻을 나타낸다. 甲骨文부터 지금까지 형태나 의미가 전혀 흔들리지 않은 글자이다.

囚人(수인) 罪囚(죄수) 服役囚(복역수) 模範囚(모범수) 脫獄囚(탈옥수) 死刑囚(사형수)

일천 천

十-총3획

甲骨文은 人+一. 사람(人)의 다리 부분에 가로줄(一) 그은 형태로 '1,000'을 표시했다. 두 줄은 2,000 세 줄은 3,000을 의미했다고 한다.

千里眼(천리안) 千變萬化(천변만화) 千態萬象(천태만상) 千軍萬馬(천군만마) 三千里(삼천리)

從 꺼

從 좇을 종 　좇을 종 金文

본자(本字)는 从. 두 사람(人)이 나란히 왼쪽을 보며 나란히 걸어가고 있다. 뒷사람이 앞사람을 따라간다고 봐도 무방하다. 좌우 구별이 철저하지 않았던 甲骨文에서는 比(견줄 비)와 혼용되었다. 후에 움직임을 뜻하는 辵(착)이 더해져 從(종)의 형태가 되었다.

從 좇을 종

彳-총11획

從事(종사) 從前(종전) 從屬(종속) 從來(종래) 相從(상종) 再從間(재종간) 姑從四寸(고종사촌) 姨從四寸(이종사촌) '종전(從前)대로 시행하다' '앞으로 상종(相從)도 하지 않겠다'

縱 늘어질 종

糸-총17획

糸+從. 나란히 일렬종대로 선 모습인 從(종)에 실(糸)이 더해져 '세로줄, 날실, 종대'의 뜻을 나타낸다. 베틀에서 씨실(가로줄)이 꿰지지 않은 날실은 아직 느슨하기 때문에 '늘어지다, 놓아두다'의 의미도 파생되었다.

縱橫(종횡) 縱斷(종단) 縱橫無盡(종횡무진) 操縱(조종) 七縱七擒(칠종칠금) '비행기를 조종(操縱)하다'

蹤 자취 종

足-총18획, 踪 과 동자(同字)

足+從. 나란히 선 모습인 從(종)에 발(足)이 더해져 '뒤쫓다, 발자취'의 뜻을 나타낸다.

蹤跡(종적) 潛蹤祕跡(잠종비적)

慫 권할 종

心-총15획

從+心. 나란히 선 모습인 從(종)에 마음(心)이 더해져 '권하다, 종용하다'의 뜻을 나타낸다.

慫慂(종용) '퇴직을 종용(慫慂)하다'

聳
솟을 용/
두려워할 송

耳-총17획

從+耳. 나란히 선 모습인 從(종)에 귀(耳)가 더해져, 귀를 쫑긋 세운 상태인 '두려워하다'의 뜻을 나타낸다. 귀를 쫑긋 세운 모습에서 '솟아오르다'의 의미도 파생되었다.

聳上(용상) 聳立(용립) 聳動(용동) '역도 용상(聳上)에서 1위를 차지하다'

化
될 화

될 화 甲骨文　　될 화 金文　　북녘 북 金文

人+匕. 우측의 匕(화)는 사람이 뒤집어져 있는 상태이다(到人). 그래서 化(화)는 두 사람이 아닌 한 사람이 뒤돌기하는 동작의 연속촬영이라고 봐야 이해가 편하다. 사람(人)의 동작 및 자세가 바뀌는 모습에서 '변하다'의 뜻을 나타낸다.

앞장에서 소개한 北(북)과 비교해서 볼 점은 두 글자의 우측이다. 자전에서 化(화)의 부수는 匕(비수 비)이지만, 사실 化(화)의 우측은 사람이 뒤집어져 있는 모습(到人)이다. 반대로 돌려진 사람(反人)인 匕(비)와 별개의 글자인데 자전에서 통합되어 버렸다. 오히려 北(북)과 化(화)의 좌측이 왼쪽을 보고 있는 인(人)으로 동일하다. 양 글자의 金文을 보면 쉽게 이해할 수 있다.

化
될 화

匕-총4획

化學(화학) 化身(화신) 化粧(화장) 化合物(화합물) 化粧室(화장실) 變化(변화) 同化(동화) 歸化(귀화) '미의 화신(化身)'

訛
그릇될 와

言-총11획

言+化. 변하다의 뜻인 化(화)에 말(言)이 더해져, 말이 '와전되다, 잘못되다'의 뜻을 나타낸다.

訛傳(와전) 訛言(와언) 訛音(와음) 訛脫(와탈)

貨
재화 화

貝-총11획

化+貝. 변하다의 뜻인 化(화)에 재물을 뜻하는 貝(가)가 더해져, 다른 물품과 바꿀
수 있는 '재화, 상품'을 뜻한다.

貨幣(화폐) 貨物(화물) 財貨(재화) 雜貨(잡화)

花
꽃 화

艸-총8획

艸+化. 꽃(flower)을 뜻하는 華(화)의 속자(俗字)인데, 오히려 華(화)가 '화려하다'는
의미로 밀려났다.

花草(화초) 花卉(화훼) 花盆(화분) 花壇(화단) 花郎道(화랑도) 開花(개화) 無花果(무화과)

靴
신 화

革-총13획

革+化. 化(화)의 음에 가죽(革)이 더해져 '가죽신, 신발'을 뜻한다. 가죽을 손질하여
변형되는 물건은 '신발' 이외에도 다양하므로 의미를 명확하게 파악할 수 없다.

長靴(장화) 室內靴(실내화) 運動靴(운동화) 隔靴搔癢(격화소양)

衆
무리 중

무리 중 甲骨文

무리 중 金文

본자(本字)는 眾. 甲骨文과 金文을 보면 이해가 편하다. 영화 〈레미제라블〉의 OST 'Look down'과 동일한 상황이다. 甲骨文은 뜨거운 태양(日) 아래, 金文은 감시의 눈(目) 아래 다수의 사람들이 모두 왼쪽을 향해 있는 모습으로 '무리, 군중'의 뜻을 나타낸다. 태양, 눈이 나중에 어찌된 것인지 피(血)로 바뀌었는데 분위기가 점점 살벌해지는 것 같다. 참고로 衆(중)의 하단과 동일한 글자로 聚(모일 취)가 있다.

衆
무리 중

血-총12획

衆生(중생) 衆口難防(중구난방) 衆寡不敵(중과부적) 大衆(대중) 民衆(민중) 觀衆(관중) 公衆道德
(공중도덕)

幷
합칠 병

幷
합칠 병 甲骨文

幷
합칠 병 篆文

甲骨文을 보면 사람(人)을 늘어세워 다리를 묶은 모습이다. 衆(중)과 똑같은 처지라 할 수 있는데, 幷(병)은 '합치다'의 뜻을 나타낸다.

참고해야 할 글자로 竝(아우를 병)이 있다. 竝(병)은 정면을 향한 사람인 立(립)이 나란히 선 모습이다. 竝(병)이 자의에 의한 대등한 협동이라면, 幷(병)은 타의에 의한 합침이다. 용례를 살펴봐도 그런 미묘한 차이를 느낄 수 있다. 그리고 並은 竝(병)의 속자이고, 并은 幷(병)의 속자이다. 竝(병)과 幷(병)은 음, 형태, 의미 그리고 속자(俗字)까지 항상 '아울러서' 봐야하는 글자들이다.

倂
나란할 병

人-총10획

亻(人)+幷. 사람을 늘어세운 모습인 幷(병)에 사람(人)이 덧붙어 '나란히 하다, 아우르다'의 뜻을 나타낸다. 幷(병)과 엄밀하게 구별하지 않으며, 간혹 竝(병)과도 혼용된다.

倂合(병합) 倂呑(병탄) 倂用(병용) 倂殺打(병살타) 合倂(합병)

屛
병풍 병

尸-총11획

尸+幷. 사람을 늘어세운 모습인 幷(병)에 지붕(广)이 변형된 尸(시)가 더해진 형태. 늘어서 있는 '병풍'을 빗댄 것으로 '담, 가리다'의 뜻을 나타낸다. 파생하여 '물리치다'의 의미도 지닌다.

屛風(병풍)

甁
단지 병

瓦-총11획, 缾 과 동자(同字)

幷+瓦. 사람을 늘어세운 모습인 幷(병)에 질그릇을 뜻하는 瓦(와)가 더해져, 같은 거푸집에서 만들어내는 '단지'를 뜻한다.

保溫甁(보온병) 空甁(공병) 甁(병)목현상

餠
떡 병

食-총17획

食+幷. 합치다의 뜻인 幷(병)에 음식(食)이 더해져, 곡물을 섞고 갈고 쪄서 만든 '떡'을 뜻한다.

煎餠(전병) 血餠(혈병) 畫中之餠(화중지병)

介
끼일 개

끼일 개 甲骨文

사람이 갑옷을 입은 모습을 본뜬 것으로 본래 '갑옷'을 뜻한다. 甲骨文에서 볼 수 있듯 사람이 갑옷 사이에 끼인 듯이 입기 때문에 '끼이다'의 의미도 나타내며, 파생하여 '소개하다, 중개하다'의 뜻도 지닌다. 아울러 고대의 갑옷은 가죽을 연이어 붙여 만들었기 때문에 '구획짓다'의 뜻도 나타내며 〈설문해자〉에서도 '畫也'로 풀이하고 있다.

介
끼일 개

人-총4획

介入(개입) 介意(개의) 紹介(소개) 媒介(매개) 仲介貿易(중개무역) '남의 시선을 개의(介意)치 않고 말하다'

界
지경 계

田-총9획

田+介. 구획짓는다는 의미의 介(개)에 밭(田)이 더해져, 논밭 사이의 '경계, 지경'을 뜻한다.

境界(경계) 世界(세계) 限界(한계) 物質界(물질계) 各界各層(각계각층)

宿
묵을술/별수

묵을 숙 甲骨文   묵을 숙 金文

宀+佰. 佰은 사람(人)이 요에 등을 대고 누운 모습이다. 宿(숙)의 甲骨文은 종류가 다양한 편인데, 요와 사람이 좌우로 그려진 형태도 있고, 상하로 그려진 형태도 있다. 金文처럼 지붕(宀)이 있는 형태도 볼 수 있다. 어디든 비바람 피하고 등만 댈 수 있으면 하룻밤 묵는 나그네의 심정인 듯하다. '묵다, 주막, 편안하다'의 의미를 나타낸다.

宿
묵을 숙
/별 수

宀-총11획

宿所(숙소) 宿泊(숙박) 宿醉(숙취) 宿主(숙주) 宿命(숙명) 下宿(하숙) 合宿(합숙) 夬宿(앙숙) 露宿(노숙) 二十八宿(이십팔수)

縮
줄일 축

糸-총17획

糸+宿. 몸을 움츠리고 묵는 모습인 宿(숙)에 실(糸)이 더해져 '움츠러들다, 줄이다'의 뜻을 나타낸다.

縮小(축소) 縮尺(축척) 縮地法(축지법) 萎縮(위축) 收縮(수축) 減縮(감축) 緊縮(긴축) 濃縮(농축) 壓縮(압축)

人

5.   아래에 있지만 저도 사람입니다
〔儿〕 儿 允 元 尢 免

儿
어진사람 인

어진사람 인 篆文   다툴 경 甲骨文   다툴 경 金文

사람의 모습을 본뜬 것으로, 본래 甲骨文을 보면 人(인)과 같은 글자라 할 수 있다. 어진사람이라 하여 人(인)과 구별하기보다는 人(인)이 다른 글자 아래에 붙을 때 儿(인)의 형태가 된다고 보는 편이 합당할 것이다.

兒
아이 아

儿-총8획

아직 대천문이 굳어지지 않은 '아이'의 모습을 본뜬 것이다(象小兒頭囟未合). 혹 머리카락을 두 갈래로 동여맨 모습이라고도 한다.

兒孩(아해) 兒童(아동) 嬰兒(영아) 幼兒(유아) '13인의 아해(兒孩)가 도로로 질주하오'

競
겨룰 경

立-총20획

〈간명갑골문자전〉에 의하면 측면을 보는 두 사람이 서 있는 모습이며, 상부는 머리 장식으로 본다. '다투다, 겨루다'의 뜻을 나타낸다. 혹 詯(말다툼할 경)에 儿(인)이 더해진 형태로 풀이하기도 한다.

競爭(경쟁) 競賣(경매) 競馬(경마)

允
진실로 윤

진실로 윤 甲骨文　　진실로 윤 篆文

사람(儿)의 머리를 강조한 모습으로 '성실하고 걸출한 사람'을 의미한다. 파생하여 '미쁘다, 믿음직하다, 진실로'의 뜻을 나타낸다. 참고로 允(윤)에 夊(천천히걸을 쇠)가 더해진 夋(준)은 '천천히 걷는 모양'을 뜻하며 '거만하다, 뛰어나다'는 의미도 지니고 있다.

允
진실로 윤

儿-총4획

允許(윤허) 允友(윤우) 允玉(윤옥) 允君(윤군)

俊
준걸 준

人-총9획

亻(人)+夋. 뛰어나다는 의미의 夋(준)에 사람(人)이 더해져 '뛰어난 사람, 준걸'을 뜻한다.

俊傑(준걸) 俊秀(준수)

駿
준마 준

馬-총17획

馬+夋. 뛰어나다는 의미의 夋(준)에 말(馬)이 더해져 '좋은 말, 빠르다'의 뜻을 나타낸다.

駿馬(준마) 駿足(준족)

唆
부추길 사

口-총10획

口+夋. 뛰어나다는 의미의 夋(준)에 입(口)이 더해져, 말로 '꾀다, 부추기다'의 뜻을 나타낸다.

示唆(시사) 敎唆罪(교사죄) '금리인상을 시사(示唆)하다'

峻
높을 준

山-총10획

産+夋. 뛰어나다는 의미의 夋(준)에 산(山)이 더해져, 산이 '높다, 가파르다, 험하다'의 뜻을 나타낸다.

峻嚴(준엄) 泰山峻嶺(태산준령) 高談峻論(고담준론)

217

竣
마칠 준

立-총12획

立+夋. 여기서 夋(준)은 峻(준)의 의미. 선다는 의미의 立(립)과 더해져, 다 지은 건축물이 큰 산처럼 우뚝 선 것을 표현한 것으로 풀이된다. '마치다, 끝나다'의 뜻을 나타낸다.

竣工(준공)

酸
초 산

酉-총14획

酉+夋. 여기서 夋(준)은 峻(준)의 의미로 험하다는 뜻. 발효음식을 뜻하는 酉(유)가 더해져 '산, 신맛, 괴롭다, 고되다'의 뜻을 나타낸다.

酸性(산성) 酸化(산화) 酸素(산소) 窒酸(질산) 鹽酸(염산) 黃酸(황산)

元
으뜸 원

으뜸 원 甲骨文   으뜸 원 金文

允(윤)과 마찬가지로 사람(儿)의 머리를 강조한 모습이다. 二+儿의 형태로 풀이하기도 하는데, 여기서 二는 둘(2)이 아니라 上(위 상)의 옛 형태이다. 사람의 머리에서 '으뜸, 근원'이라는 뜻을 나타낸다.

允(윤)과의 차이점을 눈여겨 볼 필요가 있다. 서로 자원(字源)도 비슷하고 의미도 비슷하지만, 각각에서 파생된 글자들을 보면 확연하게 다른 점을 발견할 수 있다. 允(윤)은 出(날 출)의 의미와 통해 뛰어나고 특출함을 나타내는 데 반해, 元(원)은 圓(둥글 원)과 통해 으뜸이라 해도 그 안에서 '돈다'는 의미를 나타낸다. 한번쯤 마음에 새겨둘 메시지인 듯하다.

元
으뜸 원

儿-총4획

元金(원금) 元年(원년) 元素(원소) 還元(환원) 身元(신원) 一元化(일원화) 國家元首(국가원수) '재산을 사회에 환원(還元)하다'

頑
완고할 완

頁-총13획

元+頁. 돌다의 의미인 元(원)에 머리(頁)가 더해져, 생각이 한 방향으로만 맴돌 듯 '고집이 세다, 완고하다'의 뜻을 나타낸다.

頑固(완고) 頑强(완강) 頑癖(완선) '완강(頑强)히 버티다'

玩
놀 완

儿

玉-총8획

玉+元. 돌다의 의미인 元(원)에 옥(玉)이 더해져, 한 가지 보물에 마음을 빼앗김을 뜻한다. '장난감, 익숙해지다, 놀다'의 뜻을 나타낸다.

玩具(완구) 愛玩品(애완품) 愛玩犬(애완견)

完
완전할 완

宀-총7획

宀+元. 돌다의 의미인 元(원)에 집을 뜻하는 宀(면)이 더해져, 둘레를 담으로 둘러싼 상태를 표현했다. '완전하다, 견고하다, 지키다'의 뜻을 나타낸다.

完璧(완벽) 完全(완전) 完遂(완수) 完工(완공) 補完(보완)

院
담 원

阜-총10획

阝(阜)+完. 담으로 둘러쌈을 뜻하는 完(완)에 언덕(阜)이 더해져 '집, 담'의 뜻을 명확히 하였다.

院長(원장) 院內(원내) 病院(병원) 學院(학원) 孤兒院(고아원) 養老院(양로원) 興宣大院君(흥선대원군)〈名〉

冠
갓 관

冖-총9획

冖+元+寸. 머리를 강조한 元(원)에 덮는다는 의미의 冖(멱)과 손(寸)이 더해져 '갓, 관을 쓰다'의 뜻을 나타낸다.

冠禮(관례) 冠形詞(관형사) 冠婚喪祭(관혼상제) 金冠(금관) 衣冠(의관) 弱冠(약관) 戴冠式(대관식)

寇
도둑 구

宀-총11획

宀+元+攴. 집(宀)에 침입해 사람(元)을 친다(攴)는 의미로 풀이된다. '도둑, 노략질하다'의 뜻을 나타낸다. 사람(人)이 元(원)의 형태로 변형된 것으로 보인다.

倭寇(왜구) 窮寇莫追(궁구막추)

冘
머뭇거릴 유/임/음

仍 머뭇거릴 유 篆文　物에빠질 침 甲骨文1　物에빠질 침 甲骨文2　物에빠질 침 金文

사람(儿)이 베개를 벤 모습의 상형으로 枕(베개 침)의 원자(原字)이다. 베개를 베고 누운 모습에서, 오래도록 벼슬이 오르지 않는 상태를 말하는 '침체(沈滯)되다'의 의미이다. 파생하여 '빠지다'의 뜻을 나타내기도 한다. 자전에서 부수는 冖(덮을 멱)이고 冂+儿형태로 풀이하지만, 冖(멱)과 冂(경)이 쓰인 다른 글자들과 篆文을 비교해 보면 형태가 확연히 다름을 알 수 있다. 연관된 글자 중에서 沈(가라앉을 침)의 甲骨文은 사람이 물에 빠진 모습을 사실적으로 표현하고 있다. 甲骨文 중에는 사람이 거꾸로 된 형태도 있는데, 牛(소 우)의 甲骨文과 유사해 '소가 물에 빠진 것'으로 풀이하는 견해도 있다. 金文에서부터 水(수)와 冘(유/임)이 결합된 형태가 되었다.

枕
베개 침

木-총8획
木+冘. 베개를 벤 모습인 冘(임)에 나무(木)가 더해져 '베개, 목침(木枕)'을 뜻한다.
枕木(침목) 木枕(목침) 衾枕(금침) 高枕短命(고침단명) '선로에 침목(枕木)을 깔다'

沈
가라앉을 침
/ 성 심

水-총7획
氵(水)+冘. 본문 참조
沈滯(침체) 沈沒(침몰) 沈澱(침전) 沈着(침착) 沈潛(침잠) 沈痛(침통) 沈黙(침묵) 意氣銷沈(의기소침) 沈淸傳(심청전) 沈香(침향)〈藥〉 '침착(沈着)한 성격'

耽
즐길 탐

耳-총10획
耳+冘. 빠지다의 뜻인 冘(임)에 귀(耳)가 더해져, 어떤 대상을 '즐기다, 탐닉하다'의 뜻을 나타낸다.
耽讀(탐독) 耽溺(탐닉)

眈
노려볼 탐

目-총9획
目+冘. 빠지다의 뜻인 冘(임)에 눈(目)이 더해져, 어떤 대상을 집중해서 '노려보다'의 뜻을 나타낸다.
虎視眈眈(호시탐탐)

220

免할 면

면할 면 甲骨文

면할 면 金文

면할 면 篆文

金文은 宀+人(儿)의 형태로, 어떤 공간(宀)에 사람이 있는 모습이다. 피신한 모습인지, 빠져나오는 모습인지 알 수 없다. 의문스럽기는 甲骨文도 마찬가지이다. 투구를 쓴 모습으로 보기도 하고, 혹 출산하는 모습으로 보기도 한다. 위험을 피하다, 벗어나다의 의미에서 '면하다'의 뜻을 나타내는 것으로 본다.

확실하게 의미를 단정할 수 없는 글자이지만, 파생된 글자들을 살펴보면 '좁은 공간에서, 구부린 자세로 힘을 쓰는 모습'으로 귀결된다. 그리고 단언컨대 兔(토끼 토)와 무관하다는 것은 확실하게 말할 수 있다. 免(면)은 풀이에 이견 많기로 손에 꼽는 글자이니 주의 깊게 봐주기 바란다.

免
면할 면

儿-총7획

免疫(면역) 免除(면제) 免許證(면허증) 免罪符(면죄부) 免稅品(면세품) 免責特權(면책특권) 赦免(사면) 謀免(모면) 罷免(파면)

冕
면류관 면

冂-총11획

冃+免. 좁은 공간에 있는 모습인 免(면)에 머리쓰개(冃)가 더해져 '면류관'을 뜻한다. 머리에 썼을 때 冂의 형태이고, 머리에 비해 큰 '면류관'을 공간에 빗댄 것으로 추정된다.

冕旒冠(면류관)

勉
힘쓸 면

力-총9획

免+力. 좁은 공간에서 힘쓰는 모습인 免(면)에 힘(力)이 더해져 '힘쓰다, 격려하다'의 뜻을 나타낸다.

勉學(면학) 勤勉(근면)

俛
숙일 면

人-총9획

亻(人)+免. 좁은 공간에서 힘쓰는 모습인 免(면)에 사람(人)이 덧붙어 '구부리다, 숙이다'의 뜻을 나타낸다.

俛仰(면앙) 俛仰亭歌(면앙정가)

晩
늦을 만

日-총11획

日+免. 좁은 공간에서 힘쓰는 모습인 免(면)에 해(日)가 더해져, 해가 서산으로 저무는 모습을 표현한 것으로 '해가 저물다'의 의미이다. 파생하여 '저녁, 늦다'의 뜻을 나타낸다.

晩學(만학) 早晩間(조만간) 大器晩成(대기만성)

娩
해산할 만

女-총10획

女+免. 구부린 자세로 힘쓰는 모습인 免(면)에 여성(女)이 더해져 '해산하다, 분만하다'의 뜻을 나타낸다.

分娩(분만) 分娩室(분만실)

挽
당길 만

手-총10획

扌(手)+免. 구부린 자세로 힘쓰는 모습인 免(면)에 손(手)이 더해져 '당기다, 끌어당기다'의 뜻을 나타낸다.

挽回(만회) 挽留(만류) '실수를 만회(挽回)하다' '사퇴를 만류(挽留)하다'

6. 소리 내어 읽는 사람
〔兄〕兄 兌

兌
맏형

兌 맏형 甲骨文   兌 맏형 金文

口+儿. 甲骨文을 보면 입(口)을 크게 강조한 사람의 모습이다. 풀이에 이견이 있지만, 입(口)을 벌리고 축문을 읽는 사람(儿)으로 보는 견해가 타당해 보인다. 파생하여 제사를 주관하고 축문을 읽는 '맏이, 형'의 뜻을 나타낸다.

兌
맏 형

儿-총5획

兄弟(형제) 兄夫(형부) 兄嫂(형수) 妻兄(처형) 姊兄(자형) 妹兄(매형) 師兄(사형)

祝
빌 축

示-총10획

示+兄. 축문을 읽는 모습인 兄(형)에 제사를 뜻하는 示(시)가 더해져 '빌다'의 뜻을 나타낸다. 파생하여 '축하하다, 하례하다'의 의미도 나타낸다.

祝賀(축하) 祝福(축복) 祝願(축원) 祝祭(축제) 祝電(축전) 祝砲(축포) 祝儀金(축의금) 感祝(감축)
'축전(祝電)을 보내다' '감축(感祝)하나이다'

呪
빌 주

口-총8획

口+兄. 축문 읽는 모습인 兄(형)에 입(口)이 덧붙어 '빌다'의 뜻을 강조하였다.

呪術(주술) 呪文(주문) 詛呪(저주)

況
하물며 황

水-총8획

氵(水)+兄. 兄(형)의 음에 물(水)이 더해져, 본래 '찬물(寒水)'을 의미한다. '모양, 상황'의 뜻을 나타내며, 가차하여 '하물며'의 뜻으로도 쓰인다. 설마하니 찬물도 위아래가 있다는 의미는 아닐 것이다.

況且(황차) 狀況(상황) 情況(정황) 作況(작황) 好況(호황) 不況(불황)

기뻐할 태 | 기뻐할 태 甲骨文 | 기뻐할 태 金文

八+口+儿. 八(팔)은 분산의 의미, 말(口)로 맺힌 기분을 푸는 사람(儿)의 모습을 표현한 것으로 '기뻐하다, 빛나다'의 뜻을 나타낸다. 주술적인 의미의 기도와 기도에서 얻는 카타르시스로 풀이할 수도 있다. 파생하여 '풀다, 빠져나가다'의 의미를 지닌다. 〈한한대사전〉(장삼식 저)에는 '태, 예' 두 가지 음만 소개하고 있지만, 파생된 글자들을 살펴보면 '열' 혹은 '설'이라는 음이 숨어 있음을 짐작할 수 있다.

兌

기뻐할 태

儿-총7획

兌卦(태괘)(☱)

悅

기쁠 열

心-총10획

忄(心)+兌. 기쁘다의 뜻인 兌(태)에 마음(心)이 더해져 '기쁘다'의 뜻을 명확히 하였다.

悅口之物(열구지물) 喜悅(희열)

說

말씀 설/
달랠 세

言-총14획

言+兌. 풀다, 빠져나가다의 의미인 兌(태)에 말(言)이 더해져 '말하다, 달래다, 유세하다'의 뜻을 나타낸다. 悅(열)과 통용되기도 한다.

說得(설득) 說明(설명) 說法(설법) 假說(가설) 學說(학설) 定說(정설) 說客(세객) 遊說(유세)

稅

구실 세

禾-총12획

禾+兌. 풀다, 빠져나가다의 의미인 兌(태)에 곡식(禾)이 더해져, 수확한 곡식 중에서 빠져나가는 '세금, 구실'을 뜻한다.

稅金(세금) 租稅(조세) 血稅(혈세) 保稅(보세) 免稅點(면세점) 有名稅(유명세) '유명세(有名稅)를 치르다'

脫
벗을 탈

肉-총11획

月(肉)+兌. 풀다, 빠져나가다의 의미인 兌(태)에 살(肉)이 더해져, 본래 살이 빠져 야윔을 뜻한다(消肉臞). 파생하여 '벗다, 빠지다, 탈피하다'의 뜻을 나타낸다.

脫稿(탈고) 脫落(탈락) 脫出(탈출) 脫退(탈퇴) 脫脂綿(탈지면) 脫衣室(탈의실) 解脫(해탈) 虛脫(허탈) 離脫(이탈)

閱
검열할 열

門-총15획

門+兌. 여기서 兌(태)는 脫(탈)의 의미로, 문 앞에서 벗기고 검문하는 모습을 표현하였다. '조사하다, 검열하다'의 뜻을 나타낸다.

閱覽(열람) 檢閱(검열) 査閱(사열)

銳
날카로울 예

金-총15획

金+兌. 풀다, 빠져나가다의 의미인 兌(태)에 금속(金)이 더해져, 막힌 것을 뚫거나 푸는 날카로운 금속을 뜻한다. '날카롭다, 예리하다'의 뜻을 나타낸다.

銳利(예리) 銳敏(예민) 尖銳(첨예) 新銳(신예) 精銳(정예) '신예(新銳)작가를 찾는다' '정예(精銳)부대로 싸우다'

7. 이 사람 살아있네
〔尸〕尸尼殿尾尺

| 尸 주검 시 | 주검 시 甲骨文 | 주검 시 金文 | 주검 시 篆文 | 사람 인 甲骨文 |

여러 의미가 혼재된 글자이다. 많은 글자들 속에서 尸(시)는 '시신, 집, 살아 있는 사람' 등 그때그때 다른 의미로 작용하니 헷갈릴 수밖에 없다. 본래 각기 다른 글자들이 尸의 형태로 정착되며 생긴 일인데, 사실 정리만 잘 하면 그렇게 어려운 글자는 아니다.

본 장에는 尸(시)가 '살아있는 사람' 혹은 '앉아 있는 옆모습'에 해당하는 경우만 모아됐다. 甲骨文을 잘 보면 人(인)과 무릎 굽힌 각도만 약간 다를 뿐이다. 사실 尸(시)는 살아 있는 사람으로 쓰인 경우가 가장 많은데, 본 장에는 빠졌지만 展(펼 전), 屢(여러 루), 屑(가루 설), 屬(엮을 속), 居(살 거) 등이 여기에 해당되는 글자들이다.

주검의 의미로 사용된 글자는 屍(주검 시), 屠(짐승잡을 도)이며, 공간(广)의 의미로 쓰인 경우는 屋(집 옥), 屛(병풍 병), 層(층 층), 漏(샐 루)이다.

尿
오줌 뇨

尸-총7획

尸+水. 甲骨文은 '오줌 누는 모습'을 그대로 그린 형태이다. 혹여 '죽은 물'이라는 설명을 접하거든 한번 웃어주기 바란다. 육서 중에서 회의(會意)로 분류되지만, 사실 상형으로 봐도 무방하지 않을까 한다.

尿道(요도) 放尿(방뇨) 糞尿(분뇨) 糖尿(당뇨) 泌尿器(비뇨기) 遺尿症(유뇨증)

履
밟을 리

尸-총15획

尸+彳+舟+夂. 舟(주)는 배모양의 짚신이라 한다. 사람(尸)이 짚신(舟)을 신고 길(彳)을 걷다(夂)의 의미이다. '신발, 신을 신다, 밟다'의 뜻을 나타낸다. 復(돌아올 복)과는 무관하다.

履修(이수) 履行(이행) 履歷(이력) 履歷書(이력서) 如履薄氷(여리박빙) 瓜田不納履(과전불납리) '박사과정을 이수(履修)하다'

刷
닦을 쇄

刀-총8획

尸+巾+刂(刀). 사람(尸) 몸에 묻은 것을 수건(巾)과 칼(刀)로 제거한다는 의미로 '닦다, 쓸다'의 뜻을 나타낸다. 파생하여 '인쇄하다'을 뜻으로도 쓰인다.

刷新(쇄신) 刷還(쇄환) 印刷(인쇄) '분위기를 쇄신(刷新)하다'

尼
여승 니

 여승 니 篆文

尸+匕. 匕(비)는 사람. 사람(尸)과 사람(匕)이 등을 맞대고 가까이 함을 나타낸다(從後近之). '가깝다'의 뜻을 나타낸다. 여승(비구니)의 의미로 쓰인 것은 범어(梵語)를 한역하는 과정에서 그리 되었다. 그런데 尸+匕를 주검(屍)과 비수(匕首)라고 풀이하면 정말 엉뚱한 의미가 된다. 잘 모르고 함부로 파자(破字)하면 왜 안 되는지 보여주는 글자이다.

 尼
여승 니

尸-총5획

比丘尼(비구니) 釋迦牟尼(석가모니)〈名〉

 泥
진흙 니

水-총8획

氵(水)+尼. 두 사람이 등을 맞댄 尼(니)에 물(水)이 더해져, 쩍쩍 들러붙는 '진흙, 진창, 흙탕물'을 뜻한다.

泥田鬪狗(이전투구)

殿 | 殿

큰집 전 | 큰집 전 篆文

屍+殳. 屍(둔)은 대(臺)에 앉아 있는 사람을 본뜬 모습으로, '엉덩이, 넓적다리뼈'를 뜻한다. 殳(수)는 몽둥이이므로 '엉덩이를 때린다'는 의미가 된다. 파생하여 '진압하다'의 뜻을 나타내며, 전투에서 후방을 책임지는 '후군(後軍)'을 뜻한다. 또한 엉덩이와 같이 안정감 있는 '큰 집'을 뜻하기도 한다.

殿
큰집 전

殳-총13획

殿閣(전각) 殿堂(전당) 殿下(전하) 宮殿(궁전) 大殿(대전) 大雄殿(대웅전) '명예의 전당(殿堂)'

臀
볼기 둔

肉-총17획

殿+月(肉). 본래 엉덩이를 의미하는 殿(전)에 인체를 뜻하는 肉(육)이 더해져 '엉덩이, 볼기'를 뜻한다.

臀部(둔부)

澱
찌끼 전

水-총16획

氵(水)+殿. 엉덩이를 의미하는 殿(전)에 물(水)이 더해져, 엉덩이처럼 무겁게 가라앉는 '찌끼, 앙금'을 나타낸다.

澱粉(전분) 沈澱(침전) 沈澱物(침전물) '감자 전분(澱粉)으로 만들다'

尾
꼬리 미

꼬리 미 篆文   굽힐 굴 金文   굽힐 굴 篆文

尸+毛. 사람(尸)의 엉덩이 부위에 털(毛)이 달린 모습이다. '꼬리'의 뜻을 나타낸다. 사람에게 실제 꼬리가 있다는 게 아니라, 꼬리의 특징을 표현한 캐리커처로 이해하면 되겠다.

尾
꼬리 미

尸-총7획

尾行(미행) 雉尾(치미) 末尾(말미) 大尾(대미) 燕尾服(연미복) 首尾相應(수미상응) 狗尾續貂(구미속초) '공연의 대미(大尾)를 장식하다'

屈
굽을 굴

尸-총8획

尾+出. 金文은 움푹 팬 곳에 짐승이 꼬리를 구부려 넣는 모습으로 '굽히다, 구부리다'의 뜻을 나타낸다. 篆文에서 尾+出 의 형태가 되었고, 이후에 毛(모)가 생략되었다.

屈曲(굴곡) 屈折(굴절) 屈服(굴복) 屈伏(굴복) 屈辱(굴욕) 屈指(굴지) 屈地性(굴지성) 屈光性(굴광성) 卑屈(비굴) '국내 굴지(屈指)의 기업' '힘에 굴복(屈服/屈伏)하다'

掘
팔 굴

手-총11획

扌(手)+屈. 굽히다의 뜻인 屈(굴)에 손(手)이 더해져, 허리를 굽혀 '파다, 캐다'의 뜻을 나타낸다.

發掘(발굴) 採掘(채굴)

窟
굴 굴

穴-총13획

穴+屈. 굽히다의 뜻인 屈(굴)에 구멍(穴)이 더해져, 허리를 굽혀 들어가는 '굴'의 뜻을 나타낸다.

洞窟(동굴) 巢窟(소굴) 石窟庵(석굴암)

尸

尺
자 척

ㄱ
자 척 金文

尺
자 척 篆文

ㅋ
몽둥이 수 金文

자원(字源)에 대한 이견 많기로 몇 손가락 안에 드는 글자이다. 尺(척)이란 글자에 대한 다양한 견해이면서 '한 자, 1척'이라는 단위의 기원에 대한 다양한 견해이기도 하다. 가벼운 마음으로 필자의 의견을 들어보기 바란다.

金文을 보면 수도관 파이프 같이 휘어진 모양이다. 殳(몽둥이 수)의 金文과 비교해보자. 殳(수)는 손(又)에 몽둥이를 든 모습으로, 손에 들린 몽둥이와 尺(척)의 형태가 매우 유사하다. 차이가 있다면 尺(척)의 하단부에 그어진 표시뿐이다. 尺(척)의 金文은 눈금 그려진 막대기인 '자'를 의미하고 篆文은 이 '자'를 신체(尸)에 갖다 댄 모습으로 풀이된다.

그런데, 尺(척)의 金文이 '자'를 본뜬 것이라 해도 '1척'의 기원이 무엇인지에 대한 의문은 아직 남아 있다. 신체 부위에서 유래했다는 데에는 이견이 없으므로, 인체를 다루는 의학계의 의견을 들어볼 만하다. 경혈(經穴)중에 척택(尺澤)혈은 팔꿈치 안쪽에 위치하는 경혈이다. 그리고 '팔이 안으로만 굽는' 것은 손목과 팔꿈치 사이에 위치한 척골(尺骨, ulnar)의 독특한 구조 때문이다. 즉 尺(척)은 팔꿈치와 밀접하게 연관된 글자로 '손목에서 팔꿈치까지의 길이'를 의미한다.

尺
자 척

尸-총4획

尺度(척도) 尺貫法(척관법) 縮尺(축척) 越尺(월척) 三尺童子(삼척동자) 尺澤(척택)〈穴〉'월척(越尺)을 낚다'

局
판 국

尸-총7획

尺+口. 역시 이견이 많은 글자이다. 자를 뜻하는 尺(척)에 둘레를 뜻하는 口(국/위)가 더해져 '구획짓다, 마을, 판'의 뜻을 나타내는 것으로 추정된다.

局所(국소) 局限(국한) 局長(국장) 局部的(국부적) 結局(결국) 形局(형국) 放送局(방송국)

8. 긴 머리 휘날리며
〔長〕

長
길장

길 장 甲骨文	길 장 金文	늙을 로 甲骨文	사람 인 甲骨文

머리털을 길게 늘어뜨린 사람의 모습을 본뜬 것으로 '길다(long)'의 뜻을 나타낸다. 파생하여 '키, 우두머리, 어른, 자라다' 등 다양한 뜻을 나타낸다. 간혹 머리털 긴 노인의 모습이라는 설명도 접할 수 있다. 하지만 長(장), 老(로), 人(인)의 甲骨文을 비교해보면 나이와는 무관하게 머리털 긴 사람의 모습으로 보는 견해가 타당해 보인다.

長
길 장

長-총8획

長短(장단) 長男(장남) 長女(장녀) 長技(장기) 長足(장족) 長老(장로) 長幼有序(장유유서) 酋長(추장) 會長(회장) 隊長(대장) 延長戰(연장전) 年長者(연장자) '장족(長足)의 발전을 이루다'

帳
휘장 장

巾-총11획

巾+長. 길다는 뜻인 長(장)에 수건(巾)이 더해져, 천을 길게 둘러친 '휘장, 장막'의 뜻을 나타낸다.

帳簿(장부) 帳幕(장막) 通帳(통장) 揮帳(휘장) 布帳馬車(포장마차) '장막(帳幕)을 치다'

張
당길 장

弓-총11획

弓+長. 길다는 뜻인 長(장)에 활(弓)이 더해져, 활시위를 길게 한다는 의미로 '당기다, 펴다'의 뜻을 나타낸다.

張力(장력) 張皇(장황) 張本人(장본인) 出張(출장) 主張(주장) 擴張(확장) 緊張(긴장) 伸張(신장) 誇張(과장) 角弓反張(각궁반장) 張飛(장비)〈名〉'의견을 주장(主張)하다' '국력이 신장(伸張)되다'

脹
배부를 창

肉-총12획

月(肉)+長. 길다는 뜻인 長(장)에 신체를 뜻하는 肉(육)이 더해져 '배가 부르다, 팽팽하다'의 뜻을 나타낸다.

脹滿(창만) 膨脹(팽창) 穀脹(곡창) 氣脹(기창) 水脹(수창)

套
덮개 투

大-총10획

大+長. 본래 크고(大), 길다(長)는 의미이다. 파생하여 '겹치다, 진부하다'의 뜻을 나타낸다.

語套(어투) 封套(봉투) 常套的(상투적) '상투적(常套的)인 표현'

9. 꼭꼭 숨어라

〔亡〕亡 罔 荒 曷

亡	ㅂ	ㄴ	ㄴ
망할 망	망할 망 甲骨文	망할 망 金文	망할 망 篆文

본자(本字)는 ㄴ. 사람(人)이 은폐물(ㄴ)에 숨은 모습이다. 〈설문해자〉에서 ㄴ은 '굽어 들어 은폐하는 모습(象迮曲隱蔽形)'으로 설명한다. '숨다'의 뜻에서 '달아나다, 잃다, 없다, 망하다' 등의 의미가 파생되었다. 甲骨文의 해석을 두고 의견이 완전히 일치된 글자는 아님을 밝혀 둔다.

亡
망할 망

亠—총3획

亡國(망국) 亡身(망신) 亡身煞(망신살) 亡子計齒(망자계치) 逃亡(도망) 死亡(사망) 敗亡(패망) 未亡人(미망인) 多岐亡羊(다기망양)

忘
잊을 망

心—총7획

亡+心. 없다, 잃다의 뜻인 亡(망)에 마음(心)이 더해져, 마음에서 기억이 없어진 상태 '잊다'의 뜻을 나타낸다.

忘却(망각) 健忘症(건망증) 備忘錄(비망록) 背恩忘德(배은망덕)

忙
바쁠 망

心—총6획

忄(心)+亡. 없다, 잃다의 뜻인 亡(망)에 마음(心)이 더해져, 평상심을 잃고 다급한 심정인 '바쁘다, 초조하다'의 뜻을 나타낸다. 忙과 忘처럼 같은 구조에서 다른 뜻이 된 경우로 怠(게으름 태), 怡(기쁠 이)를 예로 들 수 있다.

忙中閑(망중한) 惶忙(황망) '매우 황망(惶忙)하게 움직이다'

妄 망령될 망

女-총6획

亡+女. 없다, 잃다의 뜻인 亡(망)에 여성(女)이 더해졌는데 '망령되다, 거짓되다'의 뜻을 나타낸다. 해석이 분분하지만, 여자에게 홀려 평상심을 잃은(亡) 남자의 상태를 표현한 것으로 보는 견해가 합리적인 것 같다.

妄想(망상) 妄言(망언) 妄靈(망령) 譫妄(섬망) 虛妄(허망) 孱妄(잔망) 輕擧妄動(경거망동) '어린 것이 여간 잔망(孱妄)스럽지 않아'

茫 아득할 망

艸-총10획

艸+汒. 汒(아득할 망)은 큰물 앞에서 막막한 심정을 의미한다. 여기에 풀(艸)까지 더해져 좀 더 힘든 상황을 표현했다. '아득하다, 멍하다'의 뜻을 나타낸다.

茫漠(망막) 茫茫大海(망망대해) 茫然自失(망연자실) '갈 길이 망막(茫漠)하다'

盲 소경 맹

目-총8획

亡+目. 없다, 잃다의 뜻인 亡(망)에 눈(目)이 더해져 '장님, 어두움'을 뜻한다.

盲人(맹인) 盲點(맹점) 盲腸(맹장) 盲目的(맹목적) 盲導犬(맹도견) 盲者丹靑(맹자단청) 文盲(문맹)

望 바랄 망

月-총11획

亡+月+壬. 본자(本字) 朢. 흙더미(壬) 위에서 달(月)을 보는 눈(臣)으로 '바라다'의 뜻을 나타낸다. 후에 '망'이라는 음과 관련해 臣(신)이 亡(망)으로 대체되었다.

望遠鏡(망원경) 希望(희망) 慾望(욕망) 失望(실망) 絶望(절망) 囑望(촉망) 物望(물망)

罔 그물 망 | 그물 망 篆文

网+亡. 网(망)은 그물을 본뜬 모습이다. 亡(망)과 더해져 '그물'이라는 뜻과 '없다'라는 뜻을 모두 나타낸다.

罔 그물 망

网-총8획

罔極(망극) 欺君罔上(기군망상) 駭怪罔測(해괴망측) 怪常罔測(괴상망측) '성은이 망극(罔極)하옵니다'

網
그물 망

糸-총14획

糸+罔. 그물을 뜻하는 罔(망)에 실(糸)이 더해져 '그물'의 의미를 명확히 하였다.

網膜(망막) 網紗(망사) 網巾(망건) 總網羅(총망라) 一網打盡(일망타진) '망막(網膜)에 상이 맺히다'

荒
거칠 황

𦬼
거칠 황 篆文

艸+㐬. 㐬(황)은 亡+川 으로 물이 넓다(水廣)의 의미. 풀(艸)이 더해져 물이 휩쓸고(㐬) 간 풀밭(艸)을 뜻한다. 물(川)과 황량한 풀(艸) 이외에 아무것도 없다(亡)로 풀이해도 마찬가지 이다. '거칠다, 황무지'의 뜻을 나타낸다.

荒
거칠 황

艸-총10획

荒廢(황폐) 荒唐(황당) 荒蕪地(황무지) 荒淫無道(황음무도) 荒唐無稽(황당무계) 救荒作物(구황작물)

慌
어렴풋할 황

心-총13획

忄(心)+荒. 황무지를 뜻하는 荒(황)에 마음(心)이 더해져, 마음속에 아무것도 없는 상태를 표현한 것으로 '멍하다, 막연하고 어렴풋하다'의 뜻을 나타낸다. '황홀하다'의 뜻일 때는 恍(황)과 동자(同字)이다.

恐慌(공황) 唐慌(당황) 恐慌障礙(공황장애) 經濟恐慌(경제공황) '순간 당황(唐慌/唐惶)하다'

曷 어찌 갈

어찌 갈 篆文

曰+匃. 匃(갈/개)은 亾+勹로, 도망쳐 숨은 사람(亾)을 품은(勹) 모양새다. '도움을 청하다, 빌다'는 뜻이다. 말을 의미하는 曰(왈)과 더해져 '(행복을) 빌다, 아뢰다, 간절히 구하다'의 뜻을 나타낸다. 아울러 축문을 높이 들고서 비는 모습에서 '높이 들다, 걸다'의 의미도 지닌다.

이후 曷(갈)의 본래 의미는 言(언)이 덧붙은 謁(알)이 주로 이어받고, 曷(갈)은 가차하여 '어찌, 어느때' 같은 의문 조사로 쓰이게 된다. 파생된 글자들의 음은 크게 '갈'과 '개'로 나뉜다.

謁 아뢸 알

言-총16획
言+曷. 본래 빌다, 아뢰다의 뜻인 曷(갈)에 말을 뜻하는 言(언)이 더해져 의미를 명확하게 하였다.

謁見(알현) 拜謁(배알) '임금을 알현(謁見)하다'

渴 목마를 갈

水-총12획
氵(水)+曷. 빌다, 구하다의 의미인 曷(갈)에 물(水)이 더해져 '목마름, 갈증'을 뜻한다.

渴症(갈증) 渴望(갈망) 枯渴(고갈) 消渴(소갈)

竭 다할 갈

立-총14획
立+曷. 빌다, 구하다의 의미인 曷(갈)에 선 모습인 立(립)이 더해져, 서서 간절히 구한다는 의미로 '다하다'의 뜻을 나타낸다. 渴(갈)과 쓰임새가 겹치는 경우가 많다.

盡心竭力(진심갈력)

歇 쉴 헐

欠-총13획
曷+欠. 여기서 曷(갈)은 渴(갈), 竭(갈)의 의미로 호흡을 뜻하는 欠(흠)이 더해져, 사이에 '쉬다, 그치다'의 뜻을 나타낸다. 싼값을 뜻하는 헐가(歇價)는 우리나라에서만 통용되는 의미라고 한다.

歇價(헐가) 歇價放賣(헐가방매) 間歇川(간헐천) 間歇的(간헐적)

喝

꾸짖을 갈/
목멜 애

口-총12획

口+曷. 빌다, 구하다의 의미인 曷(갈)에 입(口)이 더해져, 큰 소리로 '부르다, 꾸짖다, 목이 메다'의 뜻을 나타낸다.

喝取(갈취) 喝采(갈채) 傳喝(전갈) 大喝一聲(대갈일성) 拍手喝采(박수갈채) '급히 전갈(傳喝)하다'

葛

칡 갈

艸-총13획

艸+曷. 높이 들다의 의미인 曷(갈)에 풀(艸)이 더해져, 나무나 기둥을 감고 높이 올라가는 '칡, 칡덩굴'을 뜻한다.

葛藤(갈등) 葛粉(갈분) 葛根(갈근)〈藥〉諸葛亮(제갈량)〈名〉

褐

털옷 갈

衣-총14획

衤(衣)+曷. 여기서 曷(갈)은 葛(칡)의 의미로 옷(衣)이 더해져, 칡 섬유로 짠 '거친 베', 칡의 색인 '갈색'을 뜻한다.

褐色(갈색) 褐炭(갈탄) 褐變(갈변) 褐藻類(갈조류)

揭

들 게

手-총12획

扌(手)+曷. 높이 들다의 의미인 曷(갈)에 손(手)이 더해져 '걸다, 들다'의 뜻을 나타낸다.

揭示(게시) 揭載(게재) 揭揚(게양) '논문을 게재(揭載)하다'

10. 정면을 보는 사람들
〔大〕大 太 夫 因 夾 天

大
큰 대

큰 대 甲骨文   큰 대 篆文

사람이 자신만만하게 우뚝 서 있는 모습을 본뜬 것이다. 혹 사람이 편안히 팔다리 뻗고 있는 모습이라고도 한다. 大(대)에서 파생된 글자들을 살펴보면 因(인)에서는 누워 있고, 나머지 경우는 서 있는 모습으로 풀이된다.

大(대)를 보다 자세히 이해하려면 子(아들 자), 兒(아이 아)와 비교해서 볼 필요가 있다. 子(자)와 兒(아)는 大(대)에 비해 머리를 크게 표현한 글자들이다. 어릴수록 체간에 비해 머리가 큰 점을 부각시킨 것이다. 말하자면 大(대)는 사람의 모습을 본뜬 것인데 '어른'에 한정된 의미이다. 아울러 어른이라서 아이에 비해 '크다'는 의미를 나타낸다는 설명도 신빙성 있는 견해이다.

大
큰 대

大-총3획

大小(대소) 大陸(대륙) 大望(대망) 大勝(대승) 大韓民國(대한민국) 偉大(위대)

美
아름다울 미

羊-총9획

甲骨文은 사람(大)의 머리 위를 양(羊) 모양 깃털로 장식한 모습이다. '아름답다'의 뜻을 나타낸다.

美術(미술) 美名(미명) 美人薄命(미인박명) 不美(불미) 審美眼(심미안) 八方美人(팔방미인) '민주주의라는 미명(美名)하에' '불미(不美)스러운 일'

爽-총11획

〈설문해자〉에서는 大+㸚로 풀이한다. 㸚은 틈에서 새어나오는 빛이 교차하는 모습으로, 사람(大)과 더해져 '밝다'의 뜻을 나타낸다. 파생하여 '상쾌하다'의 의미도 나타낸다.

爽快(상쾌) '기분이 상쾌(爽快)하다'

爽 시원할 상

太 클 태

씻을 태 甲骨文

大+丶의 형태로 크다는 의미의 大(대)를 강조한 것으로 풀이된다. 大(대), 泰(태)와 혼용되었으며 엄밀하게 구별하지 않았다. '콩'이라는 의미는 우리나라에서만 통용된다고 한다.

위의 甲骨文은 물(水)에 들어간 사람(大)을 표현한 것으로, 汏(대) 혹은 汰(태) 형태로 수록하고 있다. 〈설문해자〉에서 汏(대)는 '물로 일어 씻어내다(淅灡)'로 설명한다. 정리하자면 汏(대)와 汰(태)는 현재 자전에서 별개의 글자로 다루고 있지만, 실질적으로 구별할 필요가 없고, '씻어내다, 도태되다'는 의미의 汰(태)만 기억하면 되겠다.

太 클 태

大-총4획

太陽(태양) 太古(태고) 太初(태초) 太不足(태부족) 太平洋(태평양) 太平聖代(태평성대)

汰 씻을 태

水-총7획

氵(水)+太. 본문 참조

淘汰(도태) 山沙汰(산사태) '생존 경쟁에서 도태(淘汰)되다'

泰 편안할 태

水-총10획

大+廾+水. 두 손(廾)으로 물(水)을 떠 몸(大)을 씻는 모습을 표현한 것으로, 본래 '씻다, 미끄럽다(滑)'는 뜻을 나타낸다. 汰(태)와 같은 자원(字源)이지만 사실상 결별하였다. '편안하다, 크다'의 뜻을 나타낸다.

泰山(태산) 泰然自若(태연자약) 泰山北斗(태산북두) 天下泰平(천하태평)

夫
사내 부

| 사내 부 甲骨文 | 사내 부 篆文 |

大+一. 성인을 의미하는 大(대)에 관(冠)의 비녀를 의미하는 표시(一)가 더해져 '성인 남성' 의 뜻을 나타낸다.

夫
사내 부

大-총4획

夫婦(부부) 夫唱婦隨(부창부수) 有夫女(유부녀) 工夫(공부) 大丈夫(대장부)

扶
도울 부

手-총7획

扌(手)+夫. 성인 남성을 뜻하는 夫(부)에 손(手)이 더해져 '돕다, 붙들다'의 뜻을 나타 낸다.

扶助(부조) 扶養(부양) 扶支(부지) 扶持(부지) '목숨을 부지(不持/扶支)하다'

因
인할 인

| 인할 인 甲骨文 | 인할 인 篆文 | 가둘 수 篆文 |

囗+大. 사람(大)이 깔개(囗)에 누운 모습을 본뜬 것으로 '가까이 하다, 의지하다'의 뜻을 나타낸다. 가차하여 '까닭, 원인(cause, reason)'이라는 의미로 쓰인다. '자리, 깔개'라는 본연 의 의미는 풀(艸)이 더해진 茵(자리 인)이 대신하게 된다.

사람(大)이 우리(囗) 안에 갇힌 모습이라는 견해도 있지만, 갇힌 상태를 표현하는 囚(가둘 수)가 워낙 확고하다. 因(인)은 자리 위에 손발 뻗고 편안히 누운 모습으로 보는 견해가 타 당해 보인다.

因
인할 인

口-총6획

因緣(인연) 因果應報(인과응보) 原因(원인) 起因(기인) '판매 부진은 홍보부족에 기인(起因)한 것으로'

姻
혼인 인

女-총9획

女+因. 가까이 하다는 의미인 因(인)에 여성(女)이 더해져 '시집, 시집가다'의 뜻을 나타낸다. 점차 남녀 구별 없이 '결혼하다, 인척' 등으로 의미가 확대된다.

姻戚(인척) 婚姻(혼인)

恩
은혜 은

心-총10획

因+心. 가까이하다는 의미인 因(인)에 마음(心)이 더해져 '은혜, 정, 사랑'과 같은 따뜻한 마음을 나타낸다.

恩惠(은혜) 報恩(보은) 聖恩(성은) 背恩忘德(배은망덕) '성은(聖恩)이 망극하옵니다'

咽
목구멍 인
/ 목멜 열

口-총9획

口+因. 가까이 하다는 의미인 因(인)에 입(口)이 더해져, 음식과 공기가 지나가는 길목인 '목구멍'을 뜻한다. 아울러 '목에 메이다'의 뜻도 나타낸다.

咽頭(인두) 咽喉(인후) 耳鼻咽喉科(이비인후과) 嗚咽(오열)

弼
도울 필

弓-총12획

弱+因. 弱(강)은 두 사람의 모습인데 弓 모양으로 변형되었다. 두 사람이 깔개(因)를 서로 도와서 까는 모습으로 '돕다'의 뜻을 나타낸다. 因(인)이 百 형태로 변형되었다.

輔弼(보필) 徐載弼(서재필)〈名〉

大

夾
낄 협

낄 협 金文   낄 협 篆文

팔을 벌리고 선 사람(大)이 좌우에서 두 사람(人)의 부축을 받는 모습을 본뜬 것으로 풀이한다. '끼다'의 뜻을 나타낸다. 본래 어떤 의미였을까? 필자는 두 가지 모습이 상상된다. 두명의 경찰이 죄인 한 명을 양쪽에서 붙잡은 채 호송하는 모습. 또 하나는 아빠가 개구쟁이자식 둘을 겨드랑이에 끼우고 노는 모습이다.

挾
낄 협

手-총10획

扌(手)+夾. 끼다의 뜻인 夾(협)에 손(手)이 더해져 '끼다'의 뜻을 명확히 하였다.

挾攻(협공) 挾雜(협잡) 挾滯(협체) 挾輔(협보)

峽
골짜기 협

山-총10획

山+夾. 끼다는 뜻인 夾(협)에 산(山)이 더해져, 두 산을 끼고 물이 흐르는 '골짜기'를 뜻한다.

峽谷(협곡) 峽灣(협만) 海峽(해협)

狹
좁을 협

犬-총10획

犭(犬)+夾. 끼다의 뜻인 夾(협)에 개(犬)가 더해져, 좁은 틈을 납작 엎드려 지나가는 개의 모습을 표현했다. '좁다'는 뜻을 나타낸다. 陜(협)과 쓰임새가 겹친다.

狹小(협소) 狹隘(협애) 狹窄(협착) 狹義(협의) 狹心症(협심증)

頰
뺨 협

頁-총16획

夾+頁. 끼다의 뜻인 夾(협)에 머리(頁)가 더해져, 얼굴을 양쪽에서 끼고 있는 '뺨'을 뜻한다.

頰筋(협근) 頰鰭(협기) 頰車(협거)〈穴〉

俠
호협할 협

人-총9획

亻(人)+夾. 끼다의 뜻인 夾(협)에 사람(人)이 더해져, 약자를 감싸 안는 '협기, 의협심'을 뜻한다.

俠客(협객) 俠魁(협괴) 俠士(협사) 豪俠(호협) 義俠心(의협심)

242

하늘 천 | 하늘 천 甲骨文

사람(大)의 머리 부분을 크게 강조한 것으로 '위, 꼭대기'의 뜻을 나타낸다. 파생하여 '하늘'을 뜻한다.

하늘 천

大-총4획

天地(천지) 天下(천하) 天賦(천부) 蒼天(창천) 先天的(선천적) 後天的(후천적) 開天節(개천절)

더할 첨

水-총11획

氵+忝. 忝(첨)은 天+心. 하늘을 대할 때의 마음이란 의미에서 '황송하다, 더럽히다'의 뜻을 나타낸다. 물(水)이 더해져 '더하다'의 뜻을 나타내는 연유는 파악하기 어렵다.

添加(첨가) 添附(첨부) 添削(첨삭) 添字(첨자) 添杯(첨배) 添盞(첨잔) 添翰(첨한) 添書(첨서) 錦上添花(금상첨화)

11. 물구나무를 선 사람들
[屰] 屰 朔 欮 斥

거스를 역

거스를 역 甲骨文   거스를 역 金文   거스를 역 篆文

거꾸로 선 사람을 본뜬 모습으로 '거슬러 가다'의 의미를 나타낸다. 〈설문해자〉에서는 '따르지 않는다(不順)'는 뜻으로 설명한다.

逆

거스를 역

辵-총10획

辶(辵)+屰. 거꾸로 선 사람인 屰(역)에 움직임을 뜻하는 辵(착)이 더해져 '거슬러가다'의 뜻을 나타낸다.

逆行(역행) 逆流(역류) 逆轉勝(역전승) 拒逆(거역) 嘔逆(구역) '과음 후 구역(嘔逆)질하다'

朔

초하루 삭

초하루 삭 金文   초하루 삭 篆文

屰+月. 반대로 거슬러 가는 의미(屰)에 달(月)이 더해진 형태이다. 그믐이 되어 사라졌다가 초승달로 되살아나는 '초하루'를 뜻한다(月一日始蘇). '거스르다(逆)'의 의미도 지닌다.

朔

초하루 삭

月-총10획

朔風(삭풍) 滿朔(만삭) '만삭(滿朔)이 된 배로 일하다'

遡

거슬러올라
갈 소

辵-총14획

辶(辵)+朔. 거스르다의 의미인 朔(삭)에 움직임을 뜻하는 辵(착)이 더해져 '거슬러 올라가다, 소급하다'의 뜻을 나타낸다.

遡及(소급) 遡流(소류) '소급(遡及)해서 처벌하진 않는다'

塑

흙이겨만들
소

土-총13획

朔+土. 거스르다의 의미인 朔(삭)에 흙(土)이 더해져, 진흙으로 모양을 만드는 '토우, 소조'를 뜻한다. 사람이 죽어서 흙이 되는 과정과 반대인 점을 '거스르다'로 표현한 것으로 풀이된다.

塑造(소조) 塑像(소상) 彫塑(조소)

欮

기침할 궐

기침할 궐 金文

屰+欠. 거스르다의 의미(屰)에 호흡을 뜻하는 欠(흠)이 더해진 형태로, 호흡이 순조롭지 못한 상태인 '기침, 숨이 차다, 숨이 가쁘다' 등을 의미한다.

闕

대궐 궐

門-총18획

門+欮. 기침을 뜻하는 欮(궐)에 門(문)이 더해져, 큰 성문이 열린 모습을 기침하듯 입 벌린 것에 빗대었다. '대궐문, 대궐'을 뜻한다.

闕門(궐문) 大闕(대궐) 宮闕(궁궐) 補闕選擧(보궐선거)

厥

그 궐

厂-총12획

厂+欮. 기침을 뜻하는 欮(궐)에 벼랑(厂)이 더해져, 벼랑에서 돌을 파낸 모양을 기침에 빗대었다. 본래 '돌을 파다'의 뜻이었으나 가차하여 '그(其)'의 뜻으로 쓰인다.

厥冷(궐랭) 厥者(궐자) 厥陰兪(궐음수)〈穴〉

蹶

넘어질 궐/
뛰어일어날 궤

足-총19획

足+厥. 돌을 파낸다는 의미인 厥(궐)에 발(足)이 더해져, 발로 돌을 파내는 모습에서 '넘어지다, 벌떡 일어나다'의 뜻을 나타낸다.

蹶起(궐기) 蹶起大會(궐기대회)

斥
물리칠 척

庐
물리칠 척 篆文

篆文은 庐 형태로 广 +㡀. 공간을 뜻하는 广(엄)에 㡀(역)이 더해진 형태이다. 거슬리는(㡀) 어떤 것을 집(广)에서 내쫓는다는 의미로 풀이된다. 해석이 다양하지만 명확한 설명은 찾기 어렵다. '물리치다, 배척하다'의 뜻을 나타낸다.

斥
물리칠 척

斥-총5획

斥邪(척사) 斥和(척화) 斥力(척력) 斥候兵(척후병) 排斥(배척)

訴
하소연할 소

言-총12획

言+斥. 물리치다의 뜻인 斥(척)에 말(言)이 더해져, 부당하고 억울함을 물리치기 위한 말 '소송, 하소연'을 뜻한다.

訴訟(소송) 起訴(기소) 抗訴(항소) 呼訴(호소) 上訴(상소) 公訴時效(공소시효)

246

12. 땅을 딛고 일어서다
〔立〕立 竝

立 설 립	설 립 甲骨文 　　　 설 립 篆文

땅(一) 위에 사람(大)이 서 있는 모습이다. 지평선(一) 위에 해(日)를 그려 해돋이 장면을 표현한 旦(아침 단)과 같은 구조라고 할 수 있겠다.

立
설 립

立-총5획

立場(입장) 立身(입신) 立憲(입헌) 設立(설립) 獨立(독립) 組立(조립) 埋立(매립) 樹立(수립) 亂立(난립) 不立文字(불립문자)

位
자리 위

人-총7획

亻(人)+立. 사람이 서 있는 모습인 立(립)에 사람(人)이 덧붙어 '자리, 위치, 지위'를 뜻한다.

位置(위치) 位階(위계) 爵位(작위) 學位(학위) 僉位(첨위)

笠
삿갓 립

竹-총11획

竹+立. 사람이 서 있는 모습인 立(립)에 대나무(竹)가 더해져 '삿갓'을 뜻한다. 두건과 달리 놓으면 그대로 서 있는 '삿갓'을 사람이 서 있는 모습(立)에 빗대었다.

草笠(초립) 敝笠(폐립) 弊袍破笠(폐포파립)

粒
알 립

米-총11획

米+立. 사람이 서 있는 모습인 立(립)에 쌀(米)이 더해져, 하나하나가 독립된 모양을 갖추고 있는 '낟알'을 뜻한다. 반죽할 수 있는 상태로 빻은 粉(가루 분)과 대비되는 의미이다.

粒子(입자) 顆粒(과립)

泣
울 읍

水-총8획

氵(水)+立. 사람이 서 있는 모습인 立(립)에 물(水)이 더해져, 선 채로 '소리 없이 눈물 흘림(無聲出涕)'을 뜻한다. 반면에 哭(곡)은 엎드려 소리 내어 우는 것을 말한다.

泣訴(읍소) 泣血(읍혈) 泣斬馬謖(읍참마속) 承泣(승읍)〈穴〉

拉
꺾을 랍

手-총8획

扌(手)+立. 사람이 서 있는 모습인 立(립)에 손(手)이 더해져, 강제로 '꺾다, 납치하다'의 뜻을 나타낸다.

拉致(납치) 被拉(피랍)

竝
아우를 병

아우를 병 甲骨文

立+立. 나란히 늘어선 두 사람이다. '나란히 서다, 아우르다'의 의미이다. 並 형태로 쓰기도 한다. 참고로 普(보)의 본자(本字)는 暜로 竝+日이다. 晉(나아갈 진)과 혼동하기 쉬운데, 晋(진)은 晉(진)의 속자로 상부는 두 개의 화살(矢)의 변형된 형태이다.

竝
아우를 병

立-총10획

竝行(병행) 竝稱(병칭) 竝列(병렬) 竝唱(병창) 水陸竝進(수륙병진)

普
널리 보

日-총12획

竝+日. 나란히 늘어선 모습인 竝(병)에 해(日)가 더해져, 햇살이 퍼지는 모습을 표현했다. 햇살은 어디에나 고르게 비치므로 '널리, 넓다, 펼치다'의 뜻을 나타낸다.

普通(보통) 普及(보급) 普遍的(보편적) 普遍妥當(보편타당) '스마트폰이 널리 보급(普及)되다'

譜
계보 보

言-총19획

言+普. 펼치다의 뜻인 普(보)에 말(言)이 더해져, 계통적으로 펼쳐 보이게 정리한 '계보, 악보, 족보'를 뜻한다.

系譜(계보) 族譜(족보) 樂譜(악보) 棋譜(기보)

13. 여자, 춤을 추다
〔夭〕 夭 吳 無

夭

어릴 요

大	夭	笑	媒	洗
어릴 요 金文	어릴 요 篆文	웃을 소 篆文	아리따울 요 篆文	물댈 옥 篆文

젊은 무녀(巫女)가 춤을 추는 모습을 본뜬 것으로 '구부러지다, 부드럽다, 젊다, 예쁘다' 등의 의미를 나타낸다. 혹 팔을 흔들며 달리는 모습으로 보기도 하지만, 의미와 파생된 글자들을 보면 여성과 관련되어 있다는 의견에 무게가 실린다.

자전에서 부수는 大(큰 대)이며 〈설문해자〉에서도 大(대)와 관련이 있음을 밝히고 있다. 大(대)와 夭(요) 모두 사람을 정면에서 본 모습이다. 하지만 大(대)는 정지한 사람의 모습이면서 남성적 이미지가 강한데 반해, 夭(요)는 움직이는 사람의 모습이면서 여성적 이미지가 뚜렷하다는 차이가 있다.

파생된 글자 중에서 笑(웃을 소)는 머리 긴 젊은 무녀(巫女)의 모습이다. 웃으며 춤추는 무녀에서 '웃다'라는 의미를 나타낸다. 실제로 머리를 단정하게 묶고 춤추는 여성보다 긴 머리를 풀고 춤추는 여성이 더 요염한 분위기를 낸다. 아울러 夭(요)에서 파생된 글자인 妖(요)와 沃(옥)의 篆文에서 夭(요)가 笑(소)의 형태인 것을 보면 머리를 묶었든 풀었든 같은 여성이라고 할 수 있겠다.

夭

어릴 요

大-총4획

夭折(요절)

笑

웃을 소

竹-총10획

본문 참조

微笑(미소) 一笑(일소) 破顔大笑(파안대소) 拍掌大笑(박장대소) '일소(一笑)에 부치다'

妖
아리따울 요

女-총7획

女+夭. 젊은 무녀가 춤추는 모습인 夭(요)에 여성(女)이 더해져 '아리땁다, 요염하다'
의 뜻을 나타낸다.

妖艶(요염) 妖精(요정) 妖術(요술) 妖怪(요괴) 妖邪(요사)

沃
물댈 옥

水-총7획

氵(水)+夭. 젊은 무녀가 춤추는 모습인 夭(요)에 물(水)이 더해져, 촉촉하고 싱싱하
다는 의미로 '기름지다, 물을 대다'의 의미를 나타낸다. 음이 다소 변형되었다.

沃土(옥토) 肥沃(비옥) '더러는 옥토(沃土)에 떨어지는 작은 생명이고저'

吳
나라이름 오

나라이름 오 金文 나라이름 오 篆文

춤추는 무녀인 夭(요)가 머리에 뭔가(口)를 쓴 형태이다. 〈설문해자〉에서는 '기울어진 머리
(傾頭)'를 의미하는 夨(적)에 口(구)가 더해진 형태로 풀이하며 '큰 소리로 떠들다(大言)'의 뜻
으로 설명한다. 夨(적)과 夭(요)는 머리의 방향만 다를 뿐 거의 같은 의미로 본다.

요즘도 행사장이나 놀이공원에 가면 머리에 큰 인형을 쓰고 있는 사람들을 볼 수 있는데,
吳(오)는 夭(요)에 비해 좀 더 신나게 노는 분위기가 느껴진다. 본래 '화려하게 즐기다'의 뜻
을 나타내지만, 가차하여 나라이름과 성씨로 널리 쓰인다.

吳
나라이름 오

口-총7획

吳越同舟(오월동주) 吳茱萸(오수유)〈藥〉

娛
즐거워할 오

女-총10획

女+吳. 화려하게 즐긴다는 의미인 吳(오)에 여성(女)이 더해져 '즐거워하다'의 뜻을
나타낸다. 지명으로 쓰이는 吳(오)에서 독립하여 '즐긴다'는 의미만 지닌다.

娛樂(오락) 娛樂室(오락실)

誤
그릇할 오

言-총14획

言+吳. 화려하게 즐긴다는 의미인 吳(오)에 말(言)이 더해져, 상대방을 미혹시키는 말로서 '잘못하다, 그릇되다, 틀리다'의 뜻을 나타낸다. 요즘도 말을 너무 현란하게 잘하면 사기꾼으로 보는 인식이 있긴 하다.

誤解(오해) 誤謬(오류) 誤用(오용) 誤導(오도) 誤發彈(오발탄) 誤入(오입) 錯誤(착오) 過誤(과오) '진실을 오도(誤導)하다'

虞
헤아릴 우

虍-총13획

虍+吳. 吳(오)의 음에 범(虍)이 더해져, 본래 호랑이와 비슷한 짐승(仁獸)을 의미했다고 한다. 파생하여 '두려워하다, 헤아리다, 걱정하다'의 뜻을 나타낸다.

虞犯地帶(우범지대)

無
없을 무

춤출 무 甲骨文

춤출 무 篆文 · 없을 무 篆文

없을 무 篆文2

甲骨文은 舞(춤출 무)와 동일하다. 장식 달린 소매 옷을 입은 사람이 춤추는 모습으로 본래 '춤'을 뜻하였으나, 가차하여 '없다'의 뜻으로 쓰이게 된다. 篆文은 亡(망할 망)이 더해져 '없다'의 의미를 강조하고 있다. 춤을 추는 사람이 夭(요)라는 확증은 없지만, 의미로 연관 지어 본장에서 함께 다룬다.

無
없을 무

火-총12획

無難(무난) 無視(무시) 無理(무리) 無斷(무단) 無料(무료) 無念無想(무념무상) 有無(유무) 完全無缺(완전무결)

舞
춤출 무

舛-총14획

無+舛. 無(무)가 '없다'의 의미로 쓰임에 따라 舛(천)이 더해져 구별하였다. 舛(천)은 두 발이 서로 반대 방향을 보고 있는 모습(夂ㄗ相背)으로 스텝이 현란한 것을 표현하였다(用足相背).

舞童(무동) 舞蹈會(무도회) 按舞(안무) 鼓舞(고무) 群舞(군무) 僧舞(승무) 亂舞(난무) '매우 고무(鼓舞)적인 일이다' '의견들이 난무(亂舞)하다'

撫
어루만질 무

手-총15획

扌(手)+無. 본래 춤추다 의미인 無(무)에 손(手)이 더해져, 손으로 '쓰다듬다, 어루만지다, 애무하다'의 뜻을 나타낸다.

撫摩(무마) 慰撫(위무) 愛撫(애무)

蕪
거칠 무

艸-총16획

艸+無. 춤추다의 의미인 無(무)에 풀(艸)이 더해져, 잡초가 제멋대로 자란 땅을 의미한다. 개간한 땅과 대비되는 의미로 '황무지, 거칠다'의 뜻을 나타낸다.

荒蕪地(황무지)

14. 여자, 아기를 가지다
〔包〕〔身〕〔卵〕

쌀 포

 쌀 포 甲骨文　 쌀 포 篆文

勹+巳. 勹(포)는 사람이 팔을 뻗어 껴안은 모습, 巳(사)는 태아를 본뜬 것이다. 아기 밴 모습을 표현한 것으로 '싸다'의 의미를 나타낸다. 甲骨文과 篆文을 보면 이해가 한결 수월하다. 특히나 篆文은 그대로 아기용품 기업의 로고로 사용해도 손색없을 것 같다. 巳(사)에 대한 보다 자세한 설명은 해당 부분에서 하도록 하겠다.

쌀 포

勹-총5획

包含(포함) 包括(포괄) 包容(포용) 包裝(포장) 包攝(포섭) 包圍網(포위망)

태보 포

肉-총9획

月(肉)+包. 아이를 밴 모습인 包(포)에 인체를 뜻하는 肉(육)이 더해져, 태아를 싸는 막인 '태의, 태보'를 뜻한다. 점차 '세포' 등으로 쓰임새가 확대된다.

胞子(포자) 胞胎(포태) 同胞(동포) 濾胞(여포) '여포(濾胞)자극 호르몬'

배부를 포

食-총14획

食+包. 아이를 밴 모습인 包(포)에 음식(食)이 더해져 '배부른 상태'를 임신한 모습에 빗대었다.

飽食(포식) 飽滿(포만) 飽和(포화) 飽和狀態(포화상태)

안을 포

手-총8획

扌(手)+包. 싸다의 의미인 包(포)에 손(手)이 더해져 '끌어안다, 손으로 싸다'의 뜻을 명확히 하였다.

抱負(포부) 抱擁(포옹) 抱腹絶倒(포복절도) 懷抱(회포) '오랜만에 회포(懷抱)를 풀다'

泡
거품 포

水-총8획

氵(水)+包. 싸다의 의미인 包(포)에 물(水)이 더해져, 공기를 싸서 부푼 물인 '거품'을 뜻한다.

泡沫(포말) 水泡(수포) '모든 노력이 수포(水泡)가 되었다'

疱
천연두 포

疒-총10획

疒+包. 싸다의 의미인 包(포)에 질병을 뜻하는 疒(녁)이 더해져, 물을 싸고 있는 '물집, 수포'를 뜻한다. 아울러 수포가 특징인 '천연두'를 의미한다.

疱疹(포진) 膿疱(농포) 水疱(수포) 帶狀疱疹(대상포진)

袍
핫옷 포

衣-총10획

衤(衣)+包. 싸다의 의미인 包(포)에 옷(衣)이 더해져, 몸을 싸는 옷을 의미한다. '솜옷, 웃옷, 겉옷' 등 다양한 옷에 쓰인다.

道袍(도포) 紅袍(홍포) 袞龍袍(곤룡포) '도포(道袍)자락이 너풀대다'

砲
돌쇠뇌 포

石-총10획

石+包. 싸다의 의미인 包(포)에 돌(石)이 더해져, 돌을 품었다가 퉁기어 날리는 무기인 '돌쇠뇌'를 뜻한다. 이후 '대포, 총포'의 의미로 확대되어 쓰인다.

砲彈(포탄) 砲兵(포병) 砲門(포문) 大砲(대포) 銃砲(총포) 投砲丸(투포환) 空砲彈(공포탄) '공격의 포문(砲門)을 열다'

咆
으르렁거릴 포

口-총8획

口+包. 동물이 으르렁거리는 소리의 의성어로 包(포)의 음을 차용하였다. '으르렁거리다, 불끈 화내다'의 뜻을 나타낸다. 哮(으르렁거릴 효)와 같은 구조로, 동물 울음소리가 '포'로도 들리고 '효'로도 들렸던 모양이다.

咆哮(포효) '호랑이가 포효(咆哮)하다'

身
몸 신 | 身 몸신 金文

임신한 여성을 옆에서 본 모습이다. 包(포)와는 별개의 글자로 알려져 있는데, 身(신)의 金文과 包(포)의 甲骨文에서 유사한 면을 찾을 수 있다. 본래 '임신, 임신하다'의 의미였으나 '몸(body)'의 의미로 사용된다. 참고로 射(쏠 사)에서 身은 몸이 아니라 활(弓)이 변형된 형태이다.

身
몸 신

身-총7획

身體(신체) 身長(신장) 身世(신세) 身元(신원) 身言書判(신언서판) 身邊雜記(신변잡기) 渾身(혼신) 操身(조신) 立身揚名(입신양명) '신원(身元)을 조회하다'

殷
성할 은

殳-총10획

月+殳. 月(이)는 임신한 모습인 身(신)이 돌려진 형태이다(反身). 殳(수)는 몽둥이를 뜻하지만, 배에 손(又)을 댄 모습이 殳(수) 형태로 변형된 것으로 보인다. 본래 '성하다, 많다'의 의미를 나타내며 '은나라'를 뜻한다.

殷墟(은허)〈地〉 殷門(은문)〈穴〉

卵
알 란 | 卵 알란 篆文

물고기의 알을 본뜬 것이라고도 하고, 알을 밴 물고기를 본뜬 것이라고도 한다. 모든 동물의 '알'을 아우른 의미로 쓰인다. 포유류인 사람과 직접적인 관련이 없다고 할 수도 있지만, 용례를 살펴보면 여성과 무관하지 않음을 알 수 있다.

卵
알 란

卩－총7획

卵巢(난소) 卵子(난자) 卵生(난생) 鷄卵(계란) 排卵(배란) 累卵之勢(누란지세)

15. 여자, 아기를 낳다
〔女〕女 如 奴 安 晏 嬰

女
여자 녀

여자 녀 甲骨文　　기를 육 甲骨文

일반적으로 '두 손을 얌전히 포개고 무릎을 꿇고 앉은 여성의 모습'이라고 알려져 있다. 하지만 도올 김용옥 선생은 저서인 《여자란 무엇인가》에서 女(녀)는 '앉아서 출산하는 모습의 상형'이라고 많은 지면을 할애해 설명하고 있다. 그런데 정작 자신의 주장을 뒷받침해줄 수 있는 育(기를 육)의 甲骨文을 소개하지 않고 있다. 결정타를 날리지 못한, 아쉬운 대목이 아닐 수 없다.

女(녀)의 甲骨文과 育(육)의 甲骨文을 비교해서 보자. 育(육)의 甲骨文은 출산 장면을 표현한 모습인데, 여기서 우측에 보이는 아기를 뺀 모습이 女(녀)임을 볼 수 있다. 아마도 남성과 대비되는 '여성만의 특성'으로 출산보다 확실한 표현은 찾을 수 없었을 것이다.

女
여자 녀

女-총3획

女性(여성) 女子(여자) 女史(여사) 女色(여색) 女流作家(여류작가)

好
좋을 호

女-총6획

女+子. 엄마(女)가 아기(子)를 안고 있는 모습으로 '좋아하다, 좋다'의 뜻을 나타낸다.

好意(호의) 好感(호감) 好衣好食(호의호식) 嗜好(기호) 友好(우호) 絶好(절호) 選好(선호) '절호(絶好)의 기회를 놓치지 마라'

姦
간사할 간

女-총9획

女+女+女. 본래 '음탕하다'는 뜻을 표현하려 한 것으로, 한 남자가 여러 여성(女)과 정을 통한다는 의미라고 한다. 姦(간)에 대한 다양한 설명 중에 가장 합리적인 듯하다.

姦通(간통) 姦慝(간특) 姦淫(간음)

如

같을여 | 같을여 甲骨文

女+口. 신(神)에게 비는(口) 여성(女)의 모습으로 풀이된다. 신의 뜻에 '따르다'는 뜻을 나타낸다. 아울러 신의 뜻과 나의 뜻이 '같다'는 뜻도 지닌다. 비교해서 볼 글자로 若(같을 약)이 있다. 若(약)은 머리를 산발한 무녀의 모습으로, 如(여)와 같은 과정으로 신의 뜻에 '따르다, 같다'는 의미이다.

如
같을 여

女-총6획

如前(여전) 如干(여간) 如何間(여하간) 如意棒(여의봉) 缺如(결여)

恕
용서할 서

心-총10획

如+心. 같다는 의미인 如(여)에 마음(心)이 더해져, 자신을 생각하는 것 같이 남을 '용서하다'의 뜻으로 풀이된다. 역지사지(易地思之)를 한 글자로 표현한 것이라 할 수 있다.

容恕(용서) 忠恕(충서)

奴

종노 | 종노 甲骨文   종노 金文

女+又. 甲骨文은 손(又)을 부지런히 움직여 일하는 종(女)의 모습이다. '종, 하인'을 뜻하며 '부지런히 일하다'의 의미를 지닌다. 참고로 婢(비)와 함께 쓰일 때는, 奴(노)가 남자종 婢(비)가 여자종을 뜻한다.

奴
종 노

女-총5획

奴婢(노비) 奴隷(노예) 奴屬(노속) 匈奴(흉노) 守錢奴(수전노) 賣國奴(매국노)

努
힘쓸 노

力-총7획

奴+力. 부지런히 일한다는 의미인 奴(노)에 힘(力)이 더해져 '노력, 힘쓰다'의 뜻을 명확히 하였다.

努力(노력)

怒
성낼 노

心-총9획

奴+心. 부지런히 일한다는 의미인 奴(노)에 마음(心)이 더해져, 감정이 격해진 '성냄, 분노'의 뜻을 나타낸다.

怒發大發(노발대발) 震怒(진노) 憤怒(분노) 激怒(격노) '임금의 진노(震怒)를 사다'

弩
쇠뇌 노

弓-총8획

奴+弓. 부지런히 일한다는 의미인 奴(노)에 활(弓)이 더해져, 용수철 장치를 한 '쇠뇌'를 뜻한다.

弩弓(노궁) 强弩(강노) 弓弩手(궁노수)

拏
붙잡을 나

手-총9획, 拿 의 본자(本字)

奴+手. 부지런히 일한다는 의미인 奴(노)에 손(手)이 더해져 '끌어당기다, 붙잡다'의 뜻을 나타낸다. 강제적인 분위기가 숨어 있는 글자로 '종'이라는 의미가 작용하는 것으로 보인다.

拏捕(나포) 漢拏山(한라산)〈地〉

安 편안할 안

편안할 안 甲骨文

宀+女. 宀(면)은 집을 의미하므로, 여성(女)이 집 안에 편히 있는 모습이라고 일반적으로 풀이한다. 가부장적인 관점에서 자주 언급되는 글자이기도 한데, 시선을 조금만 바꿔 봤으면한다. 지금 저 지붕(宀) 밖에 비바람이 몰아치고 맹수들이 우글거린다고 상상해보자. '편안하다'는 의미보다는 '안전하다, 안정시키다'의 의미가 우선이 될 것이다. 저 안에 있는 女(녀)는여성 뿐 아니라 노약자, 장애인 등 사회적 약자를 아우른 것으로 볼 수 있다. 참고로 妥(온당할 타), 威(위엄 위)에 등장하는 女(녀)도 그런 의미로 풀이된다.

安 편안할 안

宀–총6획

安全(안전) 安寧(안녕) 安否(안부) 安息(안식) 安打(안타) 便安(편안) 問安(문안) 治安(치안) '1회에안타(安打)를 쳤습니다'

按 어루만질 안

手–총9획

扌(手)+安. 안정시키다의 뜻인 安(안)에 손(手)이 더해져, 손으로 '어루만지다, 눌러가라앉히다'의 뜻을 나타낸다.

按摩(안마) 按舞(안무) 按排(안배) 按配(안배) 按酒(안주) 按手祈禱(안수기도) '적절히 안배(按排/按排)하다'

案 책상 안

木–총10획

宀+安. 안정시키다의 뜻인 安(안)에 나무(木)가 더해져, 안정된 '책상, 안석'을 뜻한다. 파생하여 '안건, 초안'의 의미로도 쓰인다.

案內(안내) 案件(안건) 懸案(현안) 飜案(번안) 起案(기안) 考案(고안) 草案(초안) 方案(방안) 勘案(감안)

晏
편안할 안

잔치 연 金文　잔치 연 篆文

베개를 베고 쉬는 여성의 모습을 표현한 것으로 '편안하다'의 뜻을 나타낸다. 파생된 글자들 내에서 安(안)과 어떤 차이가 있는지 살펴봤으면 한다.

宴
잔치 연

宀-총10획
宀+晏. 베개를 베고 쉬는 晏(안)에 집을 뜻하는 宀(면)이 더해져, 위험한 상태만 겨우 모면한 安(안)에 비해 한층 여유로운 분위기가 느껴진다. '편안하다'에서 나아가 '잔치'의 의미까지 확대되었다.

宴會(연회) 壽宴(수연)

堰
방죽 언

土-총12획
土+匽. 匽(언)은 숨어서(匸) 쉰다(晏)는 의미로 '막다'의 뜻을 나타낸다. 흙(土)이 더해져, 물을 막아두는 '보, 방죽'을 뜻한다.

堰堤湖(언제호) 堤堰(제언)

嬰
갓난아이 영

갓난아이 영 篆文

賏+女. 賏(영)은 목걸이를 의미한다(頸飾). 女(녀)가 더해져 '걸치다, 두르다'의 의미를 나타내는데, 파생하여 '갓난아이'를 뜻한다. 아기를 등에 업고, 팔에 안은 아기엄마의 부담이 느껴지는 듯하다.

女

嬰
갓난아이 영

女-총17획

嬰兒(영아)

癭
혹 영

疒-총22획

疒+嬰. 목걸이를 뜻하는 嬰(영)에 질병을 뜻하는 疒(녁)이 더해져 '목에 생기는 혹'
을 뜻한다.

癭瘤(영류)

櫻
앵두나무 앵

木-총21획

木+嬰. 목걸이를 뜻하는 嬰(영)에 나무(木)가 더해져, 목걸이 구슬 같은 열매가 열리
는 '앵두나무'를 뜻한다.

櫻桃(앵도) 金櫻子(금앵자)〈藥〉

16. 여자, 젖을 먹이다
[母] 母 每

어미 모

어미 모 甲骨文

女(녀)에 두 점이 찍힌 형태로, 젖가슴을 표현한 것이다. 젖 먹이는 여성, 곧 어머니이다. 혹 母(모)와 女(녀)의 형태가 사뭇 다르다고 할 수도 있겠지만, 필순대로 차근차근 써보면 두 점 제외하고 같은 글자임을 알 수 있다. 甲骨文에서는 혼용되는 경우도 흔하다.

어미 모

母-총5획

母女(모녀) 母子(모자) 母性愛(모성애) 父母(부모) 孟母三遷(맹모삼천) 孟母斷機(맹모단기) 益母草(익모초)〈藥〉

엄지손가락 무

手-총8획

扌(手)+母. 어머니(母)와 손(手)이 더해져, 손가락 중에서 '엄지손가락'을 가족 중 어머니에 빗대었다.

拇指(무지)

말 무

毋-총4획

본래 母(모)와 같은 글자로 '어머니'를 뜻했지만, 篆文에서부터 두 점이 하나의 획으로 합쳐져 '없다, 말다'의 뜻으로 쓰이게 된다.

毋望之福(무망지복)

每

매양 매

每 매양 매 甲骨文 　　每 매양 매 篆文

머리에 장식을 단 어머니(母)의 모습이다. '늘, 매양(every)'이라는 의미는 가차한 것이다. 〈간명갑골문자전〉에 의하면 每(매)는 甲骨文에서 晦(어두울 회), 悔(뉘우칠 회)의 의미로도 사용된다. '비녀 꽂은 어머니'가 '매양, 그믐, 어둡다, 뉘우치다' 등 다양한 뜻으로 쓰이는데, 그 연유는 알 수가 없다고 한다. 그런데 파생된 글자들을 잘 살펴보면 대략 '어둡다'의 의미로 귀결됨을 알 수 있다.

每

매양 매

母-총7획

每番(매번) 每年(매년) 每日(매일)

悔

뉘우칠 회

心-총10획

忄(心)+每. 뉘우치다의 뜻인 每(매)에 마음(心)이 더해져 '뉘우치다, 후회하다'의 뜻을 명확히 하였다. 마음이 어두운 상태를 표현한 것이라 해도 그리 억지스럽지 않다.

悔恨(회한) 後悔(후회) 懺悔(참회) 後悔莫及(후회막급)

晦

어두울 회

日-총11획

日+每. 어둡다의 의미인 每(매)에 해(日)가 더해져 '그믐, 어둡다'의 뜻을 명확히 하였다.

晦庵(회암)〈名〉

海

바다 해

水-총10획

氵(水)+每. 어둡다의 의미인 每(매)에 물(水)이 더해져, 넓고 깊고 어두운 '바다'를 뜻한다.

海洋(해양) 海邊(해변) 海底(해저) 海拔(해발) 海水浴(해수욕) 深海(심해) 茫茫大海(망망대해)

侮 업신여길 모

人-총9획

亻(人)+每. 어둡다의 의미인 每(매)에 사람(人)이 더해져, 사람이 뵈지 않는 듯 '업신여기다, 능멸하다'의 뜻을 나타낸다.

侮蔑(모멸) 侮辱(모욕) 受侮(수모)

母

梅 매화나무 매

木-총11획, 楳와 동자(同字)

木+每. 본래 매화나무를 뜻하는 글자는 某(아무 모)이다. 每(매)의 음을 차용한 梅(매)가 '매화나무'라는 의미로 통용되었다.

梅實(매실) 梅花(매화) 梅毒(매독) 烏梅(오매)〈藥〉

17.　여자, 머리를 매만지다
〔敏〕〔妻〕〔妻〕

敏
재빠를 민

재빠를 민 甲骨文　　재빠를 민 金文　　재빠를 민 篆文

每+攵(攴). 머리에 장식을 단 어머니(每)에 동작을 뜻하는 攵(복)이 더해졌다. 머리 장식인 비녀(每)를 재빠르게 손질하는(攵) 모습으로 풀이되며 '재빠르다, 민첩하다'의 뜻을 나타낸다. 혹 敏(민)의 甲骨文을 타인의 손(攴)이 어머니(每)를 공격하여 민첩하게 움직이는 상황으로 해석하는 견해가 있는데, 손이 크게 확대되어 들어간 글자들은 그렇게 위협적으로 보이는 경우가 많다.

敏
재빠를 민

攵-총11획

敏捷(민첩) 銳敏(예민) 英敏(영민) 機敏(기민)

繁
많을 번

糸-총17획

敏+糸. 머리장식을 의미하는 敏(민)에 실(糸)이 더해져 본래 '말갈기꾸미개'를 뜻한다. 파생하여 '번성하다, 무성하다, 번거롭다'의 뜻을 나타낸다.

繁榮(번영) 繁殖(번식) 繁盛(번성) 繁昌(번창) 繁華街(번화가) 頻繁(빈번) 農繁期(농번기) '자손이 번성(繁盛/蕃盛)하다'

妻 아내 처

아내 처 篆文　　서녘 서 甲骨文　　서녘 서 金文

屮+又+女. 여기서 屮은 비녀의 모양을 본뜬 것이다. 비녀(屮)를 손질하는(又) 여성의 모습으로 敏(민)의 甲骨文과 같다. '비녀를 손질하는 모습'에서 각각의 의미가 갈라진 것인데, 비녀는 기혼여성이 사용하므로 '아내'를 뜻하게 된다.

아울러 妻(처)에는 준비를 '갖추다'의 의미도 들어 있다. 〈간명갑골문자전〉에 의하면 妻(처)는 霋(처)와 통용되었다. 霋(처)는 '구름이 낀 흐린 날씨'를 뜻하는데 妻(처)가 '갖추다'가 의미로 작용한 것이다.

같은 맥락에서 妻(처)에 나무(木)가 더해진 棲(살 서)는 나무 위에 갖춰진 '새의 둥지'를 뜻한다. 파생하여 '보금자리, 살다, 깃들다'의 의미를 나타낸다. 그런데 西(서녘 서)의 甲骨文이 '새둥지'를 본뜬 것이다. 또한 〈설문해자〉에서 西(서)의 풀이로 '해가 서쪽으로 들면 새가 둥지에 깃든다(日在西方而鳥棲)' 아울러 '西(서)를 棲(서)의 형태로도 쓴다(西或从木妻)'는 설명을 덧붙인다. 정리하자면 西(서)는 새둥지의 모습을 본뜬 것이고, 棲(서)는 갖추다(妻)의 의미로 새둥지를 뜻하는 것이다.

妻 아내 처

女-총8획

妻家(처가) 妻男(처남) 妻弟(처제) 妻兄(처형) 愛妻家(애처가) 糟糠之妻(조강지처) 賢母良妻(현모양처)

凄 싸늘할 처

冫-총10획

冫(氷)+妻. 여기서 妻(처)는 흐린 날씨를 뜻하는 霋(처)의 의미로, 얼음(氷)이 더해져 '차다, 싸늘하다'의 뜻을 나타낸다. 파생하여 '쓸쓸하다, 처량하다'의 의미로도 쓰인다.

凄凉(처량)

悽 슬퍼할 처

心-총11획

忄(心)+妻. 여기서 妻(처)는 흐린 날씨를 뜻하는 霋(처)의 의미로, 마음(心)이 더해져 '슬퍼하다, 비통하다'의 뜻을 나타낸다.

悽慘(처참) 悽絶(처절)

棲
살 서

木-총12획

木+妻. 본문 참조

棲息(서식) 棲息地(서식지) 兩棲類(양서류)

西
서녘 서

西-총6획

본문 참조

西部(서부) 西洋(서양) 西歐(서구) 西方淨土(서방정토) 東西南北(동서남북)

捷
민첩할 첩

手-총11획

扌(手)+疌. 疌(섭)은 屮+又+止. 妻(처)에서 여성(女)이 발(止)로 교체된 형태로 '빠르다(疾)'는 의미이다. 여기에 다시 손(手)이 덧붙었다. 파생하여 전쟁에서 '이기다'의 뜻도 나타낸다.

捷徑(첩경) 薩水大捷(살수대첩) 龜州大捷(귀주대첩) 閑山島大捷(한산도대첩)

婁
별이름 루

별이름 루 篆文

긴 머리를 틀어올리고 장식까지 꽂은 여성의 모습이다. 妻(처)에 비해 치장이 좀 과해 보이는데 '계속하다, 덧붙이다'의 뜻을 나타낸다. 단독으로는 '별이름' 외에 별다른 쓰임이 없다.

屢
여러 루

尸-총14획

尸+婁. 계속하다, 덧붙이다의 의미인 婁(루)에 사람을 뜻하는 尸(시)가 더해져 '여러, 자주, 번거롭다'의 뜻을 나타낸다. 실제 용례에서 累(포갤 루)와 혼용된다.

屢次(누차) 屢代(누대) 屢屢(누누) '누누(屢屢/累累)이 강조하다'

樓
다락 루

木-총15획

木+婁. 계속하다, 덧붙이다의 의미인 婁(루)에 나무(木)가 더해져 '다락, 이층집, 망루'를 뜻한다.

樓閣(누각) 蜃氣樓(신기루) 摩天樓(마천루) 慶會樓(경회루) 沙上樓閣(사상누각)

數
셀 수/
자주 삭

攴-총15획

婁+攵(攴). 계속하다, 덧붙이다의 의미인 婁(루)에 동작을 뜻하는 攴(복)이 더해져 '셈하다, 수, 자주'의 뜻을 나타낸다.

數學(수학) 術數(술수) 運數(운수) 口舌數(구설수) 頻數(빈삭) 數尿症(삭뇨증)

敏

18. 지팡이를 짚은 사람
〔老〕老 孝 考 耆 壽

老
늙을로

늙을로甲骨文   늙을로篆文   사람 인 甲骨文

허리를 구부리고 지팡이를 짚은 노인의 모습을 본뜬 것으로 '늙다, 노인'의 뜻을 나타낸
다. 甲骨文을 보면 人(인)이 지팡이 짚은 형태인데, 이후 변형이 많이 되었다. 참고로 〈설문
해자〉에서는 70세를 老(로), 80세를 耋(질)이라 구별한다(七十曰老/年八十曰耋).

老
늙은이 로

老-총6획

老人(노인) 老鍊(노련) 老弱者(노약자) 敬老(경로) '노련(老鍊)하게 운영하다'

孝
효도 효

효도 효 金文   효도 효 篆文

耂(老)+子. 늙은 부모(老)를 부축하는 자식(子)의 모습이다. 〈설문해자〉에서는 '부모를 잘
모시는 사람'으로 풀이한다(善事父母者).

孝
효도 효

子-총7획

孝道(효도) 孝誠(효성) 孝心(효심) 不孝(불효) 忠孝(충효) 反哺之孝(반포지효)

哮
으르렁거릴 효

口-총10획

口+孝. 동물이 으르렁거리는 소리의 의성어로 孝(효)의 음을 차용하였다. '으르렁거리다, 큰소리치다'의 뜻을 나타낸다.

咆哮(포효)

酵
술밑 효

酉-총14획

酉+孝. 孝(효)의 음에 발효음식을 뜻하는 酉(유)가 더해져 '술밑, 효모(酵母)'를 뜻한다. 孝(효)의 의미는 불분명하다. 혹 효모의 母(모)와 관련이 있는 것일까?

酵素(효소) 酵母(효모) 醱酵(발효)

考
상고할 고

상고할 고篆文

耂(老)+丂. 丂(교)는 여기서 지팡이다. 老(로)에 지팡이를 덧붙여 '늙다'의 의미로 老(로)와 통용되었다. 본래 丂(교)는 굽은 모양의 도구로 '기교, 정교함'을 뜻하는 巧(교)의 의미이다. 考(고)의 옛 형태는 攷(고)로서 丂+攴(복)이다. 攴(복)은 동작을 의미하므로, 攷(고)는 '지팡이를 사용하다'라는 뜻이 된다. 그래서 '늙다'의 의미로 老(로)와 통용되었는데, 이후 '치다, 생각하다, 시험하다'의 뜻을 나타내게 된다. 丂(교)가 지팡이로서의 역할에 그치지 않고 본색을 드러낸 것이라 하겠다.

考
상고할 고

老-총6획

考慮(고려) 考證(고증) 考案(고안) 考察(고찰) 考古學(고고학) 思考(사고) 參考(참고) 備考(비고) 深思熟考(심사숙고)

拷
칠 고

手-총9획

扌(手)+考. 치다의 의미인 考(고)에 손(手)이 더해져 '매질하다, 고문하다'의 뜻을 나타낸다.

拷問(고문) 拷問致死(고문치사)

耆 늙은이 기

늙은이 기 篆文

耂(老)+旨. 旨(지)는 숟가락(匕)을 입(口)에 넣는 모습이 변형된 것으로 '맛있다'는 의미이다. 노인에게 음식을 떠먹여 드리는 모습으로 볼 수도 있겠다. '늙다, 늙은이' 라는 의미로 老(로)와 통용되기도 하고, 旨(지)의 의미가 작용하여 '즐기다'의 뜻도 나타낸다.

耆 늙은이 기

老-총10획

黃耆(황기)〈藥〉

嗜 즐길 기

口-총13획

口+耆. 즐기다의 의미인 耆(기)에 입(口)과 더해져 '즐기다'의 뜻을 명확히 하였다. 耆(기)와 서로 통용된다.

嗜好(기호) 嗜眠(기면)

壽 목숨 수

목숨 수 金文　　목숨 수 篆文　　밭두둑 주 甲骨文

耂(老)+畤. 길게 이어진다는 의미인 畤(수)와 老(로)가 더해져 '목숨, 장수'의 뜻을 나타낸다. 疇(밭두둑 주)의 甲骨文은 밭을 갈아서 고르게 만든 모습을 표현한 것이다(耕治之田). 〈설문해자〉에서는 疇(주)의 풀이에 덧붙여 畤(수)가 '쟁기로 간 밭의 도랑이 구불구불한 모습(象耕田溝詰詘)'이라 설명한다. 甲骨文에서 疇(주), 壽(수), 禱(도)는 서로 통용되었다고 한다. 종합해보면 구불구불 이어진 밭두둑과 도랑의 모습에서 '길게 이어지다'의 의미가 나타난 것이다. 파생하여 '목숨, 장수, 장수를 기원하다'의 뜻을 나타낸다.

壽 목숨 수

士-총14획

壽命(수명) 夭壽(천수) 十年減壽(십년감수) '이번 일로 십년감수(十年減壽)한 것 같다'

疇 밭두둑 주

田-총19획

田+壽. 본래 밭두둑을 본뜬 壽(수)에 밭(田)이 덧붙어 '밭두둑'의 뜻을 명확히 하였다.

範疇(범주) '같은 범주(範疇)에 속한다'

禱 빌 도

示-총19획

示+壽. 길게 이어지다의 의미인 壽(수)에 제사를 뜻하는 示(시)가 더해져 '장수를 기원하다'의 의미이다. '빌다,기도하다'의 뜻으로 확대되어 쓰인다.

祈禱(기도)

鑄 쇠부어만들 주

金-총22획

金+壽. 길게 이어지다의 의미인 壽(수)에 쇠(金)가 더해져, 쇠를 녹여 모양을 만드는 '주조'의 뜻을 나타낸다. 본래 쇳물을 녹이는 모습을 표현한 甲骨文이 따로 있지만 鑄(주)는 그것과 결별한 형태이다.

鑄造(주조) 鑄型(주형)

躊 머뭇거릴 주

足-총21획

足+壽. 길게 이어지다의 의미인 壽(수)에 발(足)이 더해져 '머뭇거리다, 망설이다'의 뜻을 나타낸다.

躊躇(주저) '주저(躊躇)하지 않고 움직이다'

濤 큰물결 도

水-총17획

氵(水)+壽. 길게 이어지다의 의미인 壽(수)에 물(水)이 더해져 '물결이 일다, 큰 파도'를 뜻한다.

波濤(파도) 疾風怒濤(질풍노도)

19.   죽고자 하면 열릴 것이다
[歹] 死 叔 列 宮

歹

부서진뼈 알 | 부서진뼈 알 甲骨文

살이 없어진 백골을 본뜬 모습이다. 冎이나 歺형태로 쓰기도 하는데, 冎이 본자(本字)이다. 일반적으로 '죽음(death)'을 대표하는 글자는 死(사)이므로 자전에서도 歹部를 '죽을사부'로 부른다.

死

죽을사 | 죽을 사 金文

歹+ヒ. ヒ(비)는 사람(人)이다. 백골(歹) 앞에 사람(ヒ)이 있는 모습으로 '죽음'을 표현하고 있다. 篆文을 보면 冎+人형태임을 확인할 수 있다.

死
죽을 사

歹-총6획

死線(사선) 死角(사각) 死亡(사망) 死刑(사형) 生死(생사) 瀕死(빈사) 決死的(결사적) 九死一生(구사일생) '사선(死線)을 넘나들다' '빈사(瀕死)상태에 빠지다'

屍
주검 시

尸-총9획

尸+死. 죽음의 의미인 死(사)와 주검(尸)이 더해져 '주검, 송장'을 뜻한다. 尸(시)가 주검의 뜻으로 쓰인 몇 안 되는 글자 중에 하나이다.

屍身(시신) 屍體(시체) 檢屍(검시) 剖棺斬屍(부관참시)

葬
장사지낼 장

艸-총13획

艸+死+一. 풀덤불(艸) 사이에 거적(一)을 깔고 그 위에 시신(死)을 놓은 모습으로 '장사지내다'의 뜻을 나타낸다.

葬禮(장례) 葬事(장사) 國葬(국장) 埋葬(매장)

해칠 잔   정미 찬篆文

뼈(歹)를 손(又)으로 추리는 모습 혹은 살을 발라내는 모습이다. 〈설문해자〉에서는 '해친다 (殘穿)'는 의미로 설명하고 있지만, 파생된 글자들을 보면 '뼈를 바르다, 골라내다'라는 의미로 파악된다. 예를 들어 米(쌀 미)가 더해진 粲(정미 찬)은 살을 발라내고 뼈만 추리듯, 잡물을 제거한 '고운 쌀'을 뜻한다.

餐
먹을 찬

食-총16획

歹+食. 뼈를 바르다의 뜻인 歹(잔)에 음식(食)이 더해져 '먹다'의 뜻을 나타낸다.

晩餐(만찬) 午餐(오찬)

燦
찬란할 찬

火-총17획

火+粲. 고운 쌀을 뜻하는 粲(찬)에 불(火)이 더해져 '곱다, 찬란하다'의 의미를 표현한다.

燦爛(찬란) '찬란(燦爛)히 빛나다'

列

벌일 렬

巛刀

벌일 렬 篆文

巛+刀. 〈간명갑골문자전〉에 의하면 巛(렬)은 巜+水 의 형태이다. 〈설문해자〉에서도 '물의 흐름이 갈라지는 모양(水流巛巛)'으로 풀이한다. 칼(刀)이 더해져 '나뉘다, 갈라지다'의 뜻을 나타낸다. 파생하여 '줄지어 늘어서다'는 의미도 지닌다. 巛(렬)이 머리털 있는 머리뼈의 상형이란 의견도 있지만, 머리털이 아닌 물(水)로서 洌(맑을 렬)이 생략된 형태라는 견해가 타당해 보인다.

列

벌일 렬

刀-총6획

列外(열외) 列中(열중) 羅列(나열) 班列(반열) 戰列(전열) 列缺(열결)〈穴〉 '열중(列中) 쉬엇'

裂

찢을 렬

衣-총12획

列+衣. 나뉘다, 늘어서다의 뜻인 列(렬)에 옷(衣)이 더해져, 옷이 '찢어지다, 찢다'의 뜻을 나타낸다.

裂傷(열상) 分裂(분열) 龜裂(균열) 決裂(결렬) 炸裂(작렬)

烈

세찰 렬

火-총10획

列+灬(火). 나뉘다, 늘어서다의 뜻인 列(렬)에 불(火)이 더해져, 세찬 불길에 물건이 갈라진 것을 표현했다. '세차다, 사납다'의 뜻을 나타낸다.

烈士(열사) 熾烈(치열) 猛烈(맹렬) '경쟁이 치열(熾烈)하다'

例

법식 례

人-총8획

亻(人)+列. 나뉘다, 늘어서다의 뜻인 列(렬)에 사람(人)이 더해져, 사람들이 줄지어 선 모습을 표현했다. '법식, 본보기, 예시'의 뜻을 나타낸다.

例示(예시) 例外(예외) 前例(전례) 依例(의례) 條例(조례) 慣例(관례) 凡例(범례) 範例(범례) '전례(前例)대로 하다' '의례(依例)히 등장하는 장면'

睿 쳐낼 준

睿 밝을 예 篆文

卢+谷. 〈설문해자〉에 의하면 여기서 卢(알)은 계곡에서 찌꺼기 같은 땅을 의미한다(殘地 阬坎意). 지형을 인체에 비유하여 설명한 것으로 '강바닥을 준설하다'는 의미이다(深通川).

壑 골 학

土-총17획
睿+又+土. 골짜기를 깊이 파낸다는 의미인 睿(준)에 손(又)과 흙(土)이 더해져 '골짜기, 구렁(溝)'을 뜻한다.

壑谷(학곡) 谿壑(계학)

睿 밝을 예

目-총14획, 叡와 동자(同字)
睿+目. 골짜기를 깊이 파낸다는 의미인 睿(준)에 눈(目)이 더해져, 사물을 깊게 보는 눈이라는 의미로 '밝다, 슬기롭다'의 뜻을 나타낸다. 동자(同字)인 叡(예)의 형태가 더 널리 쓰인다.

叡明(예명) 叡智(예지) 聰明叡智(총명예지)

20. 앙상한 뼈다귀만 남았구려
〔冎〕冎 咼 骨

冎 뼈발라낼 과 | 뼈발라낼 과 篆文

살은 없어지고 머리 부분만 남은 뼈의 모습을 본뜬 것이다. '뼈, 살을 바르다'의 뜻을 나타낸다. 〈설문해자〉에서는 冎(과)를 반으로 나눈 형태가 冎(歺 歹)이라고 설명한다(从半冎).

別 나눌 별 | 刀-총7획

冎+刂(刀). 뼈다귀의 모습인 冎(과)에 칼(刀)이 더해져, 뼈에서 살을 바르다 '나누다, 가르다'의 뜻을 나타낸다.

別途(별도) 區別(구별) 判別(판별) 分別(분별) 無分別(무분별) 有別(유별) 作別(작별) 離別(이별) '방을 별도(別途)로 준비하다'

咼 입비뚤어질 괘/와 | 입삐뚤어질 괘 篆文

冎+口. '살을 바르다'의 의미에 입(口)이 더해져, 칼로 깎인 듯 '입이 비뚤어지다'의 뜻을 나타낸다. '비뚤다, 비뚤어지다'의 의미도 지닌다.

喎 입비뚤어질 괘/와 | 口-총12획, 咼와 동자(同字)

口+咼. 입이 비뚤어짐을 뜻하는 咼(괘)에 입(口)이 더해져 '입 비뚤어지다'의 뜻을 명확히 하였다. 본음은 '괘'이지만 통상적으로 '와'로 읽는다.

口眼喎斜(구안괘사→구안와사)

渦
소용돌이 와

水-총12획

氵(水)+咼. 비뚤어지다의 의미인 咼(괘)에 물(水)이 더해져, 물이 나선형으로 소용돌이치는 모습을 형용하였다. '소용돌이, 빙빙 돌다'의 뜻을 나타낸다.

渦中(와중) '바쁜 와중(渦中)에도'

蝸
달팽이 와

虫-총15획

虫+咼. 여기서 咼(괘)는 渦(와)의 의미. 각종 동물을 뜻하는 虫(충/훼)가 더해져, 소용돌이 모양의 껍질이 있는 '달팽이'를 뜻한다.

蝸牛角上(와우각상) 蝸角之爭(와각지쟁)

禍
재화 화

示-총14획

示+咼. 비뚤어지다의 의미인 咼(괘)에 제사를 뜻하는 示(시)가 더해져 '재앙, 재난'을 뜻한다. 福(복)과 반대되는 의미이다.

禍福(화복) 舌禍(설화) 滅門之禍(멸문지화)

過
지날 과

辵-총13획

辶(辵)+咼. 비뚤어지다의 의미인 咼(괘)에 움직임을 뜻하는 辵(착)이 더해져 '도가 지나치다, 허물'의 뜻을 나타낸다. '지나가다, 예전' 등 다양한 의미로 쓰인다.

過剩(과잉) 過誤(과오) 過去(과거) 過渡期(과도기) 過失(과실) 濾過(여과) 經過(경과) 不過(불과)

拐
속일 괴

手-총8획

扌(手)+另(咼). 비뚤어지다의 의미인 咼(괘)에 손(手)이 더해져, 사악한 손과 말로 '속이다'의 뜻을 나타낸다.

誘拐(유괴) 誘拐犯(유괴범)

骨
뼈 골

뼈 골 篆文

咼+月(肉). 인체를 뜻하는 月(肉)이 부수일 법도 한데, 독립적으로 부수를 이룬다. '뼈(bone)'의 뜻을 나타낸다.

279

骨
뼈 골

骨-총10획

骨髓(골수) 骨折(골절) 骨子(골자) 骨肉之親(골육지친) 氣骨(기골) 筋骨(근골) 弱骨(약골) 皮骨相接
(피골상접) 換骨奪胎(환골탈태)

滑
미끄러울 활
/ 어지러울 골

水-총13획

氵(水)+骨. 뼈를 뜻하는 骨(골)에 물(水)이 더해져, 인체 내에서 진액(水)이 충만해야
뼈(骨)가 부드럽고 매끄럽게 움직임을 표현하였다. '매끄럽다, 미끄러지다'의 뜻을 나
타낸다.

滑液(활액) 滑音調(활음조) 滑稽(골계) 滑稽味(골계미) 滑稽美(골계미) 圓滑(원활) 潤滑油(윤활유)
平滑筋(평활근)

猾
교활할 활

犬-총13획

犭(見)+骨. 여기서 骨(골)은 滑(활)의 의미. 짐승을 뜻하는 犬(견)이 더해져, 잔꾀 부
리는 얄미운 상대를 표현하였다. '교활하다, 어지럽히다'의 뜻을 나타낸다.

狡猾(교활) '수법이 교활(狡猾)하고 악랄하다'

21. 해골과 얼굴이 하얗다
〔白〕白泊帛兒㪍百

白
흰 백

白 | 白
흰 백 甲骨文

㪍
흰 백 金文

㪍
흰 백 篆文

甲骨文의 白(백)이 무엇을 본뜬 것인지에 대해서는 의견이 매우 다양하다. 해(日), 엄지손가락, 손톱, 해골, 도토리 등 그야말로 각양각색이다. 그런데 白(백)에서 파생된 많은 글자들을 살펴보면 '얼굴 혹은 해골' 그리고 '하얗다, 빛나다'의 의미로 정리됨을 볼 수 있다. 혹 하나의 키워드로 아래 글자들을 풀이해내는 견해가 있다면 언제든 주저 없이 따를 용의가 있다.

白 **흰 백**

白-총5획

白髮(백발) 白紙(백지) 白眉(백미) 白手乾達(백수건달) 白面書生(백면서생) 白衣從軍(백의종군) 空白(공백) 蒼白(창백) 告白(고백) 自白(자백)

魄 **넋 백**

鬼-총15획

白+鬼. 해골을 뜻하는 白(백)에 영혼을 뜻하는 鬼(귀)가 더해져, 육체에 깃들어 있다가 죽으면 땅으로 돌아가는 '넋'을 나타낸다. 〈설문해자〉에서 魂(혼)은 양기(陽氣), 魄(백)은 음신(陰神)으로 구별하고 있다.

魂魄(혼백) 氣魄(기백)

伯 **맏 백**

人-총7획

亻(人)+白. 얼굴(白)에서 '으뜸'이라는 의미를 찾는다. 사람(人)이 더해져, 집안의 얼굴이자 으뜸인 '맏이'를 뜻한다. 〈간명갑골문자전〉에 의하면 白(백)이 맏이(伯)의 의미로 쓰인 용례도 있다.

伯父(백부) 伯爵(백작) 伯仲之勢(백중지세) 伯牙絶絃(백아절현) 畫伯(화백) 階伯(계백)〈名〉

碧
푸를 벽

石-총14획

玉+白+石. 하얗다는 의미인 白(백)과 玉(옥)과 돌(石)이 더해져, 광택이 있는 옥 같은 돌인 '벽옥, 짙은 푸른 빛'을 뜻한다.

碧眼(벽안) 碧昌牛(벽창우→벽창호) 桑田碧海(상전벽해)

拍
칠 박

手-총8획

扌(手)+白. 白(백)을 '손뼉 치는 소리의 의성어'로 차용하였다. 손(手)이 더해져 '치다, 박수'를 뜻한다.

拍手(박수) 拍車(박차) 拍子(박자) 拍掌大笑(박장대소) '박차(拍車)를 가하다'

배댈 박

배댈 박 篆文

氵(水)+白. 물(水)이 얕아 맑고 하얗게(白) 보이는 곳을 가리킨다. '얕다, 얇다'의 뜻을 나타낸다. 파생하여 수심이 얕은 곳에 '배를 대다, 정박하다'의 뜻으로도 쓰인다.

배댈 박

水-총8획

碇泊(정박) 外泊(외박) 宿泊(숙박) '음식이 담박(淡泊/澹泊)하다'

발 박

竹-총14획

竹+泊. 얇다는 의미의 泊(박)에 대나무(竹)가 더해져 '얇은 대나무발, 얇은 금은종이'를 나타낸다.

金箔(금박) 銀箔紙(은박지)

迫
닥칠 박

辵-총9획

辶(辵)+白. 여기서 白(백)은 泊(박)의 의미. 얇다는 뜻의 泊(박)에 움직임을 뜻하는 辵(착)이 더해져, 어떤 일이 바로 앞까지 닥친 급박한 상황을 표현했다. '닥치다, 임박하다, 핍박하다'의 뜻을 나타낸다.

迫力(박력) 迫害(박해) 迫眞感(박진감) 臨迫(임박) 促迫(촉박) 驅迫(구박) 逼迫(핍박) 壓迫(압박) 脅迫(협박) 强迫觀念(강박관념)

舟-총11획

舟+白. 여기서 白(백)은 泊(박)의 의미. 정박하다의 뜻인 泊(박)에 배(舟)가 더해져, 뭍에 정박한 듯 안정감 있는 '큰 배'를 뜻한다.

큰배 박

船舶(선박)

비단 백

비단 백 金文　　　비단 백 篆文

白+巾. 하얗게 빛나는 천이라는 의미로 '비단, 명주'의 뜻을 나타낸다. 참고로 누에고치에서 뽑아낸 실을 명주(silk)라 하고, 명주실로 짠 천을 비단, 견직물이라 한다.

巾-총8획

帛書(백서) 帛絲(백사) 竹帛(죽백)

비단 백

木-총12획

木+帛. 비단을 뜻하는 帛(백)에 나무(木)가 더해져 무궁화과의 '목화'를 가리킨다. 명주(silk)와 구별하기 위해 木(목)을 붙인 것으로 보인다.

목화 면

棉花(면화)

糸-총14획

糸+帛. 비단을 뜻하는 帛(백)에 실(糸)이 더해져, 실을 연이어 명주를 짠다는 의미로 '이어지다'의 뜻을 나타낸다. 이후 비단(명주)이 아닌 목화에서 뽑아낸 '솜, 무명'의 뜻으로 주로 쓰인다.

이어질 면

綿織物(면직물) 綿絲(면사) 綿綿(면면) 脫脂綿(탈지면) '면면(綿綿)히 이어온 역사

錦

金-총16획

金+帛. 비단을 뜻하는 帛(백)에 金(금)이 더해져 금빛 '비단'을 강조했다. 음도 金(금)을 따랐다. 帛(백)과 綿(면)이 목화에서 뽑아낸 무명과 혼용되니 '비단'을 보다 고급스럽게 표현한 것으로 보인다.

비단 금

錦衣還鄕(금의환향) 錦衣夜行(금의야행) 錦繡江山(금수강산) 錦上添花(금상첨화) 錦江(금강)〈地〉

皃

얼굴 모 · 얼굴 모 篆文

白+儿. 〈설문해자〉에 의하면 여기서 白(백)은 사람 얼굴을 본뜬 것이다(白象人面形). '얼굴, 모양'의 뜻을 나타낸다. 눈을 강조한 見(볼 견)과 비슷한 글자 구조로 이해하면 되겠다.

貌

얼굴 모

豸-총14획

豸+皃. 얼굴을 뜻하는 皃(모)에 무늬가 있는 짐승을 뜻하는 豸(치)가 더해져 '얼굴, 모양'의 뜻을 강조하였다.

美貌(미모) 外貌(외모) 變貌(변모) 面貌(면모) 全貌(전모) '사건의 전모(全貌)가 드러나다'

兜

투구 두

儿-총11획

兆+皃. 얼굴을 뜻하는 皃(모)를 덮은 모습으로 '투구'를 의미한다.

馬兜鈴(마두령)〈藥〉

敫

해그림자 약/노래할 교 · 해그림자 약 篆文

〈한한대자전〉에서는 '해골을 치다'의 의미로 설명하고 있다. 白+方+攴의 형태로 풀이한 것인데, 고대에 행해졌던 어떤 주술적인 행위일 것으로 추정된다. 파생하여 '치다, 두드리다, 부딪치다'의 의미를 나타낸다. 敫(약/교)에서 파생된 글자들은 일관되게 이 의미를 가지고 있다. 〈설문해자〉에서는 敫(약/교)를 白+放형태로 풀이하며 '햇살이 퍼지다(光景流也)'라는 뜻으로 설명한다. 白(백)을 햇빛으로 보고, 햇살이 퍼지다(放)로 풀이한 것이다. '노래하다'의 의미도 放(방)과 연관되어 있다. 하지만 敫(약/교) 단독으로 쓰임새가 적은 만큼 파생된 글자 내에서 어떤 의미로 작용하는지가 훨씬 중요하다. 이와 비슷한 경우로 堇(진흙 근)에서 파생한 글자들을 예로 들 수 있다.

激
부딪쳐흐를 격

水-총16획

氵(水)+敫. 부딪치다의 의미인 敫(약/교)에 물(水)이 더해져, 물결이 바위 등에 부딪치며 흐르는 모습을 나타낸다. '과격하다, 세차고 빠르다'의 의미를 나타낸다.

激怒(격노) 激烈(격렬) 激動(격동) 激務(격무) 激勵(격려) 感激(감격) 過激(과격) 自激之心(자격지심)

檄
격문 격

木-총17획

木+敫. 부딪치다의 의미인 敫(약/교)에 나무(木)가 더해져, 사람들의 마음을 쳐서 동하게 하는 '격문, 격서'를 뜻한다. 급히 모병하는 경우처럼 백성들에게 강렬한 메시지를 전달해야 하는 경우에 사용된다.

檄文(격문)

邀
맞이할 요

辵-총17획

辶(辵)+敫. 부딪치다의 의미인 敫(약/교)에 움직임을 뜻하는 辵(착)이 더해져 '기다렸다가 치다, 맞이하다'의 뜻을 나타낸다. 방어용 무기인 '요격(邀擊) 미사일'이 의미를 잘 설명해준다.

邀擊(요격) '요격(邀擊)미사일로 방어하다'

百

일백 백

 일백 백 甲骨文   일백 백 金文   일백 백 篆文

一+白. 百(백)에 대한 풀이는, 좀 과장해서 말하면 100가지쯤 될 것이다. 대부분의 숫자들이 가차인 점을 고려하면 풀이에 정답이 없다는 게 정답 아닌가 한다.

百
일백 백

白-총6획

百姓(백성) 百果(백과) 百科事典(백과사전) 百害無益(백해무익) 一罰百戒(일벌백계)

285

22. 머리가 매우 크다
〔鬼〕鬼 畏

2장
사람

鬼
귀신 귀　｜　鬼 귀신 귀 甲骨文　鬼 귀신 귀 篆文

甲骨文을 보면 머리가 비대칭적으로 큰 사람의 모습을 본뜬 것으로, 자체적인 상형자이다. '귀신, 죽은 사람의 혼'을 뜻한다. 파생하여 '보통과 다르다, 비대칭적으로 크다'의 의미도 지닌다. 〈설문해자〉에서는 '사람이 돌아갈 바(人所歸爲鬼)'로 풀이하고 있다. 아울러 '음기이므로 해롭다(鬼陰気賊害)'는 주의의 말도 잊지 않고 있는데, 神(신)에 대한 설명과 대비되는 부분이기도 하다(天神引出萬物者).

파생된 글자 중에서 蒐(수)는 艸+鬼의 형태로 다년생 만초인 '꼭두서니'를 가리킨다. 〈설문해자〉에 '사람의 피에서 난다. 진홍색으로 물들일 수 있다(人血所生 可以染絳)'고 소개한다. 뿌리가 핏빛 붉은 색인 점이 특징으로 염료로 사용했다고 한다. 파생하여 '모으다'의 뜻을 나타내기도 한다.

鬼
귀신 귀

鬼-총10획

鬼神(귀신) 鬼哭(귀곡) 鬼才(귀재) 寃鬼(원귀) 神出鬼沒(신출귀몰)

傀
허수아비 괴

人-총12획

亻(人)+鬼. 보통과 다르다는 의미인 鬼(귀)에 사람(人)이 더해져 '허수아비, 꼭두각시, 크다, 괴이하다'의 뜻을 나타낸다.

傀儡(괴뢰) 傀儡政府(괴뢰정부)

愧
부끄러울 괴

心-총13획

忄(心)+鬼. 보통과 다르다는 의미인 鬼(귀)에 마음(心)이 더해져, 마음이 평온하지 않고 '부끄럽다, 부끄러워하다'의 뜻을 나타낸다.

自愧(자괴) 自愧之心(자괴지심)

魁
으뜸 괴

鬼-총14획

鬼+斗. 보통과 다르다, 크다의 의미인 鬼(귀)에 국자(斗)가 더해져, 본래 '커다란 국자'를 의미한다. 파생하여 '우두머리, 으뜸'의 뜻으로 쓰인다.

魁殊(괴수) 首魁(수괴) '도둑떼의 수괴(首魁)'

塊
흙덩이 괴

土-총13획, 凷의 속자(俗字)

土+鬼. 보통과 다르다, 크다의 의미인 鬼(귀)에 흙(토)이 더해져 '흙덩이'를 뜻한다. 본자(本字)인 凷(괴)보다 널리 쓰인다.

金塊(금괴) 銀塊(은괴)

蒐
꼭두서니 수

艸-총14획

艸+鬼. 본문 참조

蒐集(수집) 蒐集癖(수집벽) '미술품을 수집(蒐集)하다'

畏
두려워할 외

두려워할 외 甲骨文　두려워할 외 金文1　두려워할 외 金文2　두려워할 외 篆文

鬼+卜. 귀신과 같은 요상한 것이 손에 무기(卜)까지 들고 있는 모습에서 '두렵다, 무서워하다'의 뜻을 나타낸다.

畏
두려워할 외

田-총9획

畏敬(외경) 敬畏(경외) 後生可畏(후생가외)

猥
함부로 외

犬-총12획

犭(犬)+畏. 畏(외)는 개짖는 소리의 의성어로 차용되었다. 개가 짖고 날뛴다는 의미로 '함부로, 더럽다, 외람되다'의 뜻이 파생되었다.

猥濫(외람) 猥褻(외설) '외람(猥濫)된 말씀이오나' '외설(猥褻)과 예술의 경계는 모호하다'

23. 이상한 탈을 쓰다
〔異〕異 冀

| 異 | 다를 이 甲骨文 | 다를 이 金文 | 다를 이 篆文 |

異
다를 이

사람이 탈을 쓰고 두 손(廾)을 들고 있는 모습을 본뜬 것이다. 金文과 篆文을 함께 봐야 이해가 수월하다. 큰 탈을 머리에 '이다'라는 의미가 있고, 가면(mask)을 쓰면 사람의 행동이 달라진다 하여 '다르다'는 뜻도 나타낸다. 한편으로 고대에 한족(漢族)이 아닌, 이민족의 풍습이라 하여 '이질적이다'의 의미를 설명하기도 한다.

異
다를 이

田-총12획

異變(이변) 異彩(이채) 異邦人(이방인) 異國的(이국적) 異質感(이질감) 判異(판이) 同床異夢(동상이몽) '이채(異彩)로운 풍경'

翼
날개 익

羽-총17획

羽+異. 탈 쓰고 두 손 든 모습인 異(이)에 깃(羽)이 더해져, 두 손에 깃털을 단다는 의미로 '날개'를 뜻한다.

羽翼(우익) 右翼(우익) 左翼(좌익) 右翼手(우익수) 左翼手(좌익수) 鶴翼陣(학익진)

戴
일 대

戈-총18획

異+𢦏. 여기서 𢦏(재)는 載(실을 재)의 의미. 머리에 탈을 쓴 사람인 異(이)와 더해져, 머리에 물건을 '얹다, 이다'의 뜻을 나타낸다.

戴冠式(대관식) 推戴(추대) 不俱戴天(불구대천) 男負女戴(남부여대)

冀
바랄 기

바랄 기 金文   바랄 기 篆文

金文은 異(이)의 머리에 장식을 꽂은 모습이고, 篆文은 北+異형태이다. 신(神)에게 빌며 춤
추는 모습으로 '빌다, 바라다'의 뜻을 나타낸다. 〈설문해자〉에서는 '북쪽에 위치한 지역(北方
州)'이라 하여, 고대 구주(九州)의 하나로 북방에 위치한 '기주(冀州)'를 지칭한다.

冀
바랄 기

八-총16획

冀望(기망)

驥
천리마 기

馬-총27획

馬+冀. 기주를 뜻하는 冀(기)에 말(馬)이 더해져, 중원의 북방 지역(冀)에서 나는
'좋은 말, 준마'를 가리킨다고 한다.

人中騏驥(인중기기) 驥服鹽車(기복염거)

24. 허리에서 누런빛이 나다
〔黄〕黄 廣

黃
누를 황

黃 누를 황 甲骨文　　黃 누를 황 金文

甲骨文에서 볼 수 있듯 허리에 옥을 찬 모습을 본뜬 것이다. 허리에 찬 옥, 패옥(佩玉)에서 그 빛깔인 '황색, 누렇다'의 뜻을 나타낸다. 후에 玉(옥)이 더해진 璜(패옥 황)이 만들어져 黃 (황)과 구별하게 된다.

黃
누를 황

黃-총12획

黃金(황금) 黃昏(황혼) 黃體(황체) 黃道(황도) 黃桃(황도) 黃昏期(황혼기) 黃金律(황금률) 黃芪(황기)〈藥〉

橫
가로 횡

木-총16획

木+黃. 허리에 가로로 찬 패옥(黃)에 나무(木)가 더해져, 문을 닫기 위한 '가로대, 빗장'을 가리킨다. 파생하여 '가로, 옆, 가로지르다'의 의미를 나타낸다.

橫暴(횡포) 橫財(횡재) 橫步(횡보) 橫行(횡행) 橫行結腸(횡행결장) 橫斷步道(횡단보도) 橫說豎說(횡설수설) 縱橫(종횡) 專橫(전횡) '비리가 횡행(橫行)하다' '전횡(專橫)을 일삼다'

廣 넓을 광 | 廣 넓을 광 金文

广+黃. 공간을 뜻하는 广(엄)에 黃(황)이 더해져, 집 안이 황토빛 밭과 같이 넓다는 의미로 풀이된다. 〈설문해자〉에서는 '전각 내에서 큰 집(殿之大屋)'으로 설명한다. 본래 '넓은 집'을 뜻하는데, 이후 '넓다, 크다'라는 의미로 실내와 실외를 가리지 않고 쓰이게 된다.

廣
넓을 광

广-총15획

廣告(광고) 廣義(광의) 廣闊(광활) 廣野(광야) 廣範圍(광범위) 廣大無邊(광대무변) '협의와 광의(廣義)'

鑛
쇳돌 광

金-총23획, 礦과 동자(同字)

金+廣. 넓다, 크다의 뜻인 廣(광)에 금속(金)이 더해져, 아직 다듬지 않은 큰 쇳덩이 '광석'을 뜻한다.

鑛石(광석) 鑛山(광산) 金鑛(금광) 採鑛(채광) 鐵鑛石(철광석)

曠
빌 광

日-총19획

日+廣. 넓다, 크다의 뜻인 廣(광)에 해(日)가 더해져 '밝게 비추다'의 뜻을 나타낸다. 파생하여 '비다, 공허하다'의 의미도 나타낸다.

曠野(광야) 曠世之才(광세지재) 曠世英雄(광세영웅) '광야(曠野/廣野)에서 노래하다'

擴
넓힐 확

手-총18획

扌(手)+廣. 넓다, 크다의 뜻인 廣(광)에 손(手)이 더해져 '넓히다, 확대하다'의 뜻을 나타낸다.

擴大(확대) 擴充(확충) 擴散(확산) 擴張(확장) 擴聲器(확성기)

25. 축문을 읽으며 재난을 이겨내다
〔堇〕堇 難

堇
노란진흙 근

𦰩 𦰩 𦰩

노란진흙 근 甲骨文　노란진흙 근 金文　노란진흙 근 篆文

甲骨文은 머리 위에 축문을 얹고 비는 무당의 모습이다. 혹 죄인을 불태우는 모습이라고도 하지만, 화재(火災)를 비롯한 재앙을 의미하는 것으로 풀이된다. 堇(근)에서 파생된 글자들을 살펴봐도 화형(火刑)의 흔적은 찾기 어렵다.

대체적으로 '재앙을 만난 어려움, 극복하려는 노력, 조심하는 마음'으로 의미를 정리할 수 있다. '노란 진흙, 점토'라는 뜻은 〈설문해자〉에서 연원하는데, 堇(근)의 篆文에 근거해 黃+土의 형태로 풀이했기 때문이다.

饉
흉년들 근

食-총20획

食+堇. 재앙, 어려움을 의미하는 堇(근)에 음식(食)이 더해져, 재난의 일종인 '흉년, 기근'을 나타냈다.

饑饉(기근) '극심한 기근(饑饉)이 들다'

勤
부지런할 근

力-총13획

堇+力. 재앙, 어려움을 의미하는 堇(근)에 힘(力)이 더해져 '부지런하다, 힘쓰다'의 뜻을 나타낸다.

勤勉(근면) 勤續(근속) 出勤(출근) 退勤(퇴근) 皆勤(개근) 皆勤賞(개근상)

僅
겨우 근

人-총13획

亻(人)+堇. 재앙, 어려움을 의미하는 堇(근)에 사람(人)이 더해져, 사람이 어려움을 겪는다는 의미이다. 파생하여 '겨우, 적다'의 뜻을 나타낸다.

僅少(근소) 僅僅(근근) 僅僅得生(근근득생) '근소(僅少)한 차이' '근근(僅僅)이 이어가다'

謹
삼갈 근

言-총18획

言+堇. 재앙, 어려움을 의미하는 堇(근)에 말(言)이 더해져, 조심스레 말한다는 의미로 '삼가다, 존중하다'의 뜻을 나타낸다.

謹愼(근신) 謹弔(근조) 謹賀新年(근하신년)

艱
어려울 간

艮-총17획

堇+艮. 재앙, 어려움을 의미하는 堇(근)에 머물러 나아가지 않음을 뜻하는 艮(간)이 더해져 '어려움, 괴로움'을 뜻한다. 음과 형태가 難(난)에 가까워졌다.

艱辛(간신) 艱難辛苦(간난신고) '간신(艱辛)히 승리하다'

漢
물이름 한

水-총14획

氵(水)+堇. 본래 양자강의 지류를 일컫는 '물이름'이다.

漢字(한자) 漢文(한문) 怪漢(괴한) 巨漢(거한) 門外漢(문외한) 無賴漢(무뢰한) 冷血漢(냉혈한) 漢江(한강)〈地〉

難
어려울 난

어려울 난 金文

堇+隹. 鸛과 동자(同字)이다. 축문을 얹고 비는 무당(堇)에 희생인 새(隹/鳥)가 더해졌다. 재난을 당해 새를 바치는 모습으로 '어렵다, 근심, 재앙'의 뜻을 나타낸다.

難
어려울 난

隹-총19획

難關(난관) 難澁(난삽) 難易度(난이도) 無難(무난) 論難(논란) 困難(곤란) 盜難品(도난품) 艱難辛苦(간난신고) '글이 너무 난삽(難澁)하다' '무난(無難)히 통과하다'

儺
역귀쫓을 나

人-총21획

亻(人)+難. 어려움을 뜻하는 難(난)에 손(手)이 더해져, 역귀를 '쫓아내다'의 뜻을 나타낸다.

驅儺(구나)

歎
읊을 탄

欠-총15획, 嘆과 동자(同字)

難+欠. 어려움을 뜻하는 難(난)에 호흡을 의미하는 欠(흠)이 더해져 '한숨 쉬다, 한탄하다'의 뜻을 나타낸다.

歎息(탄식) 歎聲(탄성) 歎服(탄복) 歎願(탄원) 感歎(감탄) 恨歎(한탄) '선생의 인품에 탄복(歎服)하다'

26. 의심하며 망설이다
[疑] 疑 矣

의심할 의 | 의심할 의 甲骨文　의심할 의 金文　의심할 의 篆文

甲骨文은 머리를 돌려 뒤돌아보는 모습이다. 〈간명갑골문자전〉에 의하면 지팡이를 짚은 형태도 있고, 걸음을 뜻하는 彳(척)이 덧붙은 형태도 있다. 사람이 머리를 돌려 주변을 돌려보는 모습을 표현한 것으로 '의심하다, 망설이다'의 뜻을 나타낸다.

〈설문해자〉에는 㐱(의)와 疑(의) 이렇게 두 종류의 글자가 수록되어 있다. 㐱(의)는 '결정하지 못한 상태(未定)'로 설명한다. 그리고 疑(의)는 '미혹되다(惑)'의 의미로 설명하며 匕+矢+子+止로 풀이하고 있다. 변형이 많아 사실상 甲骨文과 결별한 형태로 봐야 할 듯하다.

疑
의심할 의

疋-총14획

疑心(의심) 疑問(의문) 疑訝(의아) 疑懼心(의구심) 懷疑(회의) 嫌疑(혐의) 被疑者(피의자) '의아(疑訝)하게 생각하다'

擬
헤아릴 의

手-총17획

扌(手)+疑. 망설이는 모습인 疑(의)에 손(手)이 더해져 '헤아리다'의 뜻을 나타낸다. 아울러 어느 쪽이 진짜인지 의심스러울 정도로 비슷하다는 의미에서 '흉내내다, 본뜨다'의 뜻도 지닌다.

擬態語(의태어) 擬聲語(의성어) 擬似症(의사증) 擬人化(의인화) 擬古風(의고풍) 模擬考査(모의고사)

礙
거리낄 애

石-총19획, 碍는 속자(俗字)

石+疑. 망설이는 모습인 疑(의)에 돌(石)이 더해져 '막다, 거리끼다, 방해하다'의 뜻을 나타낸다.

障礙(장애) 拘礙(구애) '형식에 구애(拘礙)받지 않다'

凝 엉길 응

冫-총16획

冫(氷)+疑. 망설이는 모습인 疑(의)에 얼음(氷)이 더해져 '굳다, 엉기다, 얼다'의 뜻을 나타낸다. 난관과 고민 앞에서 '얼음'이 된 사람을 표현한 캐리커처로 이해하면 되겠다.

凝視(응시) 凝固(응고) 凝結(응결) 凝集力(응집력)

癡 어리석을 치

疒-총19획, 痴는 속자(俗字)

疒+疑. 망설이는 모습인 疑(의)에 질병을 뜻하는 疒(녁)이 더해져 '미련하다, 미치다, 어리석다'의 뜻을 나타낸다.

癡漢(치한) 癡呆(치매) 天癡(천치) 白癡(백치) 音癡(음치)

 어조사 의 어조사 의 篆文

疑(의)의 좌측 부분이 변형된 형태로 '멈춰 서서 망설이다'의 의미를 나타낸다. 가차하여 어조사로 사용된다.

埃 티끌 애

土-총10획

土+矣. 멈춰 서다의 의미인 矣(의)에 흙(土)이 더해져, 사람을 멈춰 서게 만드는 '흙먼지, 티끌'을 뜻한다.

塵埃(진애)

3장.

동물

1. 신성한 양
[羊] 羊善義養達羔艹

羊 양양	양 양 甲骨文	양 양 金文	양 양 篆文	바다 양 甲骨文

양(ram)의 머리 모양을 본떴다. '양'을 뜻하며, 아울러 '희생, 제사'의 의미를 나타낸다.

羊 양 양

羊-총6획

羊毛(양모) 羊頭狗肉(양두구육) 羊齒植物(양치식물) 綿羊(면양) 九折羊腸(구절양장)

洋 바다 양

水-총9획

氵(水)+羊. 양(羊)에 물(水)이 더해져, 양이 물에 빠진 것을 표현하였다. 파생하여 '바다, 큰바다'를 뜻한다. 고대에 희생을 처리하는 방법의 하나였다고 한다.

洋服(양복) 洋裝店(양장점) 海洋(해양) 西洋(서양) 太平洋(태평양) 五大洋(오대양) 遠洋漁業(원양어업)

祥 상서로울 상

示-총11획

示+羊. 희생, 제사를 의미하는 羊(양)에 제사를 뜻하는 示(시)가 더해져 '상서롭다, 복, 조짐'을 뜻한다.

祥瑞(상서) 不祥事(불상사) '상서(祥瑞)로운 징조이다'

詳 자세할 상

言-총13획

言+羊. 여기서 羊(양)은 祥(상)의 의미. 말(言)이 더해져 '자세히 알다, 자세하다'의 뜻을 나타낸다.

詳細(상세) 仔詳(자상) 未詳(미상) 作者未詳(작자미상) '자상(仔詳)하게 설명하다'

姜
성 강

女-총9획

羊+女. 고대에 양(羊)을 방목하던 민족과 연관된 성씨(姓氏)로 추정된다. 강족(羌族)을 뜻하는 羌(강)과도 통용되었다. 연원이 매우 오래된 성씨이다.

姜太公(강태공)〈名〉 姜邯贊(강감찬)〈名〉

樣
모양 양

木-총15획

木+羊+永. 본래 '상수리나무(橡)'를 의미하였으나, 가차하여 '모양, 형상'을 뜻한다. 명확한 설명을 찾기 어려운 글자이다.

樣相(양상) 樣式(양식) 模樣(모양) 各樣各色(각양각색) '보고서 양식(樣式)

善
착할 선

착할 선 金文   착할 선 篆文

詰+羊. 고자(古字)는 譱의 형태이다. 詰(말다툼할 경)은 말다툼, 소송의 상황으로 양(羊)이 둘 사이를 중재하는 모양새이다. 양(羊)은 제사에 희생(犧牲)으로 쓰이는 짐승으로, 여기서는 신성(神聖)한 어떤 존재를 대신한다고 볼 수 있다. 소송에서 서로 '좋은 결론을 구한다'는 의미에서 파생하여 '좋다, 착하다, 잘하다'의 뜻을 나타낸다. 혹 여러 사람들이 말(言)로 양고기를 좋다고 해서 '좋다'는 의미라는 의견도 있는데, 〈설문해자〉에서 善(선)의 부수는 詰(말다툼할 경)으로, 말다툼의 의미가 깔려 있다고 보는 견해가 좀 더 합리적이다.

善
착할 선

口-총12획

善惡(선악) 善良(선량) 善防(선방) 善戰(선전) 最善(최선) 次善策(차선책) 慈善團體(자선단체)

繕
기울 선

糸-총18획

糸+善. 좋다는 뜻인 善(선)에 실(糸)이 더해져, 실로 기워서 좋게한다는 의미로 '수선하다, 보수하다'의 뜻을 나타낸다.

修繕(수선) 營繕(영선) 修繕工(수선공)

羊

膳
반찬 선

肉-총16획

月(肉)+善. 좋다는 뜻인 善(선)에 고기(肉)가 더해져, 좋은 고기라는 의미에서 '차려진 요리, 반찬, 올리다'의 뜻을 나타낸다. '선물(gift)'이라는 뜻으로도 쓰인다.

膳物(선물) 膳賜(선사) '꽃다발을 선사(膳賜)하다'

義
옳을 의

옳을 의 甲骨文   옳을 의 金文

羊+我. 我(나 아)는 본래 날끝이 들쭉날쭉한 창을 본뜬 것이다. 제사 의식(儀式)에서 양(羊)을 날붙이(我)로 잡는 모습을 표현한 것이다. '옳다, 의롭다' 등 여러 추상적인 의미들이 파생되었다.

義
옳을 의

羊-총13획

義理(의리) 義兵(의병) 義足(의족) 義父(의부) 義兄弟(의형제) 義勇軍(의용군) 講義(강의) 意義(의의)

議
의논할 의

言-총20획

言+義. 옳다는 뜻인 義(의)에 말(言)이 더해져, 옳은 길을 추구하여 말한다는 의미로 '의논하다, 논하다'의 뜻을 나타낸다.

議論(의논) 議定書(의정서) 問議(문의) 物議(물의) 抗議(항의) 會議(회의) 論議(논의) 建議(건의) 勞動爭議(노동쟁의)

儀
거동 의

人-총15획

亻(人)+義. 제사의식을 의미하는 義(의)에 사람(人)이 더해져, 옳다는 뜻으로 쓰이는 義(의)와 구별하여 '의례, 거동'의 뜻을 나타낸다.

儀禮(의례) 儀式(의식) 儀仗隊(의장대) 祝儀金(축의금) 國民儀禮(국민의례)

羲
사람이름 희

羊-총16획

義+丂. 제사의식을 의미하는 義(의)에 도구의 일종인 丂(교)가 더해져 '베풀다'의 의미이다. 인명(人名)으로 쓰임새가 더 많다.

伏羲(복희)〈名〉

犧
희생 희

牛-총20획

牛+義. 제사의식을 의미하는 義(의)에 도구(丂)와 소(牛)가 더해져, 제사에 제물로 바치는 '희생'을 뜻한다.

犧牲(희생) 犧牲羊(희생양)

養
기를 양

[기를 양 金文] [기를 양 篆文]

羊+食. 제사 및 희생을 의미하는 羊(양)에 음식(食)이 더해진 형태로, 본래 '공양하다, 올리다'의 의미이다. 파생하여 '기르다, 양육하다'의 뜻을 나타낸다. 金文은 羊(양)과 막대기를 든 손(支)이다. 牛(우)에 攴(복)이 더해진 牧(기를 목)과 비슷한 형태로 '기르다, 목축'의 뜻을 나타낸다고 할 수 있다.

養(양)에 질병을 뜻하는 疒(녁)이 더해지면 癢(가려울 양)이다. 명쾌한 설명을 찾기가 어려운데, 瘍(종기 양)과 통용되는 점을 고려해서 볼 필요가 있다. 瘍(양)에서 昜(양)은 햇살을 뜻하며, 드러나다의 의미를 지닌다. 疒(녁)이 더해져, 피부가 부어오르는 '종기, 부스럼'을 뜻한다. 관용적인 표현 중에, 쓸데없이 건드려서 일을 키운다는 뜻으로 '긁어 부스럼'이라는 말을 한다. 癢(양)은 긁어서 병을 키운다는 의미로 養(양)을 취했을 가능성도 배제할 수 없다.

養
기를 양

食-총15획

養殖(양식) 養老院(양로원) 敎養(교양) 療養(요양) 扶養(부양) 滋養分(자양분) 供養米(공양미) '김을 양식(養殖)하다'

癢
가려울 양

疒-총20획, 痒 과는 동자(同字)

疒+羊. 본문 참조

搔癢感(소양감) 隔靴搔癢(격화소양)

達

통달할 달 | 통달할 달 金文

辶(辵)+羍. 〈설문해자〉에서 羍(달)은 '어린 양(小羊)'으로 설명한다. 움직임을 뜻하는 辵(착)이 더해져, 활달하게 뛰어다니는 어린 양을 의미한다. '나아가다, 꿰뚫다' 등 여러 동적인 의미들이 파생되었다.

達
통달할 달

辵-총13획

達成(달성) 達觀(달관) 達辯(달변) 傳達(전달) 配達(배달) 豁達(활달) 通達(통달) 發達(발달) 未達(미달) 調達(조달) 到達(도달)

撻
매질할 달

手-총16획

扌(手)+達. 매질할 때 나는 소리의 의성어로 達(달)을 차용하였다. 손(手)이 더해져 '매질하다'의 뜻을 나타낸다.

鞭撻(편달) 指導鞭撻(지도편달)

羔

새끼양 고 | 새끼양 고 篆文

羊+灬(火). 양을 불 위에 놓은 모습으로, 본래 '끓이다, 굽다'의 의미이다. '새끼양(羊子)'의 뜻으로 쓰인다

窯
가마 요

穴-총15획

穴+羔. 끓인다는 의미의 羔(고)에 구멍(穴)이 더해져, 기와나 그릇을 굽는 '가마'를 뜻한다.

窯業(요업) 瓦窯(와요)

羹
국 갱

羊-총19획

羔+美. 하단의 솥(鬲)이 美의 형태로 변형되었다. 끓인다는 의미의 羔(고)에 솥이 더해져, 양을 불 위에 얹고 끓인다는 의미로 '국'을 뜻한다.

羹粥(갱죽) 羹湯(갱탕)

양뿔 과

산양 환 篆文　관대할 관 篆文

양의 뿔을 본뜬 모습으로, '양뿔'을 뜻한다(羊角). 〈설문해자〉에서는 부수자이다. 艹(과)에 눈(目)이 더해진 형태인 莧(말)은 '눈이 바르지 않다, 삐뚤다(目不正)'의 의미이다. 여기에 토끼 다리가 덧붙으면 莧(환)이 되어(从兔足), 가는 뿔과 눈이 특징적인 '산양'을 가리킨다(山羊細角者).

어그러질 괴

丿-총8획

본자(本字)는 芾로, 양의 뿔과 등이 서로 어그러져 있음을 의미한다. '어그러지다, 떨어지다'의 뜻을 나타낸다.

乖離(괴리) 乖戾(괴려)

너그러울 관

宀-총15획

宀+莧. 산양(莧)이 집(宀)에서 길러져 온순해진 것으로 풀이된다. '너그럽다, 관대하다'의 뜻을 나타낸다.

寬容(관용) 寬大(관대) 寬厚長者(관후장자)

2. 우직한 소
[牛] 牛 告 犀

3장 동물

牛
소우

소우 甲骨文　　소우 金文

뽈 있는 소의 모습을 본뜬 것으로 '소'를 뜻한다. 미국 프로농구(NBA) 구단인 시카고 불스 (Bulls)의 마스코트와 牛(우)의 甲骨文을 한번 비교해보길 권한다.

牛
소우

牛-총4획

牛馬(우마) 牛肉(우육) 牛耳讀經(우이독경) 九牛一毛(구우일모) 牛膝(우슬)〈藥〉牛黃(우황)〈藥〉

牢
우리 뢰

牛-총7획

宀+牛. 소를 뜻하는 牛(우)에 집을 뜻하는 宀(면)이 더해져 '우리, 감옥, 희생'을 뜻한다.

牢獄(뇌옥) 亡羊補牢(망양보뢰)

牧
칠 목

牛-총8획

牛+攵(攴). 소를 뜻하는 牛(우)에 동작을 의미하는 攴(복)이 더해져, 소를 기른다는 의미이다. '기르다, 치다, 목장'의 뜻을 나타낸다. 파생하여 백성들을 '다스리다'의 의미로 도 쓰인다.

牧童(목동) 牧場(목장) 牧畜(목축) 牧師(목사) 牧民心書(목민심서) 放牧(방목) 遊牧(유목) 遊牧民 (유목민) 牧隱(목은)〈名〉

件
사건 건

人-총6획

亻(人)+牛. 소를 뜻하는 牛(우)에 사람(人)이 더해져 본래 '토막내다, 나누다'의 의미라 한다. 파생하여 '낱개, 물건, 사건'의 뜻을 나타낸다.

事件(사건) 與件(여건) 條件(조건) 物件(물건) 人件費(인건비)

牡
수컷 모

牛–총7획

牛+⊥. 소를 뜻하는 牛(우)에 수컷의 성기를 본뜬 형태(⊥)가 더해져 '수소'를 뜻한다. 확대되어 모든 동물의 '수컷'을 의미한다. 성기(⊥)가 土(토)의 형태로 변형되었다.

牡蠣(모려)〈藥〉

告
알릴 고/곡

알릴 고 甲骨文 　 알릴 고 金文

牛+口. 단순한 글자이지만 풀이에 일치된 견해가 없다. 〈설문해자〉에서는 '소가 사람을 건드릴까봐 뿔에 횡목(橫木)을 부착한다. 사람들에게 알리기 위함이다(牛觸人 角箸橫木 所以告人)'로 설명한다. 〈간명 甲骨文 자전〉에서는 '소가 울다'는 뜻으로 짐작된다고 한다. 〈한한대자전〉에 의하면 告(고/곡)가 좋다는 뜻의 好(호)와도 통용되었다. 告(고/곡)에서 파생된 글자들을 보면, 종성에 'ㄱ' 받침이 있는 경우와 없는 경우의 분위기가 사뭇 다름을 볼 수 있다. 'ㄱ' 받침이 없는 경우에는 好(호)의 의미와 연관이 있는 것으로 풀이된다.

告
알릴 고/곡

口–총7획

告示(고시) 告發(고발) 告白(고백) 告解聖事(고해성사) 忠告(충고) 公告(공고) 報告(보고) 原告(원고) 被告(피고) 上告審(상고심)

皓
흴 호

白–총12획

白+告. 좋다는 의미인 告(고)에 빛나다의 뜻인 白(백)이 더해져 '흰 빛, 깨끗하다, 밝다'의 뜻을 나타낸다.

丹脣皓齒(단순호치)

浩
클 호

水–총10획, 澔는 동자(同字)

氵(水)+告. 좋다는 의미인 告(고)에 물(水)이 더해져, 마음이 넉넉해지는 큰물을 의미한다. '크다, 넓다, 넉넉하다'의 뜻을 나타낸다.

浩然之氣(호연지기) 安昌浩(안창호)〈名〉 申采浩(신채호)〈名〉

造
지을 조

辵-총11획

辶(辵)+告. 좋다는 의미인 告(고)에 움직임을 뜻하는 辵(착)이 더해져 '성취하다, 이루다'의 의미이다. 파생하여 '만들다, 짓다'의 뜻을 나타낸다.

造作(조작) 造詣(조예) 捏造(날조) 急造(급조) 創造(창조) 製造業(제조업) 人造人間(인조인간) 船舶建造(선박건조) '사건을 조작(造作)하다' '조예(造詣)가 깊다'

梏
쇠고랑 곡

木-총11획

木+告. 소를 묶은 모습인 告(곡)에 나무(木)가 더해져 '고랑, 수갑, 묶다'의 뜻을 나타낸다.

桎梏(질곡) '질곡(桎梏)에서 벗어나다'

酷
독할 혹

酉-총14획

酉+告. 소를 묶은 모습인 告(곡)에 발효음식을 뜻하는 酉(유)가 더해져, 지나치게 진한 술맛을 의미한다. '혹독하다, 심하다'의 뜻을 나타낸다.

酷寒(혹한) 酷毒(혹독) 酷使(혹사) 酷評(혹평) 酷炎(혹염) 殘酷(잔혹) 苛酷(가혹)

鵠
고니 곡

鳥-총18획

告+鳥. 고니 울음소리의 의성어로 告(곡)의 음을 차용한 것으로 보이며, 새(鳥)가 더해져 '고니'를 뜻한다. 과녁의 한가운데인 '정곡'의 뜻으로도 쓰인다. '콕'이라는 의성어와 연관이 있을 것으로 추정된다.

正鵠(정곡) '정곡(正鵠)을 찌르다'

犀
무소 서

무소 서 金文

尾+牛. '코뿔소'를 뜻한다. 〈설문해자〉에서는 '코에 뿔이 하나 있고, 머리에도 뿔이 하나 있으며, 멧돼지와 비슷하다(一角在鼻 一角在頂 似豕)'라고 설명한다. 가장 큰 특징인 코의 뿔 대신 꼬리(尾)에 초점을 맞춘 이유는 알 수 없다.

犀

무소 서

牛–총12획

犀角(서각)〈藥〉

遲

늦을 지

辵–총16획

辶(辵)+犀. 篆文에 근거하여, 무소(犀)의 걸음(辵)으로 풀이하여 '더디다, 늦다'로 이해하는 편이 무난하다.

遲延(지연) 遲滯(지체) 遲遲不進(지지부진)

3. 여러 모습을 지닌 개
〔犬〕犬 友 伏 然 厭 獄

犬
개 견

개 견 甲骨文   개 견 金文   개 견 篆文

귀를 쫑긋 세운 개의 모습을 본뜬 것으로, '개'를 뜻한다.

犬
개 견

犬-총4획

犬猿之間(견원지간) 犬馬之勞(견마지로) 盲導犬(맹도견) 軍犬(군견) 案內犬(안내견) 探知犬(탐지견)

尨
삽살개 방

尤-총7획

털이 긴 개의 모습을 본뜬 것으로, '삽살개'를 뜻한다.

尨大(방대) '규모가 방대(尨大/厖大)하다'

器
그릇 기

口-총16획

㗊+犬. 㗊(집)은 그릇을 벌여놓은 모습. 개(犬)가 더해져, 개가 그릇을 지키는 모습
(犬所以守之)을 표현하였다. 일반적인 '그릇'의 뜻으로 쓰인다.

容器(용기) 甕器(옹기) 鐵器(철기) 陶瓷器(도자기) 大器晚成(대기만성)

類
무리 류

頁-총19획

頪+犬. 頪(뢰)는 쌀알과 머리가 둥글어 구별하기 어렵다는 의미(難曉). 개(犬)가 더
해져 서로 구별하기 어려운 비슷한 '무리, 종류'의 뜻을 나타낸다.

類型(유형) 類似(유사) 類推(유추) 類類相從(유유상종) 種類(종류) 分類(분류) 部類(부류) 哺乳類
(포유류)

友 달릴 발   **友** 달릴 발 篆文

〈설문해자〉에서는 '개가 달리는 모습(走犬皃)'이라 설명한다. 犬(견)과 友(발)의 篆文을 비교해보면 개의 뒷다리에 해당하는 부분에 丿이 그어진 형태임을 볼 수 있다.

跋 밟을 발

足-총12획

足+友. 개가 달리는 모습인 友(발)에 발(足)이 더해져 '밟다'의 뜻을 나타낸다. 대표 용례인 발호(跋扈)는 제멋대로 날뛰어 제어하기 힘듦을 나타내는 말이다.

跋扈(발호)

髮 터럭 발

髟-총15획

髟+友. 개가 달리는 모습인 友(발)에 털을 뜻하는 髟(표)가 더해져, 개가 달리며 흩날리는 꼬리와 털을 표현하였다. '터럭, 머리카락'의 뜻을 나타낸다.

毛髮(모발) 理髮(이발) 辮髮(변발) 削髮(삭발) 毫髮(호발) 危機一髮(위기일발)

拔 뺄 발

手-총8획

扌(手)+友. 개가 달리는 모습인 友(발)에 손(手)이 더해져, 사냥에 쓰기 위해 잘 달리는 개를 선발한다는 의미로 풀이된다. '뽑다, 뛰어나다'의 뜻을 나타내며, 파생하여 '뽑아내다, 버리다'의 의미도 나타낸다.

拔擢(발탁) 拔萃(발췌) 拔群(발군) 拔本塞源(발본색원) 奇拔(기발) 選拔(선발) 海拔高度(해발고도) 見蚊拔劍(견문발검) '발군(拔群)의 기량을 선보이다'

魃 가물귀신 발

鬼-총15획

鬼+友. 개가 달리는 모습인 友(발)에 귀신(鬼)이 더해져, 귀신이 달리며(友) 풀을 밟고(跋) 뽑아낸다(拔)는 의미로 '가뭄, 가뭄의 신'을 뜻한다.

旱魃(한발)

伏
엎드릴 복 | 엎드릴 복 金文　엎드릴 복 篆文

亻(人)＋犬. 개가 사람을 따라다닌다는 뜻이며, 개처럼 배를 땅에 깔고 '엎드리다'의 뜻을
나타낸다.

伏
엎드릴 복

人－총6획

伏線(복선) 伏龍(복룡) 埋伏(매복) 三伏(삼복) 潛伏(잠복) 降伏(항복) 屈伏(굴복) '무조건 항복(降伏
/降服)' '어쩔 수 없이 굴복(屈伏/屈服)하다'

洑
돌아흐를 복/
보 보

水－총9획

氵(水)＋伏. 엎드리다의 의미인 伏(복)에 물(水)이 더해져 '숨어서 흐르다, 돌아 흐르
다'의 뜻을 나타낸다. 물을 가두는 '보'의 뜻으로 주로 쓰인다.

洑(보) '봇물(洑) 터지다'

然
그러할 연 | 그러할 연 金文　그러할 연 篆文1　그러할 연 篆文2

月(肉)＋犬＋灬(火). 제물로 개의 고기(肰)를 태우다(火)의 뜻을 나타낸다. 가차하여 '그러하
다'의 뜻으로 쓰인다.

然
그러할 연

火－총12획

自然(자연) 偶然(우연) 必然(필연) 泰然(태연) 杳然(묘연) 超然(초연) '慊然(겸연)쩍다' '未然(미연)
에 방지하다'

燃
불사를 연

火-총16획

灬(火)+然. 불로 태우는 모습인 然(연)에 불(火)이 덧붙어 '불에 타다, 불사르다'의 뜻을 명확하게 하였다.

燃燒(연소) 燃燈(연등) 燃燈節(연등절) 不燃性(불연성) 可燃性(가연성) '초파일에 연등(燃燈)을 달다'

厭
물릴 염/누를 엽

물릴 염 金文   물릴 염 篆文

'염'으로 읽을 때는 '싫다, 물리다'의 뜻을 나타내며 '엽'으로 읽을 때는 '누르다, 억압하다'의 뜻을 나타낸다. '물리다'와 '누르다'의 의미 모두 명확한 설명을 찾기 어려운 글자이다.

~~~~~~

厭
물릴 염/누를 엽

厂-총14획

厭症(염증) 厭世(염세) 厭世主義(염세주의) '정치에 염증(厭症)을 느끼다'

壓
누를 압

土-총17획

厭+土. 누르다의 의미인 厭(엽)에 흙(土)이 더해져 '누르다, 막다'의 뜻을 나타낸다.

壓迫(압박) 壓縮(압축) 壓卷(압권) 壓倒的(압도적) 指壓(지압) 抑壓(억압) 鎭壓(진압) 彈壓(탄압)

獄
옥 옥

옥 옥 金文   옥 옥 篆文

狀+言. 狀(은)은 개 두 마리가 서로 물고 있는 상황을 뜻한다(兩犬相齧). 여기에 말(言)이 더해져, 말로서 서로 다투는 상황을 표현했다. '송사, 재판, 감옥'의 뜻을 나타낸다. 확대되어 '지옥(hell)'의 뜻으로 쓰인다.

~~~~~~

獄
옥 옥

犬-총14획

獄中(옥중) 獄苦(옥고) 獄吏(옥리) 監獄(감옥) 地獄(지옥) 脫獄(탈옥)

嶽
큰산 악

山-총17획, 岳 과 동자(同字)

山+獄. 재판, 감옥의 의미를 지닌 獄(옥)에 산(山)이 더해져, 그런 분위기의 위압감
을 주는 '험준한 산, 큰 산'을 의미한다.

山嶽(산악) 雪嶽山(설악산)〈地〉

4. 말 달리자
〔馬〕

馬	말마		
말마	말 마 甲骨文	말 마 金文	말 마 篆文

말의 모습을 본뜬 것이다(象馬頭髦尾四足之形). 馬(마)의 우측 상부가 흩날리는 갈기이다. 예민하고 겁이 많은 편이라 '놀람'을 뜻하는 駭(놀랄 해) 驚(놀랄 경)에 쓰이기도 하지만, 실전(實戰)에서의 활약에 비해 글자로서 활용도는 낮은 편이다.

馬
말 마

馬-총10획

馬車(마차) 馬力(마력) 馬廐間(마구간) 騎馬(기마) 競馬(경마) 乘馬(승마) 駿馬(준마)

罵
욕할 매

网-총15획

网+馬. 말을 뜻하는 馬(마)에 그물(网)이 더해져, 그물을 덮어씌우듯 '욕설을 퍼붓다, 매도하다'의 뜻을 나타낸다.

罵倒(매도)

篤
도타울 독

竹-총16획

竹+馬. 말을 뜻하는 馬(마)에 대나무(竹)가 더해져, 천천히 걷는 말(馬行頓遲)에 채찍질한다는 의미로 풀이된다. 의미가 변형되어 '도탑다, 돈독하다'의 뜻으로 쓰이는 이유에 대해선 일치된 견해가 없다.

篤實(독실) 篤志家(독지가) 敦篤(돈독) 血心苦篤(혈심고독)

憑
기댈 빙

心-총16획

馮+心. 馮(뽐낼 빙)의 음에 마음(心)이 더해져 '기대다, 의지하다'의 뜻을 나타낸다. 馮(빙) 憑(빙) 모두 명쾌한 설명을 찾기 어렵다.

憑藉(빙자) 證憑(증빙) 信憑性(신빙성)

5. 날쌔고 용맹한 멧돼지
[豕] 豕 豕 家 豦 彖 豪

| 豕 돼지 시 | 돼지 시 甲骨文1 | 돼지 시 甲骨文2 | 돼지 시 金文 | 돼지 시 篆文 | 돼지 돈 金文 |

주둥이가 튀어나온 멧돼지를 본뜬 모습으로 '돼지'의 뜻을 나타낸다.

파생된 글자인 豚(돼지 돈)은 豕(시)에 肉(육)이 더해져 '살찐 돼지' 혹은 '제사에 쓰일 돼지'를 의미한다. 〈설문해자〉에는 '작은 돼지(小豕)'로 설명하는데, 야생 멧돼지와 대비되는 가축으로서의 돼지를 말하는 것으로 보인다. 金文에는 肉(육)과 豕(시)외에 사람의 손도 그려져 있다. 돼지를 사육하는 손일 수도 있고 도살하려는 손일 수도 있는데, 결국엔 잡으려고 기르는 돼지이니 그 손이 그 손이라 하겠다. 豚(돈)은 현재 '돼지'를 대표하는 글자인데, 돼지(pig)의 뜻과 돼지고기(pork)의 뜻을 아우른다. 현대인들이 인식하고 있는 돼지의 대표적인 이미지라고 볼 수 있다.

豚 돼지 돈

豕-총11획

月(肉)+豕. 본문 참조

豚肉(돈육) 豚舍(돈사) 養豚(양돈)

逐 쫓을 축

辶(辵)-총11획

辶(辵)+豕. 甲骨文은 豕+止로 돼지(豕)를 쫓는 발(止)의 모습이며 '쫓다'의 뜻을 나타낸다. 후에 止(지)가 움직임을 뜻하는 辵(착)으로 변형되었다.

逐出(축출) 逐次的(축차적) 角逐場(각축장) 驅逐艦(구축함) '나쁜 세력을 축출(逐出)하다'

遂 이룰 수

辶(辵)-총13획

辶(辵)+㒸. 㒸(수)는 '따르다'의 의미. 움직임을 뜻하는 辵(착)이 더해져 '이르다, 성취하다'의 뜻을 나타낸다. 㒸(수)는 八+豕로 풀이하는데, 왜 '따른다'는 뜻인지는 확실하지 않다. 혹시 새끼돼지 여덟 마리일까?

遂行(수행) 完遂(완수) '직무를 수행(遂行)하다'

발얽은 돼지걸음 축

발얽은 돼지걸음 축 甲骨文

돼지의 발을 묶은 상태로 움직이는 모습을 나타낸 것이다(豕絆足行). 혹 생식기를 거세한 돼지라고도 한다. 어느 경우든 제사의 희생을 의미한다. 豕(시)와 豕(축)은 서로 헷갈리기 쉬운 글자들이다. 豕(축)이 들어간 아래 두 글자만 파악해 두면 혼동을 피할 수 있다.

무덤 총

土-총13획

土+豕. 冖은 勹(포)의 변형. 冢(총)은 발을 묶은 돼지(豕)를 덮어 싸서(勹) 희생으로 바치는 '무덤'을 뜻한다. 흙(土)이 더해져 의미를 좀 더 명확하게 했다.

塚中枯骨(총중고골) 貝塚(패총) 將軍塚(장군총)

쫄 탁

玉-총12획

玉+豕. 옥을 새길 때 나는 소리의 의성어로 豕(축)을 차용하였다. 玉(옥)이 더해져 옥을 '쪼다, 다듬다'의 뜻을 나타낸다.

切磋琢磨(절차탁마)

집 가

집 가 甲骨文

宀+豕. 지붕 혹은 집을 나타내는 宀(면)과 돼지(豕)가 더해진 형태이다. 집(house)을 표현하는데 하필이면 왜 '돼지'가 주인공인지 여러 설이 난무한다. 집집마다 돼지를 키워서 그랬을 것이라는 견해도 있지만, 개나 소나 고양이도 마찬가지이니 설득력이 약하다. 〈간명 甲骨文 자전〉에 의하면, 본래 돼지가 우리 안에 있는 모습을 표현한 것이다. 과거에는 돼지 축사와 사람이 사는 집의 모양이 비슷하여, 점차 사람이 사는 집을 가리키는 용어가 되었다고 한다.

家
집 가

宀-총10획

家庭(가정) 家率(가솔) 家具(가구) 家電製品(가전제품) 家和萬事成(가화만사성) 作家(작가) 畫家(화가) 一家見(일가견) 出家具戒(출가구계)

嫁
시집갈 가

女-총13획

女+家. 집을 뜻하는 家(가)에 여성(女)이 더해져, 태어난 집을 떠나 남편의 집으로 간다는 의미로 '시집가다'의 뜻을 나타낸다.

出嫁(출가) 出嫁外人(출가외인) 改嫁(개가)

稼
심을 가

禾-총15획

禾+家. 여기서 家(가)는 嫁(가)의 의미로, 벼를 옮겨 심는 것을 시집보내는 것(嫁)에 빗대었다. '심다, 옮겨 심다, 벼이삭'을 뜻한다.

稼穡(가색) 稼動(가동) 稼動率(가동률) '공장의 기계를 가동(稼動)하다'

豦
원숭이 거

원숭이 거 篆文

虍+豕. 〈설문해자〉에서는 '다투며 서로 잡고 풀지 않는 상황(鬪相豦不解)'으로 설명한다. 멧돼지와 호랑이가 다투며 뒤엉킨 것이라는데(豕虍之鬪 不解也), 호랑이와 대등하게 싸우는 멧돼지라니 놀랍다. 자전에는 '원숭이'라는 의미만 수록되어 있다. 虍(호)와 豕(시)의 조합에서 갑작스레 '원숭이'가 튀어나온 이유는 알 수 없지만, 파생된 글자들을 보면 〈설문해자〉의 풀이가 타당함을 확인할 수 있다.

據
의거할 거

手-총16획

扌(手)+豦. 서로 얽히다의 의미인 豦(거)에 손(手)이 더해져 '의지하다, 기대다'의 뜻을 나타낸다.

據點(거점) 根據(근거) 占據(점거) 依據(의거) 準據(준거) 本據地(본거지)

醵 추렴할 갹/거

酉-총20획

酉+豦. 서로 얽히다의 의미인 豦(거)에 술을 뜻하는 酉(유)가 더해져 '추렴내어 술마시다'는 뜻을 나타낸다.

醵出(갹출/거출) 醵金(갹금/거금)

劇 심할 극

刀-총15획

豦+刂(刀). 서로 얽히다의 의미인 豦(거)에 칼(刀)이 더해져 '심하다, 격심하다'는 뜻을 나타낸다. 파생하여 '연극'이라는 의미도 나타낸다. 요컨대 '드라마틱하다'라는 의미로 정리할 수 있겠다.

劇甚(극심) 劇藥(극약) 劇的(극적) 演劇(연극) 悲劇(비극) 喜劇(희극) 亂鬪劇(난투극) '극심(劇甚/極甚)한 추위' '극적(劇的)으로 타결되다'

彖 판단할 단 　|　**彖** 판단할 단 篆文

彑+豕. 彑(계)가 멧돼지 머리를 본뜬 모습이므로, 彖(단)은 머리 큰 멧돼지를 뜻한다. 〈설문해자〉에 의하면 '멧돼지가 달리다(彖走)'가 본래 의미인데, 어디선가 '판단하다'라는 학구적인 뜻이 나타났다. 파생하여 '전하다, 이어지다'의 의미도 지닌다. 彖(단)의 용례로는 〈주역(周易)〉을 풀이한 서적인 〈彖辭(단사)〉와 〈彖傳(단전)〉이 있다. 본래 '판단'이라는 의미가 있어 서적의 제목으로 사용한 것인지, 겸손하게 붙인 제목에서 '판단'이란 의미가 파생된 것인지 불분명하다. 필자의 사견으로는 후자의 가능성이 높아 보인다.

喙 부리 훼

口-총12획

口+彖. 멧돼지를 뜻하는 彖(단)에 입(口)이 더해져, 짐승의 '주둥이'나 새의 '부리'를 뜻한다.

喙長三尺(훼장삼척) 容喙(용훼) 烏喙(오훼)

緣 가선 연

糸-총15획

糸+彖. 이어지다의 의미인 彖(단)에 실(糸)이 더해져, 옷 가장자리에 두른 장식인 '가선'을 뜻한다. 파생하여 '인연, 연분'의 뜻을 나타낸다.

緣故(연고) 緣起(연기) 緣故地(연고지) 緣木求魚(연목구어) 因緣(인연) 血緣(혈연) 絶緣體(절연체)

椽
서까래 연

木-총13획

木+彖. 이어지다의 의미인 彖(단)에 나무(木)가 더해져, 지붕의 가로대 사이에 이어진 나무인 '서까래'를 뜻한다.

椽木(연목) 椽大之筆(연대지필)

篆
전자 전

竹-총15획

竹+彖. 이어지다의 의미인 彖(단)에 대나무(竹)가 더해져, 붓을 휘돌리듯 이어서 쓰는 서체인 '전서(篆書), 전문(篆文)'을 가리킨다. 소전(小篆)과 대전(大篆)으로 나뉘는데, 일반적으로 소전(小篆)을 뜻한다.

篆文(전문) 篆書(전서) 篆字(전자) 小篆(소전) 大篆(대전)

豪
호걸 호

豪 호걸 호 篆文

稾+豕. 稾(고)는 볏짚을 뜻하며 稿(고)와 동자(同字)이다. 豕(시)가 더해져 볏짚처럼 빳빳한 털을 가진 짐승인 '호저(豪豬)'를 뜻한다. 〈설문해자〉에서는 '갈기털이 붓대처럼 빳빳한 산돼지의 일종(豕, 鬣如筆管者)'으로 설명하고 있다. 간혹 고슴도치로 오해받기도 한다. 성질이 억센 짐승으로 '굳세고 의협심 있는 사람, 호걸'의 뜻이 파생되었다.

~~~~~~

豪
호걸 호

豕-총14획

豪傑(호걸) 豪放(호방) 豪宕(호탕) 豪快(호쾌) 豪華(호화) 豪言壯談(호언장담) 豪雨警報(호우경보) 土豪(토호) 文豪(문호)

毫
가는털 호

毛-총11획

豪+毛. 호저를 뜻하는 豪(호)에 털(毛)이 더해져, 豪豬(호저)의 길고 뾰족하고 '가는 털'을 의미한다.

毫髮(호발) 秋毫(추호) 揮毫(휘호) '추호(秋毫)의 거짓도 없다'

壕
해자 호

土-총17획

土+豪. 호저를 뜻하는 豪(호)에 흙(土)이 더해져, 성 둘레에 인공적으로 판 '해자'를 뜻한다. 적의 접근을 막는 '해자'를 호저의 빳빳한 털에 빗댄 것으로 보인다.

塹壕(참호)

濠
해자 호

水-총17획

氵(水)+豪. 호저를 뜻하는 豪(호)에 물(水)이 더해져, 성 둘레에 땅을 파고 물을 채운 '해자'를 뜻한다. 壕(호)와 동자(同字)인데 '호주(Australia)'를 가리키는 글자로도 사용된다.

濠洲(호주)

豕

※ 잠깐 일러두기

과거에 참호(塹壕)는 성 둘레에 파놓은 해자를 의미했지만, 현대전에서 참호(塹壕)는 다소 다른 의미이다. 군대에서 야삽으로 땅 좀 파본 분들이라면 쉽게 이해할 것이다. 적의 공격을 막는 엄폐물은 크게 두 종류인데, 주변 평지보다 낮은 경우와 높은 경우로 나눌 수 있다. 평지보다 낮은 경우가 塹(참)과 壕(호), 평지보다 높은 경우가 堡(보)와 壘(루)이다. 관용적으로 사용하는 표현인 '최후의 보루(堡壘)'가 여기서 나온 말로, 진지 혹은 작은 성(城)이라는 의미이다. 그리고 壘(루)는 야구에서 베이스(base)를 번역하는 데에 사용되어, 우리에게 더욱 친숙한 용어가 되었다.

6. 처량한 코끼리
〔象〕

象
코끼리 상 | 코끼리 상 甲骨文 코끼리 상 篆文

코끼리를 본뜬 모습이다. 〈설문해자〉에서는 '남월(南越)의 큰 짐승으로 긴 코와 엄니를 가졌으며 3년에 한번 새끼를 낳는다. (象이란 글자는) 귀, 상아, 네발, 꼬리의 상형이다(南越大獸長鼻牙 三年一乳. 象耳牙四足尾之形)'라고 설명한다. 다른 짐승에 비해 상세하게 설명하고 있다. 당시의 일반 대중에게 코끼리가 생소한 짐승이었다는 것을 짐작할 수 있는 대목이다. 〈설문해자〉에서는 독립된 부수자이다. 540개의 부수 중 한 자리를 차지했었다. 하지만 현재 자전에서는 아래 형태가 비슷하다는 이유로 아무 연관도 없는 豕(돼지 시)部에 편입되어 있다. 코끼리가 돼지 산하에 있다니 체면이 말이 아니다.

참고로 爲(할 위)의 아랫부분도 코끼리이다. 다소 변형된 형태로 爪+象인데, 손(爪)으로 코끼리(象)를 조련하는 모습을 나타낸 것이다. 고향인 남월(南越)을 떠나와서 이래저래 서글픈 코끼리 신세라 하겠다. 본래 의미인 '코끼리' 외에 '모양, 본뜨다, 이미지'의 의미로도 쓰인다. 추운 북방에서 살아있는 코끼리를 직접 보기 어려웠으므로 반쯤은 상상의 동물이 되었기 때문이라 한다.

象
코끼리 상

豕-총12획

象牙(상아) 象形(상형) 象徵(상징) 象牙塔(상아탑) 現象(현상) 對象(대상) 印象(인상) 抽象的(추상적) 千態萬象(천태만상)

像
형상 상

人-총14획

亻(人)+象. 象(상)의 의미 중에서 '코끼리'를 제외하고 '모습, 모양'의 의미로 독립한 형태이다. 그렇다고 象(상)에서 '모습'이라는 뜻이 완전히 없어진 것은 아니다.

想像(상상) 偶像(우상) 銅像(동상) 胸像(흉상) 彫刻像(조각상) 肖像畫(초상화) '그는 우리의 우상(偶像)이다'

7. 재빠른 토끼
〔兎〕

兎
토끼 토

토끼 토 甲骨文　　토끼 토 篆文　　면할 면 篆文

토끼를 본뜬 모습으로 '토끼'를 뜻한다. 甲骨文은 토끼를 사실적으로 그린 형태이다. 兎는 속자(俗字)이고, 정자인 兔(토)는 免(면할 면)에 점 하나 찍은 꼴인데, 본래 두 글자는 무관한 글자이다. 兔(토)에서 점이 빠진 것이 免(면)이라고 상식처럼 알려진 것은 〈설문해자〉의 영향이다. 〈설문해자〉에서는 免(면)의 부수가 兔(토끼 토)이며, 兔(토)가 빨라 발이 안 보이는 것(不見足)이라고 설명한다. 사실 篆文만 보면 두 글자의 모양이 거의 동일하기 때문에 누구라도 그렇게 풀이했을 것이다. 보다 자세한 설명은 免(면) 부분을 참조하기 바란다.

兔
토끼 토

儿-총8획

兔死狗烹(토사구팽) 兔營三窟(토영삼굴) 狡兔三窟(교토삼굴) 守株待兔(수주대토)

冤
원통할 원

冖-총10획

冖+兔. 토끼를 뜻하는 兔(토)에 그물(网)이 변형된 冖(멱)이 더해진 형태이다. 冖(덮을 멱) 자체로도 '굴레'라는 의미이므로, 어느 경우든 잡혀서 '억울하고 원통한' 토끼의 심정을 표현한 것이다.

冤痛(원통) 冤魂(원혼) 冤鬼(원귀) 伸冤(신원)

逸
달아날 일

辵-총12획

辶(辵). 冤(원)과 대조되는 상황으로, 움직임을 뜻하는 辵(착)이 더해져, 토끼가 '달아나다'의 뜻을 나타낸다.

逸脫(일탈) 逸話(일화) 安逸(안일) 獨逸(독일)〈地〉'재밌는 일화(逸話)를 들려주다'

讒
참소할 참

言+毚. 毚(약은토끼 참)은 㲋(착)+兔 로, 토끼(兔)와 토끼 비슷한 짐승(㲋)이 사람의
눈을 속인다는 의미이다. 말(言)이 더해져 '비방하다, 참소하다'의 뜻을 나타낸다.

讒訴(참소) 讒言(참언)

8. 재주가 많은 곰
〔能〕

能
능할능

곰 웅 甲骨文

곰 웅 篆文

능할 능 金文

능할 능 篆文

꼬리를 들어 올리고 입을 벌린 곰(bear)의 모습을 본뜬 것으로, 본래 '곰'을 의미한다. 곰은 덩치가 크지만 힘만 센 게 아니다. 나무도 잘 타고, 순발력이 있어 물고기도 척척 잘 낚는다. 그렇게 재주가 많아서인지 '능력, 재주'의 뜻으로 가차되어 사용되었다.

能
능할 능

肉-총10획

能力(능력) 能手(능수) 能爛(능란) 能動的(능동적) 可能性(가능성) 才能(재능) 放射能(방사능)

곰 웅

火-총14획

能+灬. 본래 곰을 뜻하는 能(능)이 '재주'의 뜻으로 쓰임에 따라 熊(웅)이 만들어졌다. 하단의 灬에 대해서는 의견이 매우 다양하다.

熊膽(웅담)〈藥〉

罷
방면할 파

网-총15획

网+能. 곰을 뜻하는 能(능)에 그물(网)이 더해져, 그물로 곰 등의 짐승을 잡는다는 의미이다. 파생하여 '물리치다, 내치다, 파하다'의 뜻을 나타낸다.

罷免(파면) 罷職(파직) 罷場(파장) 罷業(파업) 革罷(혁파) '잔치가 파장(罷場) 무렵일 때 도착했다'

모양 태

心-총14획

能+心. 능력을 뜻하는 能(능)에 마음(心)이 더해져, 마음속에 있는 재능이 겉으로 드러난 '모양, 모습, 몸짓'을 뜻한다.

態度(태도) 世態(세태) 醜態(추태) 狀態(상태) 舊態依然(구태의연) '세태(世態)를 풍자하다'

9. 뿔이 화려한 사슴
〔鹿〕鹿 麗

鹿	
사슴 록	사슴 록 甲骨文　사슴 록 金文　사슴 록 篆文

뿔이 있는 수사슴의 모습을 본뜬 것이다(象頭角四足之形). '사슴'을 뜻한다.

鹿
사슴 록

鹿-총11획

指鹿爲馬(지록위마) 鹿野苑(녹야원)〈地〉

塵
티끌 진

土-총14획

鹿+土. 篆文은 사슴 한 마리가 아니라 사슴떼(麤)에 흙(土)이 더해진 형태로 '티끌, 먼지'를 뜻한다.

塵土(진토) 粉塵(분진) 蒙塵(몽진) '백골이 진토(塵土)되어 넋이라도 있고 없고'

麗	
고울 려	고울 려 金文　고울 려 篆文

鹿(록)의 金文과 비교하면 사슴의 뿔을 한층 강조한 모습이다. 사슴뿔의 화려함을 빗대어 '곱다, 아름답다, 빛나다'의 뜻을 나타낸다.

麗
고울 려

鹿-총19획

華麗(화려) 秀麗(수려) 流麗(유려) 美辭麗句(미사여구) 高麗(고려) 高句麗(고구려) 閑麗水道(한려수도)〈地〉

灑
뿌릴 쇄

水-총22획

氵(水)+麗. 아름답다는 의미의 麗(려)에 물(水)이 더해져 '물 뿌리다, 청소하다'의 뜻을 나타낸다. 〈소학(小學)〉의 초반부에 등장하는 글자이다.

掃灑(소쇄)

10. 옳고 그름을 판단하는 해태
〔廌〕

| 廌 해태 치 | 해태 치 甲骨文 | 해태 치 篆文 | 천거할 천 金文 | 경사 경 金文 | 법 법 篆文 |

사슴, 산양과 비슷한 외뿔 짐승인 해태의 모습을 본뜬 것이다(似山牛 一角). 옳고 그름을 판단할 줄 안다고 하는 상상의 동물로, 궁전의 좌우 석상에 세우곤 했다. 일각수(一角獸)로도 불린다.

廌(치)는 시비, 재판의 상징으로 慶(경사 경)은 재판에서 승소한 상황을 표현한 글자이다. '경사나다, 행복'의 뜻을 나타낸다. 그런데 慶(경)에 대해 〈설문해자〉는 '혼례에 사슴 가죽으로 폐백 예물을 하였다(吉禮以鹿皮爲贄)'하여 해태(廌)가 아닌 사슴(鹿)으로 풀이하고 있다. 많은 자원풀이 서적들이 〈설문해자〉의 설명을 따르고 있다. 하지만 慶(경)의 金文과 廌(천)의 金文을 비교해보면, 사슴(鹿)이 아닌 해태(廌)라 한 견해가 타당하다.

薦
천거할 천

艸-총17획
艸+廌. 본래 廌(치)가 먹는 풀(艸)을 의미한다(獸之所食艸). 좋은 풀을 고른다는 의미에서 '인재를 고르다, 천거하다, 바치다'의 뜻을 나타낸다.

薦擧(천거) 推薦(추천) 公薦(공천) '정당에서 공천(公薦)을 받다'

慶
경사 경

心-총15획
廌+心+夂. 본문 참조

慶事(경사) 慶祝(경축) 慶賀(경하) 慶北(경북)〈地〉慶南(경남)〈地〉

法
법 법

水-총8획, 본자(本字)는 灋
篆文에서는 해태(廌)가 주인공인데 이후에 생략되었고, 사람이 去의 형태로 변형되었다. 해태가 잘못한 사람을 물에 밀어 넣는 모습으로 '재판, 형벌, 공평함'을 뜻한다. '법(law)'의 뜻으로 주로 쓰인다.

法治(법치) 法則(법칙) 法門(법문) 法統(법통) 法條文(법조문) 法曹界(법조계) 野壇法席(야단법석)

3장
동물문

11. 범이 사냥을 하다
〔虎〕虎 虐

| 虎 | 범 호 甲骨文 | 범 호 金文 | 범 호 篆文 |

범 호

범의 모습을 본뜬 것이다. 〈설문해자〉에서는 '산짐승의 왕(山獸之君)'으로 소개하고 있다.

범 호

虍-총8획

虎皮(호피) 虎視眈眈(호시탐탐) 狐假虎威(호가호위) 龍虎相搏(용호상박) 騎虎之勢(기호지세)

號

부르짖을 호

虍-총13획

号+虎. 号(호)는 아파서 우는 소리(痛聲)를 형상화한 것으로 可(가)와 같은 구조이다. 범(虎)과 더해져, 울부짖는다는 의미이다. 파생하여 '부르짖다, 부르다, 이름, 상호' 등의 뜻으로 다양하게 쓰인다.

號令(호령) 號角(호각) 號外(호외) 番號(번호) 記號(기호) 信號(신호) 符號(부호) 雅號(아호) 諡號(시호) '천하를 호령(號令)하다' '호각(號角)을 불다'

遞

갈마들 체

辶-총14획

辶(辵)+虒. 虒(치)는 범과 비슷한 뿔이 있는 짐승. 움직임을 뜻하는 辵(착)이 더해져 '번갈아 나아가다, 차례로 전해 보내다'의 뜻을 나타낸다.

遞信(체신) 遞減(체감) 郵遞局(우체국) '한계 효용 체감(遞減)의 법칙'

虐
사나울 학

사나울 학 篆文

虎+爪+人. 범(虎)이 앞발(爪)로 사람(人)을 붙잡은 상황을 의미한다. '잔인하다, 사납다'의 뜻을 나타낸다. 여기서 人(인)은 꼭 사람만이 아니라 먹잇감을 가리킨다고 볼 수 있다. 그런데 맹수들은 먹잇감인 짐승을 제압했다고 여기면 바로 잡아먹지 않고 갖고 놀거나, 새끼들에게 사냥 연습용으로 준다고 한다. 어찌 보면 이런 상황이 진짜 '잔인한' 것인지도 모른다.

虐
사나울 학

虍-총9획

虐待(학대) 虐殺(학살) 虐政(학정) 自虐(자학) 殘虐(잔학) '자학(自虐)하며 괴로워하다'

瘧
학질 학

疒-총15획

疒+虐. 잔인하다는 뜻의 虐(학)에 질병을 뜻하는 疒(녁)이 더해져, 무섭고 잔인한 병이었던 '학질, 말라리아'를 뜻한다.

瘧疾(학질)

謔
희롱거릴 학

言-총17획

言+虐. 먹잇감을 갖고 노는 상황인 虐(학)에 말(言)이 더해져, 말로 상대방을 '농락하다, 장난하다'의 뜻을 나타낸다.

諧謔(해학) 戲謔(희학)

12. 온갖 새가 날아든다
[隹] 隹 唯 維 羅 陸 奞 雁 進 準

隹
새 추

새 추 甲骨文   새 추 金文

새(bird)를 본뜬 모습이다. 〈설문해자〉에서는 '꽁지가 짧은 새의 총칭(鳥之短尾總名)'이라 하여 '꽁지가 긴 날짐승의 총칭(長尾禽總名)'이라 한 鳥(조)와 구별하고 있다. 하지만 隹(추)와 鳥(조)의 甲骨文과 각각의 사용례를 비교해보면, 꽁지 길이와 무관하게 같은 의미로 새(bird)를 가리킴을 알 수 있다. 隹(추)가 작은 새의 의미인 경우로 아래의 稚(치) 정도가 거의 유일하다.

稚
어릴 치

禾-총13획
禾+隹. 새 중에서 작은 새를 뜻하기도 하는 隹(추)에 곡식(禾)이 더해져, 본래 작은 벼를 의미한다. 파생하여 '어리다'의 뜻을 나타낸다.

稚拙(치졸) 幼稚(유치) 幼稚園(유치원) '수준이 유치(幼稚)하다'

携
끌 휴

手-총13획
본자(本字)는 攜로 扌(手)+雟. 雟(휴)는 소쩍새 혹은 제비를 가리키며 '잇다'의 의미를 지닌다고 한다. 손(手)이 더해져 '끌다, 이끌다, 손에 들다'의 뜻을 나타낸다.

携帶(휴대) 携帶用(휴대용) 提携(제휴) '기술을 제휴(提携)하다'

329

唯
오직 유

唯
오직 유 篆文

口+隹. 〈간명 甲骨文 자전〉에 의하면 새가 우는 모양을 형상화한 것이다. 〈설문해자〉에서는 '허락하다(諾也)'의 뜻으로 설명한다. 명령에 주저 없이 '예'하고 대답한다(口)는 의미로 풀이된다. '오로지, 오직'의 뜻을 나타낸다. 과거에는 維(유) 惟(유)와 혼용되었다.

唯
오직 유

口-총11획

唯一(유일) 唯一神(유일신) 唯物論(유물론) 唯一無二(유일무이)

誰
누구 수

言-총15획

言+隹. 여기서 隹(추)는 대답한다는 의미의 唯(유)로 풀이된다. 말(言)이 더해져 '누구냐고 묻다'의 의미이다. '누구, 묻다'의 뜻으로 쓰인다.

誰何(수하)

雖
비록 수

虫-총17획

虫+唯. 본래 큰 도마뱀을 뜻하였다고 한다. 가차하여 '비록'이라는 뜻으로 쓰인다.

維
맬 유

維
맬 유 金文

維
맬 유 篆文

糸+隹. 새를 뜻하는 隹(추)에 줄(糸)이 더해져, 새를 줄로 매어둔다는 의미이다. '매다, 벼리'의 뜻을 나타낸다. 〈설문해자〉에서는 '수레의 덮개를 얽어매다(車蓋維)'의 뜻으로 설명한다.

維
맬 유

糸−총14획

維持(유지) 維新(유신) 維新憲法(유신헌법) 纖維(섬유) 進退維谷(진퇴유곡)

惟
생각할 유

心−총11획

忄(心)+隹. 여기서 隹(추)는 維(유)의 의미로 마음(心)이 더해져, 한 가지 일에 마음이 매인다는 의미로 '오직, 생각하다'의 뜻을 나타낸다

惟獨(유독) 思惟(사유) '유독(惟獨) 그 사람만 반대한다'

佳

羅
새그물 라

새그물 라 甲骨文   떼놓을 리 甲骨文

甲骨文은 그물(网) 아래에 새(隹)가 그려진 모습으로, '그물, 그물질하다'의 의미이다(以絲罟鳥). 후에 끈(糸)이 더해져 의미를 강화하였다. 파생하여 '늘어세우다, 비단'의 뜻도 나타낸다. 참고해서 볼 글자로 離(떼놓을 리)가 있다. 離(리)의 甲骨文은 그물(网) 위에 새(隹)가 그려진 형태로, 새가 그물을 빠져나가는 모습이다. 甲骨文의 형태만 놓고 보면 서로 상반된 의미라 할 수 있다.

羅
새그물 라

网−총19획

羅漢(나한) 阿羅漢(아라한) 羅針盤(나침반) 新羅(신라) 徐羅伐(서라벌) 綺羅星(기라성) 總網羅(총망라) 門前雀羅(문전작라) '석가여래가 입적한 후 오백 나한(羅漢)이 모이다'

邏
순행할 라

辵−총23획

辶(辵)+羅. 그물치다의 뜻인 羅(라)에 움직임을 뜻하는 辵(착)이 더해져, 그물질하듯 돌아다니며 살핀다는 의미로, '순찰하다, 순행하다'의 뜻을 나타낸다.

巡邏(순라) 巡邏軍(순라군)

陮 높고험할 퇴 | **崔** 높을 최 篆文

阝(阜)+隹. 새(隹)가 높은 언덕(阜)에 앉아 있는 모습을 표현한 것이다. 〈설문해자〉에서는 '높고 험하다(陮隗 高也)'로 설명한다. 陮(퇴)는 사실상 도태된 글자이지만, 파생된 많은 글자 속에서 '높다, 언덕' 혹은 '튀어나온 모양'의 뜻으로 작용한다.

堆 언덕 퇴

土-총11획

土+隹. 陮(퇴)에서 阜(부)가 土(토)로 교체된 형태로 풀이된다. 흙(土)이 쌓인 '언덕, 흙무더기'를 뜻한다.

堆積(퇴적) 堆肥(퇴비) 堆積層(퇴적층)

崔 높을 최

山-총11획

山+隹. 陮(퇴)에서 阜(부)가 山(산)으로 교체된 형태로 풀이된다. '높고 큰 산, 높다'의 뜻을 나타낸다.

崔瑩(최영)〈名〉

錐 송곳 추

金-총16획

金+隹. 튀어나온 모양을 의미하는 陮(퇴)에 금속(金)이 더해져, 뾰족하고 날카로운 '송곳'을 뜻한다.

試錐(시추) 囊中之錐(낭중지추) '석유를 시추(試錐)하다'

椎 몽치 추

木-총12획

木+隹. 튀어나온 모양을 의미하는 陮(퇴)에 나무(木)가 더해져 '몽치, 망치, 치다'의 뜻을 나타낸다. '등뼈, 척추'의 뜻으로도 쓰인다.

椎間板(추간판) 脊椎(척추) 頂門金椎(정문금추) 大椎(대추)〈穴〉

推 옮을 추/ 밀 퇴

手-총11획

扌(手)+隹. 튀어나온 모양을 의미하는 陮(퇴)에 손(手)이 더해져 '밀어 올리다, 밀다'의 뜻을 나타낸다.

推薦(추천) 推戴(추대) 推仰(추앙) 推測(추측) 推移(추이) 推理(추리) 推進(추진) 類推(유추) 推敲(퇴고)

催
재촉할 최

人-총13획

イ(人)+崔. 여기서 崔(최)는 推(추)의 의미. 사람(人)이 더해져 '재촉하다'의 뜻을 나타낸다. 손이 아닌 말과 눈빛으로, 사람을 미는(push) 모습을 상상하면 되겠다.

催促(최촉) 催眠(최면) 催淚彈(최루탄) 主催(주최) 開催(개최)

佳

奄
날개칠 순

날개칠 순 金文

〈설문해자〉에서는 '새가 날개를 펴고 날개짓하는 모양(鳥張毛羽自奮)'으로 설명한다. 金文은 衣+隹로, 옷(衣)속의 새가 퍼덕이는 모습을 표현하였다. 부수인 大(대)는 衣(의)가 변형된 형태이다.

奪
빼앗을 탈

大-총14획

奄+寸. 옷 속에서 퍼덕이는 새(奄)를 손(寸)으로 잡고 꺼내는 모습에서 '빼앗다'의 뜻을 나타낸다.

奪取(탈취) 奪還(탈환) 掠奪(약탈) 收奪(수탈) 剝奪(박탈) 削奪官職(삭탈관직) 換骨奪胎(환골탈태) '자격을 박탈(剝奪)하다'

奮
떨칠 분

大-총16획

奄+田. 여기서 田은 대바구니를 본뜬 것으로 본다. 바구니(田) 속의 새가 필사적으로 퍼덕이는(奄) 모습이다. '떨치다, 세게 흔들다'의 의미이다.

奮發(분발) 奮戰(분전) 興奮(흥분) 孤軍奮鬪(고군분투) '대표팀이 분전(奮戰)하다'

雁
매 응

매 응 金文

金文은 팔뚝에 앉힌 매(隹)를 가슴팍에 당기는 모습을 표현하고 있다. 길들인 매를 이용해 사냥하는 방식인 '매사냥'을 표현한 것이다.

혼동하기 쉬운 글자인 雁(기러기 안)은 厂+人+隹. 厂(언덕 한)은 음요소 혹은 기러기가 줄지 어 나는 모습을 표현한 것이라고 한다. 기러기가 줄지어 나는 것을 두고, 사람처럼 예의를 안다하여 亻(人)을 덧붙였다.

鷹
매 응

鳥-총24획
雁+鳥. 본래 사냥용 매를 나타내는 雁(응)에 새(鳥)가 더해져 '사냥용 매'의 의미를 명확히 하였다.

鷹犬(응견) 鷹擊毛摯(응격모지)

膺
가슴 응

肉-총17획
雁+月(肉). 매를 끌어당기는 사냥꾼의 가슴팍(雁)에 인체를 뜻하는 肉(육)이 더해져 '가슴(chest)'을 뜻한다.

膺懲(응징) '매국노들을 응징(膺懲)하다'

應
응할 응

心-총17획
雁+心. 膺(응)이 육체적인 가슴을 가리킨다면, 마음(心)이 더해진 應(응)은 무형적인 '가슴'을 의미한다. 따뜻한 가슴, 가슴으로 낳은 아이에서 쓰이는 의미처럼, 가슴으로 '응하다'의 뜻을 나타낸다.

應答(응답) 應分(응분) 應手(응수) 應酬(응수) 應急(응급) 應試(응시) 感應(감응) 適應(적응) 對應(대응) 順應(순응) '응분(應分)의 대가' '상대의 응수(應手)를 타진하다' '물러나지 않고 응수(應酬)하다'

雁
기러기 안

隹-총12획, 鴈과 동자(同字)
厂+人+隹. 본문 참조.

雁鴨池(안압지) 回雁(회안)

進

나아갈 진

進 나아갈 진 金文

새(隹)와 움직임을 뜻하는 辵(착)이 더해져, 새가 날아가는 모습을 형용한 것으로 '나아가다, 오르다'의 뜻을 나타낸다.

隹

進

나아갈 진

辵-총12획

進路(진로) 進步(진보) 進駐(진주) 進水式(진수식) 進取的(진취적) 進退兩難(진퇴양난) 邁進(매진) 精進(정진) 昇進(승진) 遲遲不進(지지부진) '군대가 진주(進駐)하다' '진취적(進取的)으로 일하다'

準

수준기 준

準 수준기 준 篆文1   準 수준기 준 篆文2

氵(水)+隼. 隼(송골매 준)의 음과 수평을 의미하는 물(水)이 더해져, 수평을 측정하는 기구인 '수준기'를 뜻한다.

準

수준기 준

水-총13획

準備(준비) 準據(준거) 準則(준칙) 準決勝(준결승) 準優勝(준우승) 水準(수준) 標準(표준) 基準(기준) 照準(조준) 平準化(평준화)

准

승인할 준

冫-총10획

본래 準(준)의 속자였지만, '허가하다'의 의미로 쓰일 때는 사실상 별개의 글자이다.

認准(인준) 批准(비준)

13. 여러 마리 새들
[雔] 雔 霍 集 焦

3장
동물

雔
새한쌍 수

새한쌍 수 金文

佳+佳. 두 마리 새의 의미로, '새 한 쌍'을 뜻한다(雙鳥). 金文을 보면 두 마리가 서로 참 다정해 보인다.

雙
쌍 쌍

佳-총18획
雔+又. 새 두 마리를 뜻하는 雔(수)에 손(又)이 더해져 '둘, 쌍'의 의미를 나타낸다.

雙生兒(쌍생아) 雙頭馬車(쌍두마차) 變化無雙(변화무쌍) 首尾雙關(수미쌍관)

讎
원수 수

言-총23획, 讐와 동자(同字)
雔+言. 새 두 마리를 뜻하는 雔(수)에 말(言)이 더해져 '대답하다, 갚다' 등의 의미이다. 그런데 파생하여 '원수'의 뜻을 나타낸다. 金文에서 저리 다정하던 한 쌍이 말(言) 때문에 원수가 되었으니 서글픈 일이다.

怨讎(원수) 復讎(복수) 不俱戴天之讎(불구대천지수)

霍
빠를 곽

빠를 곽 篆文

篆文은 雨+雔. 비(雨)가 와서 새들(雔)이 황급히 나는 모습을 표현한 것으로 '빠르다, 흩어지다'의 뜻을 나타낸다.

藿
콩잎 곽

艸-총20획

艸+霍. 빠르게 흩어지다의 뜻인 霍(곽)에 풀(艸)이 더해져, 잎자루가 쉽게 떨어지는 '콩잎, 콩'을 뜻한다. 향초의 일종인 '곽향'의 뜻으로도 쓰인다.

藿香(곽향)〈藥〉 淫羊藿(음양곽)〈藥〉

集
모일 집

새떼 잡 甲骨文　　새떼 잡 篆文

篆文은 雧으로 雥+木. 雥(잡)은 글자 그대로 새떼를 뜻한다. 나무(木)에 새떼(雥)가 앉은 모습(羣鳥在木上)으로 '모이다'의 뜻을 나타낸다.

集
모일 집

佳-총12획

集合(집합) 集團(집단) 集荷(집하) 集註(집주) 集約的(집약적) 蒐集(수집) 收集(수집) 募集(모집) 召集(소집) 徵集(징집) 凝集力(응집력) '골동품을 수집(蒐集)하다' '재활용품을 수집(收集)하다'

雜
섞일 잡

佳-총18획

衣+集. 모이다의 의미인 集(집)에 옷(衣)이 더해져, 옷 빛깔이 다양하게 '섞이다'의 뜻을 나타낸다. 〈설문해자〉에서는 '오색 빛깔이 서로 모이다(五彩相會)'로 설명한다.

雜種(잡종) 雜誌(잡지) 雜多(잡다) 混雜(혼잡) 粗雜(조잡) 煩雜(번잡) 錯雜(착잡) 酒色雜技(주색잡기) '물건이 너무 조잡(粗雜)하다'

焦
그을릴 초

그을릴 초 篆文

篆文은 爨로 雥+灬(火). 새떼(雥)를 불(火)로 태우는 모습이다. '태우다, 그을리다'의 뜻을 나타낸다.

焦
그을릴 초

火-총12획

焦燥(초조) 焦眉(초미) 焦點(초점) 三焦(삼초) 勞心焦思(노심초사) '초미(焦眉)의 관심사'

憔
수척할 초

心-총15획

忄(心)+焦. 태우다의 뜻인 焦(초)에 마음(心)이 더해져, 속이 타서 '여위다, 파리하다, 수척하다'의 뜻을 나타낸다.

憔悴(초췌) '초췌(憔悴/顦顇)해진 모습으로 돌아오다'

樵
땔나무 초

木-총16획

木+焦. 태우다의 뜻인 焦(초)에 나무(木)가 더해져 '땔나무'를 뜻한다. 파생하여 '나무를 하다, 나무꾼'의 뜻으로도 쓰인다.

樵童(초동) 樵牧(초목) 樵童牧豎(초동목수)

礁
물에잠긴
바위 초

石-총17획

石+焦. 태우다의 뜻인 焦(초)에 돌(石)이 더해져 '물속에 있는 바위, 암초'를 뜻한다. 수면 아래 있는 암초를, 배를 불태우는(焦) 모습에 빗댄 것이다.

暗礁(암초) 坐礁(좌초) 珊瑚礁(산호초) '선박이 좌초(坐礁)되다'

14. 풀이 아니고 깃이랍니다
〔萑〕蒦 萑

깃긴새 환 | 깃긴새 환 篆文

머리에 뿔 모양 긴 깃이 있는 새의 모습을 본뜬 것으로, '깃이 긴 새' 혹은 '부엉이'를 뜻한다. 〈설문해자〉에서는 '부엉이나 올빼미 부류(鴟屬)'라고 설명한다. 자전에서 '풀많을 추'라고 설명하는 것은 본래 의미에서 벗어난 것이다. 艸(초)가 부수인 다른 글자들의 篆文과 비교해보면, 모양으로도 쉽게 분간할 수 있다.

잴 확 | 잴 확 篆文

萑+又. 깃이 긴 새(萑)를 손(又)으로 잡는 모습이다. 자전에서는 '길이를 재다'의 의미로 설명하지만, 파생된 글자들을 보면 '손으로 잡는다'는 본래 의미가 살아있음을 알 수 있다.

獲 **얻을 획**

犬-총17획

犭(犬)+蒦. 손으로 잡는다는 의미의 蒦(확)에 사냥개(犬)가 더해져 '잡다, 얻다'라는 의미가 분명해졌다.

獲得(획득) 捕獲(포획) 虜獲(노획) 鹵獲(노획) 鹵獲物(노획물) '우두머리를 노획(虜獲)하다' '승전 후 노획물(鹵獲物)을 거두어가다'

穫
벼벨 확

禾-총19획

禾+蒦. 손으로 잡는다는 의미의 蒦(확)에 곡식(禾)이 더해져 '거두다, 가을걷이'의 뜻을 나타낸다.

收穫(수확) 收穫物(수확물)

護
보호할 호

言-총21획

言+蒦. 손으로 잡는다는 의미의 蒦(확)에 말(言)이 더해져 '말로 붙잡다, 거느리다'의 뜻을 나타낸다. '지키다, 보호하다'의 의미로 확대되었다.

護衛(호위) 護具(호구) 護國(호국) 守護(수호) 保護(보호) 擁護(옹호) 警護(경호) '호구(護具)를 착용하고 대련하다'

雚
황새 관

황새 관 金文   황새 관 篆文

〈설문해자〉에서는 萑+吅 형태로 풀이하지만, 吅은 돌출된 눈을 강조한 것이다. 雚(관) 자체가 '황새'의 모습을 본뜬 것으로 鸛(황새 관)의 원자(原字)이다. 그렇다고 해도 깃이 긴 새를 뜻하는 萑(환)과 서로 밀접하게 연관된 글자라는 사실은 변함이 없다. 〈한한대자전〉에 의하면 雚(관)은 援(당길 원)과 통용되었다고 한다. 황새가 부리로 물고기를 낚는 모습에서 '당기다, 끌어당기다'의 의미를 취한 것으로 풀이된다.

觀
볼 관

見-총25획

雚+見. 두 눈 부릅뜬 황새(雚)에 본다는 의미인 見(견)이 더해져 '유심히 보다'라는 뜻을 분명히 하였다.

觀察(관찰) 觀覽(관람) 觀念(관념) 傍觀(방관) 壯觀(장관) 達觀(달관) 槪觀(개관) 觀世音菩薩(관세음보살) '단풍이 그야말로 장관(壯觀)이다'

灌
물댈 관

水-총21획

氵(水)+雚. 당기다의 의미인 雚(관)에 물(水)이 더해져 '물을 대다, 끼얹다'의 뜻을 나타낸다.

灌漑(관개) 灌木(관목) 灌腸(관장)

勸
권할 권

力-총20획

雚+力. 당기다의 의미인 雚(관)에 힘(力)이 더해져, 도와준다는 의미로 '권하다, 인도하다, 장려하다'의 뜻을 나타낸다.

勸誘(권유) 勸獎(권장) 勸學(권학) 強勸(강권) 勸善懲惡(권선징악)

權
저울추 권

木-총22획

木+雚. 당기다의 의미인 雚(관)에 나무(木)가 더해져, 물건과 같은 무게의 중력으로 당기는 '저울추, 저울'을 뜻한다. '권세, 권력'의 의미가 파생된 것은, 법의 여신이 저울을 들고 있는 의미와 상통하는 것으로 보인다.

權力(권력) 權勢(권세) 權威(권위) 權謀術數(권모술수) 權不十年(권불십년) 棄權(기권) 特權(특권) 公權力(공권력) 使用權(사용권) '부상으로 경기를 기권(棄權)하다'

歡
기뻐할 환

欠-총22획

雚+欠. 기뻐서 환호하는 소리의 의성어로 雚(관)을 차용하였다. 입벌린 모습인 欠(흠)이 더해져 '기뻐하다'의 뜻을 나타낸다.

歡迎(환영) 歡待(환대) 歡談(환담) 歡喜(환희) 歡呼聲(환호성) 哀歡(애환)

雚

15. 새야 새야 높이 나는 새야
〔鳥〕鳥島烏於燕

鳥
새 조

새 조 甲骨文　　새 조 金文

새(bird)의 모습을 본뜬 것으로 '새'를 뜻한다. 마찬가지로 새를 의미하는 佳(추)와 차이가 있다면, 단독으로 쓰일 때 주로 鳥(조)를 사용한다는 점뿐이다.

鳥
새 조

鳥-총11획

鳥類(조류) 鳥銃(조총) 鳥瞰圖(조감도) 鳥足之血(조족지혈) 不死鳥(불사조)

鳴
울 명

鳥-총14획

口+鳥. 새를 뜻하는 鳥(조)에 입(口)이 더해져 '새가 울다'의 뜻을 나타낸다. 새 이외의 경우까지 '울다, 울리다'의 의미로 확대되어 쓰인다.

悲鳴(비명) 耳鳴(이명) 共鳴(공명) 自鳴鐘(자명종) 孤掌難鳴(고장난명) '멀리서 비명(悲鳴)이 들리다

焉
어찌 언

火-총11획

焉鳥(언조)라는 노란색의 새를 본뜬 것이라 한다. 가차하여 '어찌'같은 의문 조사로 쓰인다.

焉敢生心(언감생심) 於焉(어언) 於焉間(어언간) '고향 떠나온 지 어언(於焉) 20년'

燕
제비 연

火-총16획

'제비'를 본뜬 것이다. 제비꼬리(燕尾)가 불화(灬)모양으로 변형되었다.

燕尾(연미) 燕尾服(연미복) 燕巖(연암)〈名〉

鳳
봉새 봉

鳥-총14획

凡+鳥. 凡(범)은 돛을 본뜬 것으로 바람을 의미한다. 새(鳥)가 더해져, 상서로운 상상의 새인 '봉새, 봉황'를 뜻한다. 鳳(봉)은 수컷, 凰(황)은 암컷을 가리킨다.

鳳凰(봉황) 鳳雛(봉추)〈名〉

島
섬 도

섬 도 篆文

본자(本字)는 島. 鳥+山에서 새의 발이 생략된 형태이다. 〈설문해자〉에서는 '바다에 때때로 산같이 있어 의지해 머물 만한 곳(海中往往有山可依止)'으로 설명하고 있다. 애초에 섬(island)을 표현하는 글자에 물(水)이나 바다(海)가 아닌 새(鳥)를 끌어 온 점이 흥미롭다. 만약 해수면이 높아진다면 '산'이라 부르던 지형은 '섬'이 될 것이다. 산과 섬은 사람의 입장에서 구별인 것이고, 하늘을 나는 새들에게는 땅에 있는 산봉우리나 바다에 있는 섬이나 마찬가지 아닐까 한다.

島
섬 도

山-총10획

島嶼(도서) 獨島(독도)〈地〉濟州道(제주도)〈地〉島山(도산)〈名〉

搗
찧을 도

手-총13획, 擣와 동자(同字)

扌(手)+島. 동자(同字)인 擣는 扌(手)+壽 로, 壽(수)는 길게 이어진다는 의미이다. 손(手)이 더해져 반복적으로 절구 '찧다'의 뜻을 나타낸다. 搗(도)는 음을 차용한 약자로 보인다.

搗精(도정) 搗臼(도구) '쌀을 도정(搗精)하다'

烏
까마귀 오 | 까마귀 오 金文　까마귀 오 篆文

鳥(조)에서 한 점이 없어진 형태이다. 다행히 실제로 눈이 사라진 건 아니고, 검어서 눈을 분간할 수 없는 새인 '까마귀'를 뜻한다. 까마귀 울음소리의 의성어로도 쓰이고 '검다'라는 의미로도 쓰인다.

烏
까마귀 오

火-총10획

烏石(오석) 烏鵲橋(오작교) 烏賊魚(→오징어) 三足烏(삼족오) 烏藥(오약)〈藥〉烏梅(오매)〈藥〉

嗚
탄식소리 오

口-총13획

口+烏. 한숨 쉬는 소리 혹은 목이 막힐 때 나는 소리의 의성어로, 烏(오)의 음을 차용하였다. '오호라, 탄식하는 소리, 목 메인 소리'의 뜻을 나타낸다.

嗚咽(오열) 嗚呼(오호) '유가족들이 오열(嗚咽)하다'

於
어조사 어 | 어조사 어 篆文

烏(까마귀 오)와 같은 자원(字源)의 글자이다. 언제부터인가 뜻도 모양도 전혀 달라져버렸다. 까마귀 울음소리 의성어에서 감탄사 '아!'로 쓰이고, 가차하여 어조사로 쓰인다. 하지만 파생된 글자 속에는 까마귀가 숨어 있다.

於
어조사 어

方-총8획

於焉(어언) 靑出於藍(청출어람) 舌芒於劍(설망어검) "말조심을 당부하는 사자성어로 설망어검(舌芒於劍)을 예로 들 수 있다"

瘀
어혈 어

疒-총13획

疒+於. 까마귀를 뜻하는 於(어)의 검다는 의미와 질병을 뜻하는 疒(녁)이 더해져 '검은피, 멍, 어혈'을 뜻한다.

瘀血(어혈)

舄
까치 작/신발 석

까치 작 金文

까치의 모습을 본뜬 것이다. 鵲(까치 작)의 고자(古字)이다. 분명한 연유를 알 수 없지만, 바닥을 겹으로 댄 '신발'의 의미로도 쓰인다. 아울러 바닥에 '깔다, 깔리다'의 의미도 지닌다.

潟
개펄 석

水-총15획

氵(水)+舄. 깔다의 의미인 舄(석)에 물(水)이 더해져 '개펄'을 뜻한다. 조수가 드나드는 개펄을, 물이 바닥에 깔리는 모습에 빗댄 것으로 풀이된다.

干潟地(간석지)

寫
베낄 사

宀-총15획

宀+舄. 깔다의 의미인 舄(석)에 집 혹은 덮다의 의미인 宀(면)이 더해졌다. 실물을 아래에 깔고 그 위에 종이를 덧씌워 '베끼다, 본뜨다'의 뜻을 나타낸다.

寫眞(사진) 複寫(복사) 謄寫(등사) 描寫(묘사) 被寫體(피사체) 試寫會(시사회) 聲帶模寫(성대모사)

瀉
쏟을 사

水-총18획

氵(水)+寫. 물체를 깔고 덮은 모습인 寫(사)에 물(水)이 더해져, 물을 '쏟다'의 뜻을 나타낸다. 파생하여 '설사하다'의 의미로도 쓰인다.

泄瀉(설사) 一瀉千里(일사천리) 澤瀉(택사)〈藥〉

16. 날개를 펼치고 날아오르다
〔飛〕飛 卂

날비　　　　날비篆文

새가 날개를 펼치고 나는 모습을 본뜬 것으로 '날다'의 뜻을 나타낸다. 〈설문해자〉에서도 '새가 날아오르는 것(鳥翥)'으로 설명한다.

날 비

飛-총9획

飛行(비행) 飛躍(비약) 飛火(비화) 飛行機(비행기) 飛天像(비천상) 雄飛(웅비) 風飛雹散(풍비박산) 張飛(장비)〈名〉 '선거 쟁점으로 비화(飛火)되다'

빠를 신　　　　빠를 신篆文

〈설문해자〉에서는 '빨리 난다는 의미이다. 새의 날갯짓이 워낙 빨라 날개가 보이지 않는다 (疾飛也, 飛而羽不見)'로 설명하고 있다. 단독으로 쓰임은 거의 없고, 다른 글자 내에서 '빠르다'는 뜻으로 작용한다.

迅

빠를 신

辶-총7획

辶(辵)+卂. 빠르다는 의미의 卂(신)에 움직임을 뜻하는 辵(착)이 결합해 '빨리 가다, 빠르다'의 뜻을 나타낸다.

迅速(신속) 魯迅(노신)〈名〉

訊
물을 신

言-총10획

言+卂. 빠르다는 의미(卂)에 말(言)이 더해져 '추궁하다, 신문하다'는 뜻을 나타낸다. 용례를 보더라도 정중히 묻는 분위기는 아님을 알 수 있다.

訊問(신문) '범인을 신문(訊問)하다'

17. 퍼덕퍼덕 날개짓
[羽] 羽 翏 翟

깃 우

깃 우 甲骨文

깃 우 篆文

새의 양 날개를 본뜬 모습으로 '깃, 날개'를 뜻한다.

깃 우

羽-총6획

羽翼(우익) 羽衣(우의) 關羽(관우)〈名〉

익힐 습

羽-총11획

羽+日. 甲骨文을 참조하면 白은 日(일)의 변형. 맑은 날(日) 어린 새가 날개짓(羽)을 연습하는 모습에서 '익히다'의 뜻을 나타낸다. 〈논어(論語)〉의 첫 구절에 포함돼 널리 알려진 글자이다.

習慣(습관) 習性(습성) 學習(학습) 練習(연습) 鍊習(연습) 常習犯(상습범) 豫行演習(예행연습) '기타연주를 연습(練習/鍊習)하다'

다음날 익

羽-총11획

羽+立. 날개(羽)를 세우고(立)는 날아오른다는 의미이나, 주로 '다음날'의 뜻으로 쓰인다.

翌日(익일) 翌月(익월)

翏
높이날 료

높이날 료 金文1　높이날 료 金文2

金文은 새의 양 날개와 꽁지깃이 연이어진 모습이다. '높이 날다(高飛)' 그리고 '바람소리'의 뜻을 나타낸다. 아울러 날개와 꽁지깃이 뒤엉킨 모습에서 '휘감기다, 엉키다'의 의미도 지닌다.

謬
그릇될 류

言-총18획
言+翏. 엉키다의 의미인 翏(료)에 말(言)이 더해져, 말이 뒤엉킨다는 의미로 '잘못되다, 그릇되다'의 뜻을 나타낸다.

誤謬(오류)

膠
아교 교

肉-총15획
月(肉)+翏. 엉키다의 의미인 翏(료)에 고기(肉)가 더해져, 동물의 뼈나 가죽으로 만든 풀인 '갖풀, 아교'를 뜻한다.

膠質(교질) 膠着(교착) 膠着語(교착어) 阿膠(아교) '회담이 교착(膠着)상태에 빠지다'

戮
죽일 륙

戈-총15획
翏+戈. 엉키다의 의미인 翏(료)에 창(戈)이 더해져 '죽이다, 육시하다'와 같은 잔인한 의미를 나타낸다.

戮屍(육시) 屠戮(도륙)

翟
꿩 적

씻을 탁 金文

羽+隹. 깃털(羽)의 볏을 가진 새(隹)에서 '꿩' 혹은 '꿩의 깃'을 나타내게 된다. 그런데 파생된 글자들을 보면 얌전히 앉아 있는 꿩은 아닌 게 분명하다. '뛰어오르다'의 의미도 지닌다.

躍
뛸 약

足-총21획

足+翟. 뛰어오르다의 의미인 翟(적)에 발(足)이 더해져 '뛰다, 높이 뛰어오르다'의 뜻을 나타낸다.

躍進(약진) 跳躍(도약) 暗躍(암약) 一躍(일약) 飛躍(비약) 活躍(활약) 歡呼雀躍(환호작약) '지하에서 암약(暗躍)하다' '일약(一躍) 유명인사가 되다'

擢
뽑을 탁

手-총17획

扌(手)+翟. 뛰어오르다의 의미인 翟(적)에 손(手)이 더해져 '뽑다'의 뜻을 나타낸다. 긴 설명보다 '발탁(拔擢)'이라는 용례를 통해서 보면 이해가 수월할 것이다.

拔擢(발탁) '대변인으로 발탁(拔擢)되다'

濯
씻을 탁

水-총17획

氵(水)+翟. 뛰어오르다의 의미인 翟(적)에 물(水)이 더해져 '씻다, 빨래하다'의 뜻을 나타낸다. 빨래 방망이로 빨래감을 두드리던 장면이 연상된다.

濯足(탁족) 洗濯(세탁) 洗濯機(세탁기)

曜
빛날 요

日-총18획

日+翟. 뛰어오르다의 의미인 翟(적)에 해(日)가 더해져 '햇빛, 빛나는 햇살'을 의미한다. '요'라는 음은 설명하기 어렵다.

曜日(요일) 日曜日(일요일)

18. 서로 등진 날개
〔非〕

非
아닐 비

非 아닐 비 金文1   非 아닐 비 金文2

<설문해자>에서는 '어긋나다'라는 뜻으로, 飛(비)의 아래 날개를 가리키며 서로 등진 모양을 취한다(違也. 从飛下翄 取其相背)'로 풀이한다. 날개짓을 본뜬 글자는 여럿인데, 유독 非(비)만 서로 등진 모양에서 '어긋나다'라는 뜻인 게 눈에 띈다. 金文을 보면 두 사람이 서로 등진 모습인 北(북녘 북)과 유사한데, 北(북)과 비슷한 과정을 거쳐 부정적인 의미를 가지게 된 것은 분명해 보인다. '어긋나다, 좌우로 갈라지다'의 의미를 나타내며, 부정(否定)의 조사로 쓰인다.

非(비)에 대해 보다 자세히 알기 위해서 蜚(바퀴 비)를 살펴볼 필요가 있다. 蜚(비)는 非+虫로, 날개를 펴서 나는 벌레를 의미한다. '날다'의 뜻으로 飛(비)와도 통용되었으며 '바퀴, 쌕새기, 메뚜기'등 여러 벌레를 가리킨다(바퀴벌레 중에는 날 수 있는 종류도 많다). 그리고 곤충 중에는 펴면 날개, 접으면 등껍질이 되는 날개를 흔히 볼 수 있다. 아울러 파생된 의미인 '좌우로 갈라지다' 등을 감안했을 때, 새가 아닌 곤충의 등날개를 본뜬 것으로 추정된다.

非
아닐 비

非-총8획

非理(비리) 非但(비단) 非番(비번) 非常口(비상구) 非一非再(비일비재) 是是非非(시시비비)

蜚
바퀴 비

虫-총14획

非+虫. 본문 참조

流言蜚語(유언비어) '항간에 각종 유언비어(流言蜚語)가 나돈다'

悲
슬플 비

心-총12획

非+心. 좌우로 갈라지다의 의미인 非(비)에 마음(心)이 더해져, 갈라지고 찢어진 마음이라는 의미로 '슬프다'의 뜻을 나타낸다.

悲哀(비애) 悲慘(비참) 悲壯(비장) 悲鳴(비명) 慈悲(자비) '각오가 비장(悲壯)하다'

誹
슬플 비

言-총15획

言+非. 좌우로 갈라지다의 의미인 非(비)에 말(言)이 더해져 '헐뜯다, 비방하다'의 뜻을 나타낸다.

誹謗(비방) 相互誹謗(상호비방)

緋
붉은빛 비

糸-총14획

糸+非. 좌우로 갈라지다의 의미인 非(비)에 실(糸)이 더해져, 좌우로 갈라지듯 눈에 확 띄는 천이란 의미로 '붉은 빛, 붉은 비단'을 뜻한다. 이후 일반적인 '비단'의 의미로 쓰인다.

비단(緋緞)

翡
물총새 비

羽-총14획

非+羽. 여기서 非(비)는 緋(비)의 의미로 추정된다. 날개(羽)가 더해져 비단(緋) 빛깔 고운 새인 '물총새'를 뜻한다. 翡(비)는 수컷, 翠(취)는 암컷을 가리킨다.

翡翠(비취) 翡翠玉(비취옥)

俳
광대 배

人-총10획

亻(人)+非. 좌우로 갈라지다의 의미인 非(비)에 사람(人)이 더해져, 눈에 띄며 일반인들과 다른 행동을 하는 '광대'를 뜻한다.

俳優(배우) 映畫俳優(영화배우)

徘
노닐 배

彳-총11획

彳+非. 좌우로 갈라지다의 의미인 非(비)에 걸음을 뜻하는 彳(척)이 더해져, 여기저기 이리저리 왔다갔다한다는 의미로 '노닐다, 배회하다'의 뜻을 나타낸다.

徘徊(배회)

排
밀칠 배

手-총11획

扌(手)+非. 좌우로 갈라지다의 의미인 非(비)에 손(手)이 더해져, 손으로 '밀치다, 물리치다'의 뜻을 나타낸다.

排斥(배척) 排除(배제) 排泄(배설) 排卵(배란) 排球(배구) 排他的(배타적) 按排(안배) '체력을 안배(按排)하다'

輩
무리 배

車-총15획

非+車. 좌우로 갈라지다의 의미인 非(비)에 수레(車)가 더해져, 전시에 진용을 갖춰 벌여놓은 전차와 수레를 의미한다. 파생하여 '무리, 동아리'의 뜻으로 쓰인다.

先輩(선배) 後輩(후배) 同年輩(동년배) 不良輩(불량배) 無賴輩(무뢰배)

裵
옷치렁치렁
할 배

衣-총14획

衣+非. 좌우로 갈라지다의 의미인 非(비)에 옷(衣)이 더해져, 옷자락이 좌우로 끌리는 옷을 가리킨다.

裵仲孫(배중손)〈名〉

罪
허물 죄

网-총13획

网+非. 본자(本字)는 辠. 自+辛로 코(自)와 형벌도구(辛)가 더해진 형태이다. 〈설문해자〉에 의하면, 진(秦)대에 罪(죄)의 형태로 교체하였다(秦以罪爲辠字). 皇(임금 황)과 모양이 유사하기 때문이었다고 한다.

罪人(죄인) 罪質(죄질) 罪狀(죄상) 罪目(죄목) 罪悚(죄송) 犯罪(범죄) 斷罪(단죄)

非

19. 여기는 뱀소굴
[巳] [巴] [它] [也]

巳						
뱀 사	뱀 사 甲骨文1	뱀 사 甲骨文2	뱀 사 金文1	뱀 사 金文2	제사 사 甲骨文	제사 사 篆文

뱀을 본뜬 것이라는 견해와 태아의 모습을 본뜬 것이라는 견해로 나뉜다. 참고할 글자로 包(쌀 포)가 있다. 包(쌀 포)에 대한 〈설문해자〉의 풀이에서는 태아(巳)를 감싸고(勹) 있는 모습, 즉 임신한 상태를 표현한 것이라고 설명한다(象人裹妊 巳在中 象子未成形). 그런데 巳(사)를 설명하는 부분에서는 뱀의 상형이라고 설명한다(巳爲它 象形). 결국 巳(사)가 뱀인가 태아인가 하는 논란은 〈설문해자〉가 그 빌미를 제공한 것이라 보면 된다.

그런데 〈간명 甲骨文 자전〉에 의하면 祀(제사 사)는 사람이 신주 앞에서 기도하는 모습이다. 또 甲骨文에서 巳(사)와 祀(사)는 '제사'의 의미로 통용되었다고 한다. 정리하자면 巳(사)는 글자에 따라 뱀, 아기, 무릎 꿇은 사람 등 다양하게 활용된다고 할 수 있다. 甲骨文의 형태도 사람 모양(子)에 가까운 형태와 뱀 모양에 가까운 형태 두 가지임을 볼 수 있다.

巳－총3획

乙巳勒約(을사늑약)

뱀 사

示－총8획

示+巳. 본문 참조

祭祀(제사)

제사 사

땅이름 파

땅이름 파 金文　땅이름 파 篆文

뱀이 땅바닥에 바짝 엎드린 모습을 본뜬 것이다. 본래 '뱀'을 뜻하였으나, 주로 땅이름으로 쓰인다. 파생하여 '바닥에 대다'의 의미를 지닌다.

땅이름 파

己-총4획

巴蜀(파촉)(地) 巴豆(파두)〈藥〉巴戟天(파극천)〈藥〉

잡을 파

手-총7획

扌(手)+巴. 바닥에 대다의 의미인 巴(파)에 손(手)이 더해져 '쥐다, 잡다, 자루'의 뜻을 나타낸다.

把握(파악) 把持(파지) 把守(파수) '호밀밭의 파수(把守)꾼'

긁을 파

爪-총8획

爪+巴. 바닥에 대다의 의미인 巴(파)에 아래를 향하는 손인 爪(조)가 더해져 '긁다, 긁어내다'의 뜻을 나타낸다.

爬蟲類(파충류) 搔爬手術(소파수술)

它
뱀 사/다를 타

뱀 타 甲骨文   뱀 타 金文   뱀 타 篆文

몸을 꿈틀거리며 꼬리를 늘어뜨리는 뱀의 모습을 본뜬 것이다. 甲骨文과 金文 모두 머리쪽을 크게 표현한 걸 보면 코브라 같은 뱀이 아닐까 한다. 蛇(뱀 사)의 고자(古字)이기도 하고, 他(다를 타)의 고자(古字)이기도 하다.

蛇
뱀 사

虫-총11획

虫+它. 뱀을 뜻하는 它(사/타)에 여러 동물을 뜻하는 虫(충/훼)가 더해져 '뱀'의 뜻을 분명히 하였다.

蛇足(사족) 蛇行川(사행천) 毒蛇(독사) 白蛇(백사) 畫蛇尖足(화사첨족)

舵
키 타

舟-총11획, 柂와 동자(同字)

舟+它. 뱀을 뜻하는 它(사/타)에 배(舟)가 더해져, 배의 '키'를 뜻한다. 배의 방향을 이리저리 조절하는 키를 뱀이 움직이는 모습에 빗대었다.

操舵手(조타수)

駝
낙타 타

馬-총15획

馬+它. 여기서 它(사/타)는 他(타)의 의미. 말(馬)이 더해져, 외래종으로 말과 비슷하지만 다른 짐승인 '낙타'를 뜻한다. 파생하여 '곱사등이'의 뜻으로도 쓰인다.

駝鳥(타조) 駝酪(타락) 駱駝(낙타)

3장
동물

也
어조사 야

 어조사 야 金文　 어조사 야 篆文

자원(字源)에 대한 설이 매우 많은 글자이다. 본떴다는 사물도 여성의 음부, 주전자, 뱀 등 가지각색이다. 본서에서는 '뱀'을 본떴다는 의견을 따랐다. 也(야)와 它(사/타)의 金文과 篆文을 비교해서 보면 어느 정도 수긍이 갈 것이다. 또한 也(야)에서 파생된 글자들을 봐도, 뱀의 모양이라 할 수 있는 '구불구불하다'의 의미를 공통적으로 지닌다.

也
어조사 야

乙-총3획

及其也(급기야)

弛
늦출 이

弓-총6획

弓+也. 구불구불하다는 의미의 也(야)에 활(弓)이 더해져, 구불구불하게 늘어진 활 시위를 의미한다. '느슨하다, 늦추다, 풀리다'의 뜻을 나타낸다.

弛緩(이완) 解弛(해이) '기강이 해이(解弛)해지다'

池
못 지

水-총6획

氵(水)+也. 구불구불하다는 의미의 也(야)에 물(水)이 더해져, 구불구불한 모양의 '웅덩이, 못, 해자'를 뜻한다.

貯水池(저수지) 乾電池(건전지) 瑤池鏡(요지경) 酒池肉林(주지육림)

地
땅 지

土-총6획

土+也. 구불구불하다는 의미의 也(야)에 흙(土)이 더해져, 구불구불하게 이어진 흙이란 의미로 '땅'을 뜻한다.

地球(지구) 地形(지형) 地震(지진) 土地(토지) 農地(농지) 宅地(택지) 處地(처지) 縮地法(축지법)

巳

馳
달릴 치

馬-총13획

馬+也. 구불구불하다는 의미의 也(야)에 말(馬)이 더해져 '빨리 달리다'의 뜻을 나타낸다. 말이 달릴 때 등이 넘실대듯이 움직이는 모양을 뱀의 움직임(也)에 빗댄 것으로 풀이된다.

馳馬(치마) 馳走(치주) 馳驅(치구) 背馳(배치) '이론과 실제가 배치(背馳)된다'

他
다를 타

人-총5획

亻(人)+也. 佗의 속자(俗字). 다르다의 의미로 통용되었던 它(사/타)에 사람(人)이 더해져 '낯설다, 남, 타인'의 뜻을 나타낸다. 사람과 가까이 지내지만, 괴이한 동물인 뱀(也/它)에 대한 이질감이 반영된 것으로 보인다.

他人(타인) 他界(타계) 他鄉(타향) 他地(타지) 排他的(배타적) 利他的(이타적)

3장 동물류

20. 벌레든 뱀이든
〔虫〕虫蜀蚤

벌레 충/훼　벌레 충 甲骨文　벌레 충 金文

甲骨文을 보면 它(뱀 타)와 유사한 형태임을 볼 수 있다. 혹 벌레의 상형으로 보는 견해도 있다. 사실 虫(충/훼)가 포함된 글자들을 보면 매우 다양한 종류의 동물들에 걸쳐 있음을 확인할 수 있다. 포유류인 박쥐(蝠)부터 양서류인 두꺼비(蝦), 어패류인 조개(蜃) 등 매우 다양한 동물들을 포괄한다. 물론 곤충류는 예를 들 필요도 없다. 또한 蛟(교룡 교), 風(바람 풍) 등에서는 상상의 동물인 용을 의미하기도 한다. 본래 무엇을 본떴는지 따지는 건 무의미하다고 하겠다.

蟲
벌레 충

虫-총18획
虫+虫+虫. 虫(충/훼)가 모여 '벌레'를 뜻한다. 〈설문해자〉에서는 蟲(충)이 독립적인 부수자이다.

蟲齒(충치) 蟲垂炎(충수염) 昆蟲(곤충) 害蟲(해충) 殺蟲劑(살충제) 爬蟲類(파충류)

繭
고치 견

糸-총19획
누에(虫)가 실(糸)을 뽑아 형태를 만든다는 의미로 풀이된다. '고치'를 뜻한다.

繭絲(견사) 繭脣(견순)

蜀
나라이름 촉

나라이름 촉 甲骨文　나라이름 촉 金文

상부는 눈(目)으로, 뽕나무에 붙어 떼지어 다니는 눈 큰 벌레를 본뜬 것이다. 본래 '나비 혹은 나방의 애벌레'를 뜻한다. 줄지어 다니는 모습에서 '이어지다'의 의미도 지닌다. 〈삼국지〉의 영웅 유비(劉備)는 자신이 세운 나라 이름이 본래 이런 뜻인 걸 알고 있었을까? 蜀(촉)이 주로 지명으로 쓰임에 따라 虫(충/훼)가 덧붙은 蠋(나비애벌레 촉)이 만들어진다.

蜀
나라이름 촉

虫-총13획

西蜀(서촉)〈地〉 巴蜀(파촉)〈地〉

燭
촛불 촉

火-총17획

火+蜀. 이어지다의 의미인 蜀(촉)에 불(火)이 더해져, 불이 오랜 시간 이어지는 '촛불, 등불'을 뜻한다.

燭火(촉화) 燭光(촉광) 華燭(화촉) '화촉(華燭)을 밝히다'

觸
닿을 촉

角-총20획

角+蜀. 이어지다의 의미인 蜀(촉)에 뿔(角)이 더해져, 뿔이 부딪친다는 의미로 '닿다, 부딪치다, 범하다'의 뜻을 나타낸다.

觸角(촉각) 觸覺(촉각) 觸手(촉수) 觸診(촉진) 觸媒(촉매) 感觸(감촉) 抵觸(저촉) 一觸卽發(일촉즉발) '촉각(觸角)을 곤두세우다' '촉각(觸覺)이 예민하다' '법률에 저촉(抵觸)되다'

屬
**엮을 속/
이을 촉**

尸-총21획

尾+蜀. 이어지다의 의미인 蜀(촉)에 꼬리(尾)가 더해져, 꼬리에 꼬리를 문다는 의미로 '잇다, 엮다, 모이다, 무리'의 뜻을 나타낸다.

所屬(소속) 從屬(종속) 金屬(금속) 屬望(촉망)

囑
부탁할 촉

口-총24획
口+屬. 엮는다는 의미인 屬(속)에 말(口)이 더해져 '부탁하다, 맡기다'의 뜻을 나타낸다.

囑望(촉망) 囑言(촉언) 囑託(촉탁) 囑託醫(촉탁의) 委囑(위촉) '장래가 촉망(囑望/屬望)되다' 고문으로 위촉(委囑)하다'

濁
흐릴 탁

水-총16획
氵(水)+蜀. 불쾌한 벌레를 뜻하는 蜀(촉)에 물(水)이 더해져, 불쾌한 물이라는 의미에서 '흐리다, 더럽다'의 뜻이 파생되었다.

濁酒(탁주) 濁流(탁류) 濁聲(탁성) 濁甫(탁보) 淸濁(청탁) 混濁(혼탁) 汚濁(오탁)

獨
홀로 독

犬-총16획
犭(犬)+蜀. 불쾌한 벌레를 뜻하는 蜀(촉)에 개(犬)가 더해져 '홀로, 혼자'의 뜻을 나타낸다. 〈설문해자〉에는 '개가 먹이를 서로 차지하기 위해 싸운다(犬相得而鬪)'로 설명한다. 명확하게 풀이하기에는 어려움이 있다.

獨立(독립) 獨占(독점) 獨裁(독재) 獨特(독특) 獨步的(독보적) 獨創性(독창성) 獨守空房(독수공방)
獨不將軍(독불장군) 愼獨(신독)

蚤
벼룩 조

| 벼룩 조篆文

叉+虫. 叉는 爪(손톱 조)의 고자(古字)이다. 爪(조)는 다른 글자 속에서 '아래를 향하는 손'의 뜻으로 다용된다. 蚤(조)는 벼룩을 손으로 눌러 죽이는 모습으로 '벼룩, 이'의 뜻을 나타낸다.

騷
떠들 소

馬-총20획
馬+蚤. 벼룩을 뜻하는 蚤(조)에 말(馬)이 더해져, 벼룩처럼 말이 튀어 오른다는 의미로 '떠들다, 소동'의 뜻을 나타낸다.

騷音(소음) 騷動(소동) 騷亂(소란) 騷擾(소요) 騷擾事態(소요사태)

搔
긁을 소

手-총13획
扌(手)+蚤. 벼룩을 뜻하는 蚤(조)에 손(手)이 더해져, 벼룩에 물린 곳을 '긁다'의 뜻을 나타낸다.

搔癢感(소양감) 搔爬手術(소파수술) 隔靴搔癢(격화소양)

瘙
종기 소

疒-총15획

疒+蚤. 여기서 蚤(조)는 搔(소)의 의미. 질병을 뜻하는 疒(녁)이 더해져 '가려운 피부병, 종기'등을 뜻한다.

瘙癢症(소양증)

21. 누가 봐도 물고기
〔魚〕

魚
물고기 어

물고기 어 甲骨文　물고기 어 金文　고기잡을어甲骨文1　고기잡을어甲骨文2　고기잡을어金文　미련할 로 甲骨文

물고기(fish)의 모습을 본뜬 것이다. 甲骨文과 金文을 보면 물고기의 모습을 매우 자세하게 그려놓았다. 〈설문해자〉에는 '물고기와 제비의 꼬리가 서로 비슷하게 생겼다(魚尾與燕尾相似)'는 설명도 달려 있다.

魚
물고기 어

魚-총11획

魚類(어류) 魚雷(어뢰) 魚魯不辨(어로불변) 鰐魚(악어)

漁
고기잡을 어

水-총14획

氵(水)+魚. 물고기를 뜻하는 魚(어)에 물(水)이 더해져 '물고기를 잡다'는 뜻을 나타낸다. 다양한 형태의 甲骨文과 金文이 물고기 잡는 상황을 표현하고 있다.

漁夫(어부) 漁船(어선) 漁撈(어로) 漁閑期(어한기) 漁父之利(어부지리) 盛漁期(성어기)

魯
미련할 로

魚-총15획

魚+口. 물고기를 뜻하는 魚(어)에 입(口)이 더해져, 물고기 주둥이마냥 '어둔하다, 미련하다'의 뜻을 나타낸다. 甲骨文을 보면 口(구)의 형태인데, 혹 입이 아닌 그릇으로 풀이하기도 한다.

魯鈍(노둔) 鄒魯(추로) 魯肅(노숙)〈名〉 '어리석고 노둔(魯鈍/駑鈍)하다'

鮮
고울 선

魚-총17획

魚+羊. 물고기를 뜻하는 魚(어)에 양고기(羊)가 더해져 '신선하다, 곱다'의 뜻을 나타 낸다. 식재료로서 신선함이 중요한 생선(魚)과 양고기(羊)를 표현한 것으로 '날 것, 생선, 적다'의 의미도 파생되었다.

鮮明(선명) 鮮紅色(선홍색) 生鮮(생선) 新鮮(신선)

蘇
차조기 소

艸-총20획

艸+穌. 穌(소)는 魚+禾로 물고기잡이와 농삿일을 의미하며 '긁어모으다'의 뜻. 풀 (艸)이 더해져 본래 '풀을 베다'의 의미이다. '차조기'의 뜻으로 쓰이며 '소생하다, 되 살아나다'의 의미를 나타내기도 한다.

蘇生(소생) 蘇東坡(소동파)〈名〉蘇聯(소련)〈地〉蘇葉(소엽)〈藥〉

22. 귀한 조개
〔貝〕貝買賓賈

貝	
조개 패	조개 패 甲骨文 조개 패 金文

조개를 본뜬 모습으로 '조개'를 뜻한다. 하지만 다른 글자 속에서 '금전, 재화(財貨)'의 의미로 폭넓게 쓰인다. 〈설문해자〉에 의하면 진(秦)대에 이르러서야 조개(貝) 대신 전(錢)을 화폐로 사용하였다고 한다(至秦廢貝行錢). 조개(貝)가 화폐로 사용된 기간이 꽤나 길었음을 알 수 있다.

貝 조개 패

貝-총7획

貝塚(패총) 寶貝(→보배) 魚貝類(어패류)

敗 무너질 패

攴-총11획

貝+攵(攴). 甲骨文은 조개(貝)를 막대기로 쳐서(攴) 부수는 모습이다. 부서지다, 무너지다의 의미이며 파생하여 '패하다'의 뜻을 나타낸다.

敗北(패배) 敗戰(패전) 敗亡(패망) 敗殘兵(패잔병) 敗軍之將(패군지장) 成敗(성패) 失敗(실패) 慘敗(참패) 惜敗(석패) '일의 성패(成敗)가 걸려있다'

負 질 부

貝-총9획

人+貝. 재물을 뜻하는 貝(패)에 사람(人)이 더해져, 재물을 지킨다는 의미로 '등에 지다'의 뜻을 나타낸다. '빚, 빚지다'의 의미로도 쓰인다.

負擔(부담) 負債(부채) 負傷(부상) 勝負(승부) 抱負(포부) 請負業(청부업) 自負心(자부심) '가슴에 큰 포부(抱負)를 품다'

得
얻을 득

彳-총11획

彳+貝+又(寸). 甲骨文은 재물(貝)을 손(又/寸)으로 줍는 모습. 걸음을 뜻하는 彳(척)이 더해진 형태도 있다. '얻다, 줍다'의 뜻을 나타낸다.

得道(득도) 得點(득점) 得音(득음) 得意揚揚(득의양양) 所得(소득) 拾得(습득) 習得(습득) 納得(납득) 說得(설득) 攄得(터득) 體得(체득) 利害得失(이해득실) '지갑을 습득(拾得)하다' '기술을 습득(習得)하다'

貯
쌓을 저

貝-총12획

貝+宁. 宁(저)는 물건을 쌓아두는 기구를 본뜬 것이다. 재물(貝)이 더해져, 재물이나 화폐를 '모으다, 쌓다'의 뜻을 나타낸다.

貯蓄(저축) 貯金(저금) 貯藏(저장) 貯水池(저수지)

買
살 매

살 매 甲骨文

살 매 金文

网+貝. 网(망)은 그물을 뜻한다. 그물질(网)하듯 재화(貝)를 모은다는 의미로 '거둬들이다, 사다'의 뜻을 나타낸다.

買
살 매

貝-총12획

買收(매수) 買占賣惜(매점매석) 購買(구매) 豫買(예매)

賣
팔 매

貝-총15획

出+買. 사둔 물건(買)을 내보낸다(出)는 의미로 풀이되며 '팔다'의 뜻을 나타낸다. 出(출)이 士(사)의 형태로 변형되었다.

賣渡(매도) 賣却(매각) 賣場(매장) 賣盡(매진) 賣國奴(매국노) 販賣(판매) 專賣(전매) 歇價放賣(헐가방매) '토지를 헐값에 매도(賣渡)하다' '인기상품이 매진(賣盡)되다'

賓
손빈

손 빈 甲骨文1　　손 빈 甲骨文2　　손 빈 金文

甲骨文은 宀+人 / 宀+人+止 이렇게 두 가지 형태이다. 밖에서 집(宀) 안으로 발(止)을 들여 놓는 사람(人) 즉 '손님'을 뜻한다. 賓(빈)을 유심히 보면 步(걸음 보)의 하단이 보인다. 손님 은 빈손으로 오지 않아서인지 언제부턴가 貝(패)가 붙은 형태가 되었다.

 賓
손 빈

貝-총14획

賓客(빈객) 貴賓(귀빈) 來賓(내빈) 迎賓(영빈) 國賓(국빈)

嬪
아내 빈

女-총17획

女+賓. 손님을 뜻하는 賓(빈)에 여성(女)이 더해져, 손님을 접대하는 여성의 모습을 표현하였다. '아내, 부인'의 뜻을 나타낸다.

世子嬪(세자빈) 張禧嬪(장희빈)〈名〉

殯
염할 빈

歹-총18획

歹+賓. 손님을 뜻하는 賓(빈)에 죽음을 뜻하는 歹(알)이 더해져 '염하다, 파묻히다'의 뜻을 나타낸다. 고인(故人)을 사후세계의 입장에서, 손님에 빗대었다.

殯所(빈소) 草殯(초빈)

賈 앉은장사 고/ 값 가

값 가 篆文

西+貝. 西(아)는 그릇 뚜껑을 본뜬 모습으로 '덮다'의 뜻이다. 재물(貝)이 더해져 재화를 '넣어두다, 장사하다'의 뜻을 나타낸다. '값'이라는 뜻으로 쓰일 때는 음이 '가'가 되는데, 그 경우 價(가)와 동자(同字)이다.

賈 앉은장사 고/ 값 가

貝-총13획

賈詡(가후)〈名〉

價 값 가

人-총15획

亻(人)+賈. 장사를 의미하는 賈(고/가)에 사람(人)이 더해져 '물건값'을 의미하는 부분이 독립하였다.

價格(가격) 價値(가치) 價値觀(가치관) 高價(고가) 時價(시가) 醫療酬價(의료수가) 歇價放賣(헐가 방매)

23. 조개껍질 묶어 그녀의 목에
〔朋〕

벗 붕

벗 붕 金文　　　벗 붕 篆文

金文은 여러 개의 조개를 실로 꿰어서 두 줄로 늘어놓은 모습이다. 파생되어 '패거리, 엮이다, 퍼지다'의 뜻을 나타내게 되었다. 朋(붕)의 篆文은 상상의 새인 봉황(鳳)의 모습이다. 朋(붕)에 鳥(조)가 더해지면 鵬(붕새 붕)이 된다. 봉새는 〈장자(莊子)〉 초반부에 등장하여 한번에 구만리를 난다는 바로 그 새이다.

朋

벗 붕

月-총8획

朋友(붕우) 朋友有信(붕우유신)

崩

무너질 붕

山-총11획

山+朋. 엮이다, 퍼지다의 의미인 朋(붕)에 산(山)이 더해져, 산에서 온갖 토석이 줄줄이 함께 쏟아지는 것을 표현한 것으로 '무너지다, 붕괴되다'의 뜻을 나타낸다.

崩壞(붕괴) 崩漏(붕루) 崩御(붕어) '임금이 붕어(崩御)하다'

鵬

봉새 붕

鳥-총19획

朋+鳥. 본문 참조

鵬翼(붕익) 鵬程萬里(붕정만리) 大鵬(대붕)

24. 조개껍데기로 농사를 짓다
〔辰〕辰 農 震

辰

다섯째지지 진 / 별 신　　다섯째지지 진 甲骨文　다섯째지지 진 金文　　새벽 신 金文

〈간명 甲骨文 자전〉에 의하면 손에 조개껍데기를 묶은 모습을 형상화한 것이다. 본래 '조개'의 의미로, 蜃(대합조개 신)의 원자(原字)이다. 낫과 같은 농기구로 사용되었기에 다른 글자 속에서 '농기구, 농사'의 의미로도 쓰인다.

辰

**다섯째지지 진/
별 신**

辰-총7획

誕辰(탄신) 日月星辰(일월성신) 壬辰倭亂(임진왜란)

脣

입술 순

肉-총11획

辰+月(肉). 조개를 본뜬 辰(신/진)에 인체를 뜻하는 肉(육)이 더해져, 신체 중에서 조개의 속살과 비슷한 모양의 '입술'을 가리킨다.

脣音(순음) 脣亡齒寒(순망치한) 上脣(상순) 下脣(하순) 丹脣皓齒(단순호치)

晨

새벽 신

日-총11획

臼+辰. 甲骨文은 晨의 형태로 臼(국)은 두 손. 농기구(辰)를 손(臼)에 들고 일하러 가는 '새벽'을 뜻한다.

晨星(신성) 昏定晨省(혼정신성)

辱
욕될 욕

日-총11획

辰+寸. 농기구를 뜻하는 辰(신/진)에 손(寸)이 더해져, 본래 '풀을 베다, 풀을 널다'의 의미이다. 파생하여 '싹을 따다, 욕보이다'의 뜻을 나타낸다. 풀이에 의견이 다양한 글자이며, 음도 다른 글자들과 차이가 많다.

辱說(욕설) 侮辱(모욕) 屈辱(굴욕) 恥辱(치욕) 汚辱(오욕)

農
농사 농

농사 농 甲骨文   농사 농 金文1   농사 농 金文2

甲骨文은 林+辰. 金文 중에는 田+林+辰의 형태도 볼 수 있다. 숲(林), 밭(田) 어느 경우이든, 기구를 쥐고(辰) 땅을 간다는 의미로 '농사'를 뜻한다. 〈설문해자〉에는 農(晨+囪) 형태로 수록되어 있는데, 오랜 세월 변형이 많았던 글자임은 분명하다.

農
농사 농

辰-총13획

農事(농사) 農業(농업) 農夫(농부) 農民(농민) 農閑期(농한기) 農繁期(농번기) 營農(영농) 酪農業(낙농업)

濃
짙을 농

水-총16획

氵(水)+農. 농사를 뜻하는 農(농)에 물(水)이 더해져, 액체의 농도가 '짙다, 진하다'의 뜻을 나타낸다. 농사는 끈질김이 요구된다는 의미라 한다.

濃度(농도) 濃厚(농후) 濃縮(농축)

膿
고름 농

肉-총17획

月(肉)+農. 篆文은 𧖹. 血+農 으로서 끈적거리는 피인 '고름'을 뜻한다. 血(혈)이 인체를 의미하는 肉(육)으로 교체되었다.

膿血(농혈) 排膿(배농) 蓄膿症(축농증)

震

벼락 진

震 벼락 진 篆文

雨+辰. 〈설문해자〉에서는 辰(신/진)에 대해 '벼락을 뜻한다. 3월은 양기가 동하여 천둥과 번개가 치며, 농사를 짓는 시기로 만물이 자라난다(震也. 三月 陽气動 靁電振 民農時也 物皆生)'로 설명한다. 사실 〈설문해자〉에서 천간(天干)과 지지(地支)는 대부분 음양오행설로 풀이하기 때문에 그대로 받아들이기는 어렵다. 그렇더라도 辰(신/진)이 '벼락(震)'이라는 의미로 통용되었던 것은 분명하며, 파생하여 '떨린다'는 의미도 지닌다.

震
벼락 진

雨-총15획

震動(진동) 震怒(진노) 震央(진앙) 震源(진원) 地震(지진) 腦震蕩(뇌진탕) '천지가 진동(震動)하는 듯하다'

振
떨칠 진

手-총10획

扌(手)+辰. 여기서 辰(진)은 震(진)의 의미. 손(手)이 더해져 '떨치다, 움직이다, 거두다'의 뜻을 나타낸다.

振動(진동) 振幅(진폭) 振子(진자) 振作(진작) 三振(삼진) '악취가 진동(振動)하다' '사기를 진작(振作)시키다' '삼진(三振)아웃을 당하다'

娠
아이밸 신

女-총10획

女+辰. 여기서 辰(진)은 震(진)의 의미. 여성(女)이 더해져, 아이를 '배다'의 뜻을 나타낸다. 태아의 움직임인 태동을 '떨림'으로 표현한 것이다.

姙娠(임신) 姙娠婦(임신부) '모두가 임신(姙娠/妊娠)을 축하해주다'

25. 몰려다니는 벌레들
〔昆〕

昆
벌레 곤

昆
벌레 곤 金文

발이 많은 벌레의 모습을 본뜬 것으로 '벌레'의 뜻을 나타낸다. 떼를 지어 다니는 벌레의 특성을 표현하기도 한다.

昆
벌레 곤

日-총8획

昆蟲(곤충) 昆弟(곤제) 昆布(곤포)〈藥〉

混
섞을 혼

水-총11획

氵(水)+昆. 떼지어 모이는 벌레의 의미(昆)에 물(水)이 더해져 '뒤섞이다, 흐리다'의 뜻을 나타낸다.

混同(혼동) 混沌(혼돈) 混濁(혼탁) 混雜(혼잡) 混亂(혼란) 混成(혼성) '비슷한 글자를 혼동(混同)하다'

棍
몽둥이 곤/
묶을 혼

木-총12획

木+昆. 떼지어 모이는 벌레(昆)에 나무(木)가 더해져, 많은 나무를 묶는다는 의미로 '묶다, 몽둥이'의 뜻을 나타낸다.

棍棒(곤봉) 棍杖(곤장)

26. 풀숲에 숨어 먹잇감을 노리다
〔萬〕萬邁

3장
동물

萬 일만 만	일만 만 金文	일만 만 篆文

전갈의 모습을 본뜬 것으로 '전갈'을 뜻한다. 부수인 풀(艹)과는 아무 상관이 없는 글자이다. 초두(艹)처럼 보이는 윗부분은 기실 전갈의 날카로운 앞발이다. 풀잎인가 하고 만졌다간 맹독에 쏘일지도 모른다. 풀밭에 몸을 은폐하고 먹이를 노려보는 전갈 한 마리가 보이는 듯하다. '10,000'이란 의미는 가차한 것이다. 가차라고 하면 풀이에 대한 실마리가 끊어진 셈인데, 혹시 우리말 '많다'의 어원과 연관이 있는지 궁금해진다.

萬
일만 만

艹-총13획

萬物(만물) 萬無(만무) 萬歲(만세) 萬年雪(만년설) 萬病通治(만병통치) 萬里長天(만리장천) 波萬波(일파만파) 千軍萬馬(천군만마) '그럴 리 만무(萬無)하다' '대한 독립 만세(萬歲)'

邁
갈 매

辶(辵)-총17획

辶(辵)+萬. 전갈을 뜻하는 萬(만)에 움직임을 뜻하는 辵(착)이 더해져 '가다, 지나다, 힘쓰다'의 뜻을 나타낸다. 난관을 만나도 꿋꿋이 전진하는 전갈의 모습을 취한 것으로 추정된다.

邁進(매진) 高邁(고매) "학업에 매진(邁進)하다"

갈 려

갈 려 篆文

厂+萬. 전갈(萬)에 벼랑을 본뜬 厂(한)이 더해져 '칼 가는 돌'을 의미한다. 전갈이 돌이나 벽에 대고 앞발을 날카롭게 가는 모습으로 풀이된다.

거친숫돌 려

石-총20획

石+厲. 갈다의 의미인 厲(려)에 돌(石)이 덧붙어 '숫돌, 갈다'의 뜻을 명확히 하였다.

礪石(여석)

勵

힘쓸 려

力-총17획

厲+力. 갈다의 의미인 厲(려)에 힘(力)이 더해져 '힘쓰다, 장려하다'의 뜻을 나타낸다.

奬勵(장려) 激勵(격려) 督勵(독려)

27. 하늘로 용솟음치다
〔龍〕

龍
용 룡

丮
용 룡 金文

상상의 동물인 용의 모습을 표현한 것으로 '용'을 뜻한다. 〈설문해자〉에서는 '비늘 달린 짐 승 중 우두머리'라 설명하면서, 변화무쌍함을 특징으로 부각시키고 있다(鱗蟲之長. 能幽 能 明 能細 能巨 能短 能長). 아울러 '춘분에는 하늘로 오르고, 추분에는 깊은 못 속에 잠긴다(春 分而登天 秋分而潛淵)'는 부연설명도 덧붙이고 있는데, 큰 뜻을 품은 영웅호걸을 빗대어 표현 할 때 빠짐없이 언급되는 동물이다. 〈삼국지〉에서 영웅에 대해 대화를 나누는 유비와 조조 처럼 말이다.

龍
용 룡

龍－총16획

龍鬚鐵(용수철) 龍頭蛇尾(용두사미) 龍虎相搏(용호상박) 登龍門(등용문) 畫龍點睛(화룡·점정) 蛟龍 得雲雨(교룡득운우)

寵
필 총

宀－총19획

宀+龍. 용을 뜻하는 龍(용)에 집을 뜻하는 宀(면)이 더해져, 용신(龍神)을 모신 집을 의미한다(尊居). '숭상하다, 공경하다'의 의미를 나타내며, 파생하여 '사랑하다, 괴다' 의 뜻으로도 쓰인다.

寵愛(총애) 寵兒(총아) '임금의 총애(寵愛)를 받다'

籠
대그릇 롱

竹－총22획

竹+龍. 용을 뜻하는 龍(용)에 대나무(竹)가 더해져 '대그릇(竹器), 새장' 등을 가리킨 다. 대나무로 짠 모양을 용에 빗댄 것으로 추정된다.

籠球(농구) 籠城(농성) 籠絡(농락) 檻籠(장롱) '상대를 농락(籠絡)하다'

龍

귀머거리 롱

耳-총22획

龍+耳. 甲骨文부터 용(龍)과 귀(耳)가 더해진 형태이지만, 정확한 의미를 알 수 없다고 한다. '귀머거리'를 뜻한다.

聾啞(농아) 聾兒(농아) 耳聾(이롱)

襲
엄습할 습

衣-총22획

龖+衣. 龖(답)은 龍+龍으로 겹치다의 의미. 옷(衣)이 더해져, 옷을 겹치거나 덮어 입는다는 의미이다. 파생하여 '물려받다, 종전대로 따르다' 그리고 '갑자기 덮치다, 엄습하다'의 뜻을 나타낸다.

襲擊(습격) 奇襲(기습) 空襲(공습) 掩襲(엄습) 踏襲(답습)

龍

28. 쥐 거북이 맹꽁이
[鼠][龜][黽]

쥐 서

쥐 서 篆文

이빨을 드러내고, 꼬리가 긴 쥐의 모습을 본뜬 것으로 '쥐'를 뜻한다. 〈설문해자〉에서는 '구멍 속에 사는 동물의 총칭(穴蟲之總名)'이라고 설명한다. 엄연히 포유류인 '쥐'를 벌레(蟲)와 동급으로 보고 있고, 구멍 속에 사는 생물들을 뭉뚱그려 鼠(서)라고 표현한 것이다.

쥐 서

鼠-총13획

鼠生員(서생원) 鼠竊狗偸(서절구투) 殺鼠(살서)

거북 구/귀, 갈라질 균

거북 구 篆文

파충류인 거북의 모습을 본뜬 것으로 '거북'을 뜻한다. 거북의 갈라진 등껍질에서 '갈라지다'의 의미도 나타내며, 이때는 '균'으로 읽는다. 〈설문해자〉에서는 '겉은 딱딱한 껍데기이고 속은 부드러운 살이다. 머리는 뱀의 머리와 같다(外骨內肉者. 龜頭與它頭同)'고 설명한다.

거북 구/귀,
갈라진 균

龜-총16획

龜鑑(귀감) 龜裂(균열) 龜州大捷(귀주대첩)〈地〉龜尾(구미)〈地〉龜板(귀판)〈藥〉

黽 맹꽁이 맹 | 맹꽁이 맹 篆文

양서류인 맹꽁이의 모습을 본뜬 것으로 '맹꽁이'를 뜻한다. 〈설문해자〉에서는, 거북과 마찬가지로 '머리는 뱀의 머리와 같다(黽頭與它頭同)'고 설명한다.

줄 승

糸−총19획

糸+黽. 蠅(승)은 파리를 가리킨다(蟲之大腹者). 새끼(糸)를 꼰 부분이 파리(蠅),맹꽁이(黽)의 불룩한 배 같다고 하여 '노끈'을 뜻한다. 파생하여 '묶다, 법' 등의 뜻을 나타낸다.

捕繩(포승) 自繩自縛(자승자박)

29. 가죽을 벗기다
〔皮〕皮 波 跛

皮
가죽 피

가죽 피 金文   가죽 피 篆文

짐승의 가죽을 손(又)으로 벗겨내는 모습을 표현한 것이다. '가죽, 껍질, 껍질을 벗기다'의 뜻을 나타낸다. 파생된 글자의 음은 '피'와 '파' 두 종류이다.

皮
가죽 피

皮-총5획

皮膚(피부) 皮脂(피지) 皮相的(피상적) 表皮(표피) 毛皮(모피) 剝皮(박피) 脫皮(탈피) '구습에서 탈피(脫皮)하다'

被
이불 피

衣-총10획

衤(衣)+皮. 짐승의 가죽을 뜻하는 皮(피)에 옷(衣)이 더해져, 덮어쓰는 '이불'을 뜻하며 '입다'의 뜻도 나타낸다. 파생하여 '당하다, 피동'의 의미로도 쓰인다.

被害(피해) 被告(피고) 被疑者(피의자) 被寫體(피사체)

披
나눌 피

手-총8획

扌(手)+皮. 짐승의 가죽을 벗기는 모습인 皮(피)에 손(手)이 더해져 '헤치다, 나누다, 쪼개다'의 뜻을 나타낸다.

披瀝(피력) 披見(피견) '자신의 의견을 피력(披瀝)하다'

破
깨뜨릴 파

石-총10획

石+皮. 짐승의 가죽을 벗기는 모습인 皮(피)에 돌(石)이 더해져, 돌을 '깨다, 깨뜨리다'의 뜻을 나타낸다.

破壞(파괴) 破棄(파기) 破滅(파멸) 破鏡(파경) 破婚(파혼) 破片(파편) 破廉恥(파렴치) 破顔大笑(파안대소) 看破(간파) 發破(발파) '파경(破鏡)에 이르다' '상대편의 작전을 간파(看破)하다'

彼
저 피

彳-총8획

彳+皮. 과거에 皮(피)를 가차하여 '저것(that)'의 의미로 사용하였다. 이후 조금 걷는다는 의미인 彳(척)이 더해졌다. 바로 발밑을 가리키는 此(차)에 대비되는 글자로, 걸어서 갈만한 거리를 가리킨다.

彼岸(피안) 彼此一般(피차일반) 此日彼日(차일피일)

波
물결 파

물결 파 篆文

氵(水)+皮. 가죽을 뜻하는 皮(피)에 물(水)이 더해진 형태이다. 출렁거리는 물결의 모습을 짐승의 털가죽에 빗댄 것으로 '물결, 파도'를 뜻한다.

波
물결 파

水-총8획

波濤(파도) 波及(파급) 波長(파장) 波紋(파문) 波瀾萬丈(파란만장) 波浪注意報(파랑주의보) 餘波(여파) 秋波(추파) 電波(전파) 周波數(주파수) 一波萬波(일파만파) '엄청난 파장(波長)을 몰고 오다' '이성에게 추파(秋波)를 던지다'

婆
할미 파/
범어 바

女-총11획

波+女. 물결을 뜻하는 波(파)에 여성(女)이 더해져 '늙은 여성, 노파'를 뜻한다. 다리가 약해져 물결이 출렁이듯 흔들리며 걷는 모습에 초점을 맞춘 것이다. 범어 bha(바)의 음역으로도 사용된다.

老婆(노파) 産婆(산파) 老婆心(노파심) 婆羅門(바라문) 娑婆世界(사바세계)

跛
절뚝발이 파

足+皮. 여기서 皮(피)는 波(파)의 의미. 발(足)이 더해져 '절룩거리다, 절뚝발이'의 뜻을 나타낸다. 절뚝거리며 걷는 모습을 물결이 출렁이는 것에 빗대었다.

跛

절뚝발이 파

足-총12획

跛行(파행) '파행(跛行)으로 운영되다'

頗

치우칠 파

頁-총14획

皮+頁. 여기서 皮(피)는 跛(파)의 의미. 절뚝거리며 걷는 모습에 머리(頁)가 더해져 '기울어지다, 치우치다'의 뜻을 나타낸다.

偏頗(편파) '편파(偏頗) 판정으로 물의를 빚다'

疲

지칠 피

疒-총10획

疒+皮. 여기서 皮(피)는 跛(파)의 의미. 절뚝거리며 걷는 모습에 질병을 뜻하는 疒(녁)이 더해져, 지쳐서 비틀거린다는 의미로 '고달프다, 지치다, 피곤하다'의 뜻을 나타낸다.

疲困(피곤) 疲勞(피로) 疲弊(피폐) '삶이 피폐(疲弊)해지다'

30. 가죽을 뒤집다
〔革〕

가죽 혁

가죽 혁 金文

벗겨낸 짐승 가죽의 모습을 본뜬 것으로 '가죽'을 뜻한다. 가죽을 벗겨 안과 밖을 뒤집는 것에서 '바꾸다, 고치다'의 의미도 파생되었다.

가죽 혁

革–총9획

革帶(혁대) 革新(혁신) 革命(혁명) 革罷(혁파) 改革(개혁)

勒

굴레 륵

力–총11획

革+力. 가죽을 뜻하는 革(혁)에 힘(力)이 더해져, 말을 억누르는 가죽인 '굴레, 묶다'의 뜻을 나타낸다.

乙巳勒約(을사늑약) 于勒(우륵)〈名〉

霸

으뜸 패

雨–총21획, 覇는 속자(俗字)

雨+革+月. 바뀌다의 뜻인 革(혁)에 달(月)과 기상현상을 뜻하는 雨(우)가 더해져, 그믐을 지나 다시 되살아난 달을 의미한다(月始生). 초하루 달에서 파생하여 '으뜸, 두목'의 뜻을 나타낸다.

覇道(패도) 覇權(패권) 覇者(패자) 覇氣(패기) 制覇(제패) 連覇(연패) '지역의 패자(覇者)로 우뚝서다' '이번 우승으로 3연패(連覇)를 이루다'

31. 가죽을 구하다
〔求〕

求
구할 구

求	겐
구할 구 篆文1	구할 구 篆文2

가죽옷, 모피의 모습을 본뜬 것이다(皮衣). 옛날에도 귀한 물건이었는지 '구하다, 모으다, 모이다'의 뜻이 파생되었다. 본연의 의미인 '가죽옷'의 뜻은 裘(갖옷 구)가 나타내게 된다.

求
구할 구

水-총7획

求人(구인) 求職(구직) 求心力(구심력) 請求(청구) 同氣相求(동기상구)

救
구원할 구

攴-총11획

求+攵(攴). 모으다의 의미인 求(구)에 동작의 의미(攴)가 더해져, 흩어진 것을 모은다는 뜻이다. 파생하여 위험한 상황을 '구원하다, 돕다'의 뜻으로 쓰인다.

救援(구원) 救助(구조) 救濟(구제) '난민들을 구제(救濟)하다'

球
공 구

玉-총11획

玉+求. 모으다의 의미인 求(구)에 옥(玉)이 더해져, 구심점을 중심으로 둥글게 된 옥을 가리킨다. 본래 '옥'의 한 종류를 일컬었으나 '둥근 물체, 공(ball)'의 뜻으로 확대되었다.

球技(구기) 野球(야구) 籠球(농구) 排球(배구) 蹴球(축구) 地球(지구) 北半球(북반구)

32. 살과 고기 그리고 인체
〔肉〕肉有脊冎多

肉
고기 육

고기 육 篆文

썰어 놓은 고기의 모습을 본뜬 것으로 '고기'를 뜻한다. 아울러 '인체 부위'에 관련된 글자에 폭넓게 활용된다. 다른 글자와 함께 쓰일 때는 月의 형태로 변형되기도 하는데, 물론 달(月)과는 무관하다.

肉
고기 육

肉-총6획

肉體(육체) 肉聲(육성) 肉眼(육안) 肉慾(육욕) 肉重(육중) 肉薄戰(육박전) 肉頭文字(육두문자) 果肉(과육) 苦肉策(고육책) 髀肉之嘆(비육지탄)

炙
고기구울
자/적

火-총8획

肉+火. 고기를 뜻하는 肉(육)에 불(火)이 더해져, 고기를 불 위에 얹은 모습으로 '굽다, 구운 고기'를 뜻한다.

膾炙(회자) 散炙(산적) '인구에 회자(膾炙)되다'

肩
어깨 견

肉-총8획

戶+月(肉). 어깨를 본뜬 모양이 戶의 형태로 변형되었다. 인체부위를 뜻하는 肉(육)이 더해져 '어깨'를 뜻한다.

肩章(견장) 肩胛骨(견갑골) 比肩(비견) 肩井(견정)〈穴〉 肩貞(견정)〈穴〉 '그와 비견(比肩)할만한 사람이 드물다'

肯
옳이여길 긍

肉-총8획

止+月(肉). 뼈를 본뜬 모양이 止의 형태로 변형되었다. 肉(육)이 더해져 본래 '뼈에 붙은 살'을 의미한다. 가차하여 '긍정, 즐기어 하다'의 뜻으로 쓰인다.

肯定(긍정) 首肯(수긍) '긍정(肯定)적인 마인드'

肥
살찔 비

肉-총8획

좌측이 고기를 뜻하는 肉(육)인 것은 분명하지만, 우측이 무릎 꿇은 모습인 巴(절)인지 뱀의 상형인 巴(파)인지 명확하지 않다. '살이 찌다, 살이 많다(多肉)'의 뜻을 나타낸다.

肥料(비료) 肥沃(비옥) 堆肥(퇴비) 天高馬肥(천고마비)

있을 유 | 있을 유 金文 | 있을 유 篆文

金文은 肉+又. 고기(肉)를 손(又)에 갖고 있는 모습을 표현한 것으로 '가지다, 소유하다, 있다'의 뜻을 나타낸다.

有
있을 유

月-총6획

有無(유무) 有望株(유망주) 所有(소유) 保有(보유) 初有(초유) '사상 초유(初有)의 사태'

宥
용서할 유

宀-총9획

宀+有. 가지다의 뜻인 有(유)에 집을 뜻하는 (면)이 더해져, 넓은 집을 의미한다. 파생하여 '너그럽게 하다, 돕다, 용서하다'의 뜻을 나타낸다.

宥和(유화) 宥和政策(유화정책)

脊 등골뼈 척

등골뼈 척 篆文

본자(本字)는 **朇**. 겹쳐 쌓여 있는 등뼈의 모습에 인체를 의미하는 月(肉)이 더해진 형태로 '등뼈'를 뜻한다. 설명을 덧붙이자면, 脊(척)은 bone이 아니라 vertebra이다. 인체의 骨(bone) 중에서 목뼈(경추) 7개, 등뼈(흉추) 12개, 허리뼈(요추) 5개, 엉치뼈(천골) 5개, 꼬리뼈(미골) 4개 이렇게 총 33개의 뼈만 脊(vertebra)이다. 때문에 의학용어 이외에는 사용례가 드문 글자이다.

脊 등골뼈 척

肉-총10획

脊椎(척추) 脊柱(척주)

瘠 파리할 척

疒-총15획

疒+脊. 등뼈를 뜻하는 脊(척)에 질병을 뜻하는 疒(녁)이 더해져, 병으로 등뼈만 남은 듯 '파리하다, 야위다, 수척하다'의 뜻을 나타낸다.

瘠薄(척박) 瘠土(척토) 瘦瘠(수척) '척박(瘠薄)한 환경에서 자라다'

肉

肙
작은벌레 연

작은벌레 연 篆文

〈설문해자〉에서는 口+月(肉)로 풀이하며 '작은 벌레(小蟲)'라고 설명한다. 혹 자체적인 상형으로 본다면 口는 머리, 月은 주름진 몸통이 될 것이다. 독립적으로 쓰이는 경우는 거의 없고 '작다'는 의미를 품고 다른 글자에 포함되어 사용된다.

絹
명주 견

糸-총13획

糸+肙. 작다는 의미의 肙(연)에 실(糸)이 더해져, 누에고치에서 뽑아낸 가느다란 실인 '명주'를 뜻한다.

絹綿(견면) 絹織物(견직물) 絹絲紡績(견사방적) 本絹(본견)

捐
버릴 연

手-총10획

扌(手)+肙. 작다는 의미의 肙(연)에 손(手)이 더해져, 손으로 작게 한다는 의미로 '버리다, 덜다'의 뜻을 나타낸다.

義捐(의연) 義捐金(의연금) 棄捐(기연)

多
많을 다

많을 다 甲骨文

肉+肉. 夕은 '저녁 석'이 아니라 고기(肉)를 본뜬 것이다. 고기가 겹쳐 있는 모습에서 '많다'는 뜻을 나타낸다. 여담으로 달(moon)을 본뜬 모양에서 月(월)과 夕(석)이 갈라져 나왔다. 그런데 肉(육)이 부수로 쓰일 때는 月의 형태가 되고, 간혹 夕의 형태로 변형되기도 한다.

多
많을 다

夕-총6획

多少(다소) 多幸(다행) 多樣(다양) 多心(다심) 多多益善(다다익선) 許多(허다) 雜多(잡다)

侈
사치할 치

人-총8획

亻(人)+多. 많다는 의미의 多(다)에 사람(人)이 더해져, 재물이 많은 사람이라는 의미로 '사치하다'의 뜻을 나타낸다.

奢侈(사치)

移
옮길 이

禾-총11획, 迻와 동자(同字)

禾+多. 迻와 동자(同字). 迻(이)는 多(다)에 움직임을 뜻하는 辵(착)이 더해진 형태로 '옮기다'의 뜻을 나타낸다. 移(이)는 본래 '벼가 나긋나긋하다'는 의미였으나, 迻(이)와 통용되다 오히려 '옮기다'의 뜻으로 정착되었다.

移徙(이사) 移籍(이적) 移轉(이전) 推移(추이)

肉

33. 힘차게 흩날리는 갈기
[鬣]

갈기 렵

갈기 렵 金文

3장
동물

짐승의 갈기를 본뜬 모습으로 '갈기'를 뜻한다. 갈기란 말이나 사자 등 짐승의 목덜미에 난 긴 털을 가리킨다. 鬣(갈기 렵)과 동자(同字)이다. 〈설문해자〉에서는 '정수리에 난 머리털 혹은 모발이 흩날리는 모습을 본뜬 것(象髮在囟上及毛髮巤巤之形)'이라 설명하고 있다.

獵
사냥 렵

犬-총18획

犭(犬)+巤. 갈기를 뜻하는 巤(렵)에 사냥개(犬)가 더해져, 갈기 달린 짐승을 사냥한다는 의미이다. '사냥하다, 사냥'의 뜻을 나타낸다.

獵銃(엽총) 獵奇的(엽기적) 狩獵(수렵) 密獵(밀렵) 涉獵(섭렵) '여러 분야를 섭렵(涉獵)하다'

蠟
밀 랍

虫-총21획

虫+巤. 벌똥, 꿀찌끼를 끓여서 짜낸 기름인 '밀, 밀랍'을 뜻한다. 巤(렵)을 취한 이유는 명확하지 않다.

蜜蠟(밀랍)

34. 엄니가 삐져나오다
〔牙〕

牙
엄니 아

엄니 아 金文　　엄니 아 篆文

엄니의 위아래가 맞물리는 모습을 본뜬 것이다. '엄니'의 뜻을 나타내며, 파생하여 '삐져나오다'의 의미로도 작용한다.

엄니(tusk)란 길고 날카롭게 튀어나온 이빨로, 사자, 호랑이, 멧돼지, 코끼리 등에서 볼 수 있다. 사냥한 먹이를 물어뜯는 맹수의 상징이라 할 수 있는데, 무리 중에 코끼리가 다소 엉뚱하게 보인다. 코끼리의 엄니인 상아는 앞니가 발달된 것이고, 육식동물의 엄니는 송곳니가 발달된 것이다. 그 쓰임새가 다르다고 보면 되겠다. 그런데 앞니이든 송곳니이든 입 안 깊숙한 곳에서 맷돌처럼 음식을 갈아버리는 어금니는 아니다. 문제는 어금니/엄니가 음이 비슷하다보니 헷갈리는 경우가 종종 생긴다는 것이다. 그런데, '공식적'으로 엄니가 어금니의 뜻으로 사용되는 지역도 있다. 그냥 방언이라 하고 무시하기도 어렵다. 국어사전 중에는 〈엄니〉의 설명 말미에 '어금니의 뜻으로도 사용된다'고 한 경우도 있기 때문이다. 정리하자면 일단 엄니는 tusk이다. 상아와 같은 날카로운 이빨을 가리킨다. 혹여 어금니의 뜻으로 사용하는 경우를 보더라도 마음 넓게 이해해주면 된다.

牙
엄니 아

牙-총4획
牙城(아성) 象牙(상아) 齒牙(치아) 象牙塔(상아탑) 伯牙絕絃(백아절현)

芽
싹 아

艸-총8획
艸+牙. 삐져나오다의 의미인 牙(아)에 풀(艸)이 더해져 '싹, 죽순'을 뜻한다. 땅에서 싹이나 죽순이 자라난 모습을 엄니가 삐져나온 모습에 빗댄 것이다.

發芽(발아) 萌芽(맹아) 胚芽(배아) 麥芽(맥아)

穿
뚫을 천

穴-총9획

穴+牙. 삐져나오다의 의미인 牙(아)에 구멍(穴)이 더해져, 구멍을 '파다, 뚫다'의 뜻을 나타낸다. '천'이라는 음이 다른 글자와 동떨어져 있다.

穿鑿(천착) 孔子穿珠(공자천주) '한 분야를 천착(穿鑿)하다'

邪
간사할 사

邑-총7획

牙+阝(邑). 본래 지명이었으나, 裹와 동자(同字)로 쓰인다. 裹(사)는 衣+牙로, 엄니가 옷을 삐져나온 것처럼 단정하지 못함을 의미한다. 파생하여 '사특하다, 바르지 않다, 비스듬하다'의 뜻을 나타낸다.

邪惡(사악) 邪氣(사기) 邪術(사술) 妖邪(요사) 奸邪(간사) 斥邪(척사)

雅
맑을 아

佳-총12획

牙+佳. 까마귀 울음소리의 의성어로 牙(아)의 음을 차용하였다. 초(楚)지방의 '큰까마귀'를 뜻하기도 하며, '악기이름, 우아하다, 맑다' 등 다양한 의미로 쓰인다.

雅澹(아담) 雅淡(아담) 雅量(아량) 雅號(아호) 清雅(청아) 端雅(단아) 優雅(우아) '정원이 아담(雅淡/雅澹)하다'

35. 뿔이 나다
〔角〕角 解

角
뿔각 | 뿔각 甲骨文 | 뿔각 金文 | 뿔각 篆文

짐승의 뿔의 모습을 본뜬 것이다(獸角). '뿔'을 뜻한다. 옛날에는 뿔을 술잔으로 사용하였기 때문에 角(각)이 부수인 글자 중에는 觴(잔 상), 觚(술잔 고) 등 술잔을 뜻하는 글자들도 여럿 있다.

角
뿔 각

角-총7획

角膜(각막) 角質(각질) 角逐場(각축장) 頭角(두각) 直角(직각) 時角(시각) 矯角殺牛(교각살우) '연기에서 두각(頭角)을 드러내다'

衡
저울 형/가로 횡

行-총16획

行+角+大. 길거리(行)에서 사람(大)이 소뿔(角)에 받히지 않도록 고안된 기구인 '가로나무(橫木)'를 뜻한다. 이후 '저울'이라는 의미로 쓰이게 된다. '가로'라는 뜻으로 쓰일 때는 '횡'으로 읽으며 橫(횡)과 동자(同字)이다.

衡平(형평) 均衡(균형) 平衡(평형) 銓衡(전형) 書類銓衡(서류전형) 連衡(연횡) 合從連衡(합종연횡) '형평(衡平)에 어긋나다' '장의가 연횡(連衡)설을 펴다'

解
풀 해

풀 해 甲骨文 · 풀 해 金文

角+刀+牛. 두 뿔(角) 사이를 칼(刀)로 쳐서 소(牛)를 도살하는 모습이다. 甲骨文에서는 두 손이었는데 후에 칼(刀)로 바뀌었다. 소를 가르는 행위에서 '풀다, 해체하다'의 뜻을 나타낸다.

 解
풀 해

角-총13획

解散(해산) 解放(해방) 解體(해체) 解決(해결) 解脫(해탈) 諒解(양해) 註解(주해) 和解(화해) 見解 (견해)

懈
게으를 해

心-총16획

忄(心)+解. 풀다의 뜻인 解(해)에 마음(心)이 더해져, 마음의 긴장이 풀린다는 의미로 '게으르다'의 뜻을 나타낸다.

懈惰(해타) 懈怠(해태)

36. 어떤 발자국
〔内〕内 禹 離 禽

발자국 유 | 발자국 유 篆文

짐승의 뒷발이 땅을 밟고 있는 모습을 본뜬 것으로 '발자국'을 뜻한다. 어떻게 보면 멧돼지 발자국 같기도 한데 가운데 부분이 꼬리, 양쪽에 벌리고 있는 부분이 뒷발이라고 한다. 혹여 4획이라 생각하기 쉽겠지만 5획이다. 비교해서 볼 글자로 瓜(오이 과)가 있는데, 6획이 아니라 5획으로 센다. 두 글자 모두 부수자로, 획수를 기억해두면 자전 찾는 데 편리할 것이다.

하우씨 우

内–총9획

이름 모를 파충류의 모습을 본뜬 것이다. 하(夏)나라를 세운 '우(禹)임금'의 뜻으로 주로 쓰인다.

禹王(우왕)〈名〉禹長春(우장춘)〈名〉

훔칠 절

穴–총22획

篆文은 竊로 穴+米+离+廿. 구멍(穴)을 뚫어 쌀(米)을 축내는 벌레(离)로 풀이된다. 변형도 많고 풀이도 명확하지 않은 글자이다. '훔치다, 도둑'의 뜻을 나타낸다.

竊盜(절도) 剽竊(표절)

禺
긴꼬리원숭이 우

긴꼬리원숭이 우 金文

큰 머리와 긴 꼬리를 가진 동물을 본뜬 모습이다. 긴꼬리원숭이 또는 나무늘보의 종류라고 한다. 파생된 글자들을 보면, 재빠르고 민첩한 원숭이와는 거리가 멀다. 느릿느릿한 '나무늘보'의 이미지를 떠올리며 살펴보기 바란다. 참고로 萬(일만 만)에서 초두(艸) 빠진 형태로 기억하면 글자 익히는 데는 도움이 되지만, 萬(만)은 '전갈'을 본뜬 글자이다.

愚
어리석을 우

心-총13획

禺+心. 나무늘보류(類)를 뜻하는 禺(우)에 마음(心)이 더해져 '둔하다, 어리석다'의 뜻을 나타낸다.

愚昧(우매) 愚弄(우롱) 愚鈍(우둔) 愚問賢答(우문현답) 愚公移山(우공이산) 崔濟愚(최제우)〈名〉

寓
머무를 우

宀-총12획

宀+禺. 나무늘보류를 뜻하는 禺(우)에 집을 뜻하는 宀(면)이 더해져, 남에게 의지해 임시로 '머물다, 맡기다'의 뜻을 나타낸다. 일정한 집 없이 나무에 매달려 있는 모습에 초점을 맞추었다.

寓話(우화) 寓意(우의) '우의(寓意)적으로 표현하다'

遇
만날 우

辵-총13획

辶(辵)+禺. 나무늘보류를 뜻하는 禺(우)에 움직임을 뜻하는 辵(착)이 더해져 '의도치 않게 만나다'의 의미를 나타낸다. 속담 중에서 '소발에 쥐잡기'와 통한다고 할 수 있겠다.

待遇(대우) 處遇(처우) 境遇(경우) 遭遇(조우) 不遇(불우) '가정환경이 불우(不遇)하다'

偶
짝 우

人-총11획

亻(人)+禺. 나무늘보류를 뜻하는 禺(우)에 사람(人)이 더해져, 본래 사람을 본뜬 '허수아비(桐人)'를 의미한다. 파생하여 '짝, 배필'의 뜻을 나타내며 '어쩌다, 우연히'의 의미로도 쓰인다.

偶然(우연) 偶像(우상) 偶像崇拜(우상숭배) 土偶(토우) 配偶者(배우자) '우연(偶然)의 일치'

離
떼놓을 리

떼놓을 리 甲骨文1　떼놓을 리 甲骨文2　떼놓을 리 篆文

离+隹. 甲骨文은 그물(网) 위에 새(隹)가 그려진 형태인데, 그물이 离 모양으로 변형되었다. 그물을 빠져나가는 새(隹)를 표현한 것으로 '떠나다, 헤어지다'의 뜻을 나타낸다. 참고로 甲骨文에서 그물(网) 아래에 새(隹)가 있는 형태인 羅(라)는 '새그물, 묶이다'의 의미이다. 날갯짓하는 새의 움직임은 위로 올라가는 게 자연스럽다고 느꼈던 것이다.

離
떼놓을 리

隹-총19획

離別(이별) 離合集散(이합집산) 分離(분리) 乖離(괴리) 支離滅裂(지리멸렬) 會者定離(회자정리)

禽
날짐승 금

날짐승 금 篆文

今+离. 여기서 今(금)은 含(함)의 의미로 '삼키다, 머금다'의 뜻을 나타낸다. 그물이 변형된 형태인 离가 더해져, 그물로 잡는다는 의미이다. 이후에 '날짐승, 조류'의 뜻을 나타낸다.

禽
날짐승 금

囪-총13획

禽獸(금수) 猛禽(맹금)

擒
사로잡을 금

手-총16획

扌(手)+禽. 본래 그물로 잡는다는 의미인 禽(금)에 손(手)이 더해져 '사로잡다'의 뜻을 나타낸다.

生擒(생금) 七縱七擒(칠종칠금)

37. 나누어 분별하다
〔采〕采番審釆奧

3장
동물

采
분별할 변

| 분별할 변 金文 | 분별할 변 篆文 |

길짐승의 발톱이 갈라져 있는 모습을 본뜬 것이다(象獸指爪分別). '나누다, 분별하다'의 의미를 나타낸다(辨別).

悉
다 실

心-총11획

采+心. 짐승이 발톱(采)으로 다른 짐승의 심장(心)을 후벼내는 모습에서 '남김없이, 모두 다'라는 뜻을 나타낸다고 한다.

悉皆(실개) 悉無律(실무율):none or all law

番
갈마들 번/날랠 파

| 갈마들 번 金文 | 갈마들 번 篆文 |

采+田. 만약 밭(田)에 짐승이 밟고(采) 지나갔다면 부정적인 의미일 텐데, 다행히 여기 采(변)은 농부의 발자국이다. 농부가 밭에 씨를 뿌린다는 의미로 播(뿌릴 파)의 원자(原字)이다. 씨를 뿌릴 땐 차례가 중요하므로 '차례, 번갈아 일을 맡다'의 뜻을 나타내며, 씨 뿌리는 모양에서 '퍼지다'의 의미도 지닌다.

番
갈마들 번/ 날랠 파

田-총12획

番號(번호) 番地(번지) 番番(번번) 當番(당번) 非番(비번) '번번(番番)이 신세를 지다'

播
뿌릴 파

手-총15획

扌(手)+番. 본래 씨를 뿌리다의 뜻인 番(번/파)에 손(手)이 더해져 '씨를 뿌리다, 베풀다'의 뜻을 나타낸다.

播種(파종) 播遷(파천) 俄館播遷(아관파천) 傳播(전파)

蕃
우거질 번

艹-총16획

艹+番. 퍼지다의 의미인 番(번/파)에 풀(艹)이 더해져, 풀이 '우거지다, 무성하다'의 뜻을 나타낸다.

蕃盛(번성) '자손이 번성(蕃盛/繁盛)하다'

潘
뜨물 번/반

水-총15획

氵(水)+番. 퍼지다의 의미인 番(번/파)에 물(水)이 더해져 '쌀뜨물'을 뜻한다. 쌀을 일때 물이 하얗게 흐려지는 모습을 씨 뿌리는 모습에 빗대었다.

潘沐(반목) 潘楊之好(반양지호)

藩
울타리 번

艹-총19획

艹+潘. 蕃(번)과 潘(번)이 더해진 형태로 이해하면 되겠다. 덮고 가리는 '울타리'를 뜻한다. 파생하여 군주(君主)를 지킨다는 의미로 '제후국'을 뜻하기도 한다.

藩邦(번방) 藩國(번국)

飜
날 번

飛-총21획, 翻 과 동자(同字)

番+飛. 퍼지다의 의미인 番(번/파)에 날다의 뜻인 飛(비)가 더해져, 새가 나는 모습혹은 깃발이 나부끼는 모습을 형용한다. 파생하여 '옮기다, 번역하다'의 뜻으로 주로쓰인다.

飜譯(번역) 飜案(번안) 飜覆(번복)

采

審
살필 심 | 审 宋
살필 심 篆文1　　살필 심 篆文2

본자(本字)는 宷로 宀+釆. 田(전)은 있기도 하고 없기도 하다. 혹 口(입 구)가 田 형태로 변형되었다고도 하는데, 밭(田)이 핵심이 아닌 것은 분명하다. 宀(면)은 집을 의미하는데, 여기서는 법정으로 보는 견해가 설득력이 있다. 법정(宀)에서 시비를 분별(釆)하는 광경으로 '살피다, 자세하다, 판별하다'의 뜻을 나타낸다. 口(구)가 더해진다면 시비를 가리는 말(口)로 이해하면 되겠다.

審
살필 심
宀-총15획
審判(심판) 審問(심문) 審美眼(심미안) 主審(주심) 副審(부심) 未審(미심) 陪審員(배심원) 不審檢問(불심검문) '영 未審(미심)쩍다'

瀋
즙 심
氵-총18획
氵(水)+審. 자세히 살피다의 의미인 審(심)에 물(水)이 더해져, 과일의 깊은 곳에서 짜낸 액체인 '즙'을 뜻한다.
瀋陽(심양)〈地〉

奰
움켜쥘 권 | 문서 권 篆文

釆+廾. 廾(공)은 두 손으로 받쳐 든 모습. 여기서 釆(변)의 역할은 분명하지 않다. 〈설문해자〉에서는 '주먹밥(搏飯)'이라는 뜻으로 설명한다. 파생하여 '말다(搏), 움켜쥐다(握)'의 의미를 나타낸다. 奰(권)이 다른 글자 내에서 쓰일 때는 형태가 변형됨에 유의하기 바란다.

拳
주먹 권

手-총10획

釆+手. 말다의 의미인 釆(권)에 손(手)이 더해져 '주먹, 주먹을 쥐다'의 뜻을 나타낸다.

拳鬪(권투) 拳銃(권총) 鐵拳(철권) 跆拳道(태권도)

券
문서 권

刀-총8획

釆+刀. 말다의 의미인 釆(권)에 칼(刀)이 더해져, 나무쪽에 칼집을 내어 각자 증거로 삼는 '어음쪽'을 의미한다. 파생하여 각종 '문서'의 뜻으로 쓰인다. 과거엔 죽간을 둘둘 말았기에 釆(권)을 취한 것으로 보인다.

旅券(여권) 福券(복권) 乘車券(승차권) 定額券(정액권)

卷
책 권

卩-총8획

釆+卩. 말다의 의미인 釆(권)에 무릎 꿇은 모습인 卩(절)이 더해져 '두루마리, 책'을 뜻한다. 책을 세는 수사(數詞)로도 쓰인다.

卷末(권말) 卷雲(권운) 席卷(석권) 壓卷(압권) 手不釋卷(수불석권) '책 한 권(卷)'이 장면이 영화의 압권(壓卷)이다'

圈
우리 권

囗-총11획

囗+卷. 두루마리를 뜻하는 卷(권)에 테두리를 뜻하는 囗(위/국)이 더해져, 가축을 기르는 '우리'를 뜻한다.

商圈(상권) 大氣圈(대기권) 成層圈(성층권) '상권(商圈)이 형성되다'

倦
게으를 권

人-총10획

亻(人)+卷. 두루마리를 뜻하는 卷(권)에 사람(人)이 더해져, 사람이 웅크린 모습을 표현한 것으로 '고달프다, 게으르다'의 뜻을 나타낸다.

倦怠(권태) '단조로운 삶에 권태(倦怠)를 느끼다'

捲
말 권

手-총11획

扌(手)+卷. 拳(주먹 권) 卷(책 권) 두 글자와 모두 통용된다. '말다, 주먹' 등의 뜻으로 쓰인다.

席捲(석권) '세계 시장을 석권(席捲/席卷)하다'

奧 그윽할 오

그윽할 오 篆文

審+廾 혹은 宀+釆. 풀이가 두 가지 종류인 것 같지만 사실은 똑같은 풀이이다. 두 손(廾)으로 더듬어 감별해야(釆) 하는 공간(宀)을 말한다. 〈설문해자〉에는 방의 서남쪽 구석(室之西南隅) 즉, 깊숙하고 후미진 곳으로 설명하고 있다. '깊숙하다, 그윽하다'의 뜻을 나타낸다.

奧 그윽할 오

大-총13획

奧地(오지) 奧妙(오묘) 奧密奧密(오밀조밀) 深奧(심오)

懊 한할 오

心-총16획

忄(心)+奧. 깊숙하다의 뜻인 奧(오)에 마음(心)이 더해져, 마음 깊숙이 새겨진 괴로움을 표현한 것으로 '한하다, 원통히 여기다'의 뜻을 나타낸다.

懊恨(오한) 懊惱(오뇌)

4장.
식물

1. 익을수록 고개를 숙이다
〔禾〕禾季利黍委秋禿秀

  벼화	 벼화 甲骨文	 벼화 金文	 벼화 篆文

이삭 끝이 살짝 늘어진 모습을 표현한 것으로 '벼'를 뜻한다. 포괄적으로 '곡식'을 의미하기도 한다.

벼 화

禾-총5획

禾本科(화본과)

화할 화

口-총8획

禾+口. 벼를 뜻하는 禾(화)에 입(口)이 더해져, 사람들의 목소리가 '조화되다, 화목하다'의 뜻을 나타낸다.

和睦(화목) 和解(화해) 和音(화음) 平和(평화) 調和(조화) 飽和(포화) 共和國(공화국) 不協和音(불협화음)

잡을 병

禾-총8획

禾+又. 벼를 뜻하는 禾(화)에 손(又)이 더해져, 손으로 벼를 움켜 쥔 모습이다. '잡다'의 뜻을 나타낸다.

孫秉熙(손병희)〈名〉秉風(병풍)〈穴〉

菌

버섯 균

艸-총12획

艸+囷. 囷(균)은 囗+禾로 곳간을 뜻한다. 풀(艸)이 더해져, 곳간과 비슷한 모양의 갓이 있는 '버섯'을 뜻한다.

菌類(균류) 菌絲(균사) 細菌(세균) 病菌(병균) 殺菌(살균) 大腸菌(대장균) 乳酸菌(유산균)

秦
벼이름 진

禾-총10획

甲骨文은 두 손(臼)으로 절굿공이를 잡고 벼(禾)를 찧는 모습이다. 벼 품종의 하나를 뜻하였다고 하나 '나라 이름'으로 주로 쓰인다.

秦始皇(진시황)〈名〉 蘇秦(소진)〈名〉 秦艽(진교)〈藥〉

 穆
화목할 목

禾-총16획

禾+㒸. 벼(禾)의 알이 여물어, 떨어지려는 모양을 본뜬 것이라 한다. 아름답고 평화로운 모습을 표현한 것으로 '온화하다, 화목하다'의 뜻을 나타낸다. '화목하다'는 의미일 때는 睦(목)과 동자(同字)이다.

和穆(화목)

年
해 년

干-총6획

甲骨文은 禾+人으로, 수확한 벼(禾)를 사람(人)이 짊어진 모습으로 보는 견해가 타당해 보인다. 벼가 '잘 익다'의 의미이며, 파생하여 '1년, 해'의 뜻을 나타낸다.

年度(연도) 年次(연차) 年輩(연배) 年年生(연년생) 年代記(연대기) 年功序列(연공서열) 豊年(풍년) 元年(원년) 停年退職(정년퇴직)

季
어릴 계

어릴 계 甲骨文　　어릴 계 金文

禾+子. 〈설문해자〉에서는 '어린 사람에 대한 호칭이다(少偁)'로 풀이하며 '어린 벼(稚)'의 의미라고 설명한다. 혹 이삭(禾) 줍는 아이들(子)의 모습으로 보는 견해도 있다. '어리다, 막내'의 뜻을 나타내며 '계절'이라는 의미도 파생되었다.

 季
어릴 계

子-총8획

계수(季嫂) 季節(계절) 四季(사계)

悸
두근거릴 계

心-총11획

忄(心)+季. 어리다의 의미인 季(계)에 마음(心)이 더해져, 어리고 설레는 마음을 표현한 것으로 풀이되며 '두근거리다'의 뜻을 나타낸다.

心悸(심계) 心悸亢進(심계항진)

利
날카로울 리

날카로울 리 甲骨文　날카로울 리 金文

禾+刂(刀). 곡식(禾)을 베는 날카로운 낫(刀)을 표현한 것으로 '벼를 베다'의 의미이다. 파생하여 '날카롭다, 이롭다, 이익' 등의 뜻으로 쓰인다. 또한 의서에서 利(리)의 쓰임새를 살펴보면, 利小便(리소변)은 소변을 잘 보게 한다는 의미이고, 下利(하리)는 설사나 이질을 가리킨다.

利
날카로울 리

刀-총7획

利益(이익) 利得(이득) 利子(이자) 利率(이율) 複利(복리) 單利(단리) 暴利(폭리) 銳利(예리) 戰利品(전리품) 薄利多賣(박리다매) 私利私慾(사리사욕) 營利事業(영리사업) '칼날이 예리(銳利)하다'

悧
영리할 리

心-총10획, 俐와 동자(同字)

忄(心)+利. 날카로움을 뜻하는 利(리)에 마음(心)이 더해져, 머리가 똑똑하고 예민함을 의미한다. '약다, 영리하다'의 뜻을 나타낸다.

怜悧(영리) '그 아이는 참 영리(怜悧/伶俐)하다'

痢
설사 리

疒-총12획

疒+利. 설사 혹은 이질의 의미로 통용되던 利(리)에 질병을 뜻하는 疒(녁)이 더해져 '이질, 설사'의 뜻을 명확히 하였다.

痢疾(이질)

梨
배나무 리

木-총11획

利+木. 의서에서 '배'는 갈증, 기침, 변비 등에 활용된다. 수분이 많고 시원한 성질을 여러 증상에 활용하므로 利(리)의 의미를 취한 것으로 추정된다. 나무(木)가 더해져 '배, 배나무'를 뜻한다.

梨花(이화) 梨雪(이설)

黍
기장 서

기장 서 甲骨文　　기장 서 金文

禾+水. 여기서 水(수)는 술(酒)을 의미한다. 곡식 중에서 술의 재료로 적당한 '기장'을 가리 킨다. 〈설문해자〉에서도 '기장으로 술을 빚을 수 있다. 곡식을 물에 담근 것이다(黍可爲酒 禾 入水也)'로 부연설명하고 있다.

黍
기장 서

黍-총12획

黍稷(서직)

香
향기 향

香-총9획

黍+甘. 기장을 뜻하는 黍(서)에 달다는 뜻의 甘(감)이 더해져, 기장이나 술에서 나 는 '향기, 향내'를 뜻한다.

香氣(향기) 香水(향수) 香料(향료) 蘭香(난향) 墨香(묵향) 麝香(사향)〈藥〉木香(목향)〈藥〉

委
맡길 위

맡길 위 篆文

禾+女. 벼가 고개 숙인 모습인 禾(화)에 여성(女)이 더해져 '나긋나긋하다, 구부러지다'의 의미를 나타낸다. 파생하여 '맡기다, 따르다(隨)'의 뜻으로 쓰인다.

委
맡길 위

女-총8획

委任(위임) 委託(위탁) 委囑(위촉) 委員會(위원회)

萎
마를 위

艸-총12획

艸+委. 구부러지다의 의미인 委(위)에 풀(艸)이 더해져, 풀이 '시들다, 마르다'의 뜻을 나타낸다.

萎縮(위축) 萎落(위락) '생산 활동이 위축(萎縮)되다'

矮
키작을 왜

矢-총13획

矢+委. 구부러지다의 의미인 委(위)에 화살(矢)이 더해져, 본래 짧은 화살을 의미한다. 파생하여 '짧다, 키다 작다'의 뜻을 나타낸다.

矮小(왜소)

倭
왜국 왜

人-총10획

亻(人)+委. 구부러지다의 의미인 委(위)에 사람(人)이 더해져 본래 '유순하다'의 뜻을 나타낸다. 矮(왜)의 의미와도 통용되며, 과거 일본(日本)을 얕잡아 부르던 표현인 '왜국'의 뜻으로 쓰인다.

倭寇(왜구) 倭敵(왜적) 倭軍(왜군) 壬辰倭亂(임진왜란)

秋
가을 추

가을 추篆文1　가을 추篆文2

본래 甲骨文은 가을의 상징인 귀뚜라미를 본뜬 모습이라 한다. 禾(화)는 나중에 추가되었고, 귀뚜라미의 상형이 거북(龜)과 유사해 篆文에서는 禾+火+龜 형태가 되었다. 이후 龜가 생략된 형태가 현재의 秋(추)이다. 가을걷이 후에 불을 지르는 관습과 관련이 있는 듯하다. 정리하자면 '가을의 표현'에서 과거에는 귀뚜라미가 주인공이었는데, 지금은 조연들만 남은 셈이다.

秋
가을 추

禾-총9획

秋收(추수) 秋夕(추석) 秋霜(추상) 秋波(추파) 秋毫(추호) 春秋(춘추) '추상(秋霜)같은 명령' '추호(秋毫)의 의심도 없다'

愁
시름 수

心-총13획

秋+心. 가을을 뜻하는 秋(추)에 마음(心)이 더해져, 낙엽이 지고 쓸쓸한 분위기를 표현한 것으로 '시름, 근심'을 뜻한다.

愁心(수심) 憂愁(우수) '얼굴에 수심(愁心)이 가득하다'

禿
대머리 독

대머리 독 篆文

禾+儿. 儿(인)은 사람을 의미한다. 머리가 벼(禾)같은 사람(儿)이라는 의미로 '대머리'를 뜻한다(上象禾粟之形).

禿
대머리 독

禾-총7획

禿頭(독두) 禿山(독산)

頹
무너질 퇴

頁-총16획

禿+頁. 대머리를 뜻하는 禿(독)에 머리(頁)가 더해져, 머리가 벗어지다의 의미이다. 파생하여 '무너지다, 쇠하다'의 뜻을 나타낸다.

頹落(퇴락) 頹勢(퇴세) 頹廢的(퇴폐적) 衰頹(쇠퇴) '국력이 쇠퇴(衰頹/衰退)하다'

秀
빼어날 수

秀
빼어날 수 篆文

禾+乃. 여기서 乃는 펴져 뻗은 활을 본뜻 것. 곡식(禾) 중에서 길게 뻗어 나온 벼를 가리키는 것으로 '빼어나다'의 뜻을 나타낸다. 풀이에 대해 일치된 견해를 찾기 어려운 글자이지만, 평범함과 다르다는 의미는 분명해 보인다.

4장
식물

秀
빼어날 수

禾-총7획

秀才(수재) 秀麗(수려) 優秀(우수) 閨秀(규수) 麥秀之嘆(맥수지탄) '양갓집 규수(閨秀)'

誘
꾈 유

言-총14획

言+秀. 길게 뻗다의 의미인 秀(수)에 말(言)이 더해져, 말로서 유도한다는 의미로 '꾀다, 속이다, 이끌어내다' 등의 뜻을 나타낸다.

誘發(유발) 誘導(유도) 誘惑(유혹) 誘拐(유괴) 勸誘(권유) 請誘文(청유문)

透
통할 투

辶(辵)-총11획

辶(辵)+秀. 길게 뻗다의 의미인 秀(수)에 움직임을 뜻하는 辵(착)이 더해져 '길게 뻗어 나가다, 꿰뚫다'의 뜻을 나타낸다.

透過(투과) 透明(투명) 透視(투시) 透析(투석) 浸透(침투) 滲透壓(삼투압)

2. 나란히 그리고 가지런히
[秝] 秝 兼

秝	성글 력 甲骨文	성글 력 篆文
성글 력		

곡식과 곡식 사이가 적당히 벌어져 있음을 가리킨다(稀疏適). '성글다'의 뜻을 나타낸다.

厤	책력 력 金文
다스릴 력	

厂+秝. 벼랑(厂)아래 곡식(禾)을 가지런히 늘어놓은 모습으로 '다스리다(治也)'의 뜻을 나타낸다. 曆(책력 력)의 고자(古字)이기도 하다.

曆
책력 력

日-총16획

厤+日. 벼를 가지런히 늘어놓은 모습인 厤(력)에 해(日)가 더해져, 해의 움직임을 정리하고 차례를 매긴다는 의미로 '책력, 달력'을 뜻한다.

曆法(역법) 册曆(책력) 陰曆(음력) 陽曆(양력)

歷
지낼 력

止-총16획

厤+止. 벼를 가지런히 늘어놓은 모습인 厤(력)에 발(止)이 더해져, 벼 사이를 걷는다는 의미로 '지내다'의 뜻을 나타낸다. 파생하여 '발자취, 경력, 이력'을 의미한다.

歷史(역사) 來歷(내력) 經歷(경력) 履歷(이력) 遍歷(편력) 涉歷(섭력) 履歷書(이력서) '여러 지역을 편력(遍歷)하다' '여러 가지 일을 섭력(涉歷)하다'

瀝
물방울 력

水-총19획

氵(水)+歷. 벼 사이를 걷는 모습인 歷(력)에 물(水)이 더해져, 방울방울 떨어지는 '물방울'을 뜻한다.

披瀝(피력) 竹瀝(죽력)〈藥〉 '자신의 생각을 피력(披瀝)하다'

兼
겸할 겸

겸할 겸 篆文

秉+又. 秉(잡을 병)과 비교하면 이해가 한결 수월하다. 秉(병)은 손(又)으로 곡식(禾)을 움켜쥔 모습으로 '잡다'의 뜻을 나타낸다. 兼(겸)은 나란히 심어 놓은 곡식들(秝)을 손(又)에 쥐어 '겸하다'의 의미가 되었다. 〈설문해자〉에서도 두 글자를 비교하여 이해를 돕고 있다(兼持二禾 秉持一禾).

~~~~~~

兼
겸할 겸

八-총10획

兼備(겸비) 兼愛(겸애) 兼職(겸직) 兼事兼事(겸사겸사) 文武兼全(문무겸전)

謙
겸손할 겸

言-총17획

言+兼. 겸하다의 뜻인 兼(겸)에 말(言)이 더해져, 상대방과 자신을 함께 고려하여 말한다는 의미로 풀이된다. '겸손하다, 삼가다'의 뜻을 나타낸다.

謙虛(겸허) 謙讓(겸양) 謙遜(겸손) 謙辭(겸사)

嫌
싫어할 혐

女-총13획

女+兼. 겸하다의 뜻인 兼(겸)에 여성(女)이 더해져 '싫어하다, 의심하다'의 뜻을 나타낸다. 풀이에 일치된 견해가 없지만, 여러 여성에 걸친 남성의 상황을 표현한 것이란 견해가 설득력 있다.

嫌惡(혐오) 嫌疑(혐의) 嫌疑者(혐의자)

廉
청렴할 렴

广－총13획

广＋兼. 겸하다의 뜻인 兼(겸)에 공간을 뜻하는 广(엄)이 더해져, 본래 면과 면이 만나는 '모서리, 모퉁이'를 의미한다. 곧은 모양에서 파생하여 '청렴하다, 검소하다, 값이 싸다'의 뜻을 나타낸다.

廉價(염가) 廉探(염탐) 廉恥(염치) 低廉(저렴) 淸廉(청렴) '염가(廉價)로 판매하다'

3. 보리가 오다
[來] 來 牆

| 來 올래 | 올래 甲骨文 | 올래 甲骨文2 | 올래 篆文 | 보리 맥 甲骨文 | 보리 맥 篆文 |

보리의 모습을 본뜬 것으로 '보리'를 의미한다. 가차하여 '오다'의 뜻으로 쓰인다. 〈설문해자〉에서는 '하늘에서 온 것이라서 온다는 의미를 지닌다(天所來也, 故爲行來之來)'고 설명한다. 당시로선 외래종이었고, 겨울에 자라는 독특한 습성을 상서롭게 본 것으로 풀이된다.

麥(보리 맥)의 甲骨文도 보리의 모습을 본뜬 것이다. 아래 夊 부분이 뿌리에 해당하므로, 來+夊로 보는 견해는 옳지 않다. 일반적으로 이런 경우, 來(래)가 보리의 상형이고 '오다'의 뜻으로 쓰임에 따라 夊(쇠)가 더해진 麥(맥)이 나중에 만들어졌다고 설명하기 쉬운데, 본래 독립적인 글자로 각각 '보리'를 의미했다.

來
올 래

人-총8획

來日(내일) 來年(내년) 來賓(내빈) 到來(도래) 將來(장래) 由來(유래) 往來(왕래) 去來(거래) 在來式(재래식)

麥
보리 맥

麥-총11획

본문 참조

麥酒(맥주) 麥芽(맥아) 麥秀之嘆(맥수지탄) 菽麥(숙맥) 菽麥不辨(숙맥불변)

嗇 아낄 색　│　아낄 색 甲骨文　　아낄 색 篆文

來+㐭. 㐭(름)은 곡식창고의 모습을 본뜬 것이다. 보리(來)와 더해져 '수확하다, 보관하다'의 뜻을 나타내는데 '아끼다, 인색하다'로 의미가 확대되었다. 파생된 글자들의 음이 '장'인 점이 의외일 수 있는데, 숨어 있는 음요소가 있다.

嗇
아낄 색

口-총13획

吝嗇(인색)

墻
담 장

土-총16획, 牆의 속자(俗字)

土+嗇. 본자(本字)인 牆은 爿+嗇. 보관한다는 의미의 嗇(색)에 평상을 본뜬 爿(장)이 더해져, 물건을 간수하기 위해 세우는 '담, 토담'을 뜻한다. 爿(장)은 음과 뜻 양쪽에 영향을 미치고 있다.

墻籬(장리) 路柳墻花(노류장화)

薔
장미 장

艹-총17획

艹+嗇. 여기서 嗇(색)은 牆(장)의 의미. 풀(艹)이 더해져 '장미'를 뜻한다. 가시가 있는 장미나무를 담으로 활용하였던 관습으로 풀이된다.

薔薇(장미) 薔花紅蓮傳(장화홍련전)

4. 두 손 모아 쌀을 뜨다
[米] 米 迷 胃 畜

米
쌀 미

쌀미 甲骨文　　쌀미 篆文1　　쌀미 篆文2　　조속 甲骨文

고개 숙인 벼인 禾(화)를 가까이에서 본 모습이다. 가로획은 이삭의 가지, 여섯 개의 점은
낟알을 본뜬 것이다(象禾實之形). 껍질 벗긴 벼의 알맹이인 '쌀'을 뜻한다.

米
쌀 미

米-총6획

米穀(미곡) 玄米(현미) 白米(백미) 精米所(정미소)

迷
미혹할 미

辵-총10획

辶(辵)+米. 사방팔방으로 뚫린 길을 형상화한 모양이, 쌀을 뜻하는 米(미)로 변형되
었다는 견해가 설득력 있다. 움직임을 뜻하는 辵(착)이 더해져 '헤매다, 미혹하다'의
뜻을 나타낸다.

迷路(미로) 迷惑(미혹) 迷眩(미현) 迷走神經(미주신경) 昏迷(혼미)

粟
조 속

米-총12획

甲骨文은 벼에 이삭이 달려 늘어진 모습을 나타낸다. 본래 '벼(禾)'를 의미하는데, 주
로 '조, 좁쌀'의 뜻으로 쓰인다.

滄海一粟(창해일속) 罌粟殼(앵속각)〈藥〉

匊
움켜뜰 국

움켜뜰 국 金文　움켜뜰 국 篆文

勹+米. 감싸 안은 모습인 勹(포)에 쌀(米)이 더해져, 양손으로 쌀을 뜨는 것을 의미한다. 파생하여 '뜨다, 싸다'의 뜻을 나타낸다.

菊
국화 국

艸-총12획

艸+匊. 손으로 쌀을 뜨는 匊(국)에 艸(풀)이 더해져, 쌀 뜨는 손 모양처럼 꽃잎이 모이는 '국화'를 뜻한다.

水菊(수국) 菊花(국화) 甘菊(감국)〈藥〉

鞠
굽힐 국

革-총17획

革+匊. 손으로 쌀을 뜨는 匊(국)에 가죽(革)이 더해져, 움켜쥔 손처럼 '굽히다'의 뜻을 나타낸다. 가죽으로 만든 공(球)을 뜻하기도 한다.

鞠躬再拜(국궁재배) 鞠躬盡瘁(국궁진췌) 蹴鞠(축국)

胃
밥통 위

밥통 위 金文　　밥통 위 篆文

囷+月(肉)이다. 田은 밭이 아니라 囷가 단순화된 형태로, 위 속에 음식물이 들어가 있는 상태를 표현한 것이다. 인체를 의미하는 月(肉)이 더해져 '위(stomach)'의 뜻을 나타낸다.

胃
밥통 위

肉-총9획

胃腸(위장) 胃潰瘍(위궤양) 脾胃(비위)

謂
이를 위

言-총16획

言+胃. 밥통을 뜻하는 胃(위)에 말(言)이 더해져, 어떤 개념을 확실히 담아서 말한다는 의미로 '이르다, 생각하다'의 뜻을 나타낸다.

所謂(소위)

彙
무리 휘

彐-총13획

본자(本字)는 鼎로 希+胃. 希(이)는 털이 긴 짐승을 본뜬 것이며, 胃(위)가 果의 형태로 변형되었다. '고슴도치' 혹은 '무리, 모으다'의 뜻을 나타낸다.

語彙(어휘)

畜
기를 축

기를 축 甲骨文　　기를 축 金文

玄+囲. 짐승의 위(囲)를 실(玄)로 묶은 모습으로, 과거에는 자루의 용도로 사용하였다고 한다. '모아두다, 쌓다'의 뜻을 나타낸다. 파생하여 가축 등을 '기르다'의 의미도 나타낸다.

畜
기를 축

田-총10획

畜産(축산) 畜舍(축사) 家畜(가축) 牧畜(목축)

蓄
쌓을 축

艸-총14획

艸+畜. 본래 쌓다, 모으다의 의미인 畜(축)에 풀(艸)이 더해져 '쌓다'의 뜻을 강조하였다.

蓄積(축적) 蓄財(축재) 蓄膿症(축농증) 蓄電池(축전지) 貯蓄(저축) 含蓄(함축) 不正蓄財(부정축재)

5. 밥 먹기 전과 밥 먹은 후
〔皀〕食鄕卽旣

고소할 흡 | 고소할 흡 甲骨文 고소할 흡 金文   고소할 흡 篆文

〈설문해자〉에서는 '껍질을 벗기지 않은 벼를 본뜬 모양(象嘉穀在裏中之形)'으로 설명한다. 다른 글자에 포함되어 '음식'의 의미로 쓰인다. 皀(흡)에서 껍질을 벗긴 것이 쌀(米)이다.

밥 식/기를 사 | 밥 식 甲骨文   밥 식 金文

亼+皀. 음식(皀)을 담고 위에 뚜껑(亼)을 덮은 모습으로 '음식, 먹다, 먹이다'의 뜻을 나타낸다.

밥 식/기를 사

食-총9획

食口(식구) 食醋(식초) 食傷(식상) 飮食(음식) 蠶食(잠식) 斷食(단식) 雜食(잡식) 簞食瓢飮(단사표음) '똑같은 패턴에 식상(食傷)하다'

蝕

좀먹을 식

虫-총15획

食+虫. 먹다의 뜻인 食(식)에 벌레를 뜻하는 虫(충/훼)가 더해져 '벌레먹다, 좀먹다'의 뜻을 나타낸다.

腐蝕(부식) 侵蝕(침식) 皆旣日蝕(개기일식)

飾
꾸밀 식

食-총14획

食+人+巾. 먹다의 뜻인 食(식)에 사람(人)과 천(巾)이 더해져 '닦다, 꾸미다'의 뜻을
나타낸다. 사람이 천을 들고 더러운 것을 닦는 모습을, 음식을 먹는 모습에 빗대었다.

裝飾(장식) 假飾(가식) 粉飾(분식) 粉飾決算(분식결산)

鄕
시골 향

시골 향 甲骨文　　벼슬 경 甲骨文

甲骨文은 두 사람이 음식(皀)을 사이에 두고 앉아 있는 모습으로, 이후에 卿(벼슬 경)과 鄕
(시골 향)으로 나뉘어졌다. 즉 음식을 대접하는 광경에서 '귀인, 벼슬'의 의미와 '시골, 마을'
의 의미가 각각 갈라져 나왔다.

鄕
시골 향

邑-총13획

鄕愁(향수) 鄕土(향토) 鄕約(향약) 故鄕(고향) 歸鄕(귀향) 在鄕軍人(재향군인) 錦衣還鄕(금의환향)

饗
잔치할 향

食-총22획

鄕+食. 음식을 대접한다는 의미의 鄕(향)에 음식(食)이 덧붙어 '대접하다, 잔치'의
뜻을 명확히 하였다.

饗宴(향연) 饗應(향응) 歆饗(흠향) '금품과 향응(饗應)을 제공하다'

響
울림 향

音-총22획

鄕+音. 음식을 대접한다는 의미의 鄕(향)에 소리(音)가 더해져, 마주 대하는 소리라
는 의미로 '울리다, 메아리'의 뜻을 나타낸다.

音響(음향) 影響(영향) '큰 영향(影響)을 끼치다'

卿
벼슬 경

卩-총12획

본문 참조

公卿(공경) 樞機卿(추기경) 公卿大夫(공경대부)

卽

곧 즉

곧 즉 甲骨文   곧 즉 金文

皀+卩. 卩(병부 절)은 사람이 무릎 꿇은 모습이다. 음식(皀)이 더해져, 밥 먹으러 간다는 의미에서 '나아가다'는 뜻을 나타낸다. 아직 밥을 먹지 않은 상태로, 임박했다는 의미의 '곧'이라는 뜻으로도 쓰인다.

卽

곧 즉

卩-총9획

卽時(즉시) 卽刻(즉각) 卽位(즉위) 卽席(즉석) 卽興的(즉흥적) 一觸卽發(일촉즉발)

節

마디 절

竹-총15획

竹+卽. 나아간다는 의미의 卽(즉)에 대나무(竹)가 더해져, 본래 '대나무 마디'를 뜻한다. '절개, 계절, 부절, 관절' 등 다양한 의미가 파생하였다.

節度(절도) 節次(절차) 節約(절약) 節制(절제) 節氣(절기) 關節(관절) 季節(계절) 變節者(변절자) 開天節(개천절) 三一節(삼일절) 如合符節(여합부절) '절도(節度)있게 행동하다'

櫛

빗 즐

木-총19획

木+節. 마디를 뜻하는 節(절)에 나무(木)가 더해져 '빗'을 뜻한다. 빗살이 줄지어 선 모습을 節(절)로 표현한 것이다.

櫛比(즐비) '물건이 즐비(櫛比)하다'

旣
이미 기

이미 기 甲骨文　　이미 기 金文

皀+旡. 旡(목멜 기)는 甲骨文에서 볼 수 있듯 고개를 돌린 사람의 모습이다. 밥을 다 먹고 난 후 밥에 관심이 없어진 장면을 표현한 것으로 '다하다, 넘치다'의 의미를 나타내며, 파생하여 '이미'의 뜻으로 쓰인다.

〈채근담〉에 이런 상황에 부합하는 말이 있다. '배불리 먹고 난 다음에는 음식 맛에 관심이 없어지고, 성교(色) 후에는 이성에 대한 음탕한 생각이 싹 사라진다(飽後思味 則濃淡之境都消 色後思婬 則男女之見盡絶).' 말하자면 卽(즉)과 旣(기)는 두 컷짜리 카툰인 셈이다. 卽(즉)은 이제 '곧' 밥 먹으려는 상황, 旣(기)는 '이미' 밥 먹은 상황이다. 전(before)과 후(after)로 사람의 마음이 달라짐을 두 글자는 간단하면서도 분명하게 보여주고 있는 것이다.

旣
이미 기

无-총11획

旣往(기왕) 旣存(기존) 旣成服(기성복) 旣成世代(기성세대) 旣定事實(기정사실)

槪
평미레 개

木-총15획

木+旣. 넘치다의 의미인 旣(기)에 나무(木)가 더해져, 곡식을 됫박으로 될 때 넘치는 부분을 밀어내는 도구인 '평미레'를 뜻한다. 파생하여 '대개, 대강'의 뜻으로 쓰인다.

槪論(개론) 槪要(개요) 槪念(개념) 槪括(개괄) 大槪(대개) 節槪(절개) '끝까지 절개(節槪)를 지키다'

漑
물댈 개

水-총14획

氵(水)+旣. 넘치다의 의미인 旣(기)에 물(水)이 더해져, 물이 넘쳐 쏟아진다는 의미로 '물을 대다'의 뜻을 나타내다.

灌漑(관개) 灌漑水路(관개수로)

慨
분개할 개

心-총14획

忄(心)+旣. 넘치다의 의미인 旣(기)에 마음(心)이 더해져, 기운이 북받쳐 오른다는 의미로 '분개하다, 개탄하다'의 뜻을 나타낸다.

憤慨(분개) 悲憤慷慨(비분강개) 感慨無量(감개무량)

4장
식물

6. 조롱박이 달렸네
〔瓜〕

오이 과

오이 과 篆文

오이가 덩굴에 열린 모습을 본뜬 것이다. 가운데 ㅿ 부분이 오이 열매, 윗부분은 덩굴을 가리킨다. 박과에 속하는 '박, 오이' 등을 아우른다. 박으로는 표주박, 호리병 등을 만들기도 했다. 동요 가사 중에 '박넝쿨이 엉켰네 조롱박이 달렸네'를 형상화한 글자라고 이해하면 되겠다.

오이 과

瓜—총5획

瓜田不納履(과전불납리) 瓜蔞(과루)〈藥〉瓜蒂(과체)〈藥〉木瓜(→모과)〈藥〉

외로울 고

子—총8획

子+瓜. 박, 오이를 뜻하는 瓜(과)에 자식(子)이 더해진 형태이다. 덩굴은 시들어 버리고 오이만 남은 듯, 부모 없는 아이를 표현한 것으로 '고아, 외롭다'의 뜻을 나타낸다.

孤立(고립) 孤兒(고아) 孤立無援(고립무원) 孤軍奮鬪(고군분투) 孤掌難鳴(고장난명)

활 호

弓—총8획

弓+瓜. 박, 오이를 뜻하는 瓜(과)에 활(弓)이 더해져, 활의 휘어진 곡선을 오이의 모양에 빗댄 것으로, '나무 활'을 뜻하며, 수학에서 부채꼴의 곡선 부분인 '호'를 의미한다.

圓弧(원호) '부채꼴에서 호(弧)의 길이를 구하시오'

여우 호

犬—총8획

犭(犬)+瓜. 박, 오이를 뜻하는 瓜(과)에 동물을 뜻하는 犬(견)이 더해져 '여우(fox)'를 뜻한다. 박으로 만든 호리병을, 잘록한 모양의 여우에 빗대었다.

狐假虎威(호가호위) 九尾狐(구미호)

7. 가느다란 부추
[韭] 籤

4장
식물

韭	韭
부추 구	부추 구 篆文

땅 위에 나 있는 부추의 모습을 본뜬 것이다.

籤	籤
산부추 섬	산부추 섬 篆文

韭+韱. 韱(첨)은 从+戈으로 '자르다, 잘게 썰다'의 의미이다. 부추(韭)와 더해져 가느다란 '산부추'를 뜻하며, 파생하여 '가늘다'의 의미를 나타낸다.

纖
가늘 섬

糸-총23획

糸+韱. 가늘다, 잘게 썰다의 의미인 韱(섬)에 실(糸)이 더해져 '가는 실, 고운 비단'을 뜻한다. 파생하여 '가늘다, 자세하다'의 의미로 쓰인다.

纖維(섬유) 纖毛(섬모) 纖纖玉手(섬섬옥수)

籤
제비 첨

竹-총23획

竹+韱. 가늘다, 잘게 썰다의 의미인 韱(섬)에 대나무(竹)가 더해져, 가느다란 대나무 막대인 '산가지, 제비'를 뜻한다.

籤紙(첨지) 抽籤(추첨) 當籤(당첨)

讖
참서 참

言-총24획

言+韱. 가늘다, 잘게 썰다의 의미인 韱(섬)에 말(言)이 더해져, 미세한 조짐으로 미래를 예언한다는 의미로 '참서, 조짐'을 뜻한다.

讖言(참언) 讖書(참서) 圖讖(도참)

懺
뉘우칠 참

心-총20획

忄(心)+韱. 가늘다, 잘게 썰다의 의미인 韱(섬)에 마음(心)이 더해져, 과거의 잘못을 '뉘우친다'는 뜻을 나타낸다.

懺悔(참회)

8. 시원한 삼베 위험한 대마
〔麻〕

麻
삼 마

麻 삼마 金文   麻 삼마 篆文

金文은 厂＋秫. 厂(한)은 낭떠러지, 秫(파)는 삼이 줄지어 자란 모습을 본뜬 것이다. 혹 줄기가 긴 삼의 껍질을 벗기는 모습이라고도 한다. '삼'을 의미한다. 씨는 약용하고 줄기 껍질은 삼베를 짜는데 활용한다.

麻-총11획

麻衣(마의) 麻沸湯(마비탕) 苧麻(저마) 大麻草(대마초)

麻
삼 마

石-총16획

麻+石. 삼을 뜻하는 麻(마)에 돌(石)이 더해져, 돌로 삼의 껍질을 간다는 의미로 '갈다, 닳다, 맷돌'의 뜻을 나타낸다.

磨耗(마모) 磨製石器(마제석기) 切磋琢磨(절차탁마)

磨
갈 마

手-총15획

麻+手. 삼을 뜻하는 麻(마)에 손(手)이 더해져, 삼의 껍질을 손으로 비벼 으깬다는 의미로 '비비다, 만지다, 갈다'의 뜻을 나타낸다.

摩擦(마찰) 摩天樓(마천루) 按摩(안마) 撫摩(무마)

摩
갈 마

疒-총13획

疒+秫. 삼을 뜻하는 麻(마)에 질병을 뜻하는 疒(녁)이 더해져 '저리다, 마비되다'의 뜻을 나타낸다. 대마에는 마약성분이 포함되어 있어 진통제, 마취약으로도 활용되었다. 麻(마)와 痲(마)는 '마비'의 의미로 혼용된다.

痲痺(마비) 痲痹(마비) 痲醉(마취)

痲
저릴 마

魔
마귀 마

鬼-총21획

麻+鬼. 삼을 뜻하는 麻(마)에 귀신을 뜻하는 鬼(귀)가 더해져, 사람을 홀리는 '마귀'를 의미한다. 대마의 마약성분과 관련 있을 것으로 짐작된다. 범어 mara의 음역이라고도 한다.

魔力(마력) 魔法(마법) 魔術(마술) 斷末魔(단말마)

靡
쓰러질 미

非-총19획

麻+非. 삼을 뜻하는 麻(마)에 갈라지다의 의미인 非(비)가 더해져, 물에 불려 섬유질이 분리된 삼껍질이 힘없이 쓰러지는 것을 표현한 것으로 '쓰러지다, 쏠리다'의 뜻을 나타낸다.

풍미(風靡) '한 시대를 풍미(風靡)하다'

麾
대장기 휘

麻-총15획

靡+手. 여기서 麻(마)는 靡(미)의 의미. 손(手)이 더해져, 손짓으로 병사들을 쏠리게 한다는 의미로 '대장기, 가리키다, 부르다'의 뜻을 나타낸다.

麾下(휘하) '휘하(麾下)에 수많은 병사를 거느리다'

9. 차조 혹은 삽주가 이어지다
〔朮〕

朮 차조 출 | 朮 차조 출 篆文

차조의 이삭을 본뜬 모습이다. 秫(차조 출)의 원자(原字)로 '차조'를 뜻한다. 차조의 열매가
정연히 이어져 있는 모양에서 '이어가다'의 의미도 지닌다.

참고로 의서에서 朮(출)은 국화과 다년생 초본인 삽주뿌리로, 약재로 사용하는 백출(白朮)
과 창출(蒼朮)을 뜻한다. 일반적으로 괴근(塊根)을 백출, 근경(根莖)을 창출이라 하는데 본
초서적인 〈신농본초경〉에는 구별 없이 朮(출)만 기재되어 있다. 혹 朮(출)을 차조가 아닌 삽
주뿌리로 본다면, 뿌리에서 새끼 치듯 자라는 모습에서 '이어가다'의 의미를 취했을 것으로
추정된다.

術
꾀 술

行-총11획

行+朮. 이어가다의 의미인 朮(출)에 사거리를 뜻하는 行(행)이 더해져, 본래 '길'을
의미한다. 파생하여 '기술, 꾀, 술수'의 뜻을 나타낸다.

術策(술책) 美術(미술) 技術(기술) 學術(학술) 呪術(주술) 心術(심술) 權謀術數(권모술수)

述
지을 술

辶(辵)-총9획

辶(辵)+朮. 이어가다의 의미인 朮(출)에 움직임을 뜻하는 辵(착)이 더해져 '이어받아
가다'를 뜻한다. 파생하여 '말하다, 짓다, 저술'의 뜻을 나타낸다.

陳述(진술) 論述(논술) 著述(저술) 敍述(서술) 口述(구술)

10. 아낌없이 주는 나무
〔木〕木沐末朱乘休

나무목

나무 목 甲骨文　　나무 목 金文　　나무 목 篆文

나무의 모습을 본뜬 것으로 '나무'를 뜻한다.

나무 목

木-총4획

木手(목수) 木材(목재) 植木(식목) 伐木(벌목) 副木(부목) 樹木(수목)

머리감을 목

水-총7획

氵(水)+木. 나무를 뜻하는 木(목)에 물(水)이 더해져 '머리를 감다(濯髮)'의 뜻을 나타낸다. 머리카락이 늘어진 모습을 나뭇가지에 빗댄 것으로 풀이된다.

沐浴(목욕) 沐浴齋戒(목욕재계)

밑 본

木-총5획

木+一. 나무 밑동 부근에 표시(一)를 그어 나무의 '뿌리'를 뜻한다. '근본, 근원, 조상, 종가' 등 다양한 의미가 파생하였다.

本人(본인) 本格的(본격적) 根本(근본) 脚本(각본) 臺本(대본) 資本(자본) 見本(견본) 標本(표본) 張本人(장본인) '장본인(張本人)'이란 말은 부정적인 의미를 품고 있다'

괴로울 곤

□-총7획

□+木. 나무를 뜻하는 木(목)에 울타리를 뜻하는 □(국/위)가 더해져, 나무가 틀 안에서 자라지 못하는 상태로 '괴롭다, 난처하다'의 뜻을 나타낸다.

困窮(곤궁) 困難(곤란) 困惑(곤혹) 疲困(피곤) 貧困(빈곤) 春困(춘곤)

宋
송나라 송

宀-총7획

宀+木. 나무를 뜻하는 木(목)에 집을 뜻하는 宀(면)이 더해져, 나무로 대들보를 세워 집을 만든 모습을 표현한 것이다. 나라이름이나 성씨로 주로 쓰인다.

宋襄之仁(송양지인) 宋時烈(송시열)〈名〉

李
오얏나무 리

木-총7획

木+子. 나무를 뜻하는 木(목)에 자손을 의미하는 子(자)가 더해져, 열매가 많이 열리는 '오얏나무, 자두나무'를 뜻한다고 한다.

李下不整冠(이하부정관) 李舜臣(이순신)〈名〉

桑
뽕나무 상

木-총10획

자체적으로 '뽕나무'의 모습을 본뜬 것이다. 木(목)의 甲骨文과 비교해보면, 뽕잎을 강조한 것을 볼 수 있다.

桑田碧海(상전벽해) 桑葉(상엽)〈藥〉 桑枝(상지)〈藥〉

杏
살구나무 행

木-총7획

甲骨文도 杏의 형태이지만 하단의 口가 무슨 의미인지는 밝혀지지 않았다. 〈설문해자〉에서는 木+向로 풀이하여 向(향)이 음요소라고 설명한다. '살구나무'를 뜻한다.

杏林(행림) 杏仁(행인)〈藥〉 '의원(醫員)을 행림(杏林)이라고도 부른다'

極
다할 극

木-총13획

木+亟. 亟(극)은 틀(二) 안에서 사람을 다그치는 모습으로 '추궁하다, 몰아붙이다'의 의미이다. 나무(木)가 더해져 집에서 가장 높은 곳에 있는 '용마루'를 뜻하며, 파생하여 '끝, 다하다'의 의미를 나타낸다.

極致(극치) 極甚(극심) 極口(극구) 極惡無道(극악무도) 極端的(극단적) 積極的(적극적) 消極的(소극적) 窮極的(궁극적) '횡포가 극심(極甚/劇甚)하다' '극구(極口) 반대하다'

漆
옻 칠

옻 칠 篆文

나무(木)에서 수액(水)이 흐르는 모습을 본뜬 것이다(象形 桼如水滴而下). 수액을 채취하는 광경을 표현한 것으로 '옻, 옻나무'를 뜻한다. 참고로 水(수)가 이런 형태인 글자로 泰(클 태) 黍(기장 서)가 있다.

漆
옻 칠

水-총14획

氵(水)+桼. 옻을 뜻하는 桼(칠)에 물(水)이 덧붙어 '옻나무, 옻칠, 검다'의 뜻을 나타낸다.

漆黑(칠흑) 漆板(칠판) '칠흑(漆黑)같은 어둠'

膝
무릎 슬

肉-총15획, 厀의 속자(俗字)

본자(本字)는 厀로 桼+卩. 卩(절)은 무릎 꿇은 모습을 본뜬 것이며, 이후에 인체를 뜻하는 月(肉)으로 대체되었다. '무릎'을 뜻하며, 桼(칠)은 음요소 외에 어떤 역할인지 불분명하다.

膝關節(슬관절) 膝蓋骨(슬개골) 膝下(슬하) '슬하(膝下)에 자녀가 둘이다'

末
끝 말

끝 말 金文

나무(木) 위에 가로획(一)을 그어 나무의 끝을 표현하였다. '끝, 말단'이라는 추상적 의미를 나타낸다. 유사한 글자인 未(미)는 나무(木)의 어린 가지를 표현한 것으로 다른 가지보다 짧은 점이 눈에 띈다.

末
끝 말

木-총5획

末端(말단) 末尾(말미) 末路(말로) 顚末(전말) 粉末(분말) 微官末職(미관말직) 斷末魔(단말마) 始末書(시말서)

沫
거품 말

水-총8획

氵(水)+末. 끝을 뜻하는 末(말)에 물(水)이 더해져, 튀어 흩어진 물의 끝인 '물보라, 거품'을 뜻한다.

泡沫(포말) 飛沫(비말) 飛沫感染(비말감염)

抹
문지를 말

手-총8획

扌(手)+末. 끝을 뜻하는 末(말)에 손(手)이 더해져, 손으로 '문지르다, 지우다, 쓸어 없애다'의 뜻을 나타낸다.

抹消(말소) 抹殺(말살) 一抹(일말) 塗抹(도말) '일말(一抹)의 후회도 없다' '도말(塗抹)표본을 채취하다'

붉을 주 | 붉을 주 甲骨文 | 붉을 주 金文

木(목)의 몸통 한가운데 획을 그은 형태로, 나무의 벤 단면을 가리킨다. 〈설문해자〉에서는 '소나무, 측백나무 같이 목심이 붉은 나무(赤心木 松柏屬)'로 풀이한다. '심이 붉은 나무'에서 파생하여 '붉은 색'의 의미로 쓰인다. 참고로 〈간명 甲骨文 자전〉에 의하면 朱(주)는 구슬을 꿴 모습으로 珠(구슬 주)의 원자(原字)라 한다. 일리 있는 의견이지만, 파생된 글자들을 보면 '나무를 베다'라는 의미가 공통적으로 보여 〈한한대자전〉과 〈설문해자〉의 의견을 따랐다.

朱
붉을 주

木-총6획

朱雀(주작) 朱黃(주황) 朱紅(주홍) 朱錫(주석) 朱子學(주자학) 印朱(인주) 朱熹(주희)〈名〉

株
그루 주

木-총10획

木+朱. 나무를 베다의 의미인 朱(주)에 나무(木)가 덧붙어, 나무를 베고 난 '그루터기'를 뜻한다. 나무를 세는 단위인 '그루'의 뜻으로 쓰이며, 현대에는 '주식'이라는 의미로도 사용되고 있다.

株式(주식) 株式會社(주식회사) 有望株(유망주) 守株待兎(수주대토)

殊
죽일 수

歹-총10획

歹+朱. 나무를 베다의 의미인 朱(주)에 죽음을 뜻하는 歹(알)이 더해져 '베어 죽이다'의 뜻을 나타낸다. 파생하여 '특이하다, 뛰어나다'의 뜻으로도 쓰인다.

殊常(수상) 殊勳(수훈) 特殊(특수) '행동이 수상(殊常)하다' '특수(特殊)한 상황'

誅
벨 주

言-총13획

言+朱. 나무를 베다의 의미인 朱(주)에 말(言)이 더해져 '책망하다'의 의미이다. 확대되어 말(言)로만이 아니라 실제로 '죽이다, 베다, 치다, 멸하다'의 뜻으로 사용된다.

誅殺(주살) 苛斂誅求(가렴주구)

珠
구슬 주

玉-총10획

玉+朱. 고운 붉은 빛을 의미하는 朱(주)에 옥(玉)이 더해져 '진주, 구슬'을 뜻한다.

珠玉(주옥) 珠板(주판) 珠算(주산) 珍珠(진주) 眞珠(진주) 念珠(염주) 黙珠(묵주) 如意珠(여의주)
'주옥(珠玉)같은 작품' '진주(珍珠/眞珠) 목걸이'

乘
탈승

탈승甲骨文　　탈승金文

甲骨文과 金文을 보면 나무(木) 위에 사람이 올라서 있는 모습이다. '나무를 오르다'의 의미에서 확대되어 수레, 말, 배 등에 '타다'의 의미도 나타낸다.

乘
탈 승

丿-총10획

乘馬(승마) 乘車(승차) 乘務員(승무원) 乘用車(승용차) 乘降場(승강장) 乘勝長驅(승승장구) 便乘(편승) 搭乘(탑승) 相乘作用(상승작용)

剩
남을 잉

刀-총12획

乘+刂(刀). 나무에 올라선 모습인 乘(승)에 刀(도)가 더해진 형태이다. 刀(도)는 여기서 利(리)의 의미로 본다. '이익이 오르다'의 의미에서 파생하여 '이익이 남다, 여분'의 뜻을 나타낸다.

剩餘(잉여) 過剩(과잉)

休
쉴 휴

쉴 휴 甲骨文　　쉴 휴 金文

人+木. 甲骨文부터 현재까지 사람(人)이 나무(木) 옆에서 쉬는 모습이다. 〈아낌없이 주는 나무〉에 등장하는 나무처럼 참 한결같은 글자이다. '쉬다, 편안하다'의 뜻을 나타내며 '기쁘다, 경사(慶事)'의 의미로도 쓰인다.

休
쉴 휴

人-총6획

休養(휴양) 休暇(휴가) 休息(휴식) 休紙(휴지) 連休(연휴) 公休日(공휴일)

11. 아직은 희미한 시기
〔未〕未制

未
아닐 미

| 아닐 미 甲骨文 | 아닐 미 金文 |

나무(木)에 어린 가지가 뻗은 모습을 뜬 것으로 '어리다, 작다'의 의미이다. 의미가 확대되어 '아직 ~ 아니다'라는 부정사로 사용된다. 파생하여 '희미하다'의 의미도 지닌다. 용례를 살펴보면 不(불), 非(비), 沒(몰) 등 다른 부정사와는 다른 점을 찾을 수 있는데, 未(미)에는 '아직은 아니지만, 언젠가는 될 것이다'라는 의미가 숨어 있다.

未
아닐 미

木-총5획

未然(미연) 未熟(미숙) 未婚(미혼) 未成年(미성년) 乙未事變(을미사변) '미연(未然)에 방지하다'

妹
누이 매

女-총8획

女+未. 어리다, 작다의 의미인 未(미)에 여성(女)이 더해져 '손아랫누이, 누이동생'을 뜻한다. 甲骨文에서는 昧(매)와 통용되어 '새벽'의 의미로 쓰이기도 하였다.

妹夫(매부) 姉妹(자매) 男妹(남매) 姉妹結緣(자매결연)

味
맛 미

口-총8획

口+未. 희미하다는 의미인 未(미)에 입(口)이 더해져, 이제 막 입 안에 들어와 '맛, 맛보다'의 뜻을 나타낸다. 아직은 음식이 내 몸의 일부가 되지 않았다는 의미로 풀이된다.

味覺(미각) 興味(흥미) 吟味(음미) 加味(가미) 調味料(조미료) 意味深長(의미심장) 五味子(오미자)〈藥〉

昧
새벽 매

日-총9획

日+未. 희미하다는 의미인 未(미)에 해(日)가 더해져, 하늘이 밝아지기 전의 어두운 새벽을 의미한다. '어둡다, 새벽'의 뜻을 나타낸다.

愚昧(우매) 曖昧模糊(애매모호) 無知蒙昧(무지몽매) 讀書三昧(독서삼매)

魅
도깨비 매

鬼-총15획

鬼+未. 여기서 未(미)는 昧(매)의 의미. 귀신(鬼)이 더해져 어두울 때 주로 움직이는 '도깨비'를 뜻한다.

魅力(매력) 魅惑(매혹) 魅了(매료)

寐
잠잘 매

宀-총12획

宀+爿+未. 여기서 未(미)는 昧(매)의 의미. 宀(면)은 집, 爿(장)은 침상으로 '잠자다'의 뜻을 나타낸다.

寤寐不忘(오매불망) 夙興夜寐(숙흥야매)

制
마를 제

粉
마를 제 篆文

未+刂(刀). 나무의 잔가지(未)를 칼(刀)로 제거하는 모습으로 '다듬다, 마름질하다'의 뜻을 나타낸다. 파생하여 '제어하다, 법'의 의미로 폭넓게 활용된다.

制
마를 제

刀-총8획

制限(제한) 制覇(제패) 制式(제식) 制空權(제공권) 統制(통제) 强制(강제) 節制(절제) 牽制(견제) 規制(규제) 制裁(제재) 管制塔(관제탑)

製
지을 제

衣-총14획

制+衣. 다듬다는 뜻의 制(제)에 옷(衣)이 더해져 '옷을 짓다, 물건을 만들다'의 뜻을 나타낸다.

製品(제품) 製作(제작) 製藥(제약) 製造(제조) 製本(제본) 製鐵所(제철소) 剝製(박제) 手製品(수제품)

4장 식물

12. 숲속엔 뭐가 있을까
[林] 林 禁 散 楚

林 수풀 림

林 수풀 림 甲骨文　　**林** 수풀 림 篆文

木+木. 나무(木)가 늘어선 모양에서 '숲'을 뜻한다.

林
수풀 림

木-총8획

林野(임야) 山林(산림) 杏林(행림) '의원(醫員)을 행림(杏林)이라고도 부른다'

森
나무빽빽할 삼

木-총12획

木+木+木. 나무가 빽빽하게 많은 곳을 가리킨다. '성하다, 나무가 빽빽하다'의 뜻을 나타낸다.

森林(삼림) 森嚴(삼엄) '경비가 삼엄(森嚴)하다'

焚
불사를 분

火-총12획

林+火. 숲을 뜻하는 林(림)에 불(火)이 더해져 '태우다, 불사르다'의 뜻을 나타낸다.

焚香(분향) 焚身(분신) 焚蕩(분탕) 焚書坑儒(분서갱유) '분탕(焚蕩)질을 하다'

淋
물뿌릴 림

水-총11획

氵(水)+林. 숲을 뜻하는 林(림)에 물(水)이 더해져 '물을 뿌리다, 물방울이 떨어지다, 장마' 등 다양한 의미를 나타낸다. 霖(장마 림)과도 통용되며 痳(임질 림)과도 통용된다.

淋疾(임질) 淋巴線(임파선)

禁
금할 금

禁
금할 금 篆文

示(시)는 신에게 희생을 바치는 대(臺)를 본뜬 것으로 숲(林)과 더해져, 숲에 둘러싸인 성역 (聖域)을 의미한다. 제사 전후로 삼가고 금지하는 것들이 많았으므로 '금기(taboo), 금하다' 의 뜻을 나타낸다.

禁
금할 금

示-총13획
禁忌(금기) 禁止(금지) 禁煙(금연) 禁斷症狀(금단증상) 監禁(감금) 拘禁(구금)

襟
옷깃 금

衣-총18획
衤(衣)+禁. 성역을 의미하는 禁(금)에 옷(衣)이 더해져 '옷깃'을 뜻한다. 파생하여 옷 깃이 덮는 부위인 '가슴(chest)'의 의미로도 쓰인다. 가슴을 뜻하는 胸(흉)과 함께 심 장(heart)에 대한 조심스러움으로 풀이된다.
襟度(금도) 胸襟(흉금) '관용과 금도(襟度)를 갖고 문제를 보다' '흉금(胸襟)을 터놓다'

散
흩을 산

흩을 산 甲骨文   흩을 산 金文

변형이 많이 된 글자이다. 竹+肉+攴 / 林+攴 / 林+肉+攴 이렇게 풀이에 대한 의견은 다 양하지만, 해석은 그리 번잡하지 않다. 나무(木)를 분리해서 흩어지게 하는 모양 혹은 대 나무(竹) 속을 분리하는 모양을 본뜬 것이다. '분리하다, 흩어지게 하다'의 의미이다.

散 흩을 산

攴-총12획

散漫(산만) 散開(산개) 散髮(산발) 散發(산발) 解散(해산) 分散(분산) 霧散(무산) 離合集散(이합집산) '산발(散發)적인 전투가 벌어지다' '머리를 산발(散髮)한 채로 가다'

撒 뿌릴 살

手-총15획

扌(手)+散. 흩어지게 하다의 뜻인 散(산)에 손(手)이 더해져 '흩뿌리다, 뿌리다'의 뜻을 나타낸다.

撒布(살포)

楚 가시나무 초   가시나무 초 金文 가시나무 초 篆文

林+疋. 疋(소)는 발을 뜻한다. 울창한 숲(林)을 걸어서(疋) 지나가는 모습으로 '아프다, 고생하다, 가시나무' 등 여러 가지 고생스러운 의미를 나타낸다.

〰〰〰〰〰〰〰〰〰〰〰〰〰〰〰〰〰〰〰〰〰〰〰

楚 가시나무 초

木-총13획

苦楚(고초) 四面楚歌(사면초가) '모진 고초(苦楚)를 겪다'

礎 주춧돌 초

石-총18획

石+楚. 숲을 걸어가는 모습인 楚(초)에 돌(石)이 더해져, 기둥 아래에서 발(疋)처럼 든든히 버티는 돌인 '주춧돌'을 가리킨다. 기둥이 서 있는 모습을 나무가 빽빽한 숲(林)에 빗대었다.

礎石(초석) 基礎(기초) '일의 초석(礎石)을 다지다'

13. 찌르고 꾸짖고 독촉하고
〔朿〕朿責

朿
가시 자/극

 가시 자 甲骨文   束 가시 자 金文

나무의 가시를 본뜬 모습이다(木芒). '가시'를 뜻한다.

4장
식물

棘
가시나무 극

木-총12획

朿+朿. 가시를 뜻하는 朿(자/극)이 중첩되어 가시가 돋친 나무를 의미한다. '가시나무, 멧대추나무'를 뜻한다.

荊棘(형극)

棗
대추나무 조

木-총12획

朿+朿. 가시를 뜻하는 朿(자/극)이 중첩되어, 가시가 많은 나무인 '대추나무, 대추'를 뜻한다. 이렇게 같은 글자 구성이면서, 음과 의미가 달라지는 경우가 종종 있다.

大棗(대조)〈藥〉 酸棗仁(산조인)〈藥〉

刺
찌를 자/척

刀-총8획

朿+刂(刀). 가시를 뜻하는 朿(자/극)에 칼(刀)이 더해져 '찌르다, 바느질하다'의 뜻을 나타낸다. 剌(어그러질 랄)과 혼동하기 쉬우니 주의하기 바란다.

刺戟(자극) 刺繡(자수) 刺傷(자상) 刺客(자객) 刺殺(척살)

策
채찍 책

竹-총12획

竹+朿. 가시를 뜻하는 朿(자/극)에 대나무(竹)가 더해져, 대나무로 만든 '말채찍'을 의미한다. 파생하여 '꾀, 계략, 대쪽, 책'의 의미로도 쓰인다.

策略(책략) 策士(책사) 策動(책동) 策定(책정) 對策(대책) 方策(방책) 失策(실책) 國策(국책) 政策(정책) 束手無策(속수무책) '국책(國策)사업으로 진행되다' '예산을 책정(策定)하다'

責
꾸짖을 책

꾸짖을 책 甲骨文　꾸짖을 책 金文

束+貝. 재물을 뜻하는 貝(패)에 가시를 뜻하는 束(자/극)이 더해진 형태로 '꾸짖다, 요구하다, 헐뜯다'의 의미를 나타낸다. 그냥 말로만 꾸짖는 것이라면 貝(패)보다 言(언)이 어울리겠지만, 재물(貝)이 걸린 일이니 그냥 넘어갈 것 같지 않다. 금품을 요구하는 '갈취'의 상황이거나, 빚 갚으라고 '독촉'하는 상황임을 짐작할 수 있다.

束

責
꾸짖을 책

貝-총11획

責任(책임) 責務(책무) 總責(총책) 叱責(질책) 免責(면책) 無責任(무책임) 免責特權(면책특권) '호되게 질책(叱責)하다'

債
빚 채

人-총13획

亻(人)+責. 재물을 재촉하다의 의미인 책(責)에 사람(人)이 더해져 '빚'을 뜻한다. 본래는 '채무자'의 의미였던 것으로 풀이된다.

債務(채무) 債權(채권) 負債(부채) 私債(사채) 國債(국채) 地方債(지방채)

積
쌓을 적

禾-총16획

禾+責. 재물을 재촉하다의 의미인 책(責)에 곡식(禾)이 더해져, 곡식을 힘써 모은다는 의미이다. '쌓다, 쌓이다, 모으다'의 뜻을 나타낸다.

積善(적선) 積弊(적폐) 積分(적분) 積極的(적극적) 累積(누적) 山積(산적) 船積(선적) 容積(용적) 見積(견적) '미분과 적분(積分)' '산적(山積)한 문제점들을 검토하다'

績
실낳을 적

糸-총17획

糸+責. 여기서 責(책)은 積(적)의 의미. 실(糸)이 더해져, 실을 쌓아서 포갠다는 의미이다. '길쌈, 실을 낳다, 이루다'의 뜻을 나타낸다.

紡績(방적) 業績(업적) 成績(성적)

441

14. 나무에 열매가 맺히다
〔果〕〔菓〕

果
열매 과   열매 과 甲骨文   열매 과 金文

나무 위에 열매가 달린 모습을 본뜬 것이다(象果形在木之上). '열매, 과실'의 뜻인데, 파생하여 '결과, 해내다'등의 뜻도 나타낸다. 나무(木)위에 밭(田)이 얹힌 게 아니니 주의하자.

果
열매 과

木-총8획

果實(과실) 果樹(과수) 果肉(과육) 果然(과연) 果敢(과감) 果斷性(과단성) 效果(효과) 結果(결과) 百果(백과)

菓
과일 과

艸-총12획

艸+果. 본래 나무열매인 果(과)에 풀(艸)이 더해져 '과일'의 뜻을 분명히 하려 하였다. 현재는 '과자(cookie)'의 의미로 다용된다.

菓子(과자) 製菓(제과) 茶菓會(다과회)

課
매길 과

言-총15획

言+果. 나무열매인 果(과)에 말(言)이 더해져, 결과물을 '시험하다', 세금을 '부과하다'의 뜻을 나타낸다.

課題(과제) 課外(과외) 課稅(과세) 課業(과업) 賦課(부과) 考課(고과) 日課表(일과표)

裸
벌거벗을 라

衣-총13획

衤(衣)+羸. 羸(라)는 괄태충을 뜻한다. 달팽이 같이 생겼는데 껍데기가 없다. 옷(衣)이 더해져 괄태충 같이 '벌거벗은' 상태를 표현한다. 羸(라)가 果의 형태로 변형되었다.

裸體(나체) 全裸(전라) 赤裸裸(적나라) '실체가 적나라(赤裸裸)하게 드러나다'

巢
집 소

《《-총11획

나무 위에 있는 새둥지를 본뜬 모습으로 '둥지, 집, 깃들다'의 뜻을 나타낸다. 하단이
果의 형태로 변형되었다.

巢窟(소굴) 卵巢(난소) 精巢(정소) 歸巢本能(귀소본능)

栗
밤나무 률

밤나무 률 甲骨文   밤나무 률 篆文1   밤나무 률 篆文2

果

甲骨文은 나무 위에 밤송이가 달려 있는 모습으로 '밤나무, 밤'을 뜻한다. 果(과)와 마찬가
지로 자체적인 상형이다. 篆文은 卤+木으로 풀이하며 밤송이를 卤 형태로 표현하였다.

栗
밤나무 률

木-총10획

栗谷(율곡)〈名〉

慄
두려워할 률

心-총13획

忄(心)+栗. 밤나무(栗)와 마음(心)이 더해져, 밤송이의 가시를 두려워하다라는 의미
에서 '두려워하다, 떨다'의 뜻을 나타낸다.

戰慄(전율) 權慄(권율)〈名〉

15. 씨앗에서 싹이 트다
〔氏〕氏氐

성씨 씨

성씨 씨 甲骨文　성씨 씨 金文　성씨 씨 篆文

씨앗에서 뿌리와 싹이 조금씩 나온 모습을 본뜬 것이다. '성씨'라는 뜻으로 쓰이게 된 것은 조상을 뿌리에 비유하는 의식과 연관된 것으로 이해된다. 氏(씨)와 民(민)의 金文이 유사하여 氏(씨)도 民(민)처럼 '눈을 찌른 모습'으로 보는 견해가 있지만, 金文만 유사할 뿐 甲骨文의 형태가 서로 달라 설득력이 떨어진다.

성씨 씨

氏-총4획

氏族(씨족) 姓氏(성씨) 創氏改名(창씨개명)

종이 지

糸-총10획

糸+氏. 가는 실(糸)의 섬유질이 싹이나 뿌리(氏)마냥 얽힌 모습을 표현한 것으로, 후한 시대에 발명된 '종이'를 뜻한다.

紙幣(지폐) 休紙(휴지) 白紙(백지) 用紙(용지) 新聞紙(신문지) 洛陽紙貴(낙양지귀)

근본 저

근본 저 金文　근본 저 篆文

甲骨文은 氏(씨)와 같고, 金文에서부터 一이 추가된 형태이다. 땅(一)에 이제 막 뿌리 내리고 싹트는 씨앗에서 '근본, 밑, 바닥, 이르다'의 의미를 나타낸다.

手-총8획

扌(手)+氐. 씨앗이 땅을 뚫고 자라는 모습인 氐(저)에 손(手)이 더해져 '거스르다'의 뜻을 나타낸다.

抵抗(저항) 抵觸(저촉) 抵當(저당) '법에 저촉(抵觸)되다'

거스를 저

人-총7획

亻(人)+氐. 바닥을 뜻하는 氐(저)에 사람(人)이 더해져, 사람이 자세를 낮추는 모습으로 '낮다, 숙이다'의 뜻을 나타낸다.

低下(저하) 低廉(저렴) 低價(저가) 低調(저조) 高低(고저) '실적이 저조(低調)하다'

낮을 저

广-총8획

广+氐. 바닥을 뜻하는 氐(저)에 공간을 뜻하는 广(엄)이 더해져 '밑, 바닥'을 뜻한다.

底邊(저변) 底力(저력) 海底(해저) 根底(근저) 到底(도저) 徹底(철저) 井底之蛙(정저지와) '도저(到底)히 이길 수 없다' '스포츠 저변(底邊)이 확대되다'

밑 저

氏

445

16. 빅뱅의 순간을 포착하다
〔亥〕

열두째지지 해

열두째지지 해 甲骨文1 열두째지지 해 甲骨文2 돼지 시 甲骨文1 돼지 시 甲骨文2

단단한 껍질에 쌓인 채 땅속에 심어진 씨앗이 그 껍질을 깨고 발아하는 순간을 포착하였다. 씨앗, 뿌리의 뜻에서 '핵심, 중심'의 의미를 나타낸다. 껍질을 깨고 싹이 트는 모습에서 '강한 힘을 가하다, 밀어붙이다'의 의미도 파생하였다. 〈설문해자〉에서도 '荄也'라 하여 '풀 뿌리'로 풀이하고 있다.

그런데 종종 亥(해)가 돼지(豕)의 상형이라는 설명을 접할 수 있다. 豕(돼지 시)의 甲骨文은 보다시피 크게 두 종류인데, 살찐 돼지와 마른 돼지로 나눌 수 있다. 그 중에서 마른 돼지가 亥(해)의 甲骨文 일부와 유사해서 빚어진 오해로 생각된다. 거기다 亥(해)가 십이지에서 돼지에 배속되니 그럴듯해 보인다. 하지만 십이지 중에서 실제 해당 동물과 연결되는 경우는 뱀(巳) 하나뿐이다. 즉 십이지에서 亥(해)가 돼지와 연결된다고 해서 亥(해)가 돼지의 상형이라는 근거가 될 수는 없다는 얘기이다. 甲骨文을 두고 논쟁을 벌이는 것보다 파생된 글자들 내에서의 작용을 보는 게 훨씬 생산적이라고 생각한다. '돼지'를 키워드로 아래 글자들을 풀이해보면 공감할 것이다. 아울러 파생된 글자들의 음을 보면 亥(해) 속에 'ㄱ' 받침이 숨어 있음도 짐작할 수 있다.

열두째지지 해

亠-총6획

己亥迫害(기해박해)

씨 핵

木-총10획

木+亥. 씨앗, 뿌리의 의미인 亥(해)에 나무(木)가 더해져 '씨, 핵심'을 뜻한다.

核心(핵심) 核彈頭(핵탄두) 核雨傘(핵우산) 結核(결핵)

該
갖출 해

言-총13획

言+亥. 씨앗, 뿌리의 의미인 亥(해)에 말(言)이 더해져, 본래 군대의 규범, 규율, 매뉴얼을 가리킨다. 파생하여 '갖추다, 모두'의 뜻을 나타낸다.

該當(해당) 該博(해박) '지식이 해박(該博)하다'

骸
뼈 해

骨-총16획

骨+亥. 씨앗, 뿌리의 의미인 亥(해)에 뼈(骨)가 더해져, 신체의 기본이라 할 수 있는 '뼈'를 가리키다.

骸骨(해골)

駭
놀랄 해

馬-총16획

馬+亥. 강한 힘을 가하다의 의미인 亥(해)에 말(馬)이 더해져 '놀라다, 놀라게 하다'의 뜻을 나타낸다. 비슷한 의미인 驚(놀랄 경)에도 말(馬)이 등장한다. 예민하고 겁이 많은 말(馬)의 특성이 반영된 것이다.

駭怪罔測(해괴망측)

劾
캐물을 핵

力-총8획

亥+力. 강한 힘을 가하다의 의미인 亥(해)에 힘(力)이 더해져 '추궁하다, 캐묻다, 탄핵하다'의 뜻을 나타낸다.

彈劾(탄핵) 彈劾訴追權(탄핵소추권)

刻
새길 각

刀-총8획

亥+刂(刀). 강한 힘을 가하다의 의미인 亥(해)에 칼(刀)이 더해져 '새기다, 조각하다'의 뜻을 나타낸다.

刻薄(각박) 刻舟求劍(각주구검) 時刻(시각) 遲刻(지각) 浮刻(부각) 深刻(심각) 頃刻(경각) '개성이 뚜렷하게 부각(浮刻)되다' '문제가 심각(深刻)하다'

咳
기침 해

口-총9획

口+亥. 기침소리의 의성어로 亥(해)의 음을 차용하였다. 입(口)이 더해져 '기침'을 뜻한다. 孩(아이 해)와 통용되기도 하는데, 어린아이 웃음소리의 의성어로도 亥(해)를 활용한다.

咳嗽(해수) 鎭咳(진해)

17. 위와 아래로 갈라지는 시작

〔耑〕耑微徵

耑
시초 단

| 耑 시초 단 甲骨文 | 耑 시초 단 甲骨文2 | 耑 시초 단 金文 |

〈설문해자〉에 의하면 '식물이 처음 뿌리를 뻗고 싹이 튼 모습'을 본뜬 것이다(上象生形 下象其根). 아울러 '사물이 처음 생길 때의 꼭대기 부분을 의미한다(物初生之題)'로 풀이한다. '끝' 그리고 '처음'을 뜻하며, 파생하여 '똑바르다, 곧다'의 의미도 나타낸다.

端
끝 단

立-총14획

立+耑. 사물의 시초를 의미하는 耑(단)에 서다의 뜻인 立(립)이 더해져 '바르다, 곧다, 끝'의 뜻을 나타낸다.

端正(단정) 端雅(단아) 端的(단적) 端役(단역) 惹端(야단) 尖端(첨단) 發端(발단) 末端(말단) 弊端(폐단) '용모가 단정(端正)하다' '단적(端的)으로 표현하다'

瑞
상서 서

玉-총13획

玉+耑. 사물의 시초를 의미하는 耑(단)에 옥(玉)이 더해져, 신뢰의 표시인 '부절, 부신' 혹은 신표(信標)로 주는 옥인 '홀'을 뜻한다(以玉爲信). 파생하여 '상서롭다, 길조'의 뜻을 나타낸다.

祥瑞(상서) '매우 상서(祥瑞)로운 일이다'

喘
헐떡거릴 천

口-총12획

口+耑(端). 여기서 耑(단)은 湍(여울 단). 湍(단)은 물길이 좁아지거나 곧아지며 빨라지는 '여울'을 뜻한다. 입(口)이 더해져, 호흡이 빠르고 가빠진다는 의미로 '숨차다, 천식'을 뜻한다.

喘息(천식)

微

작을 미

작을 미 篆文   작을 미 篆文2

彳+散. 散(미)는 耑+攵(支). 싹과 뿌리가 막 뻗어나는 모습인 耑(단)에 동작을 의미하는 攵(복)이 더해져 '미세하다, 미묘하다'의 뜻을 나타낸다. 여기에 걸음을 뜻하는 彳(척)이 덧붙어 '남몰래 걷다(隱行)'의 뜻을 나타낸다. 이후 '작다, 조금, 희미하다'의 의미가 파생되었다.

微

작을 미

彳-총13획

微笑(미소) 微弱(미약) 微賤(미천) 微細(미세) 微官末職(미관말직) 機微(기미) 幾微(기미) 顯微鏡(현미경) '어떤 기미(機微/幾微)도 보이지 않는다'

徽

표기 휘

彳-총17획

微+糸. 작다는 뜻인 微(미)에 실(糸)이 더해져, 작지만 상징이 되는 끈인 '표지(標識)'를 뜻한다. 파생하여 '아름답다, 아름답게 하다'의 의미를 나타낸다.

徽章(휘장) 徽琴(휘금)

徵

부를 징

부를 징 篆文

微+壬. 작음을 의미하는 微(미)에 땅에서 솟아나는 모습인 壬(정/청)이 더해져, 미세하게 드러나는 '조짐, 징조'를 뜻한다. 파생하여 '부르다, 구하다, 이루다'의 의미도 나타낸다. 〈설문해자〉에서는 '김也'로 풀이한다.

徵
부를 징

徵兆(징조) 徵驗(징험) 徵收(징수) 徵兵(징병) 徵集(징집) 特徵(특징) 象徵(상징) 性徵(성징) 追徵(추징)

懲
징계할 징

徵+心. 명쾌한 설명을 찾기 어려워, 사견임을 밝히고 풀이하겠다. 여기서 心(심)은 사심(邪心)의 의미로, 조금씩 생기는 사심(心)들의 조짐(徵)을 스스로 '삼가다'에서 확대되어 '징계하다'의 뜻을 나타내는 것으로 보인다.

懲戒(징계) 懲役(징역) 懲罰(징벌) 膺懲(응징) 勸善懲惡(권선징악)

18. 싹트는 광경 고속촬영
〔乙〕

乙	ᘔ	ᘭ	ᘭ
둘째천간 을	둘째천간 을 甲骨文	둘째천간 을 金文	둘째천간 을 篆文

구부러진 모양을 본뜬 것으로 '원활히 나아가지 않는 상태'를 나타낸다. 〈설문해자〉에서는 '봄에 초목이 구불구불 힘겹게 땅에서 나는 모습(春艸木冤曲而出)'이라 설명한다.

종종 새(鳥)의 모양을 본떴다는 견해도 접할 수 있을 것이다. 乙(을)의 모양을 보면 백조나 오리 같아 보이는 게 사실이다. 하지만 보다시피乙(을)의 옛 형태는 새 보다 지렁이에 가깝다. '새을'이란 명칭은 宀(갓머리), 巛(개미허리), 彳(두인변)처럼 본래 의미와 무관하게 편의상 붙여진 별명으로 봐야 한다. 간혹 제비를 본뜬 것으로 鳦(제비 을)의 원자(原字)라는 구체적인 설명도 볼 수 있는데, 乚(제비 을)과 혼동한 경우이다. 〈설문해자〉에서 乚(을)은, 독립적인 부수자로 玄鳥(제비)로 설명하고 있다. 乙(을)과는 별개의 글자이다.

乙 둘째천간 을

乙-총1획

乙未事變(을미사변) 乙巳勒約(을사늑약) 乙支文德(을지문덕)〈名〉

軋 삐걱거릴 알

車-총8획

車+乚(을). 원활히 나아가지 않는 상태를 뜻하는 乙(을)에 수레(車)가 더해져, 수레 바퀴가 부드럽게 움직이지 않고 '삐걱거리다'의 뜻을 나타낸다.

軋轢(알력) '파벌 간 알력(軋轢)이 심하다'

札 패 찰

木-총5획

木+乚(을). 원활히 나아가지 않는 상태를 뜻하는 乙(을)에 나무(木)가 더해져, 이름 등을 써서 부착하는 '패'를 뜻한다. 조각칼로 깎는 모습을 乙(을)로 표현한 것으로 풀이된다.

落札(낙찰) 現札(현찰) 書札(서찰) 名札(명찰) 牌札(패찰) 正札制(정찰제)

19. 떡잎이 자라나다
[中]中莿芻

풀의 떡잎이 처음 싹튼 모습을 본뜬 것이다(艸木初生). 현재는 屮(철)이 덧붙은 艸(풀 초)가 '풀'을 대표하는 글자로 자리매김하였다.

卉
풀 훼

十-총5획

屮+屮+屮. 풀이 모인 모습을 표현한 것으로 '많은 풀'을 뜻한다.

花卉(화훼)

艾
쑥 애

艸-총6획

艸+乂. 乂(예)는 풀을 베는 가위를 본뜬 것이다. 음요소로 보며, 풀(艸)이 더해져 '쑥, 약쑥'을 뜻한다.

艾葉(애엽)〈藥〉 鄧艾(등·애)〈名〉

毒
독 독

毋-총8획

屮+毒. 毒(애)는 '음란해지다'의 의미. 풀(屮)이 더해져, 음란하게 하는 풀이라는 의미로 '독초'를 뜻한다. '독하다, 해를 끼치다'로 의미가 확대되었다. 보다 자세한 의미를 파악하기 어렵다.

毒藥(독약) 毒酒(독주) 毒蛇(독사) 至毒(지독) 消毒(소독) 慓毒(표독) '표정이 표독(慓毒)스럽다'

賁
꾸밀 비/분

꾸밀 비 篆文 달릴 분 篆文

卉+貝. 많은 풀을 뜻하는 卉(훼)에 재물을 뜻하는 貝(패)가 더해져 '장식하다, 드러내다'의 뜻을 나타낸다. 요즘도 재산이 많아지면 옷, 집, 자동차 등에서 드러나는 경우를 흔히 볼 수 있다.

참고로 달리는 모습을 표현한 奔(달릴 분)과는 별개의 글자이다. 奔(분) 하단의 卉는 풀(屮)이 아닌 발(止)이 셋 모인 형태이다.

卉

무덤 분

土-총15획

土+賁. 드러내다의 뜻인 賁(분)에 흙(土)이 더해져, 장사지내고 흙을 높이 쌓은 '무덤'을 뜻한다.

古墳(고분) 古墳壁畫(고분벽화)

성낼 분

心-총15획

忄(心)+賁. 드러내다의 뜻인 賁(분)에 마음(心)이 더해져 '흥분하다, 성내다'의 뜻을 나타낸다.

憤痛(분통) 憤怒(분노) 公憤(공분) 鬱憤(울분) 雪憤(설분) 悲憤慷慨(비분강개) 含憤蓄怨(함분축원)
'분통(憤痛)을 터트리다' '국민의 공분(公憤)을 사다'

뿜을 분

口-총15획

口+賁. 드러내다의 뜻인 賁(분)에 입(口)이 더해져 '뿜어내다, 재채기'의 뜻을 나타낸다.

噴射(분사) 噴出(분출) 噴霧器(분무기) 噴水臺(분수대) 噴火口(분화구)

芻
꼴 추

꼴 추 甲骨文　　꼴 추 篆文

艸+勹. 벤 풀을 끌어모으는 모습을 표현한 것이다(象包束艸之形). 말이나 소의 먹이인 '꼴'을 뜻한다. 풀을 벤 다음 말려서 가축에게 먹이는 일련의 과정을 한 컷에 담은 글자라고 할 수 있겠다.

4장
식물

芻
꼴 추

艸-총10획
反芻(반추) 反芻動物(반추동물) '지난 일을 곰곰이 반추(反芻)하다'

趨
빨리걸을 추

走-총17획
走+芻. 풀을 베어 끌어모은 모습인 芻(추)에 달리다의 뜻인 走(주)가 더해져, 종종걸음으로 빨리 걷는 모습을 표현한 것으로 '허리를 굽히고 빨리 걷다, 빠르다, 향하다'의 뜻을 나타낸다.
趨勢(추세) 歸趨(귀추) '일의 귀추(歸趨)가 주목되다'

20. 떡잎이 어렵사리 자라나다
〔屯〕屯春

어려울 준/진칠 둔　진칠 둔 甲骨文　진칠 둔 金文　진칠 둔 篆文

屮(철)과 마찬가지로 떡잎이 처음 싹튼 모습을 본떴다(象艸木之初生). 그런데 〈설문해자〉에 '屯然而難'이라는 부연설명이 있다. 屮(철)보다는 좀 어렵게 구불구불 싹이 트는 모습으로 '어렵다'의 뜻을 지닌다. 파생하여 '진을 치다, 주둔하다'의 뜻도 나타내는데 이때는 '둔'으로 읽는다. 부대가 어떤 장소에 주둔하는 것을, 씨앗이 땅에 자리 잡고 싹 틔우는 것에 빗댄 것으로 풀이된다.

**어려울 준/
진칠 둔**

屮–총4획

屯田(둔전) 屯畓(둔답) 駐屯(주둔) 駐屯地(주둔지)

막힐 돈

水–총7획

氵(水)+屯. 힘들게 싹이 튼 모습인 屯(준/둔)에 물(水)이 더해져 '물이 막히다'의 뜻을 나타낸다.

混沌(혼돈) 渾沌(혼돈) '혼돈(混沌/渾沌)에 빠져 있다'

조아릴 돈

頁–총13획

屯+頁. 힘들게 싹이 튼 모습인 屯(준/둔)에 머리(頁)가 더해져, 머리를 구부정하게 '숙이다, 조아리다'의 뜻을 나타낸다. 파생하여 '넘어지다, 머물다, 가지런하다' 등의 의미도 지닌다.

頓悟(돈오) 頓呼法(돈호법) 整頓(정돈) 査頓(사돈) '집 안을 정돈(整頓)하다'

純
순수할 순

糸-총10획

糸+屯. 힘들게 싹이 튼 모습인 屯(준/둔)에 실(糸)이 더해져, 아직 '누이지 않은 명주실'을 뜻한다. 누이는 것은 명주실을 잿물에 삶아 가공하는 과정을 말하는데, 純(순)은 그 과정 전의 명주실을 가리킨다.

純種(순종) 純粹(순수) 純眞(순진) 純全(순전) 單純(단순) 純血主義(순혈주의) '순전(純全)히 조상님 은덕입니다'

鈍
무딜 둔

金-총12획

金+屯. 힘들게 싹이 튼 모습인 屯(준/둔)에 금속(金)이 더해져, 아직 숫돌에 갈지 않아 투박하고 무딘 금속을 가리킨다. 파생하여 '둔하다'의 뜻을 나타낸다.

鈍感(둔감) 鈍濁(둔탁) 鈍才(둔재) 愚鈍(우둔)

4장
식물

春
봄춘

봄 춘 甲骨文   봄 춘 金文   봄 춘 篆文

篆文은 萅의 형태로 艸+屯+日. 풀(艸)이 햇살(日)을 받아 자라는(屯) 모습으로 '봄'을 표현한 것이다. 甲骨文은 풀이 자라는 모습으로, 屯(준)의 음과 뜻이 결합된 형태는 金文 이후로 보인다.

春
봄 춘

日-총9획

春秋(춘추) 春心(춘심) 春窮期(춘궁기) 靑春(청춘) 思春期(사춘기) 探春客(탐춘객) 四時春風(사시춘풍)

蠢
꿈틀거릴 준

虫-총21획

春+蚰. 봄을 뜻하는 春(춘)에 벌레(蚰)가 더해져, 겨울잠에서 깨어난 벌레들의 '꿈틀거림'을 표현하였다.

蠢動(준동) 蠢愚(준우) '게릴라가 준동(蠢動)하고 있다'

21. 떡잎이 땅에 의지해 자라나다
〔乇〕

풀잎 탁　｜　풀잎 탁 篆文

풀잎을 본뜬 모습이다(艸葉). 아래는 구부러진 뿌리, 위는 늘어져 있는 잎의 모습을 표현했
다. 싹이 트고 자라는 모습을 본뜬 글자는 여럿인데, 거기서 파생되는 의미들은 제각각이다.
乇(탁)의 경우는 뻗어나가는 강한 에너지가 아닌 '땅에 의지하는 모습'이 부각되어 '맡기다,
의지하다'의 뜻이 파생되었다.

託
부탁할 탁

言-총10획
言+乇. 땅에 의지한 乇(탁)에 말(言)이 더해져, 남에게 '부탁하다, 청탁하다'의 뜻을
나타낸다.

託送(탁송) 付託(부탁) 委託(위탁) 請託(청탁) 稱託(칭탁) 信託(신탁) '병을 칭탁(稱託)하고 나가지
않다'

托
맡길 탁

手-총6획
扌(手)+乇. 땅에 의지한 乇(탁)에 손(手)이 더해져, 남에게 '의탁하다, 맡기다'의 뜻을
나타낸다.

托鉢(탁발) 托鉢僧(탁발승)

宅
집 택

宀-총6획
宀+乇. 땅에 의지한 乇(탁)에 집을 뜻하는 宀(면)이 더해져, 사람이 의지하는 장소인
'집'을 가리킨다.

宅地(택지) 住宅(주택) 媤宅(→시댁)

22. 파릇파릇한 떡잎이 솟아나다
[生] 生 靑

生
날생

날 생 甲骨文　　날 생 金文1　　날 생 金文2　　날 생 篆文

초목이 땅 위로 나기 시작한 모습을 본떴다(象艸木生出土上). '태어나다, 자라다, 살아있다'의 뜻을 나타낸다. 새싹이 자라는 모습을 본뜬 글자들 중에서 屮(철) 艸(초)와 더불어 본연의 의미에 가장 충실한 글자가 아닌가 한다.

生
날 생

生-총5획

生活(생활) 生物(생물) 生死(생사) 生産(생산) 民生(민생) 衆生(중생) 同生(동생) 殺生有擇(살생유택)

姓
성 성

女-총8획

女+生. 태어나다의 뜻인 生(생)에 여성(女)이 더해져, 사람이 태어난 곳이란 뜻에서 '씨족, 겨레'의 뜻을 나타낸다. 출생의 유래에 따라 성(姓)을 하사하게 되면서 '성씨'를 뜻하게 되었다.

姓氏(성씨) 百姓(백성) 同姓同本(동성동본)

性
성품 성

心-총8획

忄(心)+生. 태어나다의 뜻인 生(생)에 마음(心)이 더해져, 타고난 마음인 '천성, 성품'을 뜻한다.

性質(성질) 性品(성품) 性別(성별) 性理學(성리학) 特性(특성) 天性(천성)

青
푸를 청

青
푸를 청 篆文

生+丹.〈한한대자전〉에 의하면 丹(단)은 단사를 채굴하는 우물의 상형으로 여기서는 '물감'을 의미한다. 풀빛 물감에서 '푸르다, 푸른 빛'의 뜻을 나타난다.〈설문해자〉에서는 당시 유행했던 오행(五行)학설을 인용해 '東方色也. 木生火'로 풀이하고 있지만 설득력이 떨어진다. 사실 青(청)에 대해 속 시원하게 풀이하는 설명을 찾기가 어려운데, 순수하고 해맑은 새싹(生)의 이미지를 떠올리면 무난할 듯하다.

生

青
푸를 청

青-총8획

青春(청춘) 青年(청년) 青史(청사) 青雲(청운) 青龍(청룡) 青信號(청신호) 青寫眞(청사진) 青少年(청소년) 青出於藍(청출어람) '청사(青史)에 이름을 남기다' '미래의 청사진(青寫眞)을 제시하다'

淸
맑을 청

水-총11획

氵(水)+青. 순수하다는 의미의 青(청)에 물(水)이 더해져 '물이 맑다'의 뜻을 나타낸다. '맑아지다, 깨끗하다'등의 의미로 널리 쓰인다.

淸淨(청정) 淸掃(청소) 淸算(청산) 淸純(청순) 淸廉(청렴) 淸雅(청아) 淸麴醬(청국장) 血淸(혈청) '채무를 청산(淸算)하다'

請
청할 청

言-총15획

言+青. 순수하다는 의미의 青(청)에 말(言)이 더해져, 순수하게 말하다의 의미로 '청하다, 바라다'의 뜻을 나타낸다. '묻다, 알리다'등 일상적인 의미로도 흔히 쓰인다.

請願(청원) 請託(청탁) 請負(청부) 請誘文(청유문) 請負業(청부업) 要請(요청) 申請(신청) 提請(제청)

晴
갤 청

日-총12획

日+青. 순수하다는 의미의 青(청)에 해(日)가 더해져, 비가 그치고 '개다'의 뜻을 나타낸다.

晴嵐(청람) 快晴(쾌청) 半晴半曇(반청반담) '쾌청(快晴)한 날씨'

情
뜻 정

心-총11획

忄(心)+青. 순수하다는 의미의 靑(청)에 마음(心)이 더해져, 순수한 마음이라는 의미로 '정성, 뜻, 인정'을 뜻한다.

情況(정황) 情報(정보) 陳情書(진정서) 抒情詩(서정시) 表情(표정) 感情(감정) 同情(동정) 愛情(애정) 純情(순정) 七情(칠정)

精
쓿은쌀 정

米-총14획

米+青. 순수하다는 의미의 靑(청)에 쌀(米)이 더해져, 본래 깨끗하게 껍질을 벗긴 '쓿은 쌀'을 의미한다. 파생하여 '정성, 정수, 정기' 등의 추상적인 의미로 쓰인다.

精髓(정수) 精氣(정기) 精神(정신) 精進(정진) 精巧(정교) 精銳(정예) 精通(정통) 精密(정밀) 精米所(정미소) '학업에 정진(精進)하다' '해당 분야에 정통(精通)하다'

睛
눈동자 정

目-총13획

目+青. 순수하다는 의미의 靑(청)에 눈(目)이 더해져, 순수하고 맑은 '눈동자'를 뜻한다.

畫龍點睛(화룡점정) 睛明(정명)〈穴〉

靜
고요할 정

靑-총16획

靑+爭. 순수하다는 의미의 靑(청)에 다툼을 뜻하는 爭(쟁)이 더해져, 다툼이 해결된 이후의 '조요함, 고요함'을 뜻하는 것으로 풀이된다. 〈설문해자〉에서는 '審也'라 하여, 재판 혹은 자세히 살핀다는 뜻으로 설명한다.

靜肅(정숙) 靜寂(정적) 靜脈(정맥) 靜物畫(정물화) 靜電氣(정전기) 平靜(평정) 鎭靜劑(진정제) '분위기가 정숙(靜肅)하다' '겨우 평정(平靜)을 되찾다'

靖
편안할 정

靑-총13획

立+青. 순수하다는 의미의 靑(청)에 바로서다의 뜻인 立(립)이 더해져 '다스리다, 편안히 하다'의 뜻을 나타낸다. 靖國(정국)은 '나라를 태평하게 다스림'을 뜻하는데, 일본 관련 뉴스에 자주 등장한다.

靖難(정난) 靖國(정국) 靖國神社(정국신사):야스쿠니 신사

23. 땅을 뚫고 돋아나다
[才] 才 犲 在

才
재주 재

재주 재 甲骨文	재주 재 金文	재주 재 篆文

풀이 땅을 뚫고 처음 돋아나는 모습을 표현한 것이다. 〈설문해자〉에서는 '초목의 시작이다 (艸木之初)'라는 풀이에 '장차 가지와 잎이 나려 한다(將生枝葉)'는 설명을 덧붙여 줄기(丨)만 겨우 땅(一)을 뚫고 나온 상태임을 강조하고 있다. 미래의 가능성과 관련되어 '좋은 바탕, 재능, 재주'를 뜻하며, 파생하여 '좋은 목재'의 의미도 나타낸다.

才
재주 재

手-총3획

才質(재질) 才致(재치) 才色(재색) 才弄(재롱) 鬼才(귀재) 天才(천재) 秀才(수재) 英才(영재)

材
재목 재

木-총7획

木+才. 좋은 목재를 뜻하는 才(재)에 나무(木)가 더해져 '재목, 목재'의 뜻을 분명히 하였다. 才(재)와 材(재)는 서로 비슷한 의미로 통용된다.

材質(재질) 材木(재목) 材料(재료) 取材(취재) 人材(인재) 敎材(교재) 素材(소재) 棟梁之材(동량지재) '기자가 사건을 취재(取材)하다' '최첨단 소재(素材)'

財
재물 재

貝-총10획

貝+才. 좋은 목재를 뜻하는 才(재)에 재물을 뜻하는 貝(패)가 더해져, 가치 있는 '재물, 재화'를 뜻한다.

財物(재물) 財務(재무) 財政(재정) 財産(재산) 財團(재단)

閉
닫을 폐

門-총11획

門+才. 목재를 뜻하는 才(재)에 문(門)이 더해져, 문을 빗장으로 잠근 모습으로 '닫다'의 뜻을 나타낸다.

閉鎖(폐쇄) 閉幕(폐막) 閉塞(폐색) 閉經期(폐경기) 密閉(밀폐) 開閉(개폐) 自閉症(자폐증)

𢦏
해할 재

해할 재 甲骨文	해할 재 甲骨文2	심을 재 金文	실을 재 金文

4장
식물

才+戈. 甲骨文 중에는 屮+戈의 형태도 있다. 막 돋아난 싹(才/屮)을 자른다(戈)는 의미이다. 풀을 죽이는 게 아니라 '다듬다, 손질하다'의 뜻을 나타낸다. 아무리 소질과 재능(才)이 있어도 다듬고(戈) 키우지 않으면 소용없다는 메시지로 보면 될 것이다. 〈간명 甲骨文 자전〉에 의하면 𢦏(재)는 災(재)와 통용되어 '재앙, 재해'를 뜻한다. 재해는 힘든 시련이지만 그것을 극복하면서 인류가 문명을 발달시켰던 것도 역사적인 사실이다.

裁
마를 재

衣-총12획

衣+𢦏. 다듬다의 의미인 𢦏(재)에 옷(衣)이 더해져, 옷을 '마름질하다'의 뜻을 나타낸다. '결단하다, 헤아리다' 등으로 의미가 점차 확대된다.

裁斷(재단) 裁量(재량) 裁判(재판) 裁可(재가) 制裁(제재) 決裁(결재) 仲裁(중재) '유엔(UN)에서 제재(制裁)를 가하다'

栽
심을 재

木-총10획

木+𢦏. 다듬다의 의미인 𢦏(재)에 나무(木)가 더해져, 나무를 '심다, 묘목'의 뜻을 나타낸다. 혹 토담을 쌓을 때 세우는 긴 널(築牆長版)을 뜻하기도 한다.

栽培(재배) 盆栽(분재)

載
실을 재

車-총13획

車+𢦏. 甲骨文은 食+𢦏. 음식(食)을 다듬어(𢦏) '식탁에 올리다'의 의미이다. 파생하여 '싣다'의 뜻을 나타내게 된다. 이후 음식(食)이 수레(車)로 교체된다.

登載(등재) 揭載(게재) 連載(연재) 搭載(탑재) 積載函(적재함) 車載斗量(거재두량)

哉
어조사 재

口-총9획

口+𢦏. 의문, 반문, 감탄 등의 의미로 사용되는 어조사이다. 𢦏(재)는 음으로만 작용한다.

快哉(쾌재) '쾌재(快哉)를 부르다'

在
있을 재

있을 재 金文	있을 재 篆文	선비 사 金文	흙 토 金文

在(재)와 才(재)의 甲骨文은 같다. '있다(在)'의 의미로 才(재)를 가차했다고 한다. 金文은 才(재)에 도끼(土)가 더해진 형태이다. 도끼(土)는 악귀나 재해로부터 지켜주는 상징물로서 才(재)를 '지키다, 존재하게 하다'의 의미로 풀이된다. 篆文에서 도끼(土)가 흙(土) 형태로 변형되었는데, '만물이 존재하는 흙'이라는 식의 풀이는 篆文에 의거한 추정이다.

存(있을 존)은 〈설문해자〉에서 '위문하고 동정하다(恤問)'로 설명한다. 새싹(才)과 아기(子)를 불쌍히 여기고 돌본다는 의미이다. 하지만 存(존)의 음과 의미를 고려하면 在+孫 에서 생략된 형태로 보는 견해가 신빙성 있다. 孫(손자 손)은 子+系로, 자손이 계속 이어진다는 의미이다. 在(재)와 더해져 '현 상태를 그대로 보존하다, 계속 존재하다'의 의미를 나타내기에 적합해 보이며 '존'이라는 음도 설명할 수 있다.

在
있을 재

土-총6획

在野(재야) 在來式(재래식) 存在(존재) 潛在(잠재) 健在(건재) 駐在國(주재국)

存
있을 존

子-총6획

才+子. 본문 참조

存在(존재) 存廢(존폐) 生存(생존) 依存(의존) 適者生存(적자생존)

24. 가지에서 잎이 자라다
[世] 世 枼

세대 세

세대 세 金文   세대 세 篆文

4장
식물

金文을 보면 풀이 겹쳐서 자란 모습을 본뜬 것이다. 줄기에서 가지가 뻗고, 가지에서 또 잎이 자라는 모습에서 '늘이다, 이어지다'의 의미를 나타낸다. 줄기-가지-잎을 부모와 자식에 빗대어 '세대'의 뜻을 나타내고 '일생, 세상' 등으로 확대되어 쓰이게 된다.

〈설문해자〉를 포함해 많은 서적에서 '十(십)이 셋 있는 형태'로 풀이하고 있다. 30년이 한 세대이니(三十年爲一世) '세대'의 뜻이 나타났다는 설명이다. 하지만 十(십)의 甲骨文과 金文이 丨모양이었고, 十의 형태는 篆文부터인 점을 감안하면 30(世)의 의미는 나중에 덧대진 것으로 보인다.

世
세대 세

一-총5획

世上(세상) 世界(세계) 世代(세대) 出世(출세) 亂世(난세) 身世(신세) 絶世(절세) 不世出(불세출) '절세(絶世) 미인'

貰
세낼 세

貝-총12획

世+貝. 늘이다의 의미인 世(세)에 재물(貝)이 더해져, 지불을 미룬다는 의미로 '외상, 전세'의 뜻을 나타낸다.

貰入者(세입자) 傳貰(전세)

泄
샐 설

水-총8획

氵(水)+世. 늘이다의 의미인 世(세)에 물(水)이 더해져, 고인 물을 잡아 늘인다는 의미로 '새다, 넘치다'의 뜻을 나타낸다.

泄瀉(설사) 排泄(배설) 漏泄(누설)

枼
나뭇잎 엽

枼 나뭇입 엽 金文   枼 나뭇잎 엽 篆文

잎이 무성하게 달린 나무를 본뜬 모습이다. 풀(世)과 나무(木)가 더해진 형태로 이해해도 의미는 마찬가지이다. '잎, 나뭇잎'을 뜻한다.

世

葉
나뭇잎 엽

艸-총13획

艸+枼. 본래 나뭇잎을 의미하는 枼(엽)에 풀(艸)이 더해져 '잎'이라는 의미를 명확하게 했다.

葉錢(엽전) 葉書(엽서) 葉綠素(엽록소) 落葉(낙엽) 闊葉(활엽) 針葉(침엽) 枝葉的(지엽적) 一葉片舟(일엽편주)

蝶
나비 접

虫-총15획

虫+枼. 나뭇잎을 의미하는 枼(엽)에 벌레를 뜻하는 虫(충/훼)가 더해져, 나뭇잎 모양의 날개를 가진 '나비'를 뜻한다.

蝶泳(접영) 胡蝶之夢(호접지몽)

牒
서판 첩

片-총13획

片+枼. 나뭇잎을 의미하는 枼(엽)에 조각(片)이 더해져, 나뭇잎처럼 얇은 패나 문서를 의미한다. '서찰, 증서, 문서'등을 뜻한다.

請牒狀(청첩장) 最後通牒(최후통첩)

諜
염탐할 첩

言-총16획

言+枼. 나뭇잎을 의미하는 枼(엽)에 말(言)이 더해져, 나뭇잎처럼 말이 많다는 의미로 '재잘거리다(喋)'는 뜻을 나타낸다. 파생하여 '염탐하다, 염탐꾼'이라는 뜻으로 주로 쓰인다.

諜者(첩자) 諜報(첩보) 間諜(간첩)

25. 어느새 새싹이 자라 무성해지다
〔宋〕宋宋孛

宋 무성할 발	宋 무성할 발 篆文	胏 허파 폐 篆文

〈설문해자〉에서는 '초목이 무성한 모습(艸木盛宋宋然)'으로 풀이한다. 새싹인 屮(철)에서 이제 많이 자란 상태로 이해하면 되겠다. 하지만 현재는 모양도 생소한 글자이며, 孛(패)에서 子(자)를 뺀 형태로 다른 글자 속에서 찾을 수 있다.

파생된 글자 중에서 南(남녘 남)에 대해 먼저 설명하겠다. 〈설문해자〉에서는 宋+羊으로 나누며, 羊(약간심할 임)은 음요소로 본다. 풀과 나뭇가지들이 햇볕을 더 받기 위해 남쪽으로 향하는 모습에서 '남(south)'의 의미가 나타난 것으로 설명하고 있다(艸木至南方 有枝任). 혹 고대의 악기 혹은 그릇을 본뜬 것이라는 견해도 있다. 참고로 동서남북 네 방향 중에서 南(남)이 가장 난해하다.

沛
습지 패

水-총7획

氵(水)+宋. 초목이 무성한 모습을 본뜬 宋(발)에 물(水)이 더해져, 물이 흐르고 풀이 무성한 '습지, 늪, 넉넉하다'의 뜻을 나타낸다. 변형이 많지만, 市(저자 시)와는 무관하다.

沛然(패연) 沛澤(패택)

肺
허파 폐

肉-총8획

月(肉)+宋. 초목이 무성한 모습을 본뜬 宋(발)에 인체를 뜻하는 肉(육)이 더해져 '허파'를 뜻한다. 줄기에서 가지/잔가지로 무수히 갈라지는 '허파'의 모습을 무성한 초목에 빗대었다.

肺胞(폐포) 肺活量(폐활량) 心肺(심폐)

索
찾을 색/
노끈 삭

糸-총10획

米+糸. 풀의 잎과 줄기를 의미하는 米(발)에 끈을 의미하는 糸(사)가 더해져 '새끼를 꼬다'의 뜻을 나타낸다. '노끈, 새끼줄'을 의미하며, 파생하여 '찾다'의 뜻으로도 쓰인다.

索引(색인) 索出(색출) 索莫(삭막) 摸索(모색) 搜索(수색) 探索(탐색) 軸索突起(축삭돌기) '분위기가 삭막(索莫/索寞/索漠)하다'

南
남녘 남

十-총9획

米+羊. 본문 참조

南北(남북) 南極(남극) 南面(남면) 指南石(지남석)

鉢
바리때 발

金-총13획

金+米. '승려의 밥그릇'을 의미하는 범어 발다라(patra)의 줄임말이다. 米(발)이 本 형태로 변형되었다.

沙鉢(사발) 托鉢僧(탁발승)

市
멈출 지

손위누이 자 篆文

米+一. 篆文을 보면 초목이 무성한 모습인 米(발)에 가로획(一)이 그어진 형태이다(市盛而一橫止之). 어느 정도 성장한 상태를 의미하는 것으로 '멈추다, 그치다'의 뜻을 나타낸다. 파생된 글자인 柿(자)와 姉(자)의 속자(俗字)는 각각 柿와 姊이다. 물론 市(저자 시)와는 무관하다.

~~~~~~

柹
감나무 시

木-총9획, 柿는 속자(俗字)

木+市. 멈추다의 뜻인 市(지)에 나무(木)가 더해져 '감나무'를 뜻한다. 열매에 물리적인 힘이 가해지지 않으면, 떨어지지 않고 꼭지에 그대로 말라붙는 '감나무'의 습성을 표현한 것으로 풀이된다.

紅柹(홍시)

姊
손윗누이 자

女-총8획, 姊는 속자(俗字)

女+朿. 멈추다의 뜻인 朿(지)에 여성(女)이 더해져 '손윗누이, 언니'를 뜻한다. 妹(손아래누이 매)에 대비되는 글자로 未(미)는 덜 자란 어린 가지를 의미한다.

姊妹(자매) 姊兄(자형) 姊妹結緣(자매결연)

살별 패/안색변할 별

살별 패 篆文

朿+子. 열매꼭지 아래 씨방(子)이 부풀어 오른 모습이다. '초목이 우거진 모양'을 의미하는데, 정적인 상황이 아니라 매우 활동적인 의미를 지닌다. 파생하여 '욱하고 성낸다'는 뜻도 나타낸다. '살별'이란 혜성을 의미하는데 갑작스레 나타나는 별이라는 의미로 추정된다.

悖
어그러질 패

心-총10획

忄(心)+孛. 초목이 우거진 의미인 孛(패)에 마음(心)이 더해져, 마음이 '동하다, 어지러워지다'의 뜻을 나타낸다. 파생하여 '배반하다, 어그러지다'의 의미로도 쓰인다.

悖倫(패륜) 悖德(패덕) 悖逆無道(패역무도) 行悖(행패) 淫談悖說(음담패설)

勃
우쩍일어날 발

力-총9획

孛+力. 초목이 우거진 의미인 孛(패)에 힘(力)이 더해져 '갑자기 기세 좋게 일어나다'의 뜻을 나타낸다.

勃起(발기) 勃起不全(발기부전)

26. 넝쿨이 얽히고 설키다
[니] 니 句

니 얽힐 구 | 얽힐 구 篆文

〈설문해자〉에서는 '서로 뒤엉킨다는 뜻이다(相糾繚)'로 풀이하며 '일설에 의하면 박 덩굴이 감아 올라가는 모습을 본뜬 것이다(一曰瓜瓠結니起 象形)'는 설명을 덧붙이고 있다. 篆文은 넝쿨이 얽힌 모습을 표현한 것으로 보이지만, 현재 니(구)의 형태는 너무 얌전해서 그런 분위기가 살지 않는 것 같다.

叫 부르짖을 규

口-총5획
口+니. 얽히다의 뜻인 니(구)에 입(口)이 더해져, 목이 메인다는 의미로 '울다, 부르짖다'의 뜻을 나타낸다.

絶叫(절규) 阿鼻叫喚(아비규환)

糾 꼴 규

糸-총8획
糸+니. 얽히다의 뜻인 니(구)에 실(糸)이 더해져, 실을 꼬아 합친다는 의미이다. '꼬다, 모으다'의 뜻을 나타내며, 다소 변형된 의미인 '들춰내다, 규명하다'의 뜻으로도 쓰인다.

糾合(규합) 糾察(규찰) 糾彈(규탄) 糾明(규명) 勞使紛糾(노사분규)

收 거둘 수

攴-총6획
니+攵(攴). 얽히다의 뜻인 니(구)에 동작을 뜻하는 攴(복)이 더해져 '거두다, 가지다'의 뜻을 나타낸다.

收穫(수확) 收斂(수렴) 收錄(수록) 收縮(수축) 吸收(흡수) 接收(접수) 回收(회수) 押收(압수) 領收證(영수증) 經常收支(경상수지)

句
글귀 구

글귀 구 甲骨文   글귀 구 篆文

니+口. 니(구)는 얽힌다는 의미. 말을 뜻하는 口(구)가 더해져, 말이 서로 얽혀 끊어진다는
의미로 '구절, 글귀'의 뜻을 나타낸다. 파생하여 '굽다, 굽어지다'의 의미를 지닌다.
혹 勹 자체가 '갈고리가 걸린 모습'을 본뜬 것이라고도 한다. 어느 경우든 勹(쌀 포)와 무관
한 것은 분명하다. 풀이에 대한 해석이 다양하지만, 본서에서는 〈설문해자〉와 〈간명 甲骨文
자전〉의 의견을 좇아 니(구)의 변형으로 보았다.

4장
식물

句
글귀 구

口-총5획

句節(구절) 句讀法(구두법) 句句節節(구구절절) 對句(대구) 慣用句(관용구) 一言半句(일언반구)

拘
잡을 구

手-총8획

扌(手)+句. 굽다의 의미인 句(구)에 손(手)이 더해져, 팔을 구부려 물건을 잡는 모습
으로 '잡다, 잡히다'의 뜻을 나타낸다.

拘束(구속) 拘禁(구금) 拘留(구류) 拘礙(구애) 拘置所(구치소) 不拘(불구) '그럼에도 불구(不拘)하고'

狗
개 구

犬-총8획

犭(犬)+句. 굽다의 의미인 句(구)에 개(犬)가 더해져, 빙글빙글 돌아다니는 '강아지'
를 뜻한다. 犬(견)에 비해 '작은 개'를 가리키는 의미였다고 한다.

狗尾續貂(구미속초) 羊頭狗肉(양두구육) 鷄鳴狗盜(계명구도) 兔死狗烹(토사구팽)

苟
진실로 구

艸-총9획

艸+句. 굽다의 의미인 句(구)에 풀(艸)이 더해져, 본래 굽은 형태의 풀을 가리켰다고
한다. 가차하여 '진실로, 겨우'의 뜻으로 쓰이며 '구차하다'는 의미도 나타낸다.

苟且(구차) '살림이 구차(苟且)하다'

27. 풀이 우거지다
〔丰〕丰 封

丰

우거질 봉 | 우거질 봉 金文 | 우거질 봉 篆文

초목이 우거진 모습을 본뜬 것으로 '우거지다'의 뜻이나(艸盛丰丰). 얼굴이 살찌고 아름다운 모습을 표현할 때도 쓰인다고 한다.

邦

나라 방

邑−총7획
丰+阝(邑). 甲骨文은 丰+田의 형태로, 초목(丰)으로 영역(田)의 경계를 삼은 것이다. 땅의 경계를 표시하는 모습인 封(봉)과 같은 의미이다. 고을을 의미하는 邑(읍)으로 대체되어 '나라, 봉국(封國)'을 뜻한다.

友邦(우방) 聯邦(연방) 異邦人(이방인)

封

봉할 봉 | 봉할 봉 甲骨文 | 봉할 봉 金文 | 봉할 봉 篆文 | 대할 대 金文

甲骨文은 丰(봉)과 거의 동일하며, 흙더미 위에 초목을 심어 경계를 표시하는 모습이다. 이후 丰+土+寸의 형태가 되었다. 寸(촌)은 손을 뜻한다. 경계를 표시하는 식물의 의미에서 제후에게 주는 '봉토(封土)'로 확대되었다. '봉하다'의 뜻을 나타내며, 이후 매우 다양한 의미로 쓰인다.

封

봉할 봉

寸-총9획

封爵(봉작) 封建(봉건) 封鎖(봉쇄) 封套(봉투) 封建主義(봉건주의) 開封(개봉) 密封(밀봉) 完封(완봉)

幇

도울 방

巾-총12획, 幫과 동자(同字)

封+巾(帛). '돕다'의 뜻을 나타내는데, 의미가 명확하게 밝혀지지 않았다. 과거 봉국(封國) 사이에 도움을 요청하는 어떤 신호였을 것으로 추정된다.

幇助(방조) 幇助罪(방조죄)

對

대답할 대

寸-총14획

〈간명 甲骨文 자전〉에 의하면 對(대)도 나무를 심어 변경의 경계를 표시하는 모습으로 封(봉)과 같은 의미이다. '영토의 경계'에서 파생하여 '맞서다, 대하다'의 뜻을 나타낸다.

對話(대화) 對面(대면) 對稱(대칭) 對象(대상) 對策(대책) 對外(대외) 對內(대내) 對陣表(대진표) 對蹠點(대척점) 對症療法(대증요법) 對質審問(대질심문) 絶對的(절대적) 相對的(상대적)

28. 우거진 풀 사이를 걷다
[夆] 峯 逢

夆		
끌 봉	끌 봉 金文	끌 봉 篆文

夊+丰. 夊(치)는 걸음을 의미한다. 초목이 우거진 모습인 丰(봉)이 더해져, 힘들게 걷는 상황을 표현하였다. '끌다, 거스르다'의 의미를 나타낸다.

峯	
봉우리 봉	봉우리 봉 篆文

山+夆. 힘들게 걷는 모습인 夆(봉)에 산(山)이 더해져, 산을 오른다는 의미로 풀이된다. '산 봉우리'의 뜻을 나타낸다.

峯 봉우리 봉

山-총10획, 峰은 속자(俗字)

最高峯(최고봉) 三峯(삼봉)〈名〉 石峯(석봉)〈名〉

烽 봉화 봉

火-총11획

火+夆. 여기서 夆(봉)은 峯(봉)의 의미. 불(火)이 더해져, 봉우리처럼 높이 올리는 불인 '봉화'를 뜻한다.

烽火(봉화) 烽燧臺(봉수대)

鋒
칼끝 봉

金-총15획

金+夆. 여기서 夆(봉)은 峯(봉)의 의미. 금속(金)이 더해져, 봉우리처럼 뾰족한 '칼끝, 병기, 끝'을 뜻한다.

鋒刃(봉인) 銳鋒(예봉) 先鋒(선봉) 先鋒將(선봉장)

蜂
벌 봉

虫-총13획

虫+夆. 여기서 夆(봉)은 峯(봉)의 의미. 벌레를 뜻하는 虫(충/훼)가 더해져, 꼬리 끝에 뾰족한 침이 있는 '벌, 꿀벌'을 뜻한다.

蜂窩(봉와) 養蜂(양봉) 蜂蜜(봉밀)〈藥〉

逢
만날 봉

만날 봉 甲骨文   만날 봉 篆文

辶(辵)+夆. 〈간명 甲骨文 자전〉에 의하면 甲骨文은 逢의 형태이다. 彳(척)과 辵(착)은 길을 걷는 모습이며, 고대에는 같은 의미였다. 逢(봉)은 길에서 서로 마주침을 표현한 것으로 '만나다'의 뜻을 나타낸다.

逢
만날 봉

辵-총11획

逢變(봉변) 逢着(봉착) 相逢(상봉) '길거리에서 봉변(逢變)을 당하다'

縫
꿰맬 봉

糸-총17획

糸+逢. 만나다의 뜻인 逢(봉)에 실(糸)이 더해져, 실로 '꿰매다'의 뜻을 나타낸다.

縫合(봉합) 裁縫師(재봉사) 彌縫策(미봉책) 天衣無縫(천의무봉)

29. 나뭇잎이 드리워지다
〔烾〕垂 華

드리울 수

드리울 수 甲骨文

〈설문해자〉에 의하면 烾(수)는 풀과 나무의 꽃이나 잎이 늘어진 모습을 표현한 것이다(艸木華葉烾象形).

드리울 수

드리울 수 篆文

烾+土. 꽃과 잎이 늘어진 모습인 烾(수)에 땅(土)이 더해져 '드리우다, 늘어지다, 처지다'는 뜻을 나타낸다. 파생하여 '변두리, 변방'이라는 의미도 나타낸다.

드리울 수

土-총8획

垂楊(수양) 垂直線(수직선) 垂簾聽政(수렴청정) 懸垂幕(현수막) 蟲垂炎(충수염) '수양(垂楊)버들이 늘어져 있다'

睡
잘 수

目-총13획

目+垂. 드리우다, 늘어지다의 뜻인 垂(수)에 눈(目)이 더해져, 눈꺼풀이 처진다는 의미로 '자다, 졸다'의 뜻을 나타낸다.

睡眠(수면) 昏睡狀態(혼수상태)

錘
저울 추

金-총16획

金+垂. 드리우다, 늘어지다의 뜻인 垂(수)에 금속(金)이 더해져, 저울대에 늘어진 형태로 있는 '저울추'를 뜻한다.

錘(추) 時計錘(시계추) '저울추(錘)를 이용해 무게를 측정하다'

唾
침 타

口-총11획

口+垂. 드리우다, 늘어지다의 뜻인 垂(수)에 입(口)이 더해져, 입에서 흘러내리는 액체인 '침'을 뜻한다.

唾液(타액)

郵
역참 우

邑-총11획

垂+阝(邑). 변방을 의미하는 垂(수)에 고을(邑)이 더해져, 문서 전달을 목적으로 변경에 설치된 숙소를 의미한다. '역참'의 뜻을 나타낸다.

郵便(우편) 郵票(우표) 郵遞局(우체국)

華
화려할 화

화려할 화 金文   화려할 화 篆文

艸+蕐. 蕐(화)는 蕐+亏로 풀과 나무에 핀 꽃을 의미한다(艸木華). 蕐(화) 자체가 이미 꽃(flower)의 의미인데 艸(초)가 더해져 의미가 분명해졌다. 하지만 이후에 속자인 花(화)에게 '꽃(flower)'이란 뜻을 내어주고 '화려하다'라는 의미로 쓰이고 있다.

華
화려할 화

艸-총12획

華麗(화려) 華奢(화사) 華燭(화촉) 華僑(화교) 豪華(호화) 昇華(승화) 繁華街(번화가) 拈華微笑(염화미소) 富貴榮華(부귀영화) '옷차림이 화사(華奢)하다' '아픔을 예술로 승화(昇華)하다'

燁
빛날 엽

火-총16획

火+華. 꽃, 화려함을 의미하는 華(화)에 불(火)이 더해져 '불이 빛나다, 성하다'의 뜻을 나타낸다. '엽'이란 음은 연원을 알 수 없다.

燁燁(엽엽)

30. 그대는 아름다운 꽃이라오
〔爾〕

너 이 | 너 이 金文1 | 너 이 金文2 | 너 이 篆文

아름답게 빛나는 꽃을 본뜬 모습이다. 본래 '아름답다, 화려하다'의 의미인데, 가차하여 2인칭 대명사로 쓰인다. 짐작컨데 사랑하는 연인에 대한 2인칭이 아니었을까 한다. 눈에 콩깍지가 씌었을 때에야 무슨 비유인들 못 할까.

너 이

爻-총14획

爾雅(이아) 爾汝(이여)

도장 새

玉-총19획

爾+玉. 꽃, 아름답다는 뜻인 爾(이)에 옥(玉)이 더해져, 임금이 사용하는 화려한 도장인 '옥새'를 뜻한다.

玉璽(옥새) 國璽(국새)

두루 미

弓-총17획

弓+爾. 명확한 풀이를 찾기 어렵다. 형태에 변형이 많은 편이며 '두루, 퍼지다, 수선하다'의 뜻을 나타낸다. 라틴어 missa의 음역으로도 쓰인다.

彌縫策(미봉책) 彌撒(→미사) 須彌山(수미산) '미봉책(彌縫策)에 그치다' '성당에서 미사(彌撒)를 지내다'

爾

31. 이삭이 가지런하다
〔齊〕

齊
가지런할 제

가지런할 제 甲骨文　가지런할 제 金文　가지런할 제 篆文

4장
식물

벼와 보리의 이삭이 가지런한 모습을 본뜬 것이다(禾麥吐穗上平). '가지런하다, 균일하다'의
뜻을 나타낸다.

가지런할 제

齊-총14획

齊唱(제창) 齊家(제가) 整齊(정제) 一齊(일제) 修身齊家(수신제가) '의관을 정제(整齊)하다' '일제(一齊)히 일어나다'

건널 제

水-총17획

氵(水)+齊. 가지런함을 뜻하는 齊(제)에 물(水)이 더해져, 사람들이 질서 있게 함께 '건너다'의 의미이다. 아울러 어려운 사람을 '돕는다'는 뜻도 나타낸다.

濟度(제도) 救濟(구제) 經濟(경제) 辨濟(변제) 決濟(결제) 濟州道(제주도)〈地〉 李濟馬(이제마)〈名〉
'중생을 제도(濟度)하다' '카드로 결제(決濟)하다'

약제 제/
자를 자

刀-총16획

齊+刂(刀). 가지런함을 뜻하는 齊(제)에 칼(刀)이 더해져 '가지런히 자르다'의 의미이다. 파생하여 가지런히 잘린 '약의 재료, 조제한 약제'의 뜻도 나타낸다.

藥劑(약제) 方劑(방제) 製劑(제제) 調劑藥(조제약)

齋
재계할 재

齊-총17획

齊+示. 가지런함을 뜻하는 齊(제)에 제사를 뜻하는 示(시)가 더해져, 제사를 지내기 전에 몸과 마음을 깨끗이 한다는 의미로 '재계하다'의 뜻을 나타낸다.

齋戒(재계) 沐浴齋戒(목욕재계) 丹齋(단재)〈名〉

32. 꽃을 받드는 꽃받침
[不] 不 조

아닐 불/부 | 아닐 불 甲骨文1　아닐 불 甲骨文2　아닐 불 金文　아닐 불 篆文

꽃받침의 모습을 본뜬 것으로 본래 '꽃받침'을 의미한다. 가차하여 부정(否定)의 의미로 쓰인다.

아닐 불/부

一-총4획

不滿(불만) 不時(불시) 不過(불과) 不拘(불구) 不立文字(불립문자) 不審檢問(불심검문) 不足(부족)
不當(부당) 不動産(부동산) '불과(不過) 1년 만에' '그럼에도 불구(不拘)하고'

**아닐 부/
막힐 비**

口-총7획

不+口. 부정사의 의미인 不(불)에 입(口)이 더해져, 특히 언어에 관련되어 '하지 않다'의 뜻을 나타낸다.

否認(부인) 否決(부결) 拒否(거부) 安否(안부) 與否(여부) 曰可曰否(왈가왈부) 適否審査(적부심사)
否塞(비색)

잔 배

木-총8획, 盃는 속자(俗字)

木+不. 꽃받침을 의미하는 不(불)에 나무(木)가 더해져, 나무속을 파내어 꽃받침 모양으로 만든 술잔을 의미한다. 일반적인 '술잔, 대접'의 뜻을 나타낸다.

乾杯(건배) 苦杯(고배) 聖杯(성배) '패배의 고배(苦杯)를 마시다'

클 비   클 비 篆文

不+一. 꽃받침을 뜻하는 不(불)이 부정사로 쓰임에 따라 一을 더해 구별한 것으로, 꽃받침 본연의 의미를 가진다. 파생하여 '받들다, 으뜸, 크다'의 뜻을 나타낸다.

클 비

一-총5획

丕業(비업) 丕基(비기)

아이밸 배

肉-총9획

月(肉)+丕. 꽃받침, 받들다의 의미인 丕(비)에 신체를 뜻하는 肉(육)이 더해져 '아이 를 배다, 시초'의 뜻을 나타낸다.

胚芽(배아) 胚子(배자)

33. 꽃받침이 꽃잎을 모아주다
〔帝〕帝 啇

帝
임금 제

임금 제 甲骨文　　임금 제 金文　　임금 제 篆文

꽃받침의 모습을 본뜬 것으로 蒂(꽃받침 체)의 본자(本字)이다. 꽃잎을 가지런히 모으는 꽃받침에서 '모으다, 구심점'의 의미를 나타낸다. 파생하여 천하를 다스리는 '임금'의 뜻으로 쓰인다.

한편 나무를 걸쳐 불사르는 모습 혹은 신(神)을 모시는 대(臺)의 모습을 표현한 것으로, 신에게 제사지낸다는 의미로 보기도 한다. 하지만 본서에서는 '꽃받침'이라는 의견을 따랐다. 파생된 글자들을 보면 '모으다'의 의미가 공통적으로 보인다. 더구나 帝(제)아래 口가 더해진 형태인 啇(적)이 나무 밑둥을 뜻한다.

帝
임금 제

巾-총9획

帝國(제국) 帝王(제왕) 帝王切開(제왕절개) 皇帝(황제) 黃帝內經(황제내경)

蹄
굽 제

足-총16획

足+帝. 모으다의 뜻인 帝(제)에 발(足)이 더해져, 발가락이 하나로 뭉쳐진 '발굽'을 뜻한다.

口蹄疫(구제역) 羊蹄根(양제근)〈藥〉

締
맺을 체

糸-총15획

糸+帝. 모으다의 뜻인 帝(제)에 실(糸)이 더해져, 끈으로 단단히 '죄다, 맺다'의 뜻을 나타낸다.

締結(체결) 締盟(체맹) '동맹을 체결(締結)하다'

諦
살필 체

言-총16획

言+帝. 모으다의 뜻인 帝(제)에 말(言)이 더해져 '자세히 살피다, 자세히 알다'의 뜻을 나타낸다.

諦念(체념) 要諦(요체) '체념(諦念)하기엔 아직 이르다'

啇
밑동 적

밑동 적 金文　　밑동 적 篆文

본자(本字)는 啻으로 帝+口. 꽃받침(帝) 아래에 口형태가 더해져, 나무의 '밑동'을 뜻한다. 파생하여 '중심을 향해 모이다'의 의미를 지닌다.

適
맞을 적

辶-총15획

辶(辵)+啇. 중심을 향해 모이다의 의미인 啇(적)에 움직임을 뜻하는 辵(착)이 더해져, 제자리를 찾아간다는 의미로 '맞다, 적합하다'의 뜻을 나타낸다.

適切(적절) 適正(적정) 適應(적응) 適性(적성) 適合(적합) 適當(적당) 適時打(적시타) 適者生存(적자생존) 適材適所(적재적소) 快適(쾌적)

嫡
정실 적

女-총14획

女+啇. 중심을 향해 모이다의 의미인 啇(적)에 여성(女)이 더해져, 집안의 중심이 되는 여성인 '아내, 본처, 정실'을 뜻한다. 첩(妾)에 대비되는 의미로 쓰인다.

嫡子(적자) 嫡統(적통) 嫡庶(적서) '적서(嫡庶)의 차별을 없애다'

滴
물방울 적

水-총14획

氵(水)+啇. 중심을 향해 모이다의 의미인 啇(적)에 물(水)이 더해져, 표면 장력에 의해 둥글게 맺히는 '물방울'을 뜻한다.

點滴(점적) 硯滴(연적)

摘
딸 적

手-총14획

扌(手)+啇. 중심을 향해 모이다의 의미인 啇(적)에 손(手)이 더해져, 손을 모아 열매 등을 '따다'의 뜻을 나타낸다. 파생하여 '손가락질하다, 들춰내다'의 의미로 쓰인다.

摘發(적발) 摘播(적파) 摘出(적출) 摘出術(적출술) 指摘(지적)

敵
원수 적

支-총15획

商+攵(攴). 여기서 商(적)은 摘(적)의 의미로 풀이된다. 동작을 뜻하는 攵(복)이 더해져 의미가 한층 강화되었다. 맞서 상대하는 '적, 원수, 상대방'을 뜻한다.

敵手(적수) 敵軍(적군) 敵對視(적대시) 敵愾心(적개심) 匹敵(필적) 對敵(대적) 天下無敵(천하무적)

帝

34. 수초가 물 위에 떠있다
〔平〕

平
평평할 평

평평할 평 金文   평평할 평 篆文   둘 량 金文

수면 위에 떠 있는 수초의 모습을 본뜬 것으로 '평평하다'의 뜻을 나타낸다. 그런데 平(평)의 자원(字源)이 '저울이 균형을 이루고 있는 모습'이라는 견해도 만만치 않다. '평평하다'는 의미를 설명하기엔 수초보다 저울이 더 적합할지도 모른다. 하지만 저울의 상형인 兩(량)과 平(평)의 金文을 비교해서 보자. 平(평)이 저울이라면 굳이 저렇게 기울어진 모습으로 표현할 이유가 있었을까 하는 생각이 든다.

平
평평할 평

干-총5획

平坦(평탄) 平原(평원) 평정(平定) 평정(平靜) 平生(평생) 平素(평소) 平泳(평영) 平常時(평상시) 水平(수평) 不平(불평) 蕩平策(탕평책) '일대를 평정(平定)하다' '겨우 평정(平靜)을 되찾다'

坪
평평할 평

土-총8획

土+平. 평평하다의 의미의 平(평)에 땅(土)이 더해져 '평탄한 땅'을 나타낸다. 넓이의 단위로도 쓰이고 있다.

坪數(평수) 坪當(평당) 建坪(건평)

評
평할 평

言-총12획

言+平. 평평하다의 의미의 平(평)에 말(言)이 더해져, 사물을 공평하게 논한다는 의미로 '품평하다, 비평하다, 바로잡다'의 뜻을 나타낸다.

評價(평가) 評判(평판) 評點(평점) 論評(논평) 批評(비평)

萍
개구리밥 평

艸-총12획, 苹와 동자(同字)

氵(水)+苹. 본래 수초를 뜻하는 平(평)에 풀(艸)과 물(水)이 더해져 '개구리밥'을 뜻한다.

浮萍草(부평초)

秤
저울 칭

禾-총10획

禾+平. 평평하다의 의미의 平(평)에 곡식(禾)이 더해져 '저울'의 뜻을 나타낸다. 본래 稱(칭)의 속자(俗字)였지만 稱(칭)은 '칭하다, 칭호'의 의미로, 秤(칭)은 '저울'의 의미로 나뉘어 사용되고 있다.

天秤(천칭)

平

35. 문서와 악기로 쓰는 대나무
〔竹〕

竹

대죽

竹 대죽篆文

4장
식물

대나무를 본뜬 모습으로 '대나무, 대쪽'을 뜻한다. 주로 대나무로 만든 물건에 의미 요소로 작용하지만, 종이 대신 죽간에 글자를 썼던 데에서 기인하여 문서에 관한 글자에도 다용된다. 籍(서적 적) 簿(장부 부)를 예로 들 수 있다. 아울러 笛(피리 적) 簫(통소 소)와 같이 악기를 뜻하는 글자에서도 흔히 볼 수 있다.

竹
대죽

竹-총6획

竹筍(죽순) 竹刀(죽도) 竹帛(죽백) 竹馬故友(죽마고우) 爆竹(폭죽) 破竹之勢(파죽지세) '이름을 죽백 (竹帛)에 남기다'

구슬을 꿰는 한자

원리와 풀이로 새롭게 배우는 종횡무진 한자 3000

초판 1쇄 펴낸날 2018년 10월 30일

지은이 정원제
펴낸이 이상규
편집인 김훈태
책임편집 김승규
디자인 이경란
마케팅 김선곤

펴낸곳 이상미디어
등록번호 209-06-98501
등록일자 2008. 09. 30
주소 서울시 성북구 정릉동 667-1 4층
대표전화 02-913-8888
팩스 02-913-7711
e-mail leesangbooks@gmail.com

ISBN 979-11-5893-061-5 04700
      979-11-5893-062-2 04700 (세트)

• 이 책의 저작권은 저자에게 있으며, 무단 전재나 복제는 법으로 금지되어 있습니다.